普通高等教育“十一五”国家级规划教材

高等学校交通工程教学指导分委员会推荐教材

道路交通安全

● 裴玉龙　主　编
● 严宝杰　主　审

人民交通出版社

内 容 提 要

本书为“十一五”国家级规划教材。本书吸收了国内外道路交通安全方面的研究成果，系统地介绍了交通安全与人、车、道路、环境的关系，阐述了道路交通事故分析的理论与方法，介绍了减少或预防道路交通事故的基础理论与基本方法，为制定交通安全对策提供依据。全书共包括11章：绪论、交通参与者与交通安全、汽车与交通安全、道路交通条件与交通安全、交通环境与交通安全、道路交通事故调查与处理、道路交通事故分析与再现、道路交通事故统计分析、道路交通安全评价与事故预测、道路交通安全审计、道路交通安全保障技术。

本书可作为交通工程专业本科生教材及其他专业教学参考书，也可供交通、公安、城建等部门的技术人员参考使用。

图书在版编目（CIP）数据

道路交通安全/裴玉龙主编．—北京：人民交通出版社，2007.10

ISBN 978-7-114-06814-0

Ⅰ.道… Ⅱ.裴… Ⅲ.公路运输-交通运输安全 Ⅳ.U491.4

中国版本图书馆CIP数据核字(2007)第139414号

书　　名：道路交通安全
著 作 者：裴玉龙
责任编辑：曹延鹏
出版发行：人民交通出版社
地　　址：(100011)北京市朝阳区安定门外外馆斜街3号
网　　址：http://www.ccpress.com.cn
销售电话：(010)59757973
总 经 销：人民交通出版社发行部
经　　销：各地新华书店
印　　刷：北京虎彩文化传播有限公司
开　　本：787×1092　1/16
印　　张：20
字　　数：474千
版　　次：2007年10月　第1版
印　　次：2023年5月　第12次印刷
书　　号：ISBN 978-7-114-06814-0
定　　价：36.00元

前言 Qianyan

道路交通安全是当今世界上一个严重的社会问题，全世界每年因道路交通事故死亡的人数逾100万，我国每年因道路交通事故死亡的人数已连续多年列于世界各国的首位，仅2006年我国道路交通事故死亡人数就接近9万人。尽管近几年道路交通事故死亡人数有下降的趋势，但我国的道路交通安全形势依然十分严峻。因此，研究道路交通事故的发生、分布规律，特征及影响因素，分析评价方法，预防对策及控制措施，对于提高我国的道路交通安全管理水平，减少道路交通事故带来的巨大损失，都具有十分重要的理论意义和现实意义。

道路交通安全作为普通高等学校交通工程专业的主干专业课程，日益受到各校教师和学生的重视，成为近年来各国交通工程领域科学研究的重点和热点之一，研究内容不断完善，研究成果不断涌现。本书在编写过程中，认真吸收了原有教材的成功经验和国内外交通安全方面的研究成果，系统地介绍了交通参与者、车辆、道路、交通环境与交通安全的关系，重点阐述了道路交通安全的基本理论与方法，力求反映道路交通安全的系统性、综合性和实用性等特点。根据课程教学大纲的要求，兼顾本科生的特点，给出了必要的案例分析，增加了习题与思考题，体现了最新的道路交通安全法规的要求，试图使教材结构完整合理、内容通俗易懂、方法先进实用。

全书共十一章，第一章介绍道路交通安全与事故的构成要素与分类、国内外道路交通安全概况和发展趋势、道路交通安全研究对象等内容；第二章介绍有关驾驶员、行人和骑乘者的交通特征与事故心理，简要介绍交通参与者交通行为的管理对策；第三章介绍汽车性能与结构对交通安全的影响，以及汽车的被动安全技术和主动安全技术；第四章介绍交通流状态、道路几何特性、道路结构物与道路作业区等道路交通条件对交通安全的影响；第五章阐述交通环境对交通安全的影响，简要介绍交通环境对交通安全影响综合分析的内容；第六章阐述了道路交通事故的调查、现场勘查与事故处理方面的内容；第七章介绍交通事故再现的力学分析方法，简要介绍交通事故仿真的内容，以及典型交通事故案例的再现分析；第八章介绍道路交通事故统计分析方法、交通事故分布规律、交通事故影响因素和事故多发地点的辨识及改造；第九章系统介绍交通安全的评价指标及评价方法、交通事故预测的模型和方法、交通冲突的分析方法；第十章介绍道路规划、设计、施工及运营阶段的交通安全审计，简要介绍交通安全审计的效益；第十一章介绍交通安全教育与法规、交通安全规划和设计在交通安全保障中的作用，以及事故预警和事故紧急救援的安全保障措施。

本书由哈尔滨工业大学裴玉龙、程国柱、李松龄、马艳丽、代磊磊、曹弋，东南大学过秀成，吉林大学丁同强、席建锋等共同编写。具体分工为：裴玉龙编写第一章、第四章、第十一章，马艳丽编写第二章，李松龄编写第三章，程国柱编写第五章、第八章，席建锋编写第六章，丁同强、曹弋编写第七章，代磊磊编写第九章，过秀成编写第十章。赵杨东、刘兆峰参与了部分章节的编写及资料收集分析工作，代磊磊、马艳丽、邢恩辉编写了各章的习题与思考题，代磊磊、邢恩辉、马艳丽、陶泽明、程国柱、曹弋、孙勇、刘兆峰、赵杨东、魏景丽、黄秋菊、杨光、吴丽娜、姚曰涛等参加了书稿的校对与修改工作。全书由哈尔滨工业大学裴玉龙教授统稿并担任主编。长安大学严宝杰教授担任本书的主审，对本书提出了很多重要而具体的修改意见和建议。

在本书编写过程中，参阅了大量国内外的文献资料，由于条件所限，未能与原著者一一取得联系，引用及理解不当之处，敬请谅解，并在此向这些文献资料的原作者表示衷心的感谢。

限于作者的学识和水平，书中难免有错误和不当之处，恳请读者和专家批评指正。

裴玉龙

2007 年 7 月

目 录 Mulu

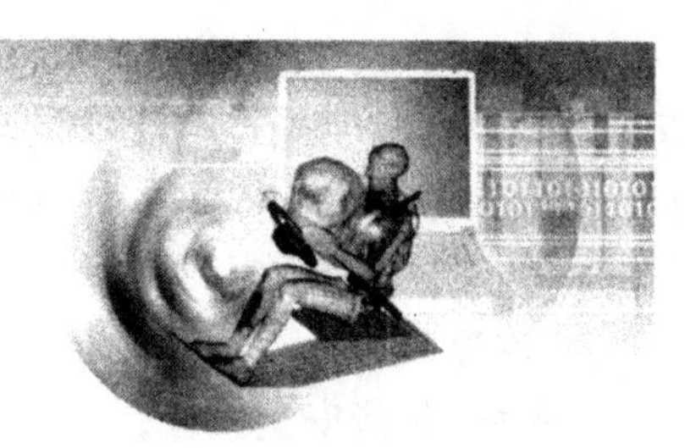

第一章　绪　　论

第一节　道路交通安全与道路交通事故

一、道路交通安全

1. 定义

交通安全是指在交通活动过程中，能将人身伤亡或财产损失控制在可接受水平的状态。交通安全意味着人或物遭受损失的可能性是可以接受的；若这种可能性超过了可接受的水平，即为不安全。道路交通系统作为动态的开放系统，其安全既受系统内部因素的制约，又受系统外部环境的干扰，并与人、车辆及道路环境等因素密切相关。系统内任何因素的不可靠、不平衡、不稳定，都可能导致冲突与矛盾，产生不安全因素或不安全状态。

2. 交通安全的特点

①交通安全是在一定危险条件下的状态，并非绝对没有交通事故发生。

②交通安全不是瞬间的结果，而是对交通系统在某一时期、某一阶段过程或状态的描述。

③交通安全是相对的，绝对的交通安全是不存在的。

④对于不同的时期和地域，可接受的损失水平是不同的，因而衡量交通系统是否安全的标准也不同。

3. 交通安全与交通事故的关系

①交通安全与交通事故是对立的，但事故并不是不安全的全部内容，而是在安全与不安全的矛盾斗争过程中某些瞬间突变结果的外在表现。

②交通系统处于安全状态，并不一定不发生事故；交通系统处于不安全状态，也未必完全是由事故引起的。

4. 交通安全的组成要素

交通安全是一门“5E”科学。所谓“5E”是指：法规（Enforcement）、工程（Engineering）、教育（Education）、环境（Environment）及能源（Energy）。

1）法规

在我国，“法规”是指维护交通秩序，保障交通安全的交通规则、交通违章罚则及其他有关交通安全的法律等。交通法规是交通安全的核心，对交通安全起保障作用。交通法规必须具备三大条件：一是科学性；二是严肃性；三是适应性。

2）工程

“工程”是指交通工程，它包括三个方面的内容：一是研究和处理车辆在街道和公路上的运动，研究其运动规律；二是研究和处理为使车辆达到目的地的方法、手段和设施，包括道路设计、交通管理和信号控制等；三是研究和处理为使车辆安全运行而需要维持车辆与固定物之间的缓冲空间。

3）教育

“教育”是指安全教育，包括学校教育与社会教育两种。学校教育是对在校学生进行交通法规、交通安全和交通知识的教育；社会教育是通过报刊、广播、电视及广告等方式，广泛宣传交通安全的意义和交通法规，同时对驾驶员定期进行专业技术知识、守法思想、职业道德及交通安全等方面的教育。

4）环境

“环境”是指环境保护。在发达国家，80%以上的噪声污染及废气污染是由汽车运行造成的，因此，保障道路交通安全是道路交通环境保护的重要措施。

5）能源

“能源”是指燃料消耗。汽油、柴油的大量使用，造成不可再生资源的大量消耗，给人类发展带来影响。交通事故与能源消耗的关系一直是发达国家研究的热点。

交通工程是交通安全的基础科学，一切交通法规必须以交通工程为科学依据，一切交通安全对策和设施必须以交通工程为理论基础，交通安全教育必须以交通工程为指导，环境保护和降低能耗必须以交通工程为分析依据。这就是交通安全法规、工程、教育、环境和能源之间的关系。

二、道路交通事故

1. 定义

由于国情不同，世界各国的交通规则和交通管理规定也不同，对交通事故的定义也不尽相同。

中国对道路交通事故的定义是根据国情、民情和道路交通状况提出来的，即《中华人民共和国道路交通安全法》给出的定义：车辆在道路上因过错或者意外造成的人身伤亡或者财产损失的事件。它基本上适合中国道路、车辆和人员参与交通行为的状况，得到了国家和社会各方面的肯定。

美国国家安全委员会对道路交通事故的定义为：在道路上所发生的意料不到的、有害的或危险的事件。这些有害的或危险的事件妨碍着交通行为的完成，常常是由于不安全的行动、不安全的因素或者二者的结合所造成的。

日本对道路交通事故的定义为：由于车辆在交通中所引起的人的死伤或物的损坏，在道路交通中称为交通事故。

2. 构成要素

从以上对道路交通事故的定义中可以看出，构成道路交通事故应具备以下7个要素，缺一不可。

1）车辆

交通事故各方当事人中，必须至少有一方使用车辆，包括机动车和非机动车。车辆是构成交通事故的前提条件,无车辆参与则不认为是交通事故。例如,行人在行走过程中,发生意外碰撞或自行跌倒,致伤或致死均不属于交通事故。

2)在道路上

这里的道路是指公用的道路,即《中华人民共和国道路交通安全法》规定的"公路、城市道路和虽在单位管辖范围但允许社会机动车通行的地方,包括广场、公共停车场等用于公众通行的场所"。它必须具有三个特性,即形态性、客观性和公开性。形态性是指与道路毗连的供公众通行的地方。客观性是指道路尚未完工,但却是为公众通行所建。公开性是指交通管理部门认为是供公众通行的地方,都可视之为道路。只供本单位车辆和行人通行的,交通管理部门没有义务对其进行管理的,不能算作道路。因此,厂矿、企业、机关、学校、住宅区内不具有公共使用性质的道路不在此列。此外,还应以事态发生时车辆所在的位置,而不是事故发生后车辆所在的位置,来判断其是否在道路上。

3)在运动中

在运动中是指在行驶或停放过程中。停放过程应理解为交通单元的停车过程,而交通单元处于静止状态停放时所发生的事故(如停车后装卸货物时发生的伤亡事故)不属于交通事故。停车后溜车所发生的事故,在道路上属于交通事故,在货场里则不算交通事故。所以,关键在于交通事故各当事方中是否至少有一方车辆处于运动状态。例如,乘车人在车辆行驶时,从车上跳下造成的事故属于道路交通事故;停在路边的车辆,被过往车辆碰撞发生的事故,由于对方车辆处在运动中,因此也是道路交通事故。

4)发生事态

发生事态即发生碰撞、碾压、刮擦、翻车、坠车、爆炸、失火等其中的一种或几种现象。若没有发生上述事态,而是行人或旅客因其他原因(如疾病)造成死亡的,则不属于道路交通事故。

5)违章

违章是指当事人有违反《中华人民共和国道路交通安全法》或其他道路交通管理法规、规章的行为,这是依法追究其肇事责任、以责论处、予以处罚的必要条件。没有违章行为而出现损害后果的事故不属于道路交通事故;有违章行为,但违章与损害后果无因果关系的也不属于道路交通事故。

6)过失

过失是当事人因疏忽大意而没有预见到本应该预见的后果或已经预见而轻率地相信可以避免,以致发生损害后果。即造成事态的原因是人为的,而不是地震、台风、山崩、泥石流、雪崩等人力无法抗拒的自然原因。行人自杀或利用交通工具进行其他犯罪,以及精神病患者在发作期间行为不能自控而发生的事故,均不属于道路交通事故。

7)有后果

道路交通事故必定有损害后果,即人、畜伤亡或车、物损坏,这是构成道路交通事故的本质特征。因当事人违章行为造成了损害后果,才算道路交通事故;如果只有违章而没有损害后果,则不能算作道路交通事故。

以上7种要素可以作为鉴别道路交通事故的依据和必要条件,在实际工作中加以运用。

3. 现象

道路交通事故的现象,也称交通事故的形式,即交通参与者之间发生冲突或自身失控造成

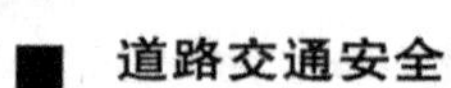
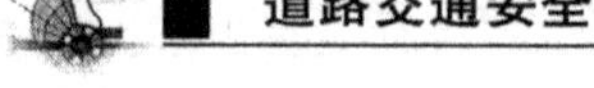

肇事所表现出来的具体形态，基本上可分为碰撞、碾压、刮擦、翻车、坠车、爆炸和失火7种。

1)碰撞

碰撞是指交通强者(相对而言)的正面部分与他方接触，或同类车的正面部分相互接触。碰撞主要发生在机动车之间、机动车与非机动车之间、机动车与行人之间、非机动车之间、非机动车与行人之间及车辆与其他物体之间。

2)碾压

碾压是指作为交通强者的机动车，对交通弱者(如自行车、行人等)的推碾或压过。尽管在碾压之前，大部分均有碰撞现象，但在习惯上一般都称为碾压。

3)刮擦

刮擦是指相对而言的交通强者的侧面部分与他方接触，造成自身或他方损坏。主要表现为车刮车、车刮物和车刮人。对汽车乘员而言，发生刮擦事故时的最大危险来自破碎的玻璃，也有车门被刮开导致车内乘员摔出车外的现象。

根据运动情况，机动车之间的刮擦可以分为会车刮擦和超车刮擦。

4)翻车

翻车通常是指车辆没有发生其他形态，部分或全部车轮悬空而车身着地的现象。翻车一般可分为侧翻和滚翻两种。车辆的一侧轮胎离开地面称为侧翻；所有的车轮都离开地面称为滚翻。为了准确地描述翻车过程和最后的静止状态，也可用90°翻车、180°翻车、270°翻车、360°翻车、720°翻车等概念。

5)坠车

坠车即车辆的坠落，且在坠落的过程中，有一个离开地面的落体过程，通常是指车辆跌落到与路面有一定高差的路外，如坠落桥下、坠入山涧等。

6)爆炸

爆炸是指由于有爆炸物品带入车内，在行驶过程中由于振动等原因引起突然爆炸造成的事故。若无违章行为，则不算是交通事故。

7)失火

失火是指车辆在行驶过程中，由于人为的或技术上的原因引起的火灾。常见的原因有乘员使用明火、违章直流供油、发动机回火、电路系统短路及漏电等。

交通事故发生的现象有的是单一的，有的是两种以上并存的。对两种以上并存的现象，一般按现象发生时间的先后顺序加以认定。如刮擦后翻车认定为刮擦；碰撞后失火认定为碰撞等；也有按主要现象认定的，如碰撞后碾压认定为碾压。

三、道路交通事故分类

对道路交通事故进行分类，目的在于分析、研究、预防和处理道路交通事故，同时也便于统计和从各个角度寻找对策。根据分析的角度、方法不同，对道路交通事故的分类也不同。通常，道路交通事故分类方法主要有以下5种。

1. 按事故责任分类

根据交通事故的主要责任方所涉及的车种和人员，在统计工作中可将道路交通事故分为3类。

1)机动车事故

机动车事故是指事故当事方中,汽车、摩托车和拖拉机等机动车负以上主要责任的事故。在机动车与非机动车或行人发生的事故中,如果机动车负同等责任,由于机动车相对为交通强者,而非机动车或行人则属于交通弱者,也应视为机动车事故。

2)非机动车事故

非机动车事故是指自行车、人力车、三轮车和畜力车等按非机动车管理的车辆负主要以上责任的事故。在非机动车与行人发生的事故中,如果非机动车一方负同等责任,由于非机动车相对为交通强者,而行人则属于交通弱者,应视为非机动车事故。

3)行人事故

行人事故是指在事故当事方中,行人负主要责任以上的事故。

2. 按事故后果分类

根据人身伤亡或者财产损失的程度或数额,道路交通事故可分为轻微事故、一般事故、重大事故和特大事故。

1)轻微事故

轻微事故是指一次造成轻伤1~2人,或者财产损失机动车事故不足1 000元,非机动车事故不足200元的事故。

2)一般事故

一般事故是指一次造成重伤1~2人,或者轻伤3人以上,或者财产损失不足3万元的事故。

3)重大事故

重大事故是指一次造成死亡1~2人,或者轻伤3~10人,或者财产损失3万元以上不足6万元的事故。

4)特大事故

特大事故是指一次造成死亡3人以上,或者重伤11人以上;或者死亡1人,同时重伤8人以上;或者死亡2人,同时重伤5人以上;或者财产损失6万元以上的事故。

3. 按事故原因分类

根据原因不同,可以把交通事故分为主观原因造成的事故和客观原因造成的事故两类。

1)主观原因造成的事故

主观原因是指造成交通事故的当事人本身内在的因素,如主观过失或有意违章,主要表现为违反规定、疏忽大意或操作不当等。

①违反规定是指当事人由于思想方面的原因,不按交通法规规定行驶或行走,致使正常的道路交通秩序混乱,发生交通事故,如酒后开车、非驾驶员开车、超速行驶、争道抢行、违章超车、超载、非机动车走快车道和行人不走人行道等原因造成的交通事故。

②疏忽大意是指当事人由于心理或生理方面的原因,如心情烦躁、身体疲劳造成的精力分散、反应迟钝,表现出瞭望不周、采取措施不当或不及时,没有正确地观察和判断外界事物而造成的失误。也有当事人凭主观想象判断事物,或过高地估计自己的技术,引起行为不当而造成的事故。

③操作不当是指当事人技术生疏、经验不足,对车辆、道路情况不熟悉,遇到突然情况惊慌

失措而引起的操作错误,如有的驾驶员制动时却踩下加速踏板,有的骑自行车人遇到紧急情况不知停车等。

2)客观原因造成的事故

客观原因是指引发交通事故的车辆、环境和道路方面的不利因素。目前,对于客观原因还没有很好的调查和测试手段,因此,在事故分析中往往忽视这些因素。这一点需要引起人们的重视。

4. 按事故的对象分类

按事故的对象,可将交通事故分为5类。

1)车辆间的交通事故

车辆间的交通事故是指车辆之间发生刮擦、碰撞等而引起的事故。碰撞又可分为正面碰撞、追尾碰撞、侧面碰撞和转弯碰撞等;刮擦可分为超车刮擦、会车刮擦等。

2)车辆与行人的交通事故

车辆与行人的交通事故是指机动车对行人的碰撞、碾压和刮擦等事故,包括机动车闯入人行道及行人横穿道路时发生的交通事故。其中,碰撞和碾压常导致行人重伤、致残或死亡;刮擦相对前两者后果一般比较轻,但有时也会造成严重后果。

3)机动车与非机动车的交通事故

由于我国的交通组成主要是混合交通,因而这类事故在我国主要表现为机动车碾压骑自行车人的事故。

4)车辆自身事故

车辆自身事故是指机动车没有发生碰撞、刮擦情况下由于自身原因导致的事故。例如,车辆由于行驶速度太快,或车辆在转弯及掉头时所发生的翻车事故,以及在桥上因大雾天气或因机器失灵而产生的机动车坠落的事故等。

5)车辆对固定物的事故

车辆对固定物的事故是指机动车与道路两侧的固定物相撞的事故。其中,固定物包括道路上的工程结构物、护栏、路肩上的灯杆、交通标志等。

5. 按事故发生地点分类

交通事故发生地点一般是指哪一级道路。在我国,公路可分为高速公路、一级公路、二级公路、三级公路和四级公路共五个等级;城市道路可分为快速路、主干路、次干路和支路四个等级。另外,还可按在道路交叉口和路段所发生的交通事故来分类。

除上述5种主要分类方法外,其他分类方法还有:按伤亡人员职业类型分类;按肇事者所属行业分类;按肇事驾驶员所持驾驶证种类、驾龄分类等。

四、道路交通事故的特点

交通事故具有随机性、突发性、频发性、社会性及不可逆性等特点。

1. 随机性

交通工具本身是一个系统,当它在交通系统中运行时则牵涉到一个更大的系统。在交通系统这样的动态大系统中,某个失误就可能引起一系列其他失误,从而引发危及整个系统的大事故,而这些失误绝大多数是随机的。

道路交通事故往往是多种因素共同作用或互相引发的结果，其中有许多因素本身就是随机的（如天气因素），而多种因素组合在一起或互相引发则具有更大的随机性，因此道路交通事故的发生必定带有极大随机性。

2. 突发性

道路交通事故的发生通常并没有任何先兆，即具有突发性。驾驶员从感知到危险至交通事故发生这段时间极为短暂，往往短于驾驶员的反应时间与采取相应措施所需的时间之和，或者即使事故发生前驾驶员有足够的反应时间，但由于驾驶员反应不正确、不准确而造成操作错误或不适宜，从而导致交通事故。

3. 频发性

由于汽车工业高速发展，车辆急剧增加，交通量增大，造成车辆与道路比例的严重失调，加之交通管理不善等原因，造成道路交通事故频繁，伤亡人数增多，道路交通事故已成为世界性的一大公害。许多国家因道路交通事故造成的经济损失约为其国民生产总值的1%。因此，人们称道路交通事故是"无休止的交通战争"。

4. 社会性

道路交通是随着社会和经济的发展而发展的客观社会现象，是人们客观需要的一种社会活动，这种活动是人们日常生活和工作中必不可少的。在目前现代化的城市中，由于大生产带来的社会分工越来越细，人际间的协作和交往也越来越密切，使人们在道路上的活动日趋频繁，成为一种社会的客观需求。

道路交通事故是伴随着道路交通的发展而产生的一种现象，无论何时，只要有人参与交通，就存在涉及交通事故的危险性。道路交通随着社会的发展不断地演变，从步行到马车，再到今天的汽车，以至形成当前的规模。这个过程不仅表明人们对道路交通的追求意识和发展意识，也证明了道路交通事故是随着社会和经济的发展而发展的客观存在的社会现象。因此，道路交通事故具有社会性。

5. 不可逆性

道路交通事故的不可逆性是指其不可重现性。事故是人、车和路组成的系统内部发展的产物，与该系统的变量有关，并受一些外部因素的影响。尽管事故是人类行为的结果，但却不是人类行为的期望结果。

从行为学的观点看，社会上没有哪种行为与道路交通事故发生时的行为相类似，无论如何研究道路交通事故发生的机理和防治措施，也不能预测何时、何地、何人会发生何种事故。因此，道路交通事故是不可重现的，其过程是不可逆的。

第二节　国内外道路交通安全概况

据有关报道，自从有道路交通事故死亡记录以来，全世界死于道路交通事故的人数已逾3 350万人。全球每年大约有120万人死于道路交通事故，平均每天有3 242人死亡，而受伤总人数高达5 000万人，造成的经济损失约为5 180亿美元。所以，人们把道路交通事故称之为"无休止的战争"、"交通地狱"；把导致道路交通事故发生的汽车称之为"行驶的棺材"。

一、国外道路交通事故概况

由于世界各个国家和地区在交通发展状况、文化素质和汽车保有量等方面的差异，各国道路安全状况相差很大。

1. 欧盟交通事故概况

据统计，欧盟2005年道路交通事故死亡4.16万人，受伤170万人以上。自1957年《罗马条约》签署至1995年，12个国家共有约200万人死于交通事故，约4 000万人受伤。道路交通事故给欧盟造成每年约2 000亿欧元的经济损失。

为了降低道路交通事故率，改善道路安全状况，欧盟采取了一系列措施，包括限速和安全带的使用等。热龙岛（Gerondeau）道路安全专家委员会于1991年提出的欧洲道路安全政策报告，通过分析道路安全状况，提出了60多种技术对策。通过实施这些措施，至2000年因道路交通事故死亡的人数和严重受伤的人数降低了20%～30%。目前，这些措施在国际上依然具有一定的影响。

在欧盟中，德国是道路交通事故率较低的国家之一。在德国，公民交通安全意识很强，自1953年有统计以来，前联邦德国有人员伤亡的公路交通事故始终在一个很低的范围内波动。随着机动车数量的增加，1970年左右，前联邦德国公路交通事故伤亡人数达到最高峰，以后尽管公路总行驶里程翻了一番（其中高速公路行驶里程增长了4倍），但带有人员伤亡的道路交通事故却一直呈下降趋势。1990年两德统一后，由于居民迁徙量大增，使机动车数量飞速增长，加上前民主德国的交通基础设施相对匮乏，公路交通事故数量又大幅度反弹。德国政府采取了一系列的管理和技术措施后，道路交通事故数量又从1992年的39.55万起下降到1995年的38.79万起；道路交通事故死亡人数从1992年的1.06万人下降到1995年的0.94万人；1999年道路交通事故死亡人数更是下降到7 772人。德国1954年至1999年的道路交通事故死亡人数变化如图1-1所示。

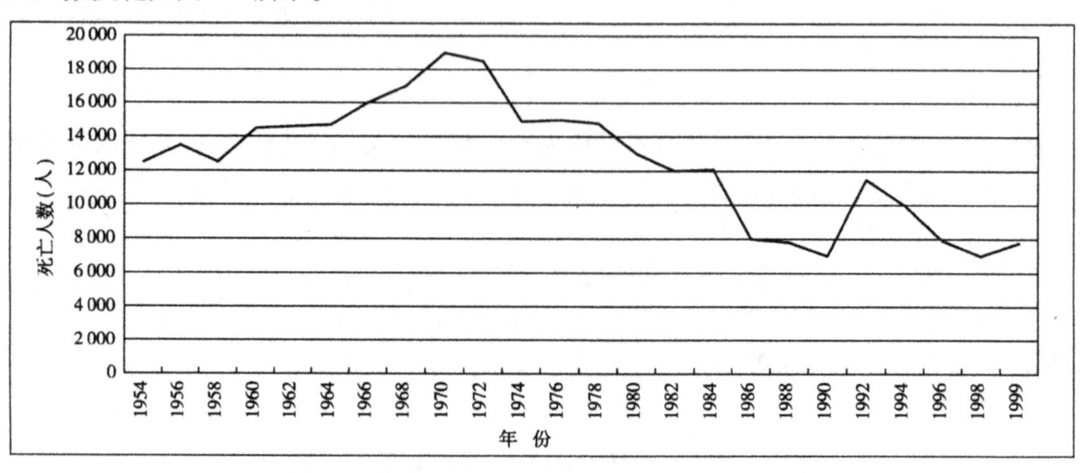

图1-1　德国道路交通事故死亡人数变化

2. 美国

美国汽车拥有量和公路总里程均居世界各国之首；同时，美国的年道路交通事故数量在世界各国中也居第一位。2004年，美国全年的道路交通事故数量达192.9万起，死亡4.28万人,伤278.8万人。以美国人口2.94亿计算,每年死亡人数为总人口的1.46/10 000,伤亡人数占总人口的0.95%。尽管美国每年的交通事故数量和受伤人数仍在逐年增加,但是事故死亡人数、车公里伤亡人数以及车均死亡率已经度过了最高峰期,在最近的二十几年中已呈逐年下降的趋势。美国1910年至2005年的十万人口死亡数变化如图1-2所示。从图中可以看出,美国自汽车诞生以来曾经出现过两次道路交通事故高峰期,一次为1935～1939年;另一次为1965～1969年。

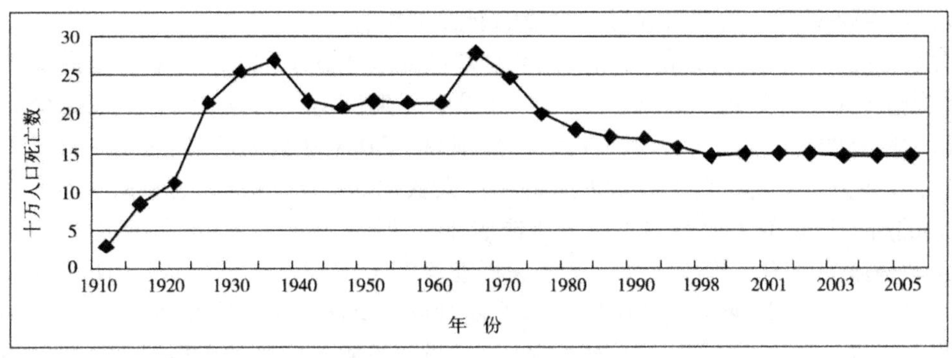

图1-2 美国道路交通事故十万人口死亡数变化

可以认为,美国的道路交通事故得到了控制,这与多年来美国有关部门的重视是分不开的。1967年美国各州公路工作者协会(AASHTO)发表了委员会报告《考虑公路安全的公路设计与操作实践》(俗称"黄皮书")。黄皮书1974年经修改、扩充后再版,并于1991年形成AASHTO标准《道路安全设计与操作指南》,要求道路设计和运行管理人员除遵循其他技术标准和规范外,还应特别遵循安全规范。1997年AASHTO颁布了《道路安全与操作指南》的最新版。英国、澳大利亚等国实施道路安全评价以后,美国联邦公路局又组团对澳大利亚实施道路安全评价的情况进行了考察,并将其推广应用。

3. 发展中国家

根据世界银行的统计,发展中国家每年因机动车交通事故死亡的人数高达35万人,其中2/3与行人有关,且大部分为儿童,导致发展中国家的经济损失达14亿～20亿美元,为GNP的1%～2%。世界银行的道路交通安全专家曾指出,发展中国家对道路交通安全问题的认识水平可分为三级。

第一级:在这类国家与地区中,对道路交通安全问题缺少认识,道路交通事故资料几乎没有,缺少道路交通事故数据系统。对道路交通安全问题的发展趋势所知甚少,没有专门的机构负责道路交通安全事宜,政府也不太关心道路交通安全问题。

第二级:政府意识到了道路交通安全问题,但却没有给予重视,道路交通事故资料残缺不全。媒体开始注意,一些大学或研究结构开始研究道路交通安全问题。

第三级:政府认识到了道路交通安全问题并给予关注,改进了道路交通事故资料管理系统,成立了一些机构并培训职员,可进行道路交通事故多发点的分析。这些国家已经开始进行道路交通安全教育,研究机构尽管缺少数据资源,但正进行道路交通安全方面的研究。

4. 中、东欧国家

据统计,中欧和东欧国家每年死于道路交通事故的人数约为7.5万人。自1986年起,这些国家的事故数量急剧增加。由于其经济、政治和社会的变化，导致各类道路交通事故的影响因素也都在增加。

5. 澳大利亚

澳大利亚在降低道路交通事故方面为国际上其他国家提供了成功的经验。该国最早实施了许多有效的道路交通安全措施，并于1992年制定了国家道路交通安全战略，制定了3个总体目标、4个特殊目标和8个优先解决的关键问题。根据这一战略，制订了国家道路交通安全行动计划，在道路交通安全方面进行了大量的研究工作。

澳大利亚的第一起有记录的道路交通死亡事故是发生在1925年。从此，道路交通事故死亡人数直线上升（世界经济大萧条和第二次世界大战期间除外），至1954年道路交通事故死亡人数超过所有的传染病死亡人数；直到20世纪60年代末达到高峰，以后便一直呈下降的趋势。但是，道路交通事故死亡人数仍占所有死亡人数的3%，且道路交通事故成为年龄在5～35岁之间的居民死亡的主要原因。由于所造成死亡的居民偏于年轻，道路交通事故死亡对澳大利亚人均寿命的影响及其造成的社会损失程度均大于疾病死亡，因为疾病所造成死亡的人的年龄往往偏大。因此，澳大利亚政府非常重视对道路交通安全的研究，除了对已有道路和发生的道路交通事故进行分析研究，从驾驶员行为、道路设施与环境和车辆安全性能加以改善以外，澳大利亚还较早地开展了“道路安全评价”工作，并形成了规范和制度。

6. 日本

日本的公路网密度居世界各国之首，达303km/100km^2。二战后的日本经济快速发展，车辆以每年10%的速度递增，道路交通事故数也随之迅速增加。

为了遏制急速上升的交通事故数，1966年日本开始制订和实施《交通安全综合计划》，经过十多年的努力，终于使日本的道路交通事故死亡人数从1970年的最高峰16 765人，降至1 980年的8 760人，以后日本的道路交通事故死亡人数虽有所反弹（20世纪90年代初上升为11 000人/年），但目前已基本稳定在7 000～8 000人/年。日本1970年至2006年的道路交通事故死亡人数变化如图1-3所示。2006年，日本因道路交通事故死亡的人数为6 352人，比上一年下降7.6%。日本道路交通事故死亡人数连续6年呈下降趋势，这也是1970年以来道路交通事故死亡人数最少的一年。

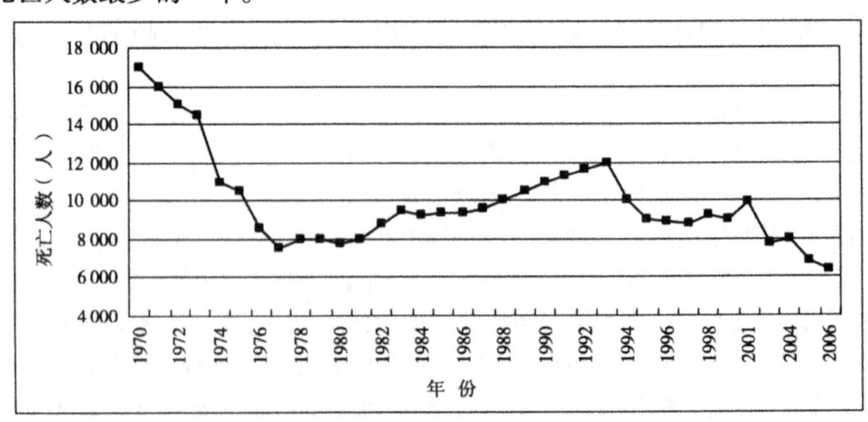

图1-3 日本道路交通事故死亡人数变化

7. 加拿大

2003 年加拿大有报告的道路交通事故数据表明，约 2 778 人因道路交通事故死亡，比 1980 年减少近一半。从 1989 年起，1993 年是道路交通事故唯一一次上升的年份。以后三年内，加拿大通过技术和政策措施成功地将事故死亡人数控制在 3 500 ~ 3 700 人，比 1982 ~ 1990 年间的年平均死亡人数 4 100 ~ 4 350 有了明显的降低，这归功于持续的道路安全计划和各级政府部门、安全机构和一些强制性组织的参与。最成功的是国家居民强制性计划，如到 1995 年，实现了 95% 以上的驾驶员使用安全带的目标。

二、我国道路交通事故状况及事故特点

我国的道路交通事故数量基本是随着国民经济的发展而逐步上升的，并受当时的社会经济状况的影响发生很大的波动，中间经过 3 年自然灾害、"文化大革命"和 1984 年以来的 3 次高峰期，而第 3 次高峰期到目前尚未结束。每年全国道路交通事故死亡人数在 20 世纪五六十年代为几百至几千人；70 年代发展至 1 万 ~2 万人；1984 年后事故死亡人数急剧上升，1988 ~ 1990 年期间稍有回落；1991 年后随着国家改革开放的深化，国家总体经济不断增强，汽车工业和交通运输业迅速发展，机动车拥有量急剧增加，驾驶员人数激增，道路交通事故死亡人数又急剧增长。

1997 年全国公安交通管理部门受理的道路交通事故案件有 30 余万起（平均每天发生道路交通事故 834 起），全年死亡人数为 7.3 万人，受伤 19 万人，直接经济损失 18.5 亿元，全年万车死亡率为 17.3 人。1998 年全国公安交通管理部门共受理道路交通事故 346 192 起，死亡 78 068人，受伤 222 721 人，直接经济损失 19.3 亿元，分别比上年增长 15.3%、6.9%、17.1% 和 4.3%，平均每天有 200 多人死于车祸。统计资料表明，1999 年道路安全状况更为严峻，全国公安交通管理部门共受理道路交通事故 412 860 起，其中死亡 83 529 人，受伤 286 080 人，造成直接经济损失 21.24 亿元，分别比上年增长 19.3%、7.0%、28.4% 和 10.1%。2000 年道路安全状况进一步恶化，全国公安交通管理部门共受理道路交通事故 616 974 起，其中死亡 93 493人，受伤 418 721 人，造成直接经济损失 26.69 亿元，分别比上年增长 49.4%、11.9%、46.4% 和25.7%。2001 年，全国公安交通管理部门共受理道路交通事故案件 76 万起，因道路交通事故造成 10.6 万人死亡、54.9 万人受伤，直接经济损失 30.9 亿元，分别比上年增长 23.2%、13.3%、33% 和 15.9%。2005 年，全国共发生道路交通事故 450 254 起，造成 98 738 人死亡、469 911 人受伤，直接财产损失 18.8 亿元，与 2004 年相比，事故起数下降 13.1%，死亡人数下降 7.8%，受伤人数下降 2.3%，直接财产损失下降 21.2%。2006 年，全国共发生道路交通事故 378 781 起，造成 89 455 人死亡、431 139 人受伤，直接财产损失 14.9 亿元。我国近年来的交通事故统计结果如表 1-1 所示。

与道路安全状况较好的国家相比，中国的道路交通事故有以下特点。

1）事故死亡人数多

中国的道路交通事故死亡人数多，不仅表现在绝对数量较多，而且单位事故的死亡人数也多。资料显示，虽然中国的年交通事故绝对数不是最多，但单位事故死亡人数在各国中却是最多的。美国 2002 年发生道路交通事故 192 多万起，按绝对数为世界第一，死亡 4.2 万人，约每 46 起事故死亡 1 人；而中国 2002 年发生道路交通事故 77.31 万起，死亡 9.85 万人，约每 7.8

起事故就有1人死亡。

我国近年来的道路交通事故统计结果　　表1-1

年　份	事故次数(起)	死亡人数(人)	受伤人数(人)	直接经济损失(元)
1990	250 297	49 371	155 072	363 548 114
1991	264 817	53 292	162 019	428 359 749
1992	228 278	58 729	144 264	644 929 636
1993	242 343	63 508	142 251	999 070 121
1994	253 537	66 362	148 817	1 333 827 223
1995	271 843	71 494	159 308	1 522 665 624
1996	287 685	73 655	174 447	1 717 685 165
1997	300 000	73 861	190 128	1 846 158 453
1998	346 192	78 068	222 721	1 929 514 015
1999	412 860	83 529	286 080	2 124 018 089
2000	616 974	93 493	418 721	2 668 903 994
2001	760 000	106 000	549 000	3 087 872 586
2002	773 137	109 381	562 074	3 324 381 078
2003	667 507	104 372	494 174	3 369 146 852
2004	517 889	107 077	480 864	2 391 410 103
2005	450 254	98 738	469 911	1 884 011 686
2006	378 781	89 455	431 139	1 490 000 000

如果再将道路长度、交通量等因素考虑进去,中国的交通安全状况将更加堪忧。从万车死亡率来看:1992年美国为每万车死亡2.1人,德国为每万车死亡2.7人,日本为每万车死亡1.9人,而中国每万车死亡高达84.9人。再从亿车公里死亡率来看:1992年美国为亿车公里死亡1.1人,德国为亿车公里死亡2人,日本为亿车公里死亡1.7人,而中国为亿车公里死亡13.7人。我国上述相对指标均远远超过这些发达国家。

2)事故数及伤亡人数呈高速增长趋势

由于工业化国家的道路运输发展与我国相比相对超前,因此一些国家的道路交通事故已度过了高峰期,目前呈下降或平稳的态势,如前联邦德国、日本的道路交通事故死亡高峰均在1970年左右,以后基本呈逐年下降趋势。而在我国,2004年以前道路交通事故数、伤亡人数和直接经济损失一直呈上升趋势,图1-4为中国近十几年来的道路交通事故发展情况。

3)高速公路事故率大大高于普通公路

高速公路具有线形指标高、路面质量好、全封闭、无行人和慢车干扰及交通安全设施齐全等特点。因此,无论从理论上还是从国外的实际情况来讲,高速公路的交通事故情况要比普通公路好得多。国外高速公路发生的交通事故数量平均为一般公路的43%~76%。日本高速公路的伤亡事故率只有一般公路的1/2,事故死亡率为一般公路的1/3。

由于中国高速公路建设的历史只有十多年,而且大规模的建设也仅在近几年,因此,无论是驾驶员和车辆的适应性,还是高速公路的规划、设计和管理水平都还处在逐步发展的过程

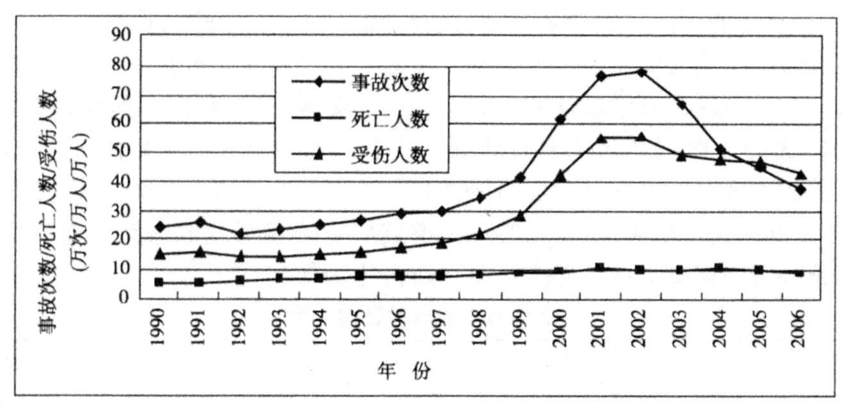

图 1-4　中国近十几年来的道路交通事故发展情况

中。在此期间，中国高速公路上的事故异常严重。据 2003 年公安部统计：全国高速公路发生交通事故 36 257 起，死亡 5 269 人，受伤 14 867 人，每百公里事故死亡率是普通公路的 4 倍多，平均每公里发生事故 1.221 起，死亡 0.177 人，受伤 0.501 人；而一般公路每公里发生的事故数仅为 0.199 起，高速公路是一般道路的 6 倍多，表 1-2 是 2003 年中国高速公路与普通公路交通事故比较情况。

中国高速公路与普通公路的事故比较表　　表 1-2

公路类型	公路里程（km）	事故数（起）	事故率（起/km）	死亡人数（人）	死亡率（人/km）	受伤人数（人）	受伤率（人/km）
高速公路	29 700	36 257	1.221	5 269	0.177	14 867	0.501
普通公路	1 780 100	353 516	0.199	75 320	0.042	307 827	0.173
全部公路	1 809 800	389 773	0.215	80 589	0.045	322 694	0.178

中国已制定了中远期的公路发展战略，将在今后的 20 年时间里建设以高速公路为主构成的国道主干线 6.8 万 km，高速公路比例又将进一步提高。因此，解决高速公路事故率偏高的问题是今后道路交通安全工作者最重要的工作之一。

第三节　道路交通安全研究的主要目的和内容

一、道路交通系统及其安全

道路交通系统是一个由人、车和路（含整个环境）构成的动态系统（图 1-5）。系统中，驾驶员从道路交通环境中获取信息，这种信息综合到驾驶员的大脑中，经判断形成动作指令，指令通过驾驶操作行为，使汽车在道路上产生相应的运动，运动后汽车的运行状态和道路环境的变化又作为新的信息反馈给驾驶员，如此循环反复，完成整个行驶过程。因此，人、车和路被称为道路交通系统的三要素。

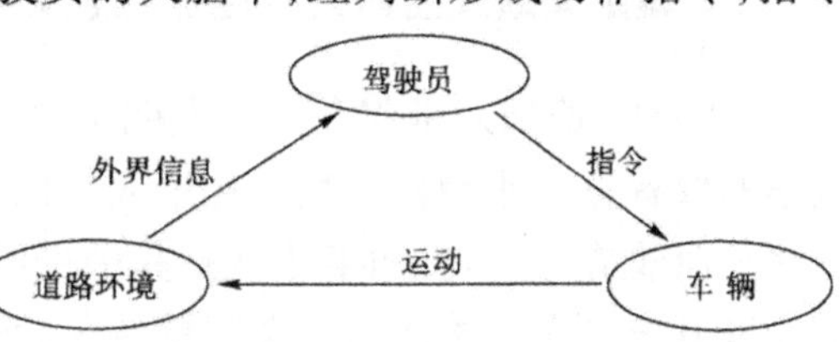

图 1-5　人—车—路组成的道路交通系统

三要素必须协调地运动，以达到整个系统安

全、快速、经济和舒适的要求。安全是基础，只有保证了安全，才能实现快速、经济和舒适。然而作为一个动态系统，绝对的安全是没有的。在道路系统的安全分析中，三要素在道路交通事故中的作用，一直是各国专家学者研究的热点之一。美国、英国和澳大利亚的专家学者经过对大量事故的深入研究，得到如表 1-3 的结论。从表中可以看出，与人有关的原因占 93% ~ 94%，与车有关的占 8% ~12%，与道路有关的原因占 28% ~34%。这表明，人是道路交通事故的关键因素。同时也可以看出，虽然唯一由道路环境因素引发的道路交通事故所占比例较小，但是与道路环境因素有关的道路交通事故所占比例却较高。

各因素对事故的影响程度 表 1-3

原　因	美国（%）	英国（%）	澳大利亚（%）
单纯路	3	2	4
单纯人	57	65	67
单纯车	2	2	4
路和人	37	24	24
人和车	6	4	4
路和车	1	1	1
人、车、路共同	3	1	3

我国学者采用模糊识别方法，通过计算黑龙江省的 3 271 起道路交通事故，对以上 7 种道路交通事故原因的隶属程度，即各影响因素在道路交通事故中所占的比例，得到了与国外学者基本一致的结果，如图 1-6 所示。从图中可以看出，黑龙江省与道路环境因素有关的道路交通事故所占比例达到了 17.0%。由此可见，不良道路环境条件在国内外的道路交通事故中都起到了重要的诱发作用。

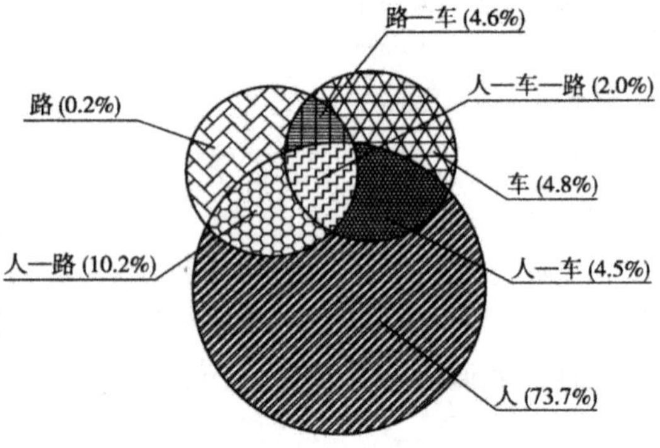

图 1-6　人、车和路在道路交通事故影响因素中的比例

计算结果还表明，采用传统分析方法（单因素法）分析中国道路交通事故影响因素时，人的因素所占比例超过 90%。其原因在于，记录时将只要是与人有关的因素就认为人是主要因素，事实上减弱了道路环境等因素在道路交通事故中所起的作用。这也在一定程度上降低了研究者对这些因素的关注程度，对道路交通安全状况的改善起到了一定的负面作用。

二、道路交通安全研究的目的和意义

1886 年，德国人卡尔·本茨发明了世界上第一辆汽车。100 多年来，汽车工业飞速发展，汽车的保有量迅速增长。汽车在给人类以舒适和便捷等正面效应的同时，也给人类生活带来一些负面效应，道路交通事故就是其中最严重、危害最大的负面效应之一。道路交通事故是涉及千家万户且人人关注的社会问题。无论是工作、生活、出行，还是出差、探亲、访友、旅游，人们都希望平平安安，然而道路交通事故却时有发生。在当今的世界上，道路交通事故与战争、疾病、自然灾害一样，不仅造成巨大的经济损失，还严重威胁着人们的生命安全，给人类生活笼罩了一层浓重的阴影。

惨重的道路交通事故后果，使人们不得不对道路交通安全状况予以高度重视，并将不断进步的科学技术应用于道路交通安全研究工作中，使汽车更好地造福于人类。目前，各国正在不同程度地从道路和交通工程上采取对策。

美国早在1966年就颁布了专门的《公路安全法令》和《汽车安全措施法令》，并成立了联邦运输部下属的"国家公路安全局"，专门负责制定和颁布有关交通安全的标准，统筹有关研究和人员培训工作。1996年美国还成立了"国家汽车安全咨询委员会"和"国家公路安全咨询委员会"，负责就道路交通安全问题向运输部长提供建议和报告，参与制定有关标准和措施，该委员会人员由总统任命。1969年法国总理责成国务秘书组织"公路交通安全圆桌会议"，由与交通安全有关的政府部门、国营和私营企业及与道路交通有关的各方人士参加，负责制定全国公路交通安全的总政策和措施。圆桌会议下设道路设施、驾驶员、车辆、伤员救护和情报等5个专业委员会和1个道路交通资料分析中心。日本有关汽车与道路的交通行政法规也较完善，最基本的有《道路运输车辆法》、《道路交通法》、《道路运输法》和《道路法》等。关于道路交通安全的国际性组织和会议也很多，如国际道路联合会议、国际汽车流量会议、行人—自行车安全和教育会议、交通和运输工程国际会议及世界安全和车祸预防会议等。

中国也采取了集中统一领导，实现综合治理的方针，以及健全交通法规，依法治理交通的方针。《中华人民共和国道路交通安全法》已由中华人民共和国第十届全国人民代表大会常务委员会第五次会议于2003年10月28日通过，并于2004年5月1日起开始施行。

道路交通安全研究的目的主要是针对安全问题的发生、过程和结果进行调查、统计、分析、模拟、预测和对策等的研究，对人、物流通过程中系统质点的冲突与矛盾事先形成对策，实现有效控制，实现道路交通系统的动态平衡。这个平衡只限于安全方面，与流通的量有关系，且仅限于分析有关安全保障的问题，提高系统运行时在安全方面的可靠性保障程度，体现一种交通服务的质的问题，从各个方面配合形成交通质和量的全面保障。

无论是在发展中国家进行的汽车化过程中，还是在发达国家面临的后汽车化发展中，保证汽车行驶安全应作为人们追求的根本目标。而发展中国家的道路交通安全形势尤为严峻，道路交通安全研究更加任重道远，开展道路交通事故研究更具有相当的重要性和紧迫性。在推广交通安全新技术以及加强公路设计与使用管理的同时，应大力推行改变用户行为的执法措施和道路交通安全技术的宣传与教育。事在人为，只要科学、有效地采取道路交通安全措施，道路交通事故是可以得到控制和预防的。

三、道路交通安全研究的内容和对象

1. 道路交通安全行政管理研究

研究内容包括道路交通安全管理机制、政策、勤务和技术行政管理信息系统等。

1）道路交通安全管理机制研究

研究内容包括条块关系、机动能力、通信手段、警力配备、技术装备、队伍素质训练及机构设置等。

2）道路交通安全管理政策研究

研究内容包括立法与执法、技术政策、规范与标准等。

3)道路交通安全管理勤务研究

研究内容包括安全管理勤务模式、岗位规范、行为规范、装备标准等。

4)道路交通安全技术行政管理信息系统研究

研究内容包括方式、方法、格式、采集、处理、统计、存储、检索以及反馈制度等。

2. 道路交通安全技术研究

道路交通安全技术研究强调的是综合性,包括人、车、路和环境等诸方面的安全技术问题,一般均通过事故分析与对策进行研究。

1)人的研究

人的研究包括从防护的角度对交通参与者的心理和生理等各方面进行研究,通过事故成因及事故特征分析,应用模拟及再现技术,寻求规律性的参数与结论。

2)车的研究

车的研究包括车辆安全特性、主动与被动安全设施、车辆驾驶、碰撞、故障及仿真等,这些均要立足于事故成因分析的基础上,而所有实验设备及装置,以及有关测定方法和技术手段均属特殊条件和特殊要求制约下的应用技术研究。

3)路的研究

路的研究包括路的适应性方面的几何条件、采光条件、安全防护、道路等级与功能划分、路面条件、附属工程条件等,而且,对公路和城市道路应分别进行系统研究。

4)环境的研究

环境的研究包括气候、气象、降水、地形、地理、人文、街道化程度、路况、车型、车种混入率、交通干扰、专业运输、文化及职业特征等对交通安全的影响。

5)事故分析与事故对策的研究

事故分析包括事故成因、事故特征分布及事故分析技术等。事故对策包括事故勘查技术、事故处理方法与事故对策技术研究等。

6)交通安全实验研究

交通安全实验研究包括各种模拟和仿真的特种装置、实验设计、实验观测、数据采集和处理、实验技术等。

3. 道路交通安全设施研究

道路交通安全设施研究内容包括道路安全设施、车辆安全设施、驾驶员安全设施、行人安全设施、残疾人交通安全设施、交通安全设施环境、交通安全训练、交通安全救援与救护技术等。

1)道路安全设施研究

道路安全设施分为永久性设施和临时性设施两类。永久性设施研究包括维护正常道路功能使用的各类防护设施,如防落石、防崩塌、防碰撞、防驶出、防进入、防超速、防超长、防超宽、限制、指路、诱导与禁止等以及一切路上永久性工程设施的设计、形式、材料和技术的研究。

临时性设施则是针对临时需要(如施工便线、临时故障及临时停车安全防护等)设计的,也有的是为了逐步过渡到规划的永久性安全设施的需要而设置的安全设施。

2)车辆安全设施研究

车辆安全设施一般均是针对车辆故障预防或是保险、应急而研制的一种用户自己选择的车辆辅助设施，它是针对行驶中的紧急情况、车辆的突发故障保险及特殊地区和场合的需求而设计的。

3）驾驶员与行人、残疾人交通安全设施研究

这类设施是为驾驶员、行人、残疾人等各种不同的交通参与者提供的一种交通过程中的安全服务，具有使用选择性和选择自由性，均不属强制性设施。

4）交通安全设施环境研究

研究安全设施系统所构成交通环境的整体安全性及其综合评价。它将涉及研究方法、规范、标准、规则，以及交通参与者身体要素的交通安全适应性、心理要素的交通安全适应性、生理要素的交通安全适应性。

5）交通安全训练研究

从各种技术和方法上，对驾驶员从学科、素质训练及缺陷校正等方面进行研究，对交通参与者进行终生交通安全意识教育和安全宣传研究。

6）交通安全救援与救护技术研究

包括交通安全救援与救护的方法、技术及装备，对解决“假死”救护和高速公路事故救援尤为重要。

本书主要介绍人、车、路和环境与交通安全的关系等基本理论，交通事故调查与处理技术、交通安全统计分析等技术性方法与技能，交通安全评价方法与事故预测技术，交通安全审计与交通安全保障技术等。

四、相关知识基础

道路交通安全研究是一项系统工程，涉及许多学科和领域，这就要求道路交通安全研究人员具有广泛的知识储备和坚实的理论基础。

道路交通安全研究，需要具备如下相关知识基础：道路工程、汽车工程、交通心理学、行为学、气象学、统计学及相应的计算机知识等。

1）道路工程

为研究道路条件与安全的关系，应具备道路工程中有关几何线形、道路结构、路面、道路景观、交通信号、标志标线及安全设施等基础知识。

2）汽车工程

为研究车辆的安全性，应具备汽车工程中有关汽车制动性、操纵稳定性、汽车安全装置与结构及汽车安全监测设备等基础知识。

3）交通心理学

交通心理学是一门应用科学，它把心理学的方法和原则应用于交通中的人。作为道路交通安全研究的基础知识，交通心理学着重研究交通中与人有关的领域，包括人与机器（驾驶员与车辆）的关系、人与环境（驾驶员与道路及标志）和人与人（驾驶员与行人）之间的相互关系。

4）行为学

汽车在道路上行驶时，从周围环境传来的信息对驾驶员的感觉器官产生刺激作用，并被接收、传送至大脑中枢。驾驶员经过思考、判断，作出决定后产生行为，即操纵汽车的行驶。应用

行为学相关知识，研究驾驶员在行驶过程中的行为特征，进而提出预防措施，避免交通事故的发生。

5)气象学

气候对行车安全有很大的影响。据统计，恶劣天气下的交通事故率明显高于正常天气条件下的交通事故率。应用气象学有关知识，研究各类天气条件下的交通活动特点、注意事项和一些特殊的操作方法，可以克服恶劣天气对交通的不利影响，保障行车安全。

6)统计学

为了预防和正确处理交通事故，必须客观、全面地认识交通事故现象。应用统计学的知识，对道路交通事故进行统计分析，查明交通事故总体的现状、发展动向以及各种影响因素对事故总体的作用和相互关系等，以便从宏观上定量地认识交通事故现象的本质和内在规律性。

7)计算机知识

道路交通安全的管理、评价等是个复杂的系统，涉及大量的安全信息，包括与安全密切相关的道路信息和与道路相关的安全信息。为了道路安全技术研究的开展和道路安全管理，应建立包含道路信息和交通信息的道路安全信息系统数据库，这就需要有关人员具备相应的计算机知识。

复习思考题

1. 道路交通安全与道路交通事故的定义是什么？二者有何区别？

2. 道路交通事故的分类方法有哪些？根据这些分类方法，道路交通事故可以分为哪几类？

3. 简述道路交通系统各组成要素之间的关系。

4. 试归纳道路交通安全的主要研究内容。

第二章　交通参与者与道路交通安全

道路交通安全与所有交通参与者都有直接关系，尤其是与作为交通强者的机动车驾驶员的关系更加密切。在汽车的行驶过程中，驾驶员的感知、判断和操纵三者中任何一项行为出现失误，均可能引起道路交通事故。

应用心理学的理论和方法，研究人在道路交通中的行为规律，分析人产生失误的原因，寻找预防失误的方法，以求达到减少道路交通事故、保证道路交通安全的目的。本章主要介绍有关驾驶员、行人和骑乘者的交通特征及事故心理，同时介绍交通参与者交通行为的管理对策。

第一节　驾驶员特征

一、驾驶员的视觉特性

1．概述

汽车驾驶员在行车中，有80%以上的信息是依靠视觉获得的。驾驶员的眼睛是保证安全行车的重要感觉器官，眼睛的视觉特性与交通安全有密切的关系。

行驶中，驾驶员的视觉判断能力与车速有关。车速变化时，驾驶员对于车外环境的判别能力也将发生变化。视觉的判断能力在行驶中与静止时完全不同，车辆高速行驶时，驾驶员因注视远方，视野变窄。实验表明：速度为40km/h时，视野角度低于100°；速度为70km/h时，视野角度低于65°；速度为100km/h时，视野角度低于40°。因此，对于设计行驶速度较高的道路，特别是高速公路，道路两旁必须要有隔离措施，而且车行道旁不许行人或自行车通行，以免发生危险。

2．视力

视力也叫视敏度，是指分辨细小的或遥远的物体或物体的细微部分的能力。视敏度的基本特征就在于辨别两物体之间距离的长短。视力分为静视力、动视力和夜间视力3种。

1）静视力

静视力是指在人和视标都不动的状态下检查的视力。在报考驾驶员时都要进行视力检查，一般认为1.0是正常视力。视力共分12级，用0.1～1.0代表，每级差0.1，此外还有1.2和1.5两级。

我国通用E字形视力表检查驾驶员的两眼视力。视力的国际测定方法是以能识别的最小两点所形成的视角为标准，目前采用由1909年第11次国际眼科学会制定的缺口环（C字形环）作为测定视力标准的仪器。这个缺口环，其底色为白色，环为黑色，环的外径为7.5mm，环

宽和缺口均为1.5mm，如图2-1所示。

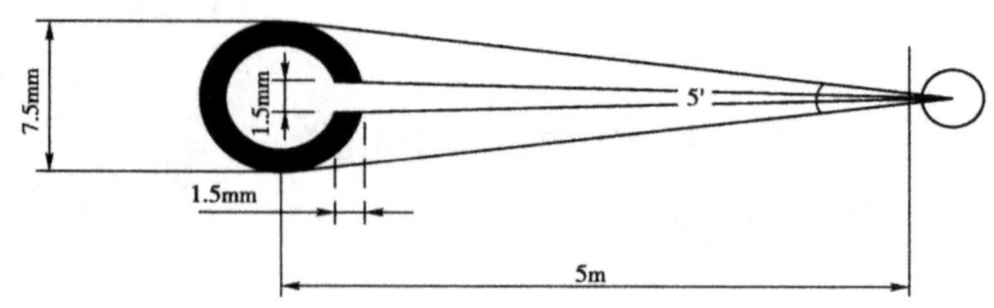

图2-1　视力的国际测定方法

在距离为5m的情况下能辨认出此缺口，则视力为1.0，此时对于缺口的视角为1′；若视角为2′时能看清缺口，则视力为0.5；视角为5′时能看清缺口，则视力为0.2；以此类推。我国规定，对于驾驶员的视力要求是两眼均为0.7以上（可戴眼镜）；日本规定对于领取普通驾驶执照的驾驶员要求两眼视力在0.7以上；大型车辆及3.5t以下的小型车辆和40km/h以上的机器脚踏车的驾驶员，则要求其两眼视力均在0.8以上（包括矫正视力）。在美国，各州的视力标准不一样，一般要求最低视力为0.5（不包括矫正视力）。

2）动视力

动视力是指人和视标处于运动（其中的一方运动或两方都运动）时检查的视力。汽车驾驶员在行车过程中的视力为动视力。驾驶员的动视力随车辆行驶速度的变化而变化，速度提高，动视力降低，如图2-2所示。一般来说，动视力比静视力低10%～20%，特殊情况下比静视力低30%～40%。例如，以60km/h的速度行驶的车辆，驾驶员可看清距离车辆240m处的交通标志；可是当速度提高到80km/h时，则连160m处的交通标志都看不清。

驾驶员的动视力还随客观刺激显露时间的长短而变化，当目标急速移动时，视力下降情况如图2-3所示。在照明亮度为20lx条件下，当目标显露时间长达1/10s时，视力为1.0；当目标显露的时间为1/25 s时，视力下降为0.5。一般来讲，目标作垂直方向移动引起的视力下降比作水平方向移动所引起的视力下降要大得多。

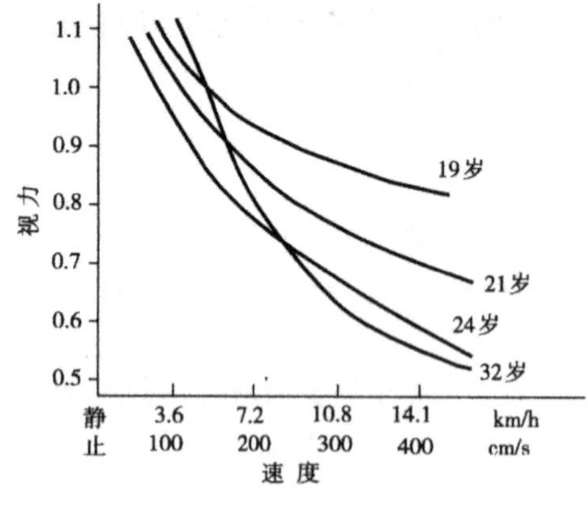

图2-2　动视力与速度的关系

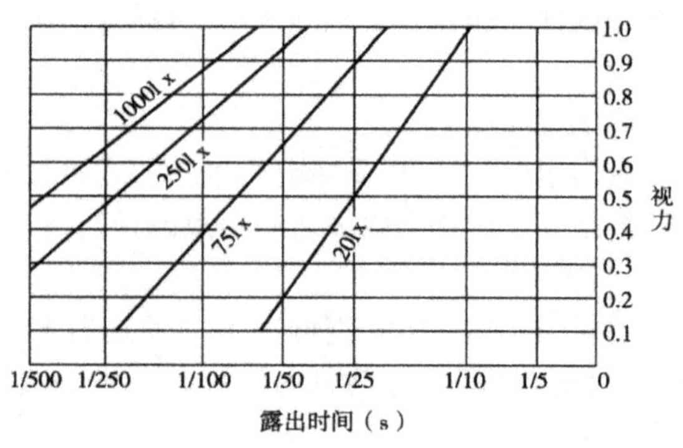

图2-3　刺激露出时间与视力关系

3）静视力与动视力的关系

静视力好是动视力好的前提，但静视力好的人不一定动视力都好。许多研究都表明，驾驶

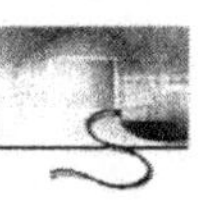

员的动视力与交通事故有密切关系，一项对365名驾驶员动视力与静视力相关性的研究结果表明：静视力为1.0的276人中，动视力小于等于0.5的有170人，占总人数的61%。因此，对于报考驾驶员的人，不仅要检查静视力，还应检查其动视力，而且要定期检查。

动视力还与年龄有关：年龄越大，动视力与静视力之差就越大。

4）夜间视力

夜间视力与光线亮度有关，亮度加大可以增强夜间视力，在照度为0.1～1 000lx的范围内，两者几乎成线性的关系。由于夜晚照度低引起的视力下降叫做夜近视，通过研究发现：夜间的交通事故往往与夜间光线不足、视力下降有直接关系。

对于驾驶员来说，一天中最危险的时刻是黄昏，因为黄昏时光线较暗，不开灯看不清楚，而当打开前照灯时，其亮度与周围环境亮度相差不大，因而也不易看清周围的车辆和行人，往往会因观察失误而发生事故。研究表明：日落前公路上的照度达数千 lx，日落后30min降到100lx，而日落后50min只有1lx，汽车开近光灯可增至80lx。

夜间汽车打开前照灯运行时，汽车驾驶员应注意以下几种情况。

（1）夜间视力与物体大小的关系

在白天，大的物体即使在远处也可以确认；但在夜间，离汽车前照灯的距离越远，照度越低，因此远处大的物体也不易看清。

（2）夜间视力与物体对比度的关系

在夜间对比度大的物体比对比度小的物体容易确认。表2-1是用国际视标缺口环进行夜间视力实验的一组数据。实验时，夜间汽车开前照灯行驶，当驾驶员看到视标的距离为认知距离，能确认视标缺口方向的距离为确认距离。

不同对比度下的认知与确认距离 表2-1

光　源	距　离	对比度为88%的视标	对比度为35%的视标
远光灯	认知距离 S_1(m)	70.4	20.3
	确认距离 S_2(m)	60.5	17.0
	S_1-S_2	9.9	3.3
近光灯	认知距离 S_1(m)	43.3	9.7
	确认距离 S_2(m)	25.5	8.0
	S_1-S_2	17.8	1.7

当对比度大时，认知距离与确认距离之差较大，此时驾驶员有较充分的时间应付各种事件，行车比较安全；对比度小时，认知距离与确认距离相差甚微，这时行车是不安全的。由此可见，夜间行车时物体的对比度显得特别重要。对驾驶员夜间行车可能遇到危险的地方要设置对比度大的警告标志，就是这个缘故。

（3）夜间视力与物体颜色的关系

交通环境中的众多信息，例如：交通信号、交通标志、标线及汽车内部的仪表灯、警告灯、车外的转向灯、示宽灯和制动灯等是靠色彩来表达和传递的，加之汽车车身的色彩也是交通景观的一个重要组成部分，由此看来色彩与交通有着密切的关系，所以色彩对车辆驾驶员来讲无疑也是很重要的。通过夜间与白天各种气候条件下不同颜色的识认性对比可知，在同样的气候条件下，同样一种颜色，夜间的识认性较白天差得多。夜间行车时，驾驶员对于物体的视认能力，是因物体的颜色不同而不同的。红色、白色及黄色是最容易辨认的，绿色次之，而蓝色则是最不容易辨认的。

(4)夜间驾驶员对路面的观察

车灯直射路面时，凸出处显得明亮，凹陷处很黑，驾驶员在行车中可根据路面明暗来避让凹坑。但由于灯光晃动，有时判断不准，若远处发现的黑影车辆驶近时消失，可能是小凹坑；若黑影仍然存在，可能凹坑较大、较深。月夜路面为灰白色，积水的地方白色，而且反光、发亮；无月亮的夜晚，路面为深灰色。若行驶中前面突然发黑，则是公路的转弯处。

(5)夜间行车驾驶员对行人的辨认

夜间行车，在仅依靠汽车前照灯照明的情况下，对驾驶员进行行人的辨认实验，其结果如图 2-4 和图 2-5 所示。

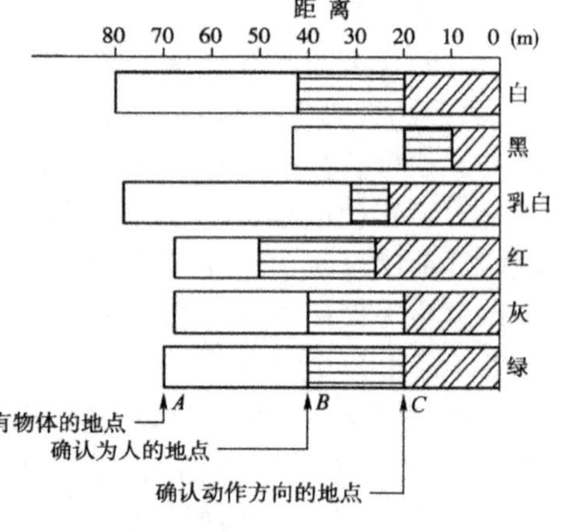

图 2-4 夜间行驶时对行人的辨别

由图 2-4 可知，辨认路肩上是否有物体存在，如为白色物体且使用近光灯，行驶的车辆距此物体距离在 80m 左右时即可辨认，黑色物体则需行至 43m 才能辨认；确认为人时，距离更短，穿白衣服者为 42m，穿黑衣服者为 20m；若要由其动作姿势确认行为方向时，穿白衣服者为 20m，穿黑衣服者为 10m。由此看来，在夜间，行人衣服颜色对驾驶员辨认距离影响很大。有些国家规定，夜间在道路上作业的人员必须穿黄色反光衣服，以确保安全。

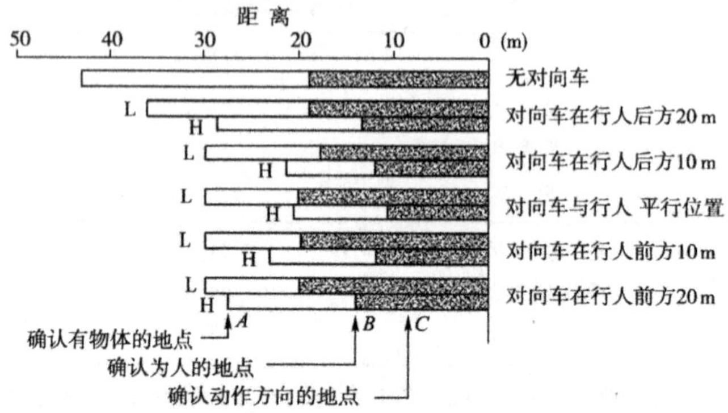

图 2-5 夜间会车时对行人的辨别

由图 2-5 可知，驾驶员由于受到对面来车前照灯的影响，对行人辨认能力降低，降低的程度与对方来车的前照灯的光轴方向、对方车辆和本车及行人的相对位置等因素有关。假设行人穿黑色衣服，要辨认此人，无对向车时的辨认距离为 20m，当对面来车由行人后方逐渐接近时，辨认距离逐渐缩短。

3．适应与眩目

1)适应

在实际道路交通中，驾驶员行车时遇到的环境光照度是变化的。当光照强度发生变化时，

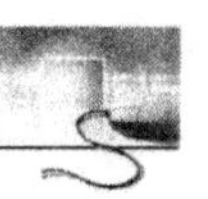

驾驶员的眼睛要通过一系列生理过程进行适应，这种适应能力主要靠瞳孔大小的变化及视网膜感光细胞对光线的敏感程度的变化实现。适应需要经过一段时间，不可能在一瞬间完成，所以，当外界光线突然发生变化时，人眼便会出现短时间的视觉障碍，这就是人眼的适应过程。光线突然由亮变暗时的适应过程称为"暗适应"，反之称为"明适应"。"明适应"过程较快，不过数秒至一分钟，但暗适应却慢得多。

图 2-6 为暗适应的时间经过，这一过程可分为两个阶段，开始 5 ~ 6min 内曲线下降比较平缓，这一段称为 A 段；经过 15min 以后，又开始缓慢下降，此段称为 B 段。暗适应曲线表明人眼在暗适应过程中，有光感的照度随时间的增加逐渐变低。暗适应延续发展的时间很长，可达 1h 左右。暗适应过程对安全行车影响最大，例如汽车在白天驶入公路隧道时，光线突然由明变暗，在进入隧道最初的几秒钟内，驾驶员可能感到视觉障碍，为了适应人眼的特性，隧道入口处应加强照明，汽车进入隧道后必须打开前照灯。暗适应过程因人而异，暗适应速度过慢、眼机能调节较差者则容易出现事故。

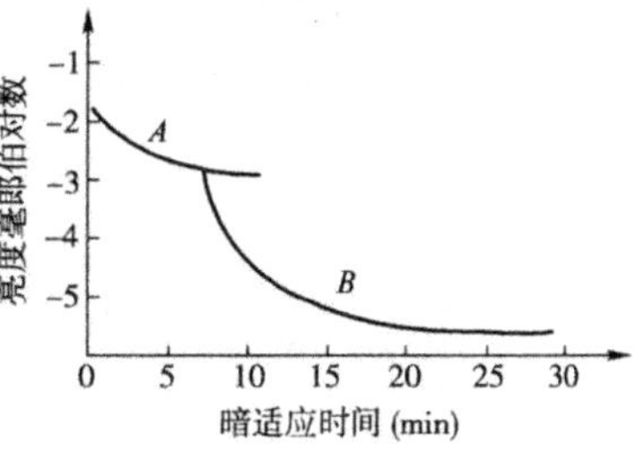

图 2-6　暗适应曲线

2）眩目

眩目会使人的视力下降，下降的程度取决于光源的强度、光源与视线的相对位置、光源周围的亮度和眼睛的适应性等多种因素。汽车夜间行驶多数遇到的是间断性眩光，一般认为，在以人眼视线为中心线 30°角以内的范围是容易发生眩目的区域，希望在此区域内不要有发生强烈光线的光源。

如有强光照射，视力从眩光影响中恢复过来需要的时间，从亮处到暗处大约为 6s，从暗处到亮处大约为 3s。视力恢复时间的长短与刺激光的亮度、持续时间、受刺激人的年龄有关。夜间眩光后视力的恢复时间，年龄越小时间越短，年轻驾驶员视力恢复时间为 2 ~ 3s，年龄超过 55 岁时，恢复时间大约为 10s。一般情况下，在道路中心线上的行人比在路侧的行人更容易被驾驶员发现。但在夜间会车时，由于对向车前照灯引起的眩目作用，使驾驶员反而不容易看清中心线附近的人和物，因而夜间处于道路中心线上的人是很危险的。为防止夜间会车时眩目，汽车前照灯应备有远近两种灯光，会车时使用近光。在道路设施方面也要注意防眩，如在上下行车道间设置隔离带、防眩板、加强路灯照明以使汽车夜间行车时不必使用前照灯等。

二、驾驶员的信息处理

驾驶员驾驶车辆在道路上正常行驶时，需要不断地认知情况、确定措施并实施操作。认知情况—确定措施—实施操作这一过程，实质就是获取信息和处理信息的过程。驾驶员的信息处理过程如图 2-7 所示。图 2-7 表示由环境获得信息，由接受器（感觉器官，主要是视觉、听觉和触觉等）经传入神经系统传递到信息处理部（中枢神经系统），经思考判断作出决定，然后经传出神经系统传递到效果器（手、脚等运动器官），从而使汽车产生运动。如果效果器在响应上有偏差，导致汽车发动响应异常，则必须把此信息返回到中枢神经系统进行修正，经传递由效果器执行修正后再命令。实际上，驾驶员的情绪、身体条件、疲劳程度、疾病以及药物等都与安全驾驶有密切关系，对信息处理得正确与否对响应特性有很大的影响。

驾驶员对信息的处理，是在一定的时间条件下进行，并在一定时间内完成的，及时准确地对信息进行处理是安全驾驶的关键。

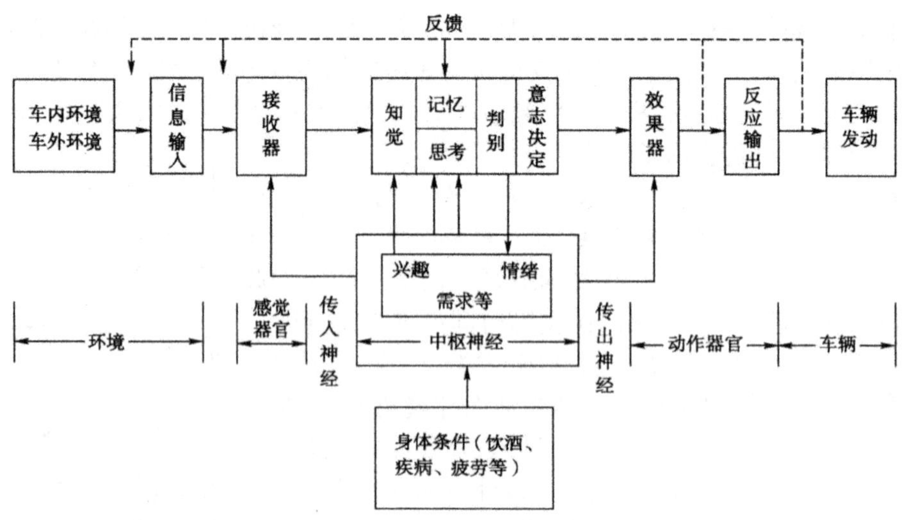

图 2-7 驾驶员的信息处理过程

三、驾驶员的反应特性

反应特性又称反应时间，是指从刺激到反应之间的时距。

人的反应时间与交通安全有密切关系。由于反应时间是人体本身固有的特性，不可能通过某种技术手段来改变，我们只能通过对反应时间的研究来认识其特点，以便尽量减少反应时间对交通安全的影响。

1. 简单反应与复杂反应

反应有简单反应和复杂反应之分。简单反应是给予驾驶员以单一的刺激，要求驾驶员作出反应。这种反应，除该刺激信号外，驾驶员的注意力不为另外的目标所占据，生理上的条件反射往往都是简单反应，因为它不经过大脑的分析、判断和选择。当驾驶员对外界某种刺激信息作出反应时，看起来好像是很快地产生动作，而实际上有一个过程，需要一定的时间。一般说来，简单反应时间较短。在实验室条件下，从眼到手这种反应是简单反应，如要求按响喇叭，通常需要 0.15 ~0.25s；从眼到脚的反应，如要求踩下制动踏板，约需 0.5s。

复杂反应是给驾驶员多种刺激，要求驾驶员作出不同的反应。例如，驾驶员在超车过程中，既要知道自己车辆的行驶速度，又要估计到前面被超越车辆的速度和让行超越路面的情况，操作上便有选择的准备超越时间。若超越时间长，至中途时，还要观察被超越车辆前面有无障碍或骑车、走路的人和物是否多占了有效路面，被超越车辆的驾驶员是否可以靠拢道路中心线或驶过道路中心线避让情况等，待确保安全时，再决定加速超车或停止超车。因此，超越车辆的驾驶员必须有选择余地和预知准备的余地，懂得道路行驶规律，才能在复杂道路环境中安全行驶。复杂反应的复杂程度取决于交通量的大小、汽车和车流中的另外一些车辆的速度、行驶路线及道路环境情况的变化等多种因素。

2. 影响驾驶员反应的因素

由于驾驶员的反应对车辆的安全行驶有很重要的作用，因此有必要分析哪些因素会影响

驾驶员的反应，以便尽量减少反应时间对行车安全的影响，在车辆、道路及交通环境的设计方面，采取有利于提高驾驶员反应速度的措施。一般情况下，影响驾驶员反应的因素分为客观刺激物和驾驶员自身的特性两个方面，下面分别加以分析。

1）刺激与反应

①刺激对象不同，反应时间不同，如表2-2和表2-3所示。由表2-2可见，反应最快的是触觉，其次是听觉，再次是视觉，反应最慢的是嗅觉。作为道路交通信息来说，利用接触刺激和声音刺激，都有一些困难，因此现在大部分用光线作为刺激物，如各种交通信号、交通标志和路面标线等。

刺激物与反应时间的关系　　表2-2

感觉（刺激物）	触　觉	听　觉	视　觉	嗅　觉
反应时间（s）	0.11～0.16	0.12～0.16	0.15～0.20	0.20～0.80

不同运动器官与反应时间的关系　　表2-3

运动器官	反应时间（ms）	运动器官	反应时间（ms）
左手	144	右手	147
左脚	179	右脚	174

由表2-3可知，刺激部位不同，反应时间不同，手的反应速度比脚快。

②同种刺激，强度越大，反应时间越短。这是因为刺激物作用于感觉器官的能量越大，则在神经系统中进行的过程越快。所以，如果以光线作为刺激物，则应提高它的亮度；如果以声音作为刺激物，则应提高它的响度。这些都有利于缩短驾驶员的反应时间。

③刺激信号数目的增加会使反应时间增长。如红色信号和有声信号同时作用，驾驶员的反应时间会比只用红色信号作用的反应时间增加1～2倍以上。

④刺激信号显露的时间不同，反应时间也不同。在一定范围内，反应时间随刺激信号显露时间的增加而减少。表2-4为光刺激时间对反应时间影响的一组实验数据。

光刺激时间与反应时间（单位：ms）　　表2-4

光刺激时间	3	6	12	24	48
反应时间	191	189	187	184	184

实验数据表明，光刺激持续的时间越长，反应时间越短，但当光刺激时间超过24ms时，反应时间不再减少。

⑤反应时间与刺激信号的空间位置、尺寸大小等空间特性有关。在一定限度内，驾驶员看刺激信号的视角越小，反应时间越长，反之则短。同时，刺激信号的空间特性对反应时间的影响还表现在，双眼视觉反应比单眼反应时间显著缩短，双耳听觉反应时间也比单耳反应时间短等。

2）年龄和性别与反应

反应时间与人的年龄和性别都有关系。一般来讲，在30岁以前，反应时间随年龄的增加而缩短，30岁以后则逐渐增加；同龄的男性比同龄的女性反应时间要短，如图2-8所示。

对驾驶员进行一般情况和紧急情况下的驾驶反应测试表明，在一般情况下驾驶，年龄大者（不超过45岁）得分高，事故少；在紧急情况下驾驶，年龄在22～25岁者得分高，事故少，年龄

大者成绩差。22～25 岁间的男驾驶员，反应时间短，22 岁的青年，教习 22h，可获得驾驶执照；45 岁的男性，需要 35h 方可获得执照；45 岁以上的男驾驶员，身体素质、神经感觉和精力等均有衰退，驾驶机能下降。

一般而言，男性为外倾型（心理活动表现外在、开朗、活泼、善交际），积极而富有正义感和意志决定能力；女性为内倾型（深沉、文静、反应迟缓、顺应困难），直观、情绪不定；男性驾驶员反应时间短，女性驾驶员则长；达到领执照标准的时间，女性驾驶员比男性长 26%。遇到紧急情况时差别较大，例如在遇到正面冲撞之前的一刹那，多数男性驾驶员想方设法摆脱，而女驾驶员则恐慌、手足无措。在培训驾驶员时，应适当延长女学员的训练时间，在安排任务时，应给女驾驶员操纵轻便车。这样，有利于保证交通安全。

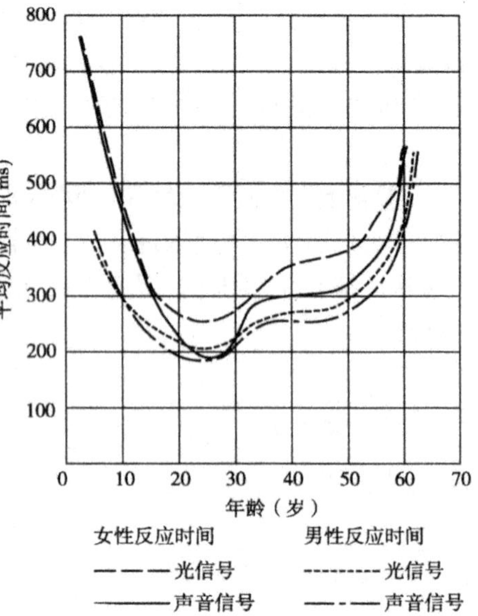

图 2-8　人的年龄与反应时间的关系

3）情绪和注意与反应

反应快慢不仅与年龄有关，而且与驾驶员在行车途中思想集中程度、当时的情绪及驾驶技术水平等有着密切的关系。积极的情绪可以提高和增强人的活力，当驾驶员在喜悦、惬意、舒畅的状态下，反应速度快，大脑灵敏度较高，判断准，操作失误少；而在烦恼、气愤和抑郁的状态下，反应迟钝，大脑灵敏度低，判断容易失误，出错多，特别是在应激的状态下对驾驶员的影响更大。

驾驶员在行车中若注意力分散，如谈话、接听电话、吸烟、考虑与驾驶无关的事情等都会使反应时间成倍增加。当遇到突发性的险情时，易出现惊慌失措、手忙脚乱的现象，甚至发生交通事故。

4）车速与反应

汽车速度越快，驾驶员的反应时间越长，车速慢时反应时间则短。从人的生理角度来看，车速越快，驾驶员的视野越窄，看不清视野以外的情况，情绪和中枢神经系统都处于相对紧张状态，导致反应时间变长。据测试，驾驶员在正常情况下，车速为 40km/h 时，反应时间为 0.6s 左右；当车速增加到 80km/h 时，反应时间增加到 1.3s 左右。

随着车辆运行速度的提高，驾驶员的脉搏和眼动都加快，感知和反应变慢，对各种信息的感受刺激迟钝，在会车和超车中往往会出现对车速估计过低，且容易对距离估计失误，尤其在越过障碍和在盲区路段行驶中对突发情况还未作出反应，事故就发生了。这种情况在肇事现场中就属车辆先将行人、物撞倒，然后再出现制动痕迹，肇事接触点在路面上的投影点，必然落在制动痕迹的前面。其实，很多事故都是因为驾驶员盲目开快车、遇到紧急情况反应来不及所致。

5）驾驶疲劳与反应

疲劳会使驾驶员的驾驶机能失调、下降，给安全行车带来不利影响。

驾驶员的疲劳主要是神经系统和感觉器官的疲劳。由于驾驶员在行车中要连续用脑来观察、判断和处理情况，脑部比其他器官需要更多的氧，长时间驾驶车辆，脑部会感到供氧不充分

而产生疲劳，开始出现意识水平下降、感觉迟钝等症状，继续工作下去，感觉进一步钝化、注意力下降、注意范围缩小。这些症状是中枢神经系统在疲劳时出现的保护性反应，好像机械设备中的安全阀发生故障一样。在这种状态下驾驶汽车容易出现观察、判断和动作上的失误，发生事故的可能性增加。

6）饮酒与反应

饮酒影响人的中枢神经系统，导致感觉模糊、判断失误、反应不当，进而危及行车安全。饮酒使人的色彩感觉功能降低，视觉受到影响；饮酒还对人的思考、判断能力有影响；饮酒使人的记忆力、注意力降低；还容易导致人的情绪变得不稳定、触觉感受性降低。这些都会使驾驶员的反应迟缓，发生事故的可能性增加。

四、驾驶员的心理特征

并不是所有的人都具备与驾驶工作相适应的心理条件。在驾驶员中，总有一些人比其他人更易发生交通事故。为此，对人体的心理特征作出综合评价具有非常重要的意义。

1. 感觉与知觉

感觉是客观事物的个别属性作用于人的感觉器官时，在头脑中引起的反应。感觉是最简单的心理过程，是形成各种复杂心理过程的基础。

与驾驶行为有关的最重要的感觉有视觉、听觉、平衡觉、运动觉等。视觉和听觉是眼、耳的功能。平衡觉是由人体位置的变化和运动速度的变化所引起的，人体在进行直线运动或旋转运动时，其速度的加快或减慢及体位的变化，都会引起前庭器官中感觉器的兴奋而产生平衡觉。运动觉是由于机械力作用于身体肌肉、筋腱和关节中的感觉器而产生兴奋的结果。不同感觉器官接受信息数量的比例分布如表2-5所示。

不同感官接受的信息数量比例分布　　表2-5

感　官	视　觉	听　觉	触　觉	味　觉	嗅　觉
比例（%）	80	14	2	2	2

产生感觉必须具备两个条件：一是客观外界事物的刺激，并且要有足够的强度，能为主体所接受；二是主观的感觉能力，为了能更好地感知交通信息，保证行车安全，就必须提高驾驶员对各种信息的感受能力。

知觉是在感觉的基础上，对事物各种属性的综合反应。在实际生活中，人们都是以知觉的形式来直接反映客观事物的。

知觉可分为空间知觉、时间知觉、运动知觉等类型。

1）空间知觉

空间知觉包括对对象的大小、形状、距离、体积和方位等的知觉，是多种感觉器官协调作用的结果。驾驶员的空间知觉是非常重要的一种知觉，行车、超车、会车都要依靠空间知觉。正确的空间知觉是驾驶员在驾驶实践中逐渐形成的。

2）时间知觉

时间知觉是对客观事物运动和变化的延续和顺序性的反应。人们总是通过某些衡量时间的标准来反映时间，这些标准可能是自然界的周期性现象，如太阳的升落、昼夜的交替、季节的变化等；也可能是机体内部一些有节律的生理活动，如心跳、呼吸等；也可能是一些物体有规律的运动,如钟摆等。由于受心理状态的影响,人们的时间知觉具有相对性。

3)运动知觉

运动知觉是人对物体在空间位移上的知觉,通过学习和实践运动知觉可以提高。驾驶员在估计车速时,是根据先前行驶的速度来估算当时速度的,当加速时,驾驶员则会低估自己的速度,而在减速时则又会高估自己的速度。速度估算的准确性是随工作年龄而增加的,同时,年老驾驶员趋于低估速度而年轻驾驶员则趋于高估速度。在一般条件下,人感觉速度的极限,水平线性加速度为 $12\sim20cm/s^2$,垂直线性加速度为 $4\sim12cm/s^2$,角加速度为 $0.2°/s^2$。

2. 注意

注意就是人们心理活动对一定事物对象的指向和集中。注意具有两个特征,一是对象的指向性;二是意识的集中性。车辆在行驶的过程中,驾驶员心理活动有选择地指向和集中于一定的道路交通信息,经过大脑的识别、判断、抉择,然后采取正确的驾驶操作,保障行车安全。所以,注意能力是影响行车安全的重要心理因素。

1)注意的指向性

指向,就是在每一瞬间把心理活动有选择地指向于一定的对象,同时离开其余的对象。汽车在弯道上行驶时,经验丰富的驾驶员主要是注意两点:一是无论是在何种情况下,始终保持正确的行驶路线;二是鸣号、减速。鸣号是警告对向驶来车辆的驾驶员和路边骑车、走路的人注意或让行;减速是为了降低车辆的离心力,以免车辆和物体向右侧滑或被甩出路面。

2)意识的集中性

集中,就是把我们的心理活动贯注于某一事物对象,表现为全神贯注、聚精会神、凝视和倾听等。被注意到的事物,就被感知得比较清晰、完整、正确;未被注意到的事物,就被感知得模糊。当然,别的事物仍循着物理学的规律对我们感觉器官施加影响,但我们的活动不会转向它们,仅仅把它们作为注意的边缘。此时由于注意的集中性,我们可以消耗较少的精力,使心理活动取得较大的效能。注意中心和注意边缘是经常转换的,正是由于注意能不断地转换,才能使行人和驾驶员对新的情况作出必要的反应。

3)注意的分配

驾驶员还应当有很好的分配注意的能力,以便同时接受几个信号、完成几个动作。在动态情况下,由于车辆的高速行驶,为了能迅速、及时、清晰、深刻地获得汽车运行的一切必要信息,需要随时调整注意的水平。经验表明,人的感受性不能长时间地保持固定的状态,而是在间歇地加强和减弱。如在空旷宽畅的道路上和在市区拥挤的道路上行车时,驾驶员投入的注意量是不同的,他是根据道路状况和内部的动机提高或降低注意水平的,当环境需要减少时,分配的注意量也减少。注意力的灵活程度对驾驶员来说很重要,依靠注意力的灵活性,驾驶员能把注意力从一个目标转移到另一个目标,从各种现象的总体中,分辨出最本质、首要的现象。有时也要求降低注意力的水平以避免疲劳。

驾驶员在单一环境中行车,其紧张程度就会降低,注意力衰减幅度很大,从而增加了发生事故的可能性。因此需要驾驶员高度重视,调节注意力分配以达到安全行车的目的。

3. 情绪与情感

情绪和情感是人对客观事物是否符合自己的需要而产生的态度,如人的喜、怒、哀、乐就是各种形式的情绪和情感。已形成的情感往往制约着情绪的变化,而人的情感又总能在各种变

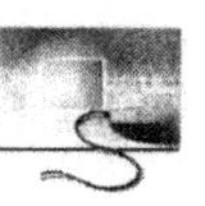

化的情绪中得到表现。

1）驾驶情绪与交通安全

人的情绪可以根据其发生的速度、强度和延续时间的长短，分为激情、应激和心境三种状态。

①驾驶员的激情与交通安全。激情是一种猛烈而短暂的、爆发式的情绪状态，如狂喜、愤怒、恐怖、绝望等。处于激情状态下的人，其心理活动特点是：认识范围变得狭窄，理智分析能力受到抑制，意识控制作用大大减弱，往往不能约束自己的行为，不能正确评价自己行为的意义和后果。驾驶员在激情状态下，由于自制力显著降低，极易产生不正确的反应，作出错误的行为，导致事故发生。所以驾驶员必须尽量控制自己的情绪，掌握一些避免或延缓激情爆发的方法，如自我暗示、转移注意等。

②应激与交通安全。应激是在出乎意料的紧急情况下所引起的情绪状态。如驾驶员在行车途中，突然发现有人横穿道路；或汽车正在急转弯时，突然闯出一辆没有鸣号的汽车等。在这些突然出现的情况面前，驾驶员有时呆若木鸡，作不出避让动作，有时会作出错误的反应。因此，在应激状态下，驾驶员必须头脑清醒、判断迅速、行为果断，才能处理好意外发生的情况。同时，驾驶员还应具有较高的安全行车意识、良好的驾驶习惯，以及努力提高自己的驾驶技术。这样，才能在紧急情况下，迅速作出正确反应，避免或减少事故的发生。

③驾驶员的心境与交通安全。心境是一种微弱而持久的情绪状态，对人的活动有很大影响。驾驶员在良好的心境下，判断敏捷，操纵准确，能轻松愉快地处理好行驶中遇到的各种复杂情况；而在厌烦、消沉、压抑的心境下，会表现得粗鲁易怒，容易开赌气车，这对安全驾驶是非常不利的。驾驶员应当努力培养积极的心境，克服消极心理，驾驶时始终保持良好的心境。

2）情感

情感可分为道德感、理智感和美感。

①道德感是一个人对人们的行为和对自己本人行为的情绪态度。道德感在人们的共同活动中发生、发展，并受该社会实际占统治地位的道德标准所决定。道德感的特点是具有积极作用，是完成工作、作出高尚行为的内部动机。

②理智感是人在认识事物和某种追求是否得到满足时所产生的情感。驾驶员在完成驾驶任务的活动中会引起一系列深刻的情感体验，例如寻找驾驶规律，认识在各种路面上驾驶的规律，总结出安全行驶的方法、措施等，往往会产生喜悦的情感，这种情感会推动他进一步思考、总结规律，从而更有效地完成任务，保证交通安全。

③美感是根据美的需要，按照个人所掌握的社会上美的标准，对客观事物进行评价时所产生的体验。驾驶员应该对给他提供交通方便的人产生尊敬感，主动为别人让车、让路。

4. 性格

性格是人对客观现实的态度，其行为方式上表现为习惯化、稳定化的心理特征，如刚强、懦弱、英勇、粗暴等。驾驶员由于性格不同，对安全行车的态度和行为方式也不同。

人的性格可以划分为多种类型。驾驶员的性格类型是按照个体心理活动的倾向性来划分的，有外倾型和内倾型两种。外倾型性格的驾驶员性格开朗、活泼且善于交际，在行车过程中自我控制能力、协调性差，自我中心意识强；内倾型驾驶员则相反，一般表现为镇静、反应缓慢、喜欢独处、重视安全教育、行车中不冒险。

驾驶员要确保安全驾驶，必须了解自己性格类型的特点，自觉地对自己的性格进行自我调节和优化组合，从而培养良好的性格。

第二节　其他交通参与者特征

一、行人特征

1. 行人的交通特性

行人的交通特性是由行人的心理特征决定的，主要表现为以下特点。

①行人决定是否开始横穿道路的主要依据是自己与驶近的汽车间的距离。根据国外的调查，如果车速为30～39km/h，行人开始横穿道路时，与驶近的汽车平均距离为45m；当车速为40～49km/h时，平均距离为50m。

行人横穿道路时的平均步行速度与年龄和性别有关。在一般情况下，13～19岁行人的平均步行速度为2.7m/s，20～49岁为1.8m/s，50岁以上为1.5m/s。从整体来看，男性平均为1.57m/s，女性平均为1.53m/s。

②行人结伴而行时，在从众心理支配下，往往互相以对方为依赖，忽视交通安全而导致事故。行人在横穿道路时，有70%～80%是个人单独步行，其余20%～30%是2～3人结伴步行。调查表明，3人以上结伴步行比1个人或2人同行的事故危险性大，由成人带领儿童或由同一单位的熟人构成的步行组合比其他步行组合危险性大。

③多数行人横过道路时，只注意一个方向的交通车辆，往往使自己闯入了驾驶员的行驶空间而导致交通事故。有时由于缺乏经验，顾此失彼，往往只顾躲第一辆车而忽视了后边还有第二辆车，或者不注意双向来往车而使自己处于两车流相会的夹缝中，这些都极易导致行人事故。

根据日本一项调查，行人不遵守交通规则随便乱穿道路时的心理活动如表2-6所示。

行人不走人行横道随便穿越道路时的心理活动　　表2-6

心理活动	所占比例(%)	心理活动	所占比例(%)
嫌麻烦	48.0	不知道附近有人行横道	0.9
平时的习惯	22.0	到对面有急事	0.9
想走近路	16.5	汽车不敢撞人	8.4
路上汽车不多，没关系	1.8	其他	1.5

④行人的自由度大，与车辆行驶速度差距很大，在行人走捷径心理的支配下，往往会突然闯入驾驶员的行驶空间，特别是上、下班怕迟到和着急回家或有急事的行人，表现得更为突出。

⑤部分行人对汽车性能不甚了解，在“自我为中心”的心理支配下，错误地认为汽车是由人掌握的，所以汽车不敢撞人，也不会撞人；听到喇叭声或看到车辆临近也不避让，不知汽车常常会失控而导致行人事故。此外，有的行人心不在焉，注意力分散或思想高度集中在其他事件上，边走边低头沉思，对过往车辆的行驶声、喇叭声听而不闻，对周围复杂的交通环境视而不见，极易造成行人事故。

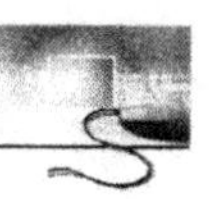

2. 不同行人的行为特征

1）儿童行人的行为特征

经研究，儿童作为行人，其行为特征表现为以下几个方面。

①儿童穿越道路时，不懂得观察和确认是否安全。在没有确认安全的情况下横穿道路是儿童行为的一大特征。成人在穿越道路时，注意观察和确认穿越时的安全并不困难，但儿童却很难做到，需要随着年龄和智力的增长逐渐学习。研究表明，1～4岁的儿童中，经常有60%以上的人在没有证实安全的情况下就横穿道路，5～8岁的儿童有30%左右。一般儿童到9～12岁，才能基本上达到和成人一样，能够对道路交通情况进行很好的观察和判断。交通量和行人平均确认安全次数的关系如图2-9所示。由图可以看出，随着儿童年龄的增加，确认安全的次数增加，但与成年人还有一定的差距，特别是在交通量较大的地方，成年人与儿童的差距更大。

②儿童常常跑步穿越道路。在穿越道路时，儿童的心理负担比成人大，往往急于到达道路的另一侧而跑步穿越，这是很危险的。因为驾驶员很难预料步行中的儿童会在什么时候突然跑起来，如果机动车驾驶员对此没有思想准备，就可能来不及避让而发生交通事故。图2-10表示不同年龄、性别的儿童跑步横穿道路的比例。由图可以看出，男孩跑步横穿道路的比例比女孩高，特别是5～8岁的男孩所占比例较大，3人中约有1人跑着穿越道路。

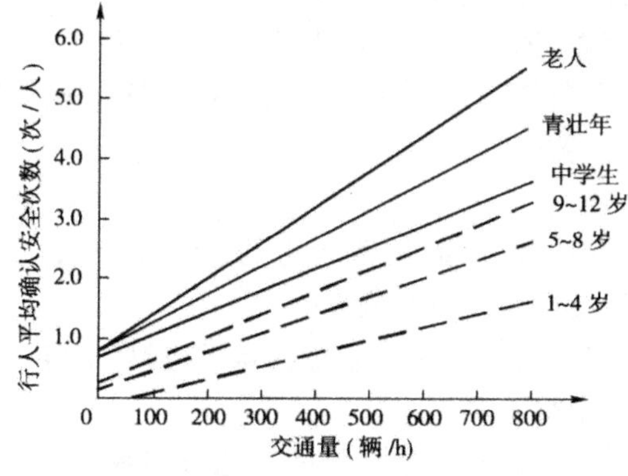

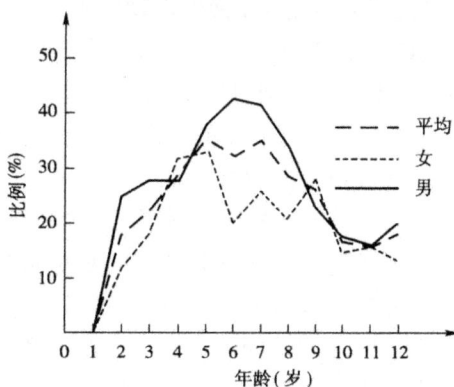

图2-9　交通量与行人平均确认安全次数关系　　图2-10　不同年龄的儿童跑步横穿道路的比例

③有成人带领时，儿童对成人有依赖性，认为有成人保护可任意行动。如果成人忽视了对儿童的照管，则容易造成交通事故。儿童和大人一起横穿道路时，违反交通法规的比例明显增加，由大人带领横穿道路不走人行横道和违反交通信号的比例较儿童单独行走时要高，如图2-11所示。

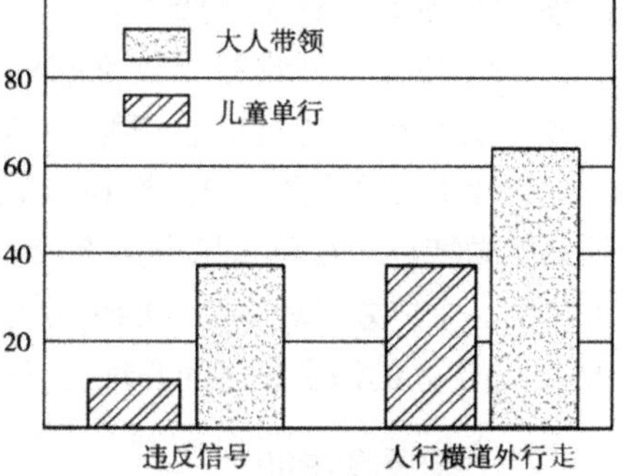

图2-11　儿童横穿道路时的违章对比

④儿童身体矮小，眼睛距地面高度低，视野比成人狭窄，对交通状况的观察受到限制。另一方面，儿童的目标小，不易引起机动车辆驾驶员的注意，特别儿童前面有大人或有障碍物时，儿童难以看见交通状况，驾驶员也难以发现儿童，这对儿童的交通安全是不利的。

⑤儿童经常在道路上玩耍。儿童和成年人使用道路的形式有时不同。成年人都是为了到达道路的另一边时才去穿越道路，而儿童却常把道路

当作可玩耍的地方,特别是在较偏僻的道路上,儿童更是毫无顾忌。经调查分析,美国被机动车撞死的5~10岁儿童有8.6%是在道路上玩耍时被撞的。

2)老年行人的行为特征

①老年人生理机能衰退,感觉和行为都显得迟钝,发现和躲避车辆的能力下降。

②对机动车辆速度和距离判断的误差大,有时因判断不清而与机动车辆争道抢行。

③交通安全意识低,往往认为老年人应受到照顾,汽车应该停下来让老年人先走。

④老年人喜欢穿深颜色的衣服,在夜间或傍晚时,不易被发现。

⑤老年人在横穿道路时,会发生突然折回的现象。这种情况很危险,常使驾驶员措手不及而造成交通事故。

据统计,老年人死于交通事故的,大多发生在横穿道路的时候。虽然老年人有以上的缺点,但老年人比较谨慎,乱穿道路的行为不多。日本的一项分析表明,55岁以上的老年人,在人行横道上等待穿越的时间平均为29s,比13~19岁少年等待时间长4s,并且等待时比较耐心。

3)青壮年行人的行为特征

青壮年人精力充沛、感觉敏锐、洞察力强、反应速度快、应变能力强,对交通法规也比较熟悉,一般不易发生行人交通事故。但是青壮年人的社会工作和家庭负担较重,出行时间多,行走距离长,这就增加了发生交通事故的客观因素。特别是有些青年人,好胜心强,经常不甘示弱,常与汽车争高低,如对汽车鸣笛置之不理、对过往车辆视而不见、经常任意穿越道路。因此,这些人发生交通事故多在横穿道路和交通拥挤的时候,尤其在强行拦车、强行搭车、偷扒汽车时发生的交通事故最多。据统计,青壮年在车祸中的死亡率,占交通事故总死亡人数的30%以上。

4)女性行人的行为特征

①女性行人一般较男性细心,观察周围交通环境比较仔细,规范行为的意识比较强,能自觉遵守交通规则。女性的这一心理特征比较有利于女性行人自身安全。

②女性行人的反应一般较男性慢,行动比较迟缓。女性的这一心理特点,造成她们穿行道路的时间较长,事故发生的机会增多,故对其步行安全很不利。

③女性行人情绪一般不如男性稳定,应变能力较差,属于非稳定型的交通参与者。女性行人在正常情况下,比较细心,也有耐心,能自觉遵守交通法规;但在危险紧急情况下,往往恐慌失措,手忙脚乱;有时中途停顿,进退两难;有时盲目乱跑,不知所措。女性行人的这一心理特征很容易导致自身受到伤害。

④女性行人喜欢穿比较艳丽的服饰,她们极易被驾驶员发现,从而避免不必要的行人交通事故。女性行人的这一心理特征,有利于自身安全。

以上列举了儿童行人、老年行人、青壮年人行人和女性行人的行为特征,可以看出各自都有自己的不同特点。然而,即使同一年龄、同一性别的人因其个体差异的存在,往往也表现出不同的行为特征。个体差异表现为人的个性心理特征,主要包括行人的目的、动机、兴趣、能力、气质和性格等方面,是个人的许多显著的心理、生理特性的综合,是人们先天具有的和后天获得的特性的综合。

二、骑乘者特征

1. 骑乘者的交通心理特征

1)胆怯心理

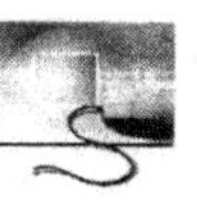

骑车人惧怕机动车，从而在骑行过程中产生胆怯心理。因为骑车人一无驾驶室，二无头盔，属于交通弱者，所以在骑车过程中离机动车越近，机动车的速度越快，骑车人就越害怕。同时，有些骑乘者在骑行过程中，处于一种不稳定的蛇形运动状态，停车易倒，致使产生一种惧怕的心理状态，造成精神高度紧张，越恐慌越摇晃，最后出现倒向机动车的可怕场面。胆怯心理多发生于初骑者、老人、妇女及少年。

2）侥幸心理

侥幸心理表现的场合比较多，如从小巷、支路转向大街时，不是慢行、看清楚道路交通情况后再骑出来，而是突然窜出；往往边骑车边看热闹，分散注意；夏天喜阴避晒，甚至逆行。

3）排他心理

排他心理表现的地方比较多，如明知必须遵守的规定也不遵守、不执行，或者骑行过程中带人、带重物、双手离把、扶肩并行、互相追逐、高速下坡等。

4）超越心理

自行车轻巧、灵活、方便、省力，这对人们在一定时间赶到目的地极为有利，所以除了老年人和妇女，一般骑车人都有骑车抢时间、争先恐后的心理，特别是男青年，遇到前面自行车速度慢就超车抢道。

5）单干心理

自行车是一人骑行的车辆，往往骑车人产生单干心理，表现的场合也很多，如多辆自行车在一条路上行驶，骑车人来回穿插，从慢车道穿到快车道，从车多处穿到车少处，尤其是在无交通警察管理的交叉路口表现尤为突出。

2. 不同骑乘者的行为特征

1）男性骑乘者的行为特征

对自行车交通事故的研究表明，男性骑乘者事故率高于女性，且男青年事故率最高。男青年骑自行车的心理特征主要有：排他性心理，逞强心理，表现为骑车时，喜欢高速度，来势凶猛，互不相让；出风头心理，表现为骑车撒把，搭肩并行。

2）女性骑乘者的行为特征

女性骑车人的心理特征一般分为两类：第一类为胆怯型：胆小，害怕出事故，表现为骑车不稳，遇机动车易恐慌，躲躲闪闪，当遇到复杂情况时容易惊慌失措，处理不当；第二类为冒险型：心理状态是无所谓，表现为骑车时与机动车抢道，互不相让。

3）儿童骑乘者的行为特征

儿童骑车的心理特征是无意识。其行为表现为：

①行动冒失，因为骑车的经历短，骑车时不知道避让行人和机动车辆。

②骑自行车追逐玩耍，由于骑自行车对少儿的诱惑力很大，兴趣很浓，所以注意力集中于骑车，而忽视其他机动车。

③ 缺乏交通安全常识，不懂交通法规，临危采取措施不当。

4）老年骑乘者的行为特征

老年人由于生理原因，反应迟钝，容易受到惊吓，遇机动车时惊慌失措，精神过度紧张，处理不当容易发生事故。

第三节　交通参与者行为与道路交通安全

一、交通参与者醉酒行为

酒精影响人的中枢神经系统，导致感觉模糊、判断失误、反应不当，从而危及行车安全。当人体血液内酒精含量过高，达到醉酒状态时，这种影响作用就更为明显，主要表现在以下几个方面。

①醉酒使人的色彩感觉功能降低，视觉受到影响。驾驶员80%左右的信息是靠视觉获得的，而在这80%左右的信息中，绝大部分都是有颜色的。当色彩感觉降低后，就不能迅速、准确地把握环境中的动态信息，使感觉输入阶段的失误增加。

②醉酒对人的思考、判断能力有影响。有人让驾驶员饮酒后驾驶汽车做穿杆试验，结果发现平时优秀的驾驶员在试验时也不能正确判断车宽和杆距的关系，穿杆连连失败。当血液中酒精浓度达到0.94%时，判断力会降低25%。

③醉酒使人记忆力降低，对外界事物不容易留下深刻印象，即使以前留下印象的事物也因酒精的影响而难以回忆起来。

④醉酒使注意力水平降低。据实验研究结果，当酒精进入人体内后，使人的注意力易偏向于某一方面而忽略对外界情况的全面观察，注意力的支配能力大大下降。行车过程中，注意力如果不能合理分配和及时转移，必然会影响对迅速多变的交通环境的观察，以致可能丢掉十分有用的道路信息，使道路交通事故发生的概率增大。

⑤醉酒使人的情绪变得不稳定，往往不能控制自己的语言和行为。这是因为酒精对人的中枢神经系统的麻醉作用，使大脑皮层的抑制功能减低，一些非理智的、不正常的兴奋得不到控制，因而表现出感情冲动、胡言乱语、行为反常。在驾驶车辆时，则可表现为胆大妄为、不知危险，出现超速行驶、强行超车等违章行为，极易发生道路交通事故。

⑥醉酒使人的触觉感受性降低，即触觉的感觉阈值提高了。汽车行驶时，驾驶员不能及时发现故障，增加了危险性。

德国一项研究表明，血液中酒精含量与交通事故之间存在着一定的关系，如表2-7所示。

血液中酒精含量与交通事故之间的关系　　表2-7

血液中酒精含量(%)	交通事故(%)			血液中酒精含量(%)	交通事故(%)		
	死亡	受伤	财产损失		死亡	受伤	财产损失
0.00	1.00	1.00	1.00	0.08	4.42	3.33	1.77
0.01	1.20	1.16	1.07	0.09	5.32	3.87	1.90
0.02	1.45	1.35	1.15	0.10	6.40	4.50	2.04
0.03	1.75	1.57	1.24	0.11	7.71	5.23	2.19
0.04	2.10	1.83	1.33	0.12	9.29	6.08	2.35
0.05	2.53	2.12	1.43	0.13	11.18	7.07	2.52
0.06	3.05	2.47	1.53	0.14	13.46	8.21	2.71
0.07	3.67	2.87	1.65	0.15	16.21	9.55	2.91

用人驾驶模拟器研究驾驶员饮酒后的驾驶操作情况，发现当血液中酒精浓度为0.08%

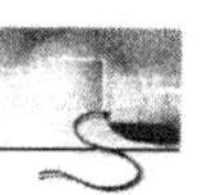

时，操作失误增加16%；血液中酒精浓度进一步增加时，驾驶员连转向盘都控制不了，判断力明显下降；当血液中酒精的含量超过0.1%时，驾驶能力下降15%，尤其在夜晚，车辆发生事故的机会显著增加。

二、驾驶员疲劳驾驶行为

疲劳是许多重大道路交通事故的根源。由交通事故统计资料可知，驾驶员由于疲劳降低了反应速度，是造成死亡事故的重要原因之一。

1）驾驶疲劳及其产生原因

驾驶疲劳是指驾驶员长时间连续驾驶所产生的疲劳。驾驶员长时间在速度快、噪声大、驾驶姿势单调、注意力高度集中、身体肌肉处于紧张的状态下行驶，在条件恶劣的道路状况和环境下行驶，或者长时间得不到及时的恢复和调节，驾驶员的身体就会发生生理机能和心理机能下降的现象，这种现象就是驾驶疲劳。如果疲劳过甚或休息不充分，日久则可能发生疲劳的积累，这时工作能力的降低便多少带有持久性特征。

引起驾驶疲劳的原因是多方面的，有生活上的原因（如睡眠、生活环境等）；工作上的原因（如车内环境、车外环境、运行条件等）；社会原因（如人际关系、工作态度、工资制度等）。其中，睡眠不足、驾驶时间过长和社会心理因素对驾驶疲劳的影响最大。

（1）睡眠与驾驶疲劳

睡眠不足是引起驾驶疲劳的重要因素。在睡眠严重不足的情况下，要求驾驶员在几分钟内集中注意力是可以办到的，而要求集中注意力半小时以上就很难办到了。此外，睡眠时间不当或睡眠质量不高也会引起疲劳。人在白天的觉醒水平高，深夜到凌晨则觉醒水平低，人的这种昼夜节律是难以改变的，如图2-12所示。图2-13是由于瞌睡而发生事故的时间分布。从这两个图中可以明显地看出，觉醒水平低的时间，恰是瞌睡事故发生率最高的时间。

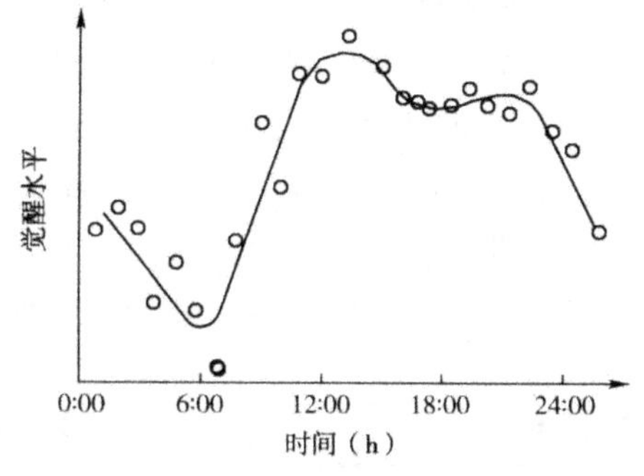

图2-12　人体昼夜觉醒水平图

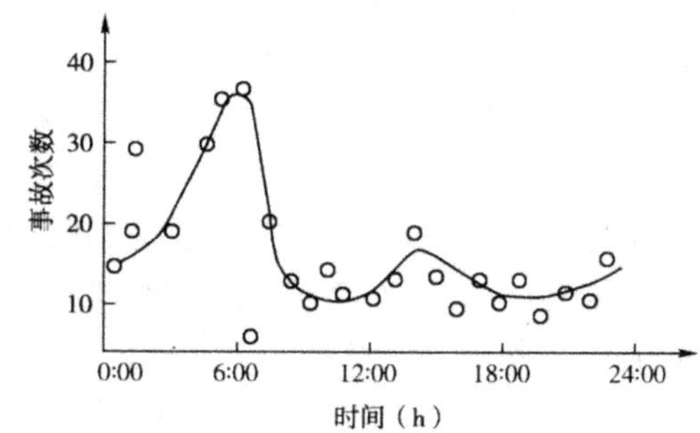

图2-13　瞌睡事故的时间分布图

（2）驾驶时间与疲劳

长途或长时间驾驶是造成驾驶疲劳的主要原因之一。驾驶和乘车的疲劳感可按身体症状、精神症状和神经感觉分成五个阶段。

0～2h时为适应新驾驶工作的努力期；2～4h是驾驶的顺利期；6～10h为出现疲劳期；10h以后为疲劳的加重期，其神经感觉症状明显加强；14h以后为过度劳累期，身体及神经感觉症状急剧加重。

(3)驾驶员身体条件与疲劳

驾驶疲劳与驾驶员的年龄、性别、身体健康状况、驾驶熟悉程度等有着密切的关系。一般年轻驾驶员容易感到疲劳,但也容易消除疲劳;而老年驾驶员疲劳的自我感觉较年轻人差,但消除疲劳的能力较弱;在同样条件下,女驾驶员较男驾驶员易疲劳;技术熟练的中年驾驶员驾驶时感到很轻松,观察与动作准确,不易疲劳,而新驾驶员驾驶时精神紧张,多余动作多,易疲劳。

(4)车内外环境与疲劳

驾驶室内的温度、湿度、噪声、振动、照明、粉尘、汽油味、乘坐的姿势与座垫的舒适性等,都会对大脑皮层有一定的刺激,超过一定的限度都会导致驾驶员过早疲劳。一般驾驶室的温度控制在17℃以下较适宜;噪声如果超过90dB,会使人头晕、心情急躁,超过120dB会使人晕眩、呕吐、恐惧、视觉模糊和暂时性的耳聋。车内环境对疲劳的影响很大,所以现代汽车均在积极改善驾驶室的环境。

车外环境,如果道路是长直路段且景观单调,交通混乱、拥挤、山路险峻等,易使驾驶员过早地疲劳。

2)驾驶疲劳对安全行车的影响

疲劳会使驾驶员的驾驶机能失调、下降,给安全行车带来不利影响。

表2-8中数据为不同年龄的驾驶员反应能力在一天内的波动情况,说明了长时间开车出现疲劳后会使感觉迟钝,反应时间延长,失误率增加。对复杂刺激(同时存在红色和声音刺激)的反应时间也增加了,有的甚至增长2倍以上。

不同年龄的驾驶员疲劳前后的反应时间 表2-8

年龄(岁)	疲劳前的反应时间(s)	疲劳后的反应时间(s)
18~22	0.48~0.56	0.60~0.63
22~45	0.58~0.75	0.53~0.82
45~60	0.78~0.80	0.64~0.89

疲劳后,动作准确性下降,有时发生反常反应(对较强的刺激出现弱反应,对较弱的刺激出现强反应);动作的协调性也受到破坏,以致反应不及时,有的动作过分急促,有的动作又过分迟缓,有时作出的动作并不错,但不合时机,在制动、转向方面,表现得最为明显。

同时,疲劳后判断错误和驾驶错误都远比平时增多。判断错误多为对道路的畅通情况、对潜在事故的可能性及应对方法考虑不周到;驾驶错误多为掌握转向盘、制动、换挡不当,严重者可发生手足发抖、脚步不稳、动作失调、肌肉痉挛,对驾驶产生严重影响。不同疲劳状态对驾驶行为的影响如表2-9所示。

不同疲劳状态下的驾驶行为 表2-9

状态 / 行为	正常状态	疲劳状态	瞌睡状态
控制车速	加速、减速动作敏捷	加速、减速操作时间较长,速度较慢	操作速度变换很慢或干脆不变
行车方向控制	能迅速、正确地作出判断,并不断地调节操作动作	不能及时迅速地作出调节性操作动作,甚至产生错误动作	停止操作
身体动作	操作姿势正常,无多余动作	较多的身体动作,如揉搓颈或头、伸懒腰、吸烟、眨眼	睡眠、身体摇晃

三、驾驶员超速行驶行为

所谓超速行驶，是指车辆的行驶速度超过一定道路条件所允许的行车速度，而不应简单地理解为高速行驶。例如，20km/h 的速度可能适宜在城市道路上行驶，而 80km/h 的速度可能适宜在高速公路上行驶，然而在拥挤的城市道路上，10km/h 的速度也可能太快。在不同的道路条件下，驾驶员作出的决策是不同的。在汽车性能和道路条件改善的情况下，人们总是倾向于高速行驶，车辆超速行驶的违章行为非常普遍，当到达弯道或遇到意外情况需要减速的时候，往往无法立刻降低车速，事故因此而发生。

车速的快慢对事故发生的可能性及其严重性有着直接的影响，超速行驶所带来的危害是多方面的，归纳起来主要有以下几点。

①超速行驶使车辆发生机械故障的可能性大大增加，直接影响驾驶员操作的稳定性，很容易造成爆胎、制动失灵等机械故障事故。

②超速行驶过程中，如遇紧急情况，驾驶员往往措手不及，容易造成碰撞、翻车等事故，而且由于冲击破坏力大，多为恶性事故。

③超速行驶使驾驶员视力降低、视野变窄、判断力变差，一旦遇到紧急情况，采取措施的时间减少，使发生事故的可能性大大增加，而且会加重交通事故造成的后果。

④超速行驶时，驾驶员精神紧张，心理和生理能量消耗量大，极易疲劳。

⑤超速行驶使驾驶员对相对运动速度的变化估计不足，从而造成措施迟缓，影响整个驾驶操作的及时性和准确性。

⑥超速行驶使车辆的制动距离增长，车速每增加一倍，制动距离约增加四倍，特别是在重载和潮湿路面上，制动距离更长，一旦前车突然减速，极易造成追尾事故。

⑦在弯道上行驶时，车速越高，横向离心力越大，从而使操作难度增加，稍有不慎，车辆就会驶入别的车道或发生车辆倾覆，极易造成道路交通事故。

第四节　交通参与者交通行为的管理

一、酒后驾车行为管理法规

由于酒精对人体心理和生理的影响特别大，因此，国家法规严禁酒后驾车。

交通警察在执法中对酒后驾车违法行为的查验，执行国家质量监督检验检疫局 2004 年 5 月 31 日发布的国家标准《车辆驾驶人员血液、呼气酒精含量阈值与检验》(GB 19522—2004)，车辆驾驶人员每百毫升血液中的酒精含量大于或等于 20mg、小于 80mg 为饮酒驾车，每百毫升血液中的酒精含量大于或等于 80mg 为醉酒驾车。

《道路交通安全法》第二十二条规定："饮酒、服用国家管制的精神药品或者麻醉药品，或者患有妨碍安全驾驶机动车的疾病，或者过度疲劳影响安全驾驶的，不得驾驶机动车。"

《道路交通安全法》第九十一条规定："饮酒后驾驶机动车的，处暂扣一个月以上三个月以下机动车驾驶证，并处二百元以上五百元以下罚款；醉酒后驾驶机动车的，由公安机关交通管理部门约束至酒醒，处十五日以下拘留和暂扣三个月以上六个月以下机动车驾驶证，并处五百元以上二千元以下罚款。”“饮酒后驾驶营运机动车的，处暂扣三个月机动车驾驶证，并处五百元罚款；醉酒后驾驶营运机动车的，由公安机关交通管理部门约束至酒醒，处十五日以下拘留和暂扣六个月机动车驾驶证，并处二千元罚款。”“一年内有前两款规定醉酒后驾驶机动车的行为，被处罚两次以上的，吊销机动车驾驶证，五年内不得驾驶营运机动车。”

最高人民法院《关于审理交通肇事刑事案件具体应用法律若干问题的解释》规定：“酒后驾车肇事致1人重伤，负全部责任或者主要责任的，将以交通肇事罪处罚。”

二、连续驾驶时间限制

为防止驾驶员因过度疲劳造成交通事故，每一次连续行车的时间不能太长，每天的工作时间也不可过长。日本学者随车调查长途载货汽车驾驶员的疲劳情况后认为，驾驶员每天行车时间不宜超过10h，每次连续驾驶2h后应稍事休息，累计行车时间未超过5h之前，要安排一次1h左右的休息，1天之内总累计行车时间以不超过8h为宜，这样可以使驾驶员始终在精力充沛的状态下驾驶车辆。若出现判断不够准确、不时瞌睡的现象，必须强迫驾驶员停车休息。

在安排运输任务时，必须考虑驾驶员的身体承受能力，尽量做到劳逸结合。长途运输必须安排正副两个驾驶员交替驾驶；对于驾驶重载车、大型载货车、拖挂车的驾驶员及女驾驶员，连续驾驶时间应再缩短些；年纪大的驾驶员，恢复精力比青年人慢，所以疲劳后的休息时间可略长些。

当前，世界各国都十分重视研制防止驾驶员疲劳或瞌睡的电子设备，但这些都是治标的方法。要想从根本上减少驾驶疲劳，应该努力提高驾驶员的身心素质、加强科学管理，从汽车设计上努力改善驾驶室的环境，不断改善道路条件，加强交通工程设施建设等。

三、限制车速管理对策

合理地限制车速是确保道路安全、高效运营必不可少的措施。确定车速限制值的方法有很多，各国的确定方法通常考虑下列因素：85%位车速、交通法规、安全状况、道路两侧土地开发的程度、停车和行人、交通量和车辆组成、设计速度、公众意见、曲线的安全速度、可见度限制、路面特性和道路宽度、路肩类型和宽度、交叉口数量、现有的交通控制设施及平均车速等。

其中，85%位车速法通常被用来确定车速限制值。研究表明，85%位车速处于事故率最低的车速范围。平均车速加上1倍的车速标准差大约等于85%位车速，若车辆以高于平均车速2倍标准差的速度行驶，则事故率将明显提高。

研究表明，改变车速限制值对车辆速度只有微小的影响，将车速限制值提高16.1km/h，85%位车速只提高了3.2km/h。驾驶员是通过对道路和周围环境的判断来选择车速的，而不是通过限速标志。另一研究结果表明，对小型车采取较高的车速限制值，对大型车采取较低的车速限制值，并不会导致车速方差增大。例如，美国某些州将小型车的车速限制值提高了16.1km/h，大型车的车速限制值则不变，其结果是小型车的车速提高了1.6~6.4km/h，大型车的车速则没有变化，而车速的方差却有所降低；另外，在采用不同车速限制值的州，小型车碰撞大型车的事故居多，而在采用统一车速限制值的州，大型车碰撞小型车的事故居多，这说明对小型车和大型车采用不同的车速限制值可以降低事故的严重性。由于限制车速可以提高安全性，各国一般都根据本国的实际情况对道路上行驶的车辆进行最高车速限制。

复习思考题

1. 简述影响驾驶员反应的因素及其影响机理。
2. 驾驶员的心理特性有哪些？
3. 试述疲劳驾驶与交通安全的关系及预防对策。
4. 试说明超速行驶与交通安全的关系及对策。
5. 请分析驾驶员、行人和骑乘者的交通特性。

第三章　汽车与交通安全

道路交通安全主要与“人—车—路—环境”组成的系统有关,汽车是这一系统中潜在危险性最大的环节。汽车作为交通系统中的主体,其结构和性能对交通安全有直接影响。汽车安全性分为被动安全性和主动安全性。汽车被动安全性是指发生交通事故后,汽车本身减轻人员受伤和货物受损的性能,又可分为内部被动安全性和外部被动安全性。汽车主动安全性是指汽车本身防止或减少道路交通事故发生的能力,主要取决于汽车制动性、行驶稳定性、操纵性、动力性及驾驶员工作条件等。

第一节　汽车性能及结构对交通安全的影响

一、汽车操纵稳定性及其对交通安全的影响

汽车的操纵稳定性包含互相联系的两个方面内容,即操纵性和稳定性。操纵性是指在驾驶员不感到过分紧张、疲劳的情况下,汽车能遵循驾驶员通过转向系及转向车轮给定的方向行驶;稳定性是指汽车遇到外界干扰时,能抵抗干扰而保持稳定行驶的能力。汽车的操纵稳定性不仅影响到汽车驾驶的方便程度,而且也是决定高速汽车安全行驶的主要性能之一。所以人们称之为“高速车辆的生命线”。

1. 操纵稳定性包含的内容及评价

汽车操纵稳定性所包含的内容较多,它需要采用多个物理量从多个方面进行评价,其主要内容包括:稳态响应、瞬态响应、回正性、直线稳定性、转向轻便性及抗侧翻能力等。

1)稳态响应

汽车等速直线行驶是一种稳态,若在汽车等速直线行驶时,急速转动转向盘至某一转角时,停止转动转向盘并维持此转角不变,汽车经过较短时间后便进入等速圆周行驶状态,这也是一种稳态。在稳态下由于“干扰”(操纵转向盘转向、横向风作用、路面不平等)而引起的车辆响应称为稳态响应。

汽车的等速圆周行驶状态虽然在实际行驶中不常出现,但对操纵稳定性的影响却有着十分重要的意义,等速圆周行驶的稳态响应又称为汽车的稳态转向特性。汽车的稳态转向特性分为3种类型:不足转向、中性转向和过多转向,如图3-1所示。这3种不同转向特性的汽车具有如下行驶特点:在转向盘保持一固定转角 δ_w,缓慢加速或以不同车速等速行驶时,随着车速的增加,不足转向汽车的转向半径 R 增大;中性转向汽车的转向半径维持不变;而过多转向汽车的转向半径则越来越小。

具有不足转向特性的汽车操纵稳定性较好。因为汽车转弯时,离心力与速度的平方成正比,与转弯半径R成反比,因此具有不足转向特性的汽车,由于转向半径的增大,使离心力减小,对安全行驶有利。

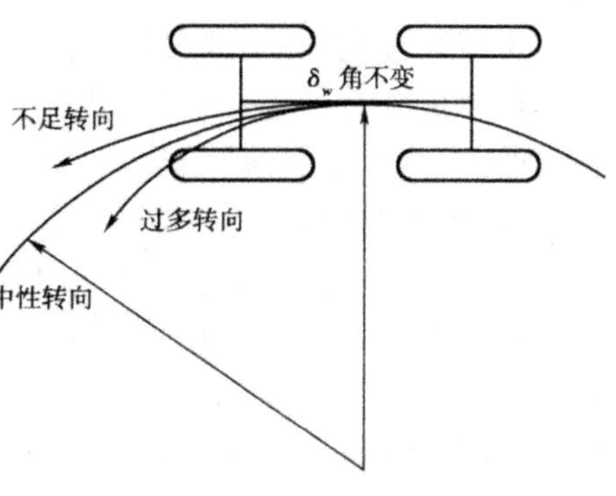

图 3-1　汽车的 3 种稳态转向特性

具有过多转向特性的汽车,随着车速的增加,转向半径减小,离心力增大,对安全行驶不利。

具有中性转向特性的汽车,虽然转弯半径不随车速变化,但是在使用条件变化时,有可能转变为过多转向特性而失去稳定,对汽车的安全行驶极为不利。

综上所述,汽车通常设计成具有适度的不足转向特性,而不是具有中性转向特性或过多转向特性。

2)瞬态响应

在等速直线行驶与等速圆周行驶这两个稳态运动之间的过渡过程便是一种瞬态,相应的瞬态运动响应称为瞬态响应。瞬态响应的好坏直接影响汽车的操纵稳定性。比如变换车道行驶、避让障碍行驶以及对意外情况的处理,驾驶员都会遇到猛打转向盘及迅速回正的问题。

汽车瞬态响应的运动状态随时间变化而变化。图 3-2 所示为一辆等速行驶的汽车在$t=0$时,驾驶者急速转动转向盘至角度θ并维持此转角不变时的汽车瞬态响应曲线。用横摆角速度ω_a描述汽车的瞬态响应,可以看出,给汽车以转向盘转角阶跃输入后,汽车横摆角速度经过一个过渡过程后达到稳态横摆角速度ω_{a0},此过渡过程即为汽车的瞬态响应。如图 3-2 所示,汽车的瞬态响应与反应时间t(横摆角速度由 0 达到稳态横摆角速度ω_{a0}的时间)有关。反应时间越短,驾驶者感到转向响应越迅速、及时,否则就会觉得转向迟钝。另外与进入稳态所经历时间σ(横摆角速度达到稳态值 95% ~105% 之间的时间)有关。进入稳态所经历时间越短,说明横摆角速度收敛得越好,汽车很快达到新的稳定状态。

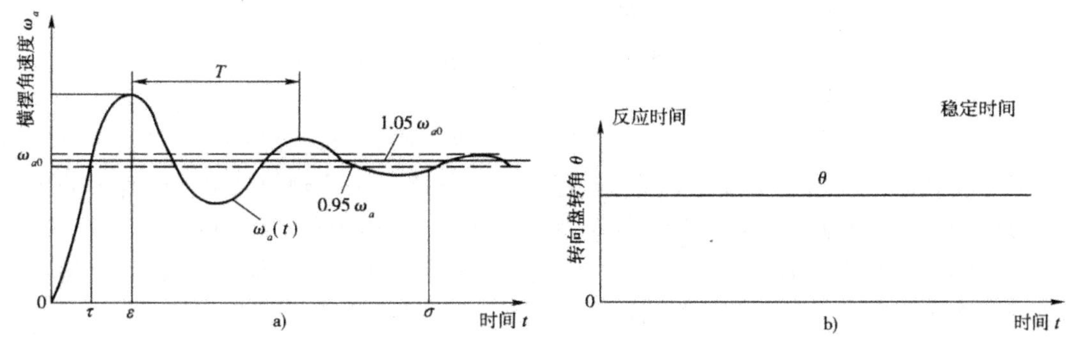

图 3-2　转向盘转角阶跃输入下的汽车瞬态响应

3)回正性

汽车完成变道、避让、转弯等行为后要进行回正,要求汽车能自动回正,即驾驶员松开转向盘时,转向盘应能迅速回正。回正性是衡量汽车操纵性的指标之一,回正能力差的汽车不容易操纵,即操纵性不佳。

4)直线稳定性

直线行驶的汽车,驾驶员并没有转动转向盘,有的汽车会在某一车速或某一车速以上,甚至偶遇路面不平便会左右反复摆动,这种现象称为摆头。摆头使驾驶员紧张疲劳,汽车操纵稳定性变差,降低了行车安全性。

5)转向轻便性

转向轻便性是衡量汽车操纵性的指标之一,《机动车运行安全技术条件》(GB 7258 —1997)中要求转向时施加于转向盘外缘的最大切向力不得大于245N,当车辆转向桥轴载质量大于4 000kg时,必须采用转向助力装置。

6)抗侧翻能力

汽车在侧坡上直线行驶时,若侧坡角过大,就可能发生侧翻。如图3-3所示,汽车在侧坡上直线行驶时,当坡度大到使重力通过一侧车轮接地中心,而另一侧车轮的地面法向反作用力等于零时,为汽车即将发生侧翻的临界状态。此时有:

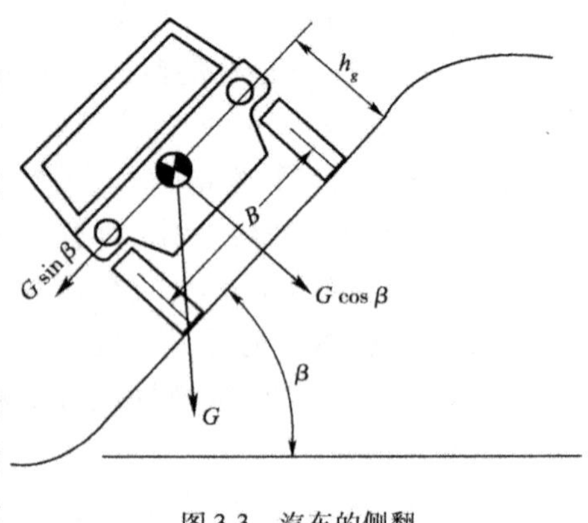

图3-3　汽车的侧翻

$$Gh_g\sin\beta = G\frac{B}{2}\cos\beta \tag{3-1}$$

$$\tan\beta = \frac{B}{2h_g} \tag{3-2}$$

式中:β——汽车不发生侧翻的极限角。

由式(3-2)可见,降低汽车质心高度 h_g 和增加轮距 B,均可防止侧翻。《机动车运行安全技术条件》(GB 7258—1997)中要求,汽车在空载、静止情况下,侧翻极限角不得小于28°(双层客车)、30°(总质量为车辆整备质量的1.2倍以下的车辆)、35°(其他车辆)。

2. 提高汽车操纵稳定性的主要途径

操纵稳定性与汽车的转向系、行驶系、轮胎及车辆的空气动力学密切相关。

1)增加轮胎的侧偏刚性

增加轮胎的侧偏刚性可以使操纵稳定性得以改善。使后轮轮胎的侧偏刚性大一些,有利于不足转向,在汽车使用中可通过提高后轮轮胎的充气压力来达到提高侧偏刚性的目的。此外,还可以通过选择不同类型的轮胎来提高侧偏刚性,如子午线轮胎的侧偏刚性较高。

汽车装载时,适当增加前轮载荷,即汽车重心偏前,会使前轮偏离角增加,后轮偏离角减小,容易产生不足转向,改善操纵稳定性。

2)转向主销后倾和内倾

转向轮定位中的主销后倾和主销内倾都有使车轮自动回正的作用。主销后倾角和主销内倾角不宜过大或过小。若主销后倾角过小,则起不到自动回正的作用;若主销后倾角过大,会引起转向沉重;若主销内倾角过大,转向时会增加轮胎与地面间的磨损。因此应合理地选择转向轮定位参数。

3)减小前轮前束值

转向轮定位中减小前轮前束值可以降低前轮摆振,从而减轻汽车的摆头现象,提高汽车操

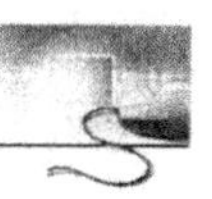

纵稳定性。

4）加装转向助力装置

为了减轻驾驶员转向操纵力，越来越多的汽车加装了转向助力装置。转向助力装置可以同时满足转向灵敏性和轻便性。转向助力装置分为液压式和气压式两种，其中液压式体积小，工作可靠，应用广泛。目前转向助力装置已发展为带感速机构的助力装置，即根据不同车速提供不同的助力。通常车速越低，助力越大；车速越高，助力越小。这样既降低了驾驶员的操纵强度，又不至于在高速时转向盘过轻而产生不安全感。

3．操纵稳定性对道路交通安全的影响

汽车设计时，若不考虑汽车的稳态转向特性，对于过多转向或中性转向的汽车，在转向时，驾驶员未能及时调整转向盘转角并降低车速，则会导致汽车失控而造成交通事故。

汽车的瞬态响应运动状态随时间而变化，但变化应及时。否则已经转动了转向盘，而车辆却迟迟没有反应，驾驶员会感到汽车转向不灵敏，不能"得心应手"地进行操作。当遇到紧急情况时，因转向不灵而无法应对，易造成交通事故。

汽车转向系统使用后因磨损而使各零件间隙变大，使前轮定位失准，悬架和转向机构不协调，因而使直线行驶的汽车出现摆头现象。摆头不仅加剧零部件的磨损，驾驶员操作疲劳，更严重的是使驾驶员感觉汽车操纵性差，行车安全感极差。

为了减轻驾驶员的劳动强度，要求汽车具有转向轻便性。要求转向力要在规定的范围内，若转向力过大，会增加驾驶员的劳动强度，在急转弯或紧急避让时会造成转向困难或不能完成转向动作，对汽车安全行驶有很大的影响。若转向力过小，会使转向发飘，驾驶员路感降低，对安全运行也不利。

总之，汽车的操纵稳定性差，就不能准确响应驾驶者的"转向指令"；当汽车受外界干扰后难以迅速恢复原来的行驶状态。操纵稳定性差可能引起汽车摆头、转向沉重、转向甩尾、高速发飘、斜行、不能自动回正等现象，使汽车行驶的安全性变差，极易出现交通事故，严重影响道路交通安全。在汽车行车安全日益重要的今天，操纵稳定性作为与汽车行车安全密切相关的性能也日益受到重视。操纵稳定性好的汽车应该在驾驶员的"掌握"之中，行驶起来得心应手，完全遵从驾驶员的操纵意愿，且操纵起来并不费力费神。即使偶有外界干扰，例如横向风、不平路面等，也应能维持原来行驶方向安全行驶。

二、汽车制动性能及其对道路交通安全的影响

汽车的制动性是指汽车行驶时能在短距离内停车且维持行驶方向稳定性和在下长坡时能维持一定车速的性能。汽车制动性是汽车的主要性能之一。制动性直接关系到道路交通安全，重大交通事故往往与制动距离太长、紧急制动时发生侧滑等情况有关。因此，汽车的制动性是汽车安全行驶的重要保证。

1．制动性包含的内容及评价

汽车的制动性主要从制动效能、制动效能的恒定性和制动时汽车的方向稳定性 3 个方面来评价。

1）制动效能

制动效能是指汽车在良好的路面上，以一定初速度制动到停车的制动距离或制动时汽车

的减速度。它是制动性能最基本的评价指标。

(1)制动距离

制动距离与汽车的行驶安全有直接的关系，它指的是汽车速度为 v_0 时，从驾驶员开始操纵制动踏板到汽车完全停止所驶过的距离。制动距离与制动踏板力、路面附着条件、车辆载荷等许多因素有关。由于各种汽车的动力性不同，对制动效能也提出了不同的要求：一般轿车和轻型载货车行驶车速高，所以要求制动效能也高；重型载货车行驶车速低，要求就稍低一些。

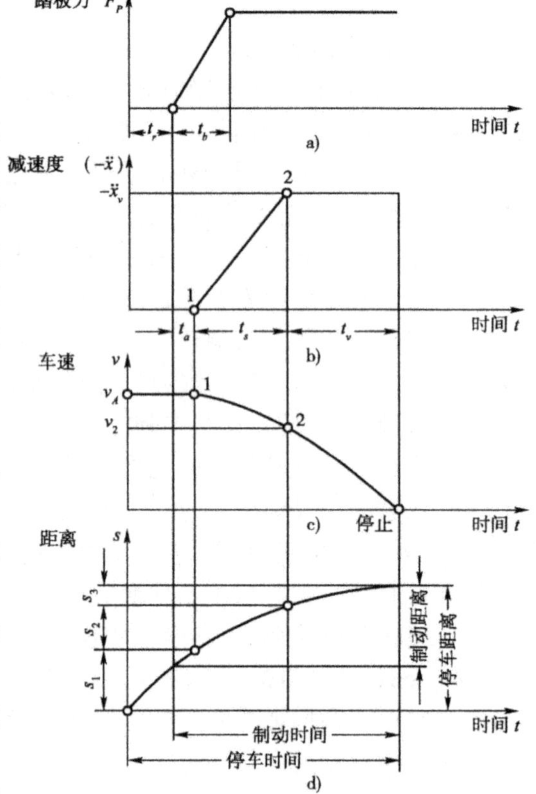

图 3-4　制动过程

图 3-4 所示，为一次制动过程的几个时间段。

反应时间 t_r：从驾驶员识别障碍到把脚力 F_p 加到制动踏板上所经历的时间；

操纵力增长时间 t_b：脚力 F_p 由零上升到最大值所需要的时间；

协调时间 t_a：从施加踏板力到出现制动力的时间，包括消除各铰链和制动器间隙时间；

减速度增加时间 t_s：减速度由零增加到最大值的时间；

持续制动时间 t_v：脚力假定是一常数，车辆减速度不变，车辆速度降到零为止。

由图 3-4 可见，制动距离应为 t_r、t_a、t_s 和 t_v 四段时间内驶过的距离。根据减速度、速度、距离之间的相互关系(即减速度积分为速度，速度积分为距离)，最终可以推导出制动距离关系式，即：

$$S = v_a\left(t_r + t_a + \frac{t_s}{2}\right) - \frac{v_a^2}{2x''_v} + \frac{x''_v}{24}t_s^2 \tag{3-3}$$

式中：v_a——起始制动速度；

x''_v——制动减速度。

在正常情况下，式(3-3)中第三项可以忽略，即有：

$$S = v_a\left(t_r + t_a + \frac{t_s}{2}\right) - \frac{v_a^2}{2x''_v} \tag{3-4}$$

通过式(3-4)可以确定汽车行驶时的安全距离。安全距离包括绝对安全距离和相对安全距离。

保持绝对安全距离可以在前车突然停止时，保证后车不至于发生碰撞事故。所以绝对安全距离等于停车距离，即：

$$S_{绝对} = v_a\left(t_r + t_a + \frac{t_s}{2}\right) - \frac{v_a^2}{2x''_v} \tag{3-5}$$

相对安全距离是假设前后相邻两车以同样的减速度制动。这样制动距离可以缩短，即有：

$$S_{相对} = v_a\left(t_r + t_a + \frac{t_s}{2}\right) \tag{3-6}$$

通常在计算制动距离时，不考虑驾驶反应时间。由式(3-4)可见，决定汽车制动距离的主要因素是：制动器起作用的时间($t_r + t_a$)、最大制动减速度 x''_v 及起始制动车速 v_a。

(2)制动减速度

制动减速度与地面制动力有关，因此它取决于制动器制动力及路面附着力。在评价汽车制动性能时，由于瞬时减速度曲线的形状复杂，不能用某一点的值来代表，所以我国的行业标准采用平均减速度的概念，即：

$$\bar{a} = \frac{1}{t_2 - t_1}\int_{t_1}^{t_2} a(t)\,\mathrm{d}t \tag{3-7}$$

式中：t_1——制动压力达到75%最大压力的时刻；

t_2——停车总时间2/3的时刻。

ECE R13 和 GB 7258 采用的是充分发出的平均减速度($\mathrm{m/s^2}$)，即：

$$\mathrm{MFDD} = \frac{(v_b^2 - v_e^2)}{25.92(s_e - s_b)} \tag{3-8}$$

式中：v_b——$0.8v_0$ 的车速(km/h)；

v_e——$0.1v_0$ 的车速(km/h)；

v_0——起始制动车速(km/h)；

s_b——车速从 v_0 降到 v_b 时车辆驶过的距离(m)；

s_e——车速从 v_0 降到 v_e 时车辆驶过的距离(m)。

2)制动效能的恒定性

汽车在频繁的工作条件下制动时(例如在长下坡时，制动器就要较长时间连续进行较大强度的制动)，制动器温度可达到300℃以上。高速制动时，制动器温度也会很快上升。制动器温度上升后，其摩擦力矩会显著下降，这种现象称为制动器的热衰退。热衰退是目前制动器不可避免的现象。制动效能的恒定性主要指的是抗热衰退性能。

制动器抗热衰退性能一般用一系列连续制动时制动效能的保持程度来衡量。根据国家行业标准 ZBT 24007—89，要求以一定的车速连续制动15次，每次的制动强度为 $3\mathrm{m\cdot s^{-2}}$，最后的制动效能应不低于规定的冷试验制动效能($5.8\ \mathrm{m\cdot s^{-2}}$)的60%。

3)制动时汽车的方向稳定性

制动过程中，有时会出现制动跑偏、后轴侧滑或前轮失去转向能力，而使汽车失去控制离开原来的行驶方向，甚至发生撞入对向车道、边沟、滑下山坡等危险情况。一般把汽车在制动过程中维持直线行驶或按预定弯道行驶的能力称为制动时汽车的方向稳定性。制动时汽车的方向稳定性主要表现为制动跑偏、侧滑和前轴失去转向能力。

制动跑偏是指制动时汽车自动向左或向右偏驶现象。制动时汽车跑偏的原因有两个：一是汽车左、右车轮，特别是前轴左、右车轮制动器制动力不等；二是制动时悬架导向杆系与转向拉杆发生运动干涉。第一个原因是制造、调整误差造成的；而第二个原因是设计造成的。

侧滑是指制动时汽车的某一轴或两轴发生横向移动。最危险的情况是高速制动时发生后轴侧滑，此时汽车常发生不规则的急剧回转运动而失去控制，使得驾驶员难以控制汽车。易发生侧滑的汽车有加剧汽车跑偏的趋势，而严重的制动跑偏也会引起后轴侧滑。由此可见，跑偏和侧滑是有联系的。

前轴失去转向能力是指弯道制动时汽车不再按原来的弯道行驶而沿弯道的切线方向驶出，直线行驶制动时，虽然转动转向盘但汽车仍按直线方向行驶的现象。在制动时若前轴车轮先抱死，后轴车轮后抱死或不抱死，此时前轴车轮将失去转向能力。

2. 影响制动性能的因素及改善措施

影响汽车制动性能的因素很多，主要来自于两个方面：一是汽车本身制动系统，例如制动器类型、结构尺寸、制动器摩擦副的摩擦系数及车轮半径等；二是外界行驶条件，例如道路条件、气候条件、交通状况等。

1）提高制动效能

提高制动效能意味着用较小的制动踏板力就能得到必要的制动力或制动减速度，这对于减少驾驶员劳动强度，保证行车安全具有重要意义。为了提高制动效能，汽车上普遍装有制动助力装置。制动助力装置可以增加驾驶员施加于制动踏板上的力或增大制动管路压力，从而加速制动动作，提高制动效能。此外，加大制动踏板杠杆比、减小制动总泵缸径、增大制动分泵缸径、提高制动器摩擦片的摩擦系数、加大制动盘或鼓的直径等均可提高制动效能。

2）提高制动效能的恒定性

制动效能的恒定性取决于制动器结构和制动器摩擦副的材料。不同结构的制动器制动效能不同。自增力式制动器，因为具有增力作用，制动效能最好，以下依次为双领蹄式制动器、领从蹄式制动器。但自增力式制动器的制动效能对摩擦系数的依赖性很大，因此其制动效能的热稳定性最差。盘式制动器与鼓式制动器相比冷却性好，制动效能变化小，其原因为盘式制动器的制动盘与制动摩擦衬块直接与空气接触，散热快。正常制动时，摩擦副的温度在200℃左右，其摩擦系数为0.3~0.4。但在更高的温度时，有些摩擦片的摩擦系数会有很大降低而出现热衰退现象。因此摩擦片应采用耐磨材料，并注重制动器的维护，应在规定的行驶里程内更换制动器的摩擦片。

3）提高制动时的方向稳定性

制动跑偏多数是由于汽车技术状况不佳造成的，经过维修调整可以解决制动跑偏现象。导致制动时发生侧滑的原因有：车轮抱死及前、后轴车轮抱死的先后；路面附着系数；制动初速度；载荷和载荷前移；侧向力作用等。

制动时如果前轮先抱死滑移，直线行驶时基本处于稳定状态；若在弯道上行驶时，汽车丧失转向能力，会沿弯道切线冲出道路。如果在驶入弯道之前松开制动踏板，可重新获得转向能力。

制动时如果后轮先抱死滑移，且车速较高时，汽车极易侧滑，严重时会使汽车急剧回转，甚至原地掉头。路面越滑，制动距离和制动时间越长，后轴侧滑越剧烈。因此，从保证汽车方向稳定性的角度出发，不能出现只有后轴车轮抱死或后轴车轮比前轴车轮先抱死的情况，以防止后轴侧滑的危险。

理想的情况是制动时防止任何车轮抱死，前、后车轮都处于滚动状态，这样可以确保制动时的方向稳定性。所以，设计汽车制动系时，应准确确定前、后轮制动器制动力分配的比例。

近年来,在汽车制动系统中加装了制动防抱死装置(ABS),使制动效能、制动时的方向稳定性有了明显提高。

当路面潮湿、滑溜等引起附着系数变小时,制动时很容易引起侧滑。这是由于轮胎的侧向附着力减小,无法控制车辆的侧向运动而造成的。因此,改善路面状况,提高路面附着系数,是防止侧滑的有效措施。

制动初速度对侧滑影响较大。一般是车速低时不产生侧滑,而车速高时会产生侧滑。对于货车,空载比满载时容易侧滑且侧滑距离较大。

制动时产生载荷前移,前轴负荷加大,后轴负荷减小,所以后轮容易抱死。为此,汽车上装有制动力调节装置,如限压阀、比例阀等来调节前、后轴制动力。

3. 制动性对道路交通安全的影响

汽车的制动性是汽车主动安全性能之一。重大交通事故通常与制动距离太长、紧急制动时发生侧滑及前轮失去转向能力等情况有关。制动跑偏、侧滑及前轮失去转向能力是造成交通事故的重要原因。例如我国某市市郊一山区公路,根据两周(雨季)发生的7起交通事故分析,发现其中6起是由于制动时后轴发生侧滑或前轮失去转向能力造成的。西方一些国家的统计表明,发生人身伤亡的道路交通事故中,在潮湿路面上约有1/3与侧滑有关;在冰雪路面上有70%~80%与侧滑有关。根据对侧滑事故的分析,发现有50%是由制动引起的。因此汽车制动性是汽车安全行驶的重要保障。

三、汽车轮胎对交通安全的影响

轮胎是汽车的重要部件。它的性能对汽车的动力性、制动性、行驶稳定性、平顺性和燃油经济性等都有直接影响。

1. 轮胎结构及特点

现代汽车使用的几乎都是充气轮胎。充气轮胎按胎体中帘线排列方向的不同,可分为普通斜交轮胎和子午线轮胎。

普通斜交轮胎的结构特点是相邻帘布层帘线交错排列,所以帘布层的层数都是偶数,且具有一定的胎冠角。

子午线轮胎的结构特点是帘线呈子午向排列。这样,帘线的强力就得到充分利用,帘线所承受的负荷比普通斜交轮胎小,故子午线轮胎的帘布层比普通斜交轮胎减少40%~50%。

子午线轮胎与普通斜交轮胎相比,有以下优越性能。

1)使用寿命长

由于胎体帘线和缓冲层帘线交叉于3个方向,这样就形成了许多密实的三角形网状结构,阻止了胎面周向和侧向伸缩,从而减少了胎面与路面间的滑移;又因胎体的径向弹性大(如图3-5a)),与地面的接触面积大,对地面的单位压力小,使胎面磨耗小,耐磨性强,行驶里程比普通斜交胎高50%~100%。

2)滚动阻力小

由于胎冠具有较厚而坚硬的缓冲层,轮胎滚动时胎冠变形小、消耗能量小、生热低,且胎体帘布层数少、胎侧薄,所以其滚动阻力比普通斜交轮胎小20%~30%(如图3-5b))。因此可以降低汽车耗油量3%~8%。

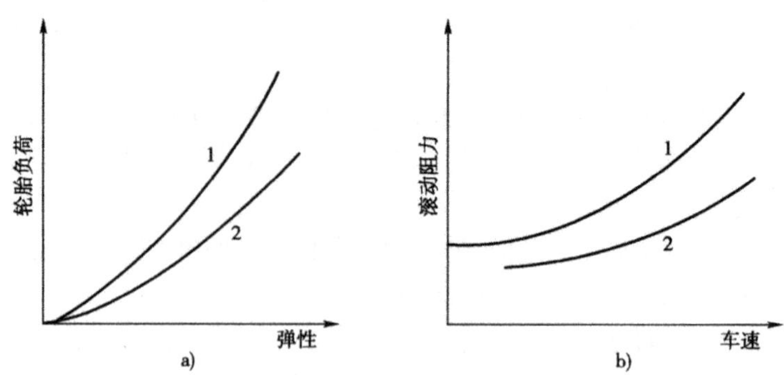

图 3-5　子午线轮胎与斜交轮胎性能比较

1-普通斜交轮胎;2-子午线轮胎

3)附着性能好

因为胎体弹性好,接地面积大,胎面滑移小,使汽车的制动性能得以改善。

4)缓冲性能好

因为胎体径向弹性大,可以缓和不平路面的冲击,使汽车行驶的平顺性得到改善。

5)负荷能力大

由于子午线轮胎的帘线排列与轮胎主要的变形方向一致,因而使其帘线强度得到充分有效的利用。故这种轮胎一般比普通斜交轮胎所能承受的负荷高。

但子午线轮胎也有其不足之处。子午线轮胎由于带束层强度很大,造成胎面较硬,当低速驶过不平路面时,会直接传递冲击。此外,胎侧较薄引起较大变形,会导致胎面与胎侧的过渡区域处破裂。

近年来子午线轮胎不断改进,其不足之处已经基本得到改善。如配合悬架机构优化设计,使得子午线轮胎的耐冲击性得到很大提高;又如使用低的高宽比轮胎,可以获得较高的转向稳定性。

2. 轮胎胎面花纹

轮胎与路面间的附着性能、排水能力、轮胎的耐磨性等都与轮胎花纹有关,而这些性能都与汽车行驶安全密切相关。因此,轮胎花纹对汽车的行驶安全有着直接影响。轮胎花纹形式多种多样,目前广泛使用的胎面花纹形式有三种:普通花纹、越野花纹和混合花纹。

1)普通花纹

普通花纹细而浅,花纹块接地面积较大,耐磨性好,附着性较好,适合在比较清洁、良好的硬路面上使用。它分为横向花纹、纵向花纹、组合花纹。横向花纹的结构特点是胎面横向连续,纵向断开,因而胎面横向刚度大,而纵向刚度小,轮胎的附着性能表现出纵强而横弱。纵向花纹的结构特点是纵向连续,横向断开,因而胎面纵向刚度大,而横向刚度小,轮胎的附着性能表现出横强而纵弱。因而,纵向花纹抗侧滑能力较强,滚动阻力小于横向花纹的轮胎,其散热性较好,噪声小;其不足之处是花纹沟槽容易嵌夹石子。组合花纹轮胎是以纵向花纹为主,采用横向的细缝花纹连通纵向沟槽,使其排水性能更好,并有利于散热。另外,组合花纹轮胎的附着性能好,有利于改善汽车的操纵性和制动性。

2)越野花纹

越野花纹的特点是花纹沟槽宽而深,花纹接地面积比较小(40% ~60%)。在松软路面上

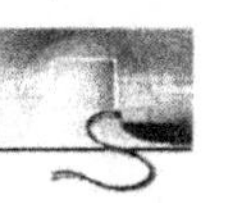

行驶时，一部分土壤将嵌入花纹沟槽之中，只有将嵌入花纹沟槽的这一部分土壤剪切之后，轮胎才有可能出现打滑。因此，轮胎与地面的附着性能好，越野能力强，适合于较差的路面或无路地区使用。

3）混合花纹

混合花纹是普通花纹和越野花纹之间的一种过渡性花纹。其特点是胎面中部具有方向各异或以纵向为主的窄花纹沟槽，而在两侧则具有以方向各异或以横向为主的宽花纹沟槽。这样的花纹搭配使其综合性能好，适应能力强。它既能适应良好的硬路面，也能适应碎石路面、雪泥路面和松软路面。因此，混合花纹附着性能优于普通花纹。

3. 轮胎与道路交通安全

轮胎与汽车安全行驶相关的特性有：负荷、气压、高速性能、侧偏性能、水滑效应、耐磨耐穿孔性等。

1）轮胎负荷与气压

轮胎的负荷与气压有对应关系。为了行驶安全，必须根据汽车的最大总质量来选用相应负荷的轮胎，切不可超负荷使用轮胎。轮胎在最大负荷状态下，均规定了其所允许的最大胎压。同一规格的轮胎，充气气压越高，所能承受的负荷也会越大，但气压过高会使内胎不堪承受而爆裂，对于外胎则会使胎冠中心部分异常磨损、降低轮胎的使用寿命。充气轮胎气压值也不能低于规定值，如若气压偏低，不仅使轮胎的承受负荷降低，滚动阻力增大，使动力性、经济性下降，还会使制动、转向性能受到影响，轮胎胎肩也会出现异常磨损而降低使用寿命。

2）轮胎的高速性能

轮胎的高速性能是指高速行驶时轮胎的适应性，一般用许用额定车速来表示。选用轮胎时，要选用大于或等于车辆最高车速的轮胎，这样才能保证持续高速行驶时轮胎不至于发生问题。另外，汽车高速行驶时轮胎有可能出现驻波现象。当轮胎达到某一旋转速度时，轮胎表面的变形来不及完全恢复就形成驻波，其表现为轮胎接地面后部的周围面上出现明显的波浪状变形，其结果使滚动阻力急剧增加，轮胎迅速升温至危险温度，导致橡胶脱层直至爆破损坏。产生驻波现象时的车速称为临界车速，轮胎的额定车速应小于驻波时的临界车速。

3）轮胎的侧偏性能

轮胎的侧偏特性主要指侧偏力、回正力矩与侧偏角之间的关系。汽车在行驶过程中，由于路面的侧向倾斜、侧向风或曲线行驶时的离心力等作用，车轮中心将有侧向作用力，相应地在地面上产生地面侧向反作用力 F_y，该力称为侧偏力。由于车轮具有侧向弹性，当其受到侧向力时，即使侧偏力没有达到附着极限，车轮行驶方向也将偏离车轮中心平面的方向，这就是轮胎的侧偏现象。当车轮滚动时，轮胎与地面接触印迹的中心线与车轮平面的夹角 α，即为侧偏角。

侧偏角的大小与侧偏力的大小有关，如图 3-6 所示。曲线表明，侧偏角 α 不超过 5°时，F_y 与 α 成线性关系。汽车正常行驶时，侧向加速度不超过 0.4g，侧偏角不超过 4°～5°，可以认为侧偏角与侧偏力成线性关系。F_y-α 曲线在 $\alpha=0°$ 处的斜率为侧偏刚度 k。即有：

$$F_y = k\alpha \tag{3-9}$$

侧偏刚度是决定汽车操纵稳定性的重要参数，侧偏刚度大的轮胎侧偏性能好，即转弯能力、抗侧滑能力强。因此，轮胎应有高的侧偏刚度，以保证汽车具有良好的操纵稳定性。

轮胎的侧偏刚度与轮胎的尺寸、形式和结构参数有关。尺寸较大的轮胎有较高的侧偏刚

度;子午线轮胎接地面宽,一般侧偏刚度较大,钢丝子午线轮胎比尼龙子午线轮胎的侧偏刚度还要高些。

如图3-6所示,在侧偏力较大时,侧偏角以较大的速率增长,这时轮胎在接地面处已发生部分侧滑。最后,侧偏力达到附着极限时,整个轮胎侧滑。可见,轮胎的最大侧偏力取决于路面的附着条件。

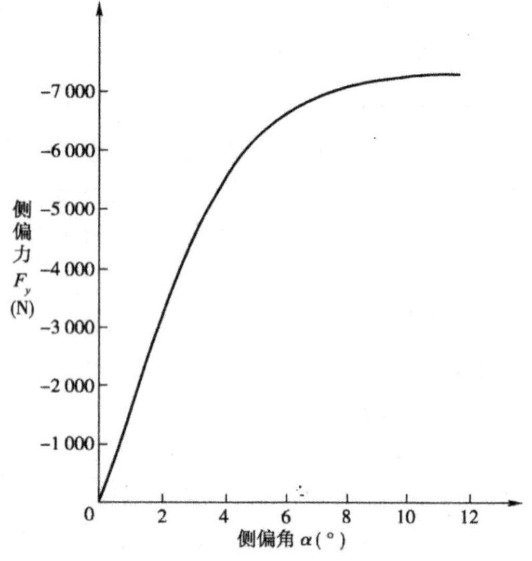

图3-6 轮胎的侧偏力与侧偏角关系

4)轮胎的水滑效应

当汽车在具有一定厚度水膜的路面上以较高的速度行驶时,轮胎会浮在水面上打滑,丧失汽车的操纵性、制动性和驱动性,这种现象叫做轮胎的水滑效应。水滑效应的实质是轮胎与路面已无直接接触,其中间隔着一层水膜,从而大大降低了路面对轮胎的附着作用,使汽车的操纵性、制动性及驱动性降低。

为了避免发生水滑效应,可以从轮胎和路面两个方面采取措施:提高轮胎充气压力,降低轮胎运动速度,选用排水性能好的轮胎花纹,均可改善排水性能;采用透水路面,做好中央分隔带的排水,适当提高路面横坡,及时排除路面上的积水,也是行之有效的办法。

5)轮胎的耐磨耐穿孔性

轮胎的耐磨耐穿孔性对于行车安全也有密切关系。轮胎磨损不仅使附着力下降,尤其在湿滑路面上,还会使制动、转向能力下降,这些都会影响到行车安全。如果轮胎磨损过度会导致帘线外露、胎面开裂等,无法保证轮胎的强度。而轮胎的强度却是耐穿孔性及耐爆破性能所要求的。在轮胎胎肩沿圆周若干等分处模印有"Δ"标志。当胎面花纹磨损到沟槽底部约1.6mm时(大部分轿车轮胎如此规定),在"Δ"处花纹便已磨掉,在胎面圆周上呈现出若干等分的横条状光胎面,以此警示该轮胎已不能再继续使用,必须及时更换。

汽车轮胎可以说是汽车上最重要而又最容易被忽视的部件。凡是与驾驶(起步、运行、制动、停车等)有关的问题都和轮胎有关,它对行车安全和驾驶的操控性能有着重要的作用。近年来,随着道路条件的改善和汽车技术的进步,汽车行驶呈现高速化,轮胎的不合理使用将直接威胁行车安全。据统计,在高速公路上发生的交通事故中,因轮胎故障和使用不当造成的交通事故占事故总数的20%。可见,轮胎与行车安全关系紧密。

四、汽车的相关结构及装置对交通安全的影响

汽车的结构对车辆的安全性有较大影响。汽车结构在设计时既要满足驾驶者的生理特点,同时又要满足驾驶者的心理特点,使驾驶员感觉安全。提高感觉安全的技术措施有:尽可能大的驾驶视野;仪表和警示灯信息的视认性良好;优良配光特性、照度和照明设备等等。

1. 驾驶视野

驾驶视野是驾驶员行车时的视线范围。驾驶员在驾驶过程中,有80%以上的信息是靠视

觉得到的，听觉及其他感觉所接收的信息总和不到20%。汽车若是没有良好的视野，要想保证其安全行驶是不可能的。汽车视野包括直接视野、间接视野及依靠照明装置的夜间视野。

1）直接视野

直接视野是指驾驶员通过车窗直接看到的外界空间范围，包括汽车的前方视野、侧方视野。其中，前方视野最重要。

（1）前方视野

前方视野是指驾驶员在驾驶座位上时，通过前风窗玻璃观察到的空间范围。一般前风窗玻璃面积越大则前方视野就越好，因此，汽车的前风窗玻璃应越大越好，但它往往受汽车结构的限制，而不可能无限扩大。

由于驾驶室A柱（前柱，即前风窗玻璃左右两侧的边框）的遮挡，前方视野有两条盲区。由于驾驶视野盲区的存在，可能导致交通事故。如图3-7所示为汽车右前方由A柱造成的盲区，当汽车在无信号交叉口向左转弯时，如从右向左直行的摩托车恰好进入该盲区内，汽车驾驶员便不知道有摩托车驶近，而摩托车却认为汽车应该避让，待摩托车脱离盲区时，距离汽车已经很近，驾驶员来不及采取措施，结果造成相撞事故。可见，盲区面积越小越好，因此，要求A柱在结构强度允许的情况下尽可能细一些，并且左（右）A柱造成的双目障碍角不得超过6°。

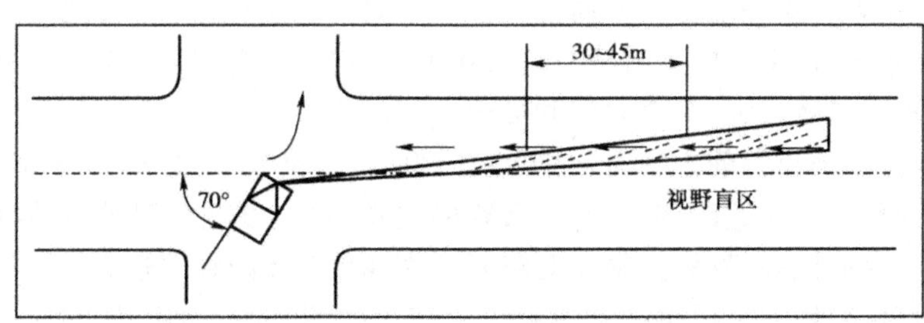

图3-7　汽车驾驶视野盲区与交通事故

汽车的前方驾驶视野取决于驾驶室车窗的尺寸、形状和支柱的结构、发动机罩的形状、驾驶室座椅的高度以及座垫与靠背的倾角等。为了扩大前方视野，驾驶员的座椅应尽可能地高一点，而前风窗玻璃的下沿则应尽可能地向下，即低一点；前风窗玻璃应该不失真、不眩目，其透射比不得小于70%；前风窗玻璃反射要尽可能小，即对较亮物体表面或车内照明及仪表灯光的反射要小，否则上述的光反射会干扰驾驶员视线，影响安全行车。另外，为保证恶劣天气时仍具有必要的驾驶视野，车窗上应装有雨刮器、除霜器等附加装置。为了增加前方视野面积，雨刮器等在不使用时应藏于发动机罩平面以下。

汽车前上方视野的上限是前窗上部窗框。前上方视野应能保证驾驶员在交叉口前看见红灯信号后，确保在停车线之前把车停下。前上方视野扩展过大，虽有利于驾驶员对信号灯的观察，但会因太阳光线的直射使驾驶员眩目，妨碍对前方情况的观察。因此要把前上方视野界限控制在适当范围内。看清信号灯所需的前上方最小视角，取决于汽车制动后，车头距信号灯的距离，如图3-8所示。制动距离与前上方最小视角α之间的关系可写成下式：

$$\alpha = \tan^{-1}\left(\frac{H-h}{S+L}\right) \tag{3-10}$$

式中：α——前上方最小视角(°)；

h——驾驶员眼睛距离地面的高度(m)；

S——可能的制动距离(m)(该值可用人的反应时间0.65s，制动减速度0.3g，并根据车速求出)；

L——驾驶员眼睛与车头之间的距离(m)；

H——信号灯的安装高度(m)。

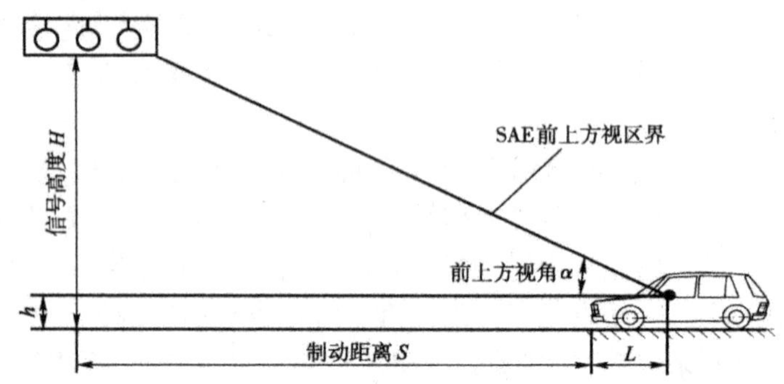

图3-8　汽车前上方视区的界限

汽车前下方视野取决于前窗下部窗框的位置。对于长头型的汽车，则取决于发动机罩的位置和形状。一般来讲，降低前下方视野可以扩大前方视野，有利于驾驶员观察前方情况。但是，如果前下方视野扩展过大，则会对驾驶员产生不良的心理影响，反而不利于安全行车。

驾驶员靠风窗玻璃获得前方视野，对风窗玻璃的要求是其上部应具备防眩目装置，下部要有足够的前方视野，同时应遮断多余的、不必要的视觉情报，以减轻驾驶员精神负担。经实验研究发现，随着车速的提高，驾驶员眼睛对路面的注视点会逐渐移向远方。这时如果汽车的前下方视区界限过低，会使驾驶员感到精神紧张，甚至产生恐惧感，加速驾驶员的疲劳过程。汽车前下方视区界限过高，会使驾驶员视野变小，前方盲区扩大，不利于驾驶员观察前方障碍物，同时会使驾驶员的速度感变差，容易不自觉地增大行车速度。在确定前下方视区界限时，要综合考虑各方面因素的影响。

(2)侧方视野

侧方视野指驾驶员通过侧门玻璃或侧窗玻璃观察到的空间范围。不同车型对侧方视野的要求不同，乘用车(不超过9座的客车)及小型客车(10～17座的客车)驾驶员视点位置较低，对侧方视野的要求不高；大客车及货车视点位置高，对于右侧侧方视野有着很高的要求，为增加右侧侧方视野，除加大右侧窗玻璃面积外，还采取了在右侧窗玻璃下面增加下窥窗的办法。

2)间接视野

汽车的间接视野指通过内、外后视镜看到的汽车侧后方的区域。在超车、倒车、转弯、制动等行驶状态下，保证汽车有良好的间接视野很重要。影响汽车间接视野的因素主要有后视镜的曲率、安装位置和尺寸。

一般汽车的车外后视镜都使用凸面镜，因为在同样外形尺寸条件下，用凸面镜比用平面镜看到的范围大。但凸面镜反射的形状失真，容易引起驾驶员错误判断车速、距离。为兼顾可视范围和不失真两方面的要求，一般后视镜镜面的曲率半径应为500～600mm。

外后视镜在车身两侧各设一个，其在水平方向和垂直方向均可以调节角度，以使驾驶员方便地观看后方的车辆，使汽车在变道、倒车及转弯行驶时，能够及时瞭望后方区域。

内后视镜又叫内视镜。多装在前风窗玻璃内侧中间部位或内侧上沿。按《汽车后视镜的性能和安装要求》（GB 15084—1994）的规定，9 座以下的客车和最大设计总质量不超过3 500kg的载货汽车上必须安装一个内后视镜。目前，汽车上基本都安装了内后视镜。

所有后视镜必须能调节，内后视镜应能使驾驶员坐在驾驶座位上即可调节，位于驾驶员一侧的外后视镜应能允许驾驶员在车门关闭而车窗开启时进行调节。

2. 汽车灯光

汽车灯光的作用是为汽车行驶提供照明，并将其行驶状况向其他交通参与者发出信号。据统计全世界每年死于道路交通事故的人数超过 100 万，伤 5 000 万人，夜间发生的交通事故大约是白天的 3 倍，具有良好照明条件道路上的交通事故数是没有照明或照明条件不良道路交通事故数的 30%。因此，汽车灯光对汽车的安全行驶具有重大意义。

照明装置中用于车身外部照明的有前照灯、雾灯、牌照灯、倒车灯等；用于车身内部照明的有顶灯、壁灯、阅读灯、踏步灯、门灯、仪表灯等。照明装置中用于向其他道路参与者传递信息的有转向信号灯、制动灯、前位灯、后位灯、危险警告信号灯等。

1）前照灯

前照灯是照明汽车前方道路的主要灯具，也叫前大灯。前照灯装于汽车前部两侧，前照灯除照明外，还可利用其远、近光变换示意超越前方车辆及利用近光会车等。前照灯具有近光和远光两种光束，由变换控制开关完成远、近光的变换。近光灯是当车辆前方对向有其他道路使用者时，不致使对方眩目或有不舒适感所使用的近距离照明灯具；远光灯是当车辆前方对向无其他道路使用者时，所使用的远距离照明灯具。前照灯的光色均要求是白色。

近光灯用于会车时的道路照明，对近光光束的要求是相互矛盾的两个方面：一方面为防止迎面来的驾驶员眩目，要求光束要低、要暗；另一方面为保证良好的道路照明，要求光束要高、要亮。

远光灯用于行车时的道路照明，对远光光束的要求是：具有足够大的发光强度。汽车前照灯灯泡的发光强度最大只有 50～60cd，只能照亮车前 6m 左右地方。但经过反射镜的作用以后，就把灯泡的光线集合成平行光而射向远方，使发光强度增加几百倍，达到 12 000～15 000cd。在这样的光度下，能将车前 100～150m 之内的路面照得足够清楚。

2）雾灯

雾灯包括前雾灯和后雾灯。前雾灯是在雾、雨、雪或沙尘天气等有碍可见度的情况下，为改善车辆前部道路照明和使迎面来车易于发现车辆的灯具；后雾灯是在上述同样情况下，为使车辆后方其他交通参与者易于发现，安装在车辆尾部的红色信号灯。

前雾灯装在汽车前部稍低位置，因为道路表面 10cm 以上才有雾，雾灯装得越低，其光线则会透过无雾层照射得越远。但也不能太低，否则接近角越小，越会影响汽车的通过性。前雾灯光色可以是黄色或白色，多为黄色。因为黄色的光散射较小，对雾的穿透力较强，而且黄色光比白色光更能引起其他道路参与者的注意。

3）牌照灯

牌照灯属于汽车必须配备的灯具，用于照亮汽车的后牌照。该灯多装于汽车后牌照的上方，其光色为白色。牌照灯受车灯开关控制，只要车灯开关开启，该灯就会亮起。《机动车运行安全技术条件》（GB 7258—1997）中要求后牌照灯在夜间天气好时，距离 20m 能看清牌照号码。

4）倒车灯

倒车灯既用于倒车时车辆后面的照明，又向其他道路参与者传递信息。倒车灯也属于汽车必须配备的灯具。倒车灯装于汽车的尾部，受倒车灯开关控制，倒车灯开关一般装在变速器上，当换入倒挡时接通倒车灯，倒车灯的光线为白色。一些倒车灯线路上并联有倒车蜂鸣器，倒车时不仅有光信号，还有声信号，这样不论是夜间还是白天倒车，均有利于道路交通安全。

5）仪表灯

仪表灯是供仪表照明使用的灯具，它必须符合不眩目的要求，即仪表灯点亮时，应能照清仪表板上的所有的仪表并不得眩目。其照度应能确保仪表的视认性良好。仪表灯多受车灯开关控制，也有单设仪表灯开关的。

6）转向信号灯

汽车行驶时向左或向右转弯、掉头、变换车道、起步或停车以及超车时，都要开启转向信号灯，以告知其他道路参与者及交通指挥人员。转向信号灯受转向灯开关专门控制，在车辆同一侧的所有转向信号灯都由一个开关控制，同时打开或同时关闭，并同步闪烁。

7）制动灯

制动灯是向车辆后方其他道路参与者表明车辆正在制动的灯具，安装于车辆的后面，其光色为红色。制动灯的可见度在阳光下为 100m，夜间良好天气为 300m。制动灯主要用于防止后车追尾碰撞。

制动灯有两种。一种是主制动灯，即装于汽车后部较低位置，并与后转向信号灯、后位灯等在一起的制动灯。另一种是辅助高位制动灯，其安装位置较高，它与主制动灯同时开关。制动灯开关安装于行车制动踏板处，当实施行车制动时，该开关导通而使制动灯点亮。

8）前位灯和后位灯

前位灯即从车辆前方观察，表明车辆存在和车辆宽度的灯具，也就是俗称的“前小灯”；后位灯即从车辆后方观察，表明车辆存在和车辆宽度的灯具，也就是俗称的“尾灯”。前位灯和后位灯对于汽车来说是必须配备的灯具。因为它们是表明车辆存在和宽度的灯，所以前位灯装于车辆前部外缘，后位灯装于车辆后部外缘，前位灯和后位灯均由车灯开关控制。前位灯光色为白色，后位灯光色为红色。

9）危险警告信号灯

危险警告信号灯又叫危险报警闪光灯，它在开关接通时，车外四个转向信号灯和车内两个转向指示灯全闪。危险警告信号灯是在紧急情况（车辆故障、车辆失控、特殊任务等）时，发出闪光报警信号的灯具，其信号由所有转向信号灯同时工作发出。危险警告信号灯为所有车辆必备配用，与转向信号灯共用若干线路及灯具。它还要单独配置开关控制，该开关不受电源总开关的控制，以保证在紧急状况下仍能工作。

汽车上除了以上车内、外灯具外，还设置有顶灯、壁灯、踏步灯、门灯和阅读灯等。这些灯都安装于车身内部。顶灯是安装于车厢顶部的灯具；壁灯是安装在车厢壁上的灯具；踏步灯用

于照亮车门踏步处；门灯为指示车门开启的灯具；阅读灯则是供乘客阅读用的灯。以上灯具光色均为白色，并分别由单独的开关控制。

3. 指示装置

指示装置包括指示仪表、指示器及信号装置和它们的标志。为及时了解车辆主要部件尤其是发动机的运行情况，及时发现某些故障，在驾驶室内装有不少仪表、指示器及信号装置。

由若干仪表、指示器（灯）、信号装置等组装在一起所构成的总体为仪表板总成。由于现代汽车显示和控制元件不断增加，仪表板总成逐渐演变成仪表板显示终端。

按《机动车运行安全技术条件》（GB 7258—1997）规定，汽车应装有水温表或水温报警灯、燃油表、车速里程表和机油压力表或油压报警灯等各种仪表或开关，并保持其灵敏有效。采用气压制动系统的汽车，还应装有气压表。

1）温度表和温度报警信号装置

温度表是指示汽车发动机冷却液、润滑油或进气温度的仪表，用于指示发动机冷却液温度的居多。温度表一般由温度表指示器和温度表传感器组成。若用以指示发动机冷却液温度，其传感器装在汽缸体水套上或汽缸盖出水管附近。常用的温度表指示器有双金属片式、电磁式和动磁式，其传感器有双金属片式、热敏电阻式。

发动机冷却液温度表（指示器）和冷却液温度报警信号装置的标志如图 3-9 所示。信号装置显示颜色为红色，如亮起即表示温度过高，应立即停车检修。

2）燃油表

燃油表又叫燃油液面高度指示器，它是指示汽车燃油箱内油量的仪表。燃油表由指示器和传感器两部分组成。传感器装在燃油箱内，多为可变电阻式，把燃油液面高度的变化转变为电量，然后送至指示器。指示器多为双金属片式、电磁式或动磁式。

燃油液面高度指示器和警报信号装置的标志。警报信号装置显示颜色为黄色，一旦亮起即表示存油不多，应尽快就近加油，以免因无油而抛锚，一旦在高速公路上抛锚，对安全极为不利。该标志也可用图形轮廓表示，如图 3-10 右侧所示。

图 3-9　冷却液温度指示器和报警

图 3-10　燃油液面高度指示器和警报信号装置标志

3）车速里程表

车速里程表是指示汽车行驶速度和记录行驶里程的仪表。它是一表两用，只叫车速表或里程表都是不确切的。车速里程表有磁感应式和电子式两种。

磁感应式车速里程表利用磁感应原理指示车速，通过机械传递记录行驶里程，电子式车速里程表利用电子电路原理指示车速，通过机械传递记录行驶里程。

车速里程表由车速指示表和里程计数器两部分组成。车速指示表指示即时汽车行驶速度，以

km/h 计;里程计数器累计汽车行驶里程,多以 km 计。如今里程计数器多为两个,一个为总里程计,另一个为短程里程计。短程里程计的数字可以调零,用以记录汽车短距离行驶的里程。

《汽车用车速表》(GB 15082—1999)对车速表的一般要求、指示误差及试验规范作出了详尽规定。车速表应位于驾驶员的直接视野以内,因为要时时观察,而且要求不分昼夜都能清晰易读。一般车速表都在仪表板中心位置,且表盘较大。

车速表标度盘的车速范围要大于该车的最高车速,其速度单位为 km/h,标度盘上标明的车速值应为 20km/h 的倍数,即 20km/h、40km/h、60km/h、80km/h…… 200km/h 等。

指示误差中要求车速表指示车速不得低于实际车速,即指示车速要等于或高于实际车速,这是从安全角度要求的。虽然车速越快就越不安全似乎不对,但"十次肇事九次快"却是事实。车速表指示偏高,可以使驾驶员减慢车速,这于安全总是有益的。

4)转速表

转速表是指示发动机转速的仪表,通常与车速里程表并列在仪表盘上。转速表有磁感应式和电子式两种,磁感应式转速表利用磁感应原理指示发动机转速;电子式转速表利用点火系的脉冲信号或信号发生器指示发动机转速。转速表单位多为 ×1 000r/min,在超速区域另用红色条带标出,发动机运转时不得进入超速区。有些车辆的转速表标有经济区域,发动机在该区域运转既经济而磨损又小。

5)机油压力表及警报信号装置

机油压力表又叫机油压力指示器,简称油压表,是指示发动机润滑系统机油压力的仪表。机油压力警报信号装置又称机油压力报警灯,由报警灯和压力报警传感器组成。

机油压力表指示值多用 kPa 为单位的,也有用 MPa 为单位的。机油压力表与机油压力传感器之间用导线连接,机油压力传感器装在发动机润滑系统主油道上,把发动机机油压力值转换为电量,通过导线送至机油压力表,机油压力表则把压力值还原示出。

有些汽车上机油压力表和机油压力警报信号装置并用,有些汽车以机油压力警报信号装置取代机油压力表,比较起来以并用的为多。因为一旦机油压力异常,若驾驶员未能及时发现并采取相应措施,会使发动机发生故障。

机油压力警报信号装置在打开点火开关时点亮,发动机起动后随即熄灭为正常。如果发动机运转时该信号装置亮起,表示润滑油压力出现异常,此时应立即熄火停车检查,排除故障后方可发动运行。机油压力表及机油压力警报信号装置标志如图 3-11 所示,其信号装置显示颜色为红色。此外还有机油油量报警装置,如果机油油量低于规定值时该报警装置接通。机油油量报警装置一般单设一个报警信号灯,也有和机油压力警报信号装置共用一个报警灯的。

图 3-11 机油压力表及机油压力警报信号装置标志

6)制动系统故障信号装置

制动系统故障信号装置又叫制动报警灯,但不能报告制动防抱死系统故障。按行车制动采用供能方式不同分为液压制动用和气压制动用两种。该装置均由仪表板上红色报警灯和制动系统设置的报警传感器组成。

当气压制动系统储气筒压力低于规定值时,制动报警灯亮起,报警传感器装在储气筒处。

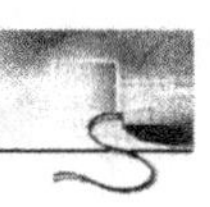

当液压制动系统储液罐中制动液液面低于规定值时，制动报警灯亮起。

如果在运行中制动报警灯亮起，应立即停车检查，排除故障后方可行驶。制动系统故障信号装置标志如图 3-12 所示，信号装置显示颜色为红色。

7）制动防抱系统故障信号装置

制动防抱系统又称 ABS，该系统能在制动时使车轮始终维持在有一定量滑移的滚动状态下减速以至停车，而不会像通常的行车制动会把车轮完全抱死。制动防抱系统在滑溜路面紧急制动时，能通过精确调节各个车轮的制动力，既得到稳定有效的制动性能，又能保持车辆的方向性和稳定性，使得汽车行驶安全性大幅度提高。

制动防抱系统故障信号装置亮起不灭即表示制动防抱系统有故障，不能完成自己的任务，但车辆行车制动、驻车制动性能照旧正常。该信号装置显示颜色为黄色，在点火开关开启时亮起，数秒钟后该信号装置熄灭为制动防抱系统正常。如果点火开关开启时该信号装置长亮不灭或者在运行中亮起不灭，则表示制动防抱系统发生故障，此时虽仍有制动效能，但不能防止车轮抱死，应尽快排除故障以恢复 ABS 功能。制动防抱系统故障信号装置标志如图 3-13 所示。

图 3-12　制动系统故障信号装置标志

图 3-13　制动防抱系统故障信号装置标志

8）转向指示灯操纵件及信号装置

转向指示灯操纵件即转向灯开关，该操纵件多装于转向盘下边，可上下扳动。一般设计为向下为左转向灯接通，向上为右转向灯接通。该操纵件在转向盘左下时用左手操纵，为上右下左；如果该操纵件在转向盘右下时用右手操纵，则为上左下右。

转向指示灯信号装置显示颜色为闪烁绿色。如果转向指示灯信号装置向左、向右的信号为分开设置，该标志的两个箭头则分开使用。转向指示灯操纵件及信号装置标志如图 3-14 所示。

图 3-14　转向指示灯及信号装置标志

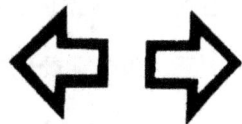

9）前雾灯操纵件及信号装置

前雾灯操纵件即前雾灯开关，前雾灯信号装置即前雾灯指示灯。前雾灯操纵件及信号装置标志如图 3-15 所示，信号装置显示颜色为绿色。

10）后雾灯操纵件及信号装置

后雾灯操纵件即后雾灯开关，该开关在前照灯或前雾灯开启时才能点亮后雾灯，但后雾灯的关闭可以只通过后雾灯开关做到。后雾灯信号装置即后雾灯指示器或指示灯。后雾灯操纵件及信号装置标志如图3-16所示，信号装置显示颜色为黄色。

除了上述指示装置之外，指示装置还有很多。清晰、方便的汽车指示装置，可以提高视认方便性，对于保证汽车行驶安全有着不可低估的作用。

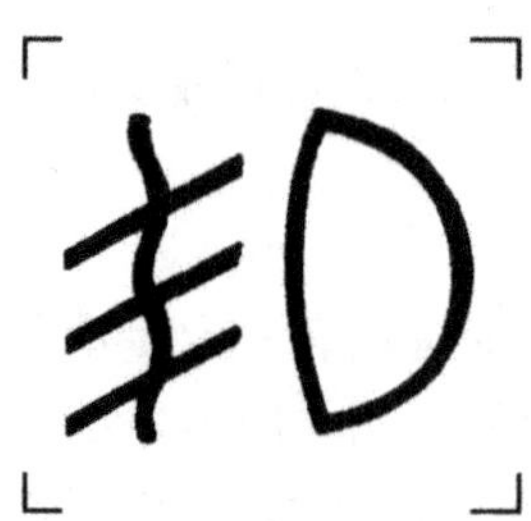

图 3-15　前雾灯操纵件及信号装置标志

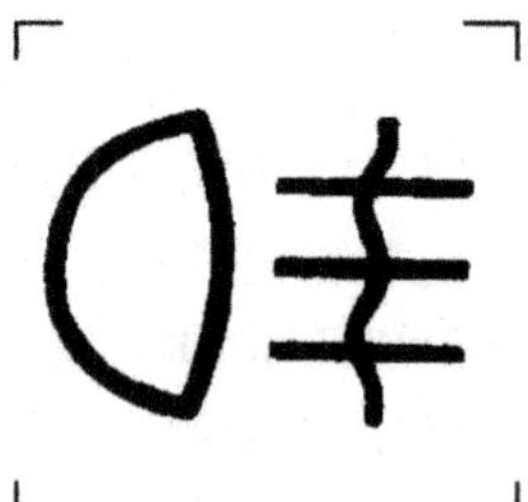

图 3-16　后雾灯操纵件及信号装置标志

第二节　汽车被动安全技术

一、汽车被动安全概述

汽车安全技术分为汽车主动安全技术和汽车被动安全技术两个方面。随着科学技术的发展,汽车主动安全技术将在道路交通安全中起到越来越大的作用。尽管如此,仍然不可避免地会发生意外事故,此时,汽车被动安全技术将是减轻人员伤害和财产损失的唯一保障。

汽车被动安全是指发生事故后,汽车本身减轻人员受伤和货物受损的性能,即汽车发生意外的碰撞事故时,如何对驾驶员、乘员及货物进行保护,尽量减少其所受的伤害和损坏。通常减轻车内乘员受伤和货物受损的性能称为内部被动安全性;减轻对事故所涉及的其他人员和车辆损伤的性能称为外部被动安全性。

提高汽车的被动安全性,可以从以下两个方面采取对策。

首先,提高汽车结构的安全性,即使汽车碰撞部位的塑性变形尽量大,吸收较多的碰撞能量,降低汽车减速度的峰值,尽量减缓一次碰撞的强度;使汽车驾驶室及车厢有足够的强度和刚度,确保汽车乘员的生存空间,并保证发生事故后乘员能够顺利逃逸。

其次,使用车内保护系统,即使用安全带、安全气囊等保护装置对驾驶员及乘员加以保护,通过安全带的拉伸变形和气囊的排气节流阻尼吸收乘员的动能,使猛烈的二次碰撞得以缓冲,以达到保护驾驶员和乘员的目的。

二、减轻乘员伤害的被动安全技术

在汽车碰撞中,减轻驾驶员和乘客受伤程度的被动安全技术大同小异,因此,下文所提到的乘员泛指驾驶员和乘客。

1. 乘员与汽车内部结构的碰撞分析

汽车发生碰撞事故一般是指汽车和外部事物之间的碰撞,称为一次碰撞。乘员与汽车内部结构的碰撞,称为二次碰撞。

汽车发生碰撞时,乘员的伤害主要是由以下几种原因造成的。

①在碰撞时,汽车结构发生变形,汽车构件侵入乘员生存空间,使乘员受到伤害。

②碰撞时,由于汽车结构破坏等原因,使得乘员的部分身体或全部身体暴露在汽车外面而受伤。

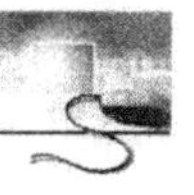

③在碰撞作用下，汽车的速度急剧减小，这使乘员由于惯性作用继续前移与汽车内部结构（如转向盘、仪表板等）发生碰撞而造成伤害。

由此可见，提高汽车的被动安全性，要从汽车结构设计和乘员保护系统两方面入手。汽车结构设计要考虑车身、车架、座椅、转向柱、内饰等的合理设计。乘员保护系统则应考虑使用安全带、安全气囊等安全装置。

2. 减轻乘员伤害的结构措施

1）安全车身

汽车碰撞时，车体结构的安全作用是在吸收汽车动能的同时减缓乘员移动的过程，并保证乘员有生存的空间，即安全车身结构应包括“经得住碰撞的车身”和“吸收冲击的汽车前部及后部”。其设计原则是：使乘员舱具有较大的刚度，在碰撞时减少变形；使前部发动机舱和后部行李舱刚度相对较小，以便在猛烈撞击时产生变形吸收能量。例如：1997 年福特汽车公司的蒙迪欧轿车车身中部客舱经加固而形成完整构架的“安全舱”；同时头尾两端按设定的碰撞坍塌程序变形并吸收能量。该车头部布置了 4 根相互作用的梁，副车架安装在加固的结构上，其前部是一块整体的板件，前纵梁向后并向外与门槛相连，前围板下部用横梁加固地板并与中间的地板通道连接，从而将碰撞载荷引向整体构架，而不会造成乘客舱的较大变形。

2）安全座椅

汽车座椅是汽车中将乘员与车身联系在一起的重要内饰部件。座椅主要由靠背、头枕、座垫、与车身相连接的固定部件等组成，如图 3-17 所示。它直接影响到整车的舒适性和安全性。在汽车交通事故中，座椅在减少乘员损伤中起到重要的保护作用。首先，在事故中它要保证乘员处在自身的生存空间内，并防止其他车载体（如其他乘员、货物）进入这个空间。其次，要使乘员在事故发生过程中保持一定的姿态，使其他约束系统能充分发挥保护效能。因此，安全座椅应具有在事故发生时能最大限度地减轻对驾驶员及乘员造成伤害的能力。

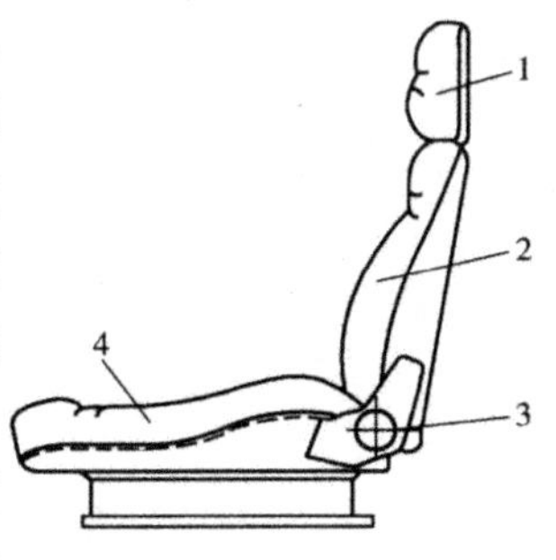

图 3-17　安全座椅构造

1-头枕；2-靠背；3-调节装置；4-座垫

座椅强度是其安全性的重要保障。汽车行驶中，座椅要承受复杂的载荷，汽车座椅必须有足够的强度，以确保座椅上的人所受的伤害最小；座椅的寿命应足够长，不致过早变形或损坏；受冲击载荷作用时，座椅不应发生断裂、严重变形等损坏现象。

汽车发生侧面碰撞和后面碰撞时，靠背对座椅安全性有很大影响。靠背的安全性设计应考虑靠背的强度、倾角、基本尺寸及形状。靠背的强度设计要求在汽车侧面碰撞和后面碰撞时均能给乘员提供良好的保护。而靠背倾角、基本尺寸及形状对后面碰撞的严重程度有很大的影响。

座垫一般不会对乘员造成直接的冲击伤害，但其结构可以影响到乘员的运动过程，以及约束力施加到乘员身体上的方式和外部载荷（加速度、力等）的绝对值大小。座垫的有效深度、座垫的倾角也会对座椅安全性产生一定的影响。一般在满足乘坐舒适性的前提下，车速越高，其驾驶员座椅的座垫倾角就越大。

头枕是一种用以限制乘员头部相对于躯干向后移位的弹性装置。其作用是在发生碰撞时，减轻乘员颈椎可能受到的损伤，尤其是在汽车追尾碰撞时，可抑制乘员头部后倾，防止或减轻颈部损伤。在国际标准中，有关座椅头枕的法规规定是独立于整个座椅系统的。在我国国家标准中，对座椅头枕也单独作了规定。这充分体现了在被动安全性研究中，头枕是一个相当重要的安全部件。

汽车座椅连接部件的强度设计在很大程度上影响座椅本身的安全性，在发生碰撞时，如果连接部件先于座椅失效，很可能会造成座椅骨架的断裂、严重变形和调节机构失灵等，此时乘员的生命安全将受到极大的威胁。

由此可见，汽车座椅的首要任务是满足安全性的要求，其次是满足舒适性、低成本、质量轻及美观耐用的要求。

3）吸能转向柱

汽车发生正面碰撞时，碰撞能量使汽车的前部发生塑性变形。布置在汽车前部的转向柱在碰撞力的作用下要向后（即驾驶员胸部方向）运动，同时，驾驶员受惯性的影响有冲向转向盘的运动。如图3-18所示，为汽车发生正面碰撞时转向柱与驾驶员之间的碰撞关系。这些运动的能量应通过转向柱以机械的方式予以吸收，防止或减少其直接作用于驾驶员身上，造成人身伤害。因此，要求转向柱除了能满足转向功能外，在汽车发生正面碰撞时，能够有效地吸收碰撞能量。防止或减少碰撞能量伤害驾驶员的转向柱称为能量吸收式转向柱。

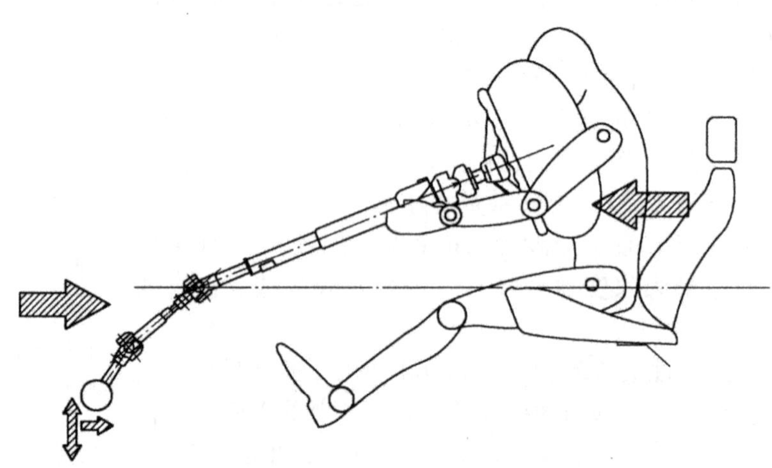

图3-18　汽车正撞时转向柱—驾驶员系统的碰撞关系

首次碰撞：碰撞能量使汽车前部发生塑性变形，转向轴在碰撞力的作用下向后运动。

二次碰撞：碰撞继续发展，碰撞力作用在转向柱的下端，使转向柱向后移动；同时驾驶员在本身的惯性作用下冲向转向盘。尽管驾驶员本身有约束装置如安全带、安全气囊的约束，仍有一部分能量要传递给转向柱系统。吸收二次碰撞能量和驾驶员的部分惯性能量是能量吸收式转向柱设计要解决的额外问题。

能量吸收式转向柱有网状管柱式、波纹管式（图3-19）、弯曲托架式等多种形式。各种形式的能量吸收转向柱所达到的目的是相同的，即有效地吸收汽车发生正面碰撞时转向柱与驾驶员之间的两次碰撞能量。其基本原理是当转向轴受到巨大冲击时，转向轴产生轴向位移，使支架或

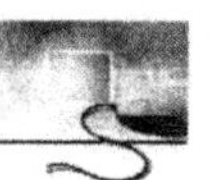

某些支承件产生塑性变形，从而吸收冲击能量。

3. 减轻乘员伤害的安全装置

汽车发生事故时，对乘员的伤害是瞬间发生的。为了防止在极短的时间内对乘员造成伤害，汽车必须安装安全设备。汽车被动安全设备主要包括座椅安全带和安全气囊系统。座椅安全带用于减轻二次碰撞的危险性，安全气囊系统则作为座椅安全带辅助用具，为乘员提供更好的安全保障。

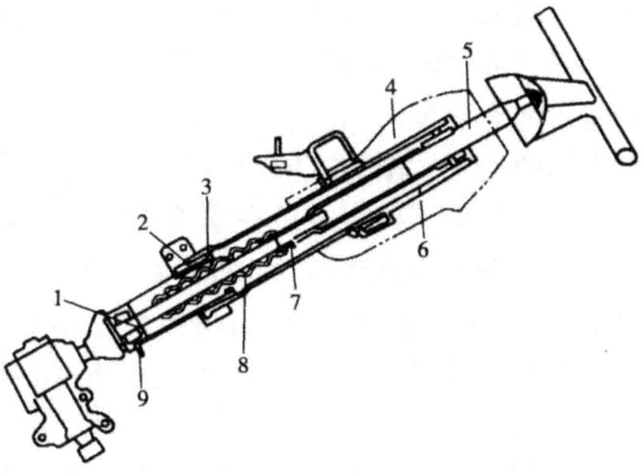

图 3-19　波纹管式缓冲转向操纵机构结构

1-下转向轴；2-转向管柱压圈；3-限位块；4-转向管柱护盖；5-上转向轴；6-上转向管柱；7-细齿花键；8-波纹管；9-下转向管柱

1）安全带

座椅安全带是重要的乘员保护约束设施，在减轻碰撞事故中乘员伤害程度方面起重要作用，是行车最有效的防护装置之一。座椅安全带于1950年在福特轿车上作为选装件问世，现在则作为汽车的标准装备。

安全带是将乘员身体约束在座椅上的安全装置，用以避免车辆发生碰撞事故时，乘员身体冲出座椅发生二次碰撞，以降低发生碰撞事故的受伤率和死亡率。安全带作用主要是约束正面碰撞、追尾碰撞及翻车事故中人体相对于车体的运动，尤其可以减少乘员头部和胸部的伤害。

汽车座椅安全带按固定点数分类，主要有两点式、三点式和四点式，如图 3-20 所示。

（1）两点式安全带

两点式安全带包括腰带（图 3-20a））和肩带（图 3-20b））。腰带仅限制乘员的腰部；肩带仅限制乘员上躯体。一般后排座椅中间装用两点式安全带。

（2）三点式安全带

三点式安全带是将腰带和肩带连接在一起，也称为腰肩连续带（图 3-20c））。三点式安全带可同时限制乘员的腰部和上躯体，安全性高。一般前排座椅和后排座椅两侧装用三点式安全带。

（3）四点式安全带

四点式安全带是在两点式安全带上在装两根肩带而成（图 3-20d））。四点式安全带对乘员保护性能最好，但实用方便性还存在一定问题，目前多用于赛车上。

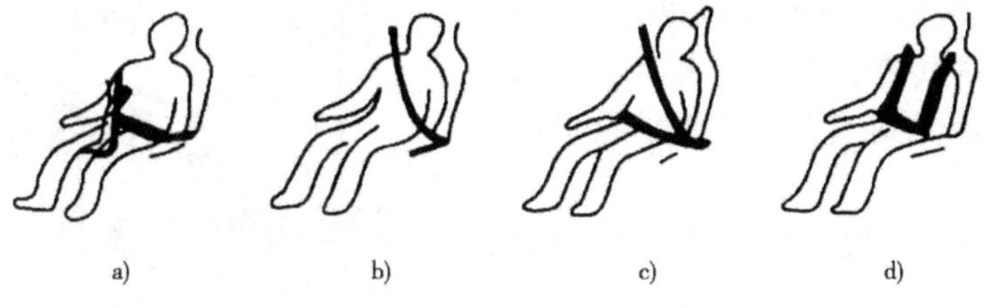

图 3-20　安全带形式

a）腰带；b）肩带；c）腰肩连续带；d）四点式安全带

汽车座椅安全带按卷收器的类型分类，主要有无锁式（NLR）、手调式、自锁式（ALR）、紧急锁止式（ELR）、预紧式和限力式。紧急锁止式安全带是目前我国使用最广泛的一种安全带，它要求安全带对织带的拉出加速度、汽车减速度及汽车的倾斜角度敏感；预紧式安全带是近年来发展起来的一种安全带。这种安全带是在普通安全带的基础上增加预紧器构成的,当碰撞达到一定强度时,预紧器启动,带动锁扣回缩,使安全带缩短;限力式安全带也是近年来发展起来的一种安全带。当发生碰撞时,安全带会发出很大的拉力限制乘员的运动,有时可能达到伤害人体的程度。限力式安全带增加限力机构,防止拉力过大对人体造成伤害。

安全带对于减轻乘员在事故中的伤害效果显著。国外的一项研究表明,使用安全带后,驾驶员负伤率可降低43% ~52%,副驾驶员负伤率可降低37% ~45%;使用三点式安全带,在车速低于95km/h的情况下,可避免死亡事故;然而,在未使用安全带的情况下,即使在20km/h车速下发生的正面碰撞事故,也能引起驾驶员死亡。

2)安全气囊

尽管汽车座椅安全带已经广泛地用于汽车乘员的安全保护,但许多轿车已装备安全气囊系统(Supplemental Restraint System,SRS)作为乘员的安全保护装置。SRS的原意是辅助约束系统,就是辅助保护乘员,它的基本前提是佩戴安全带。据统计资料表明,单独使用安全气囊可减少18%的死亡事故,与安全带配合使用可减少47%的死亡事故。

因为汽车前部因发生碰撞会产生很大的冲击力,即使佩戴了安全带,驾驶员的脸部也会撞击在转向盘上,乘员的头部则会撞到风窗玻璃上,安全气囊系统可弥补佩戴安全带后仍不能固定身体、保护不足的缺陷。

安全气囊主要由控制装置、气体发生器和气囊组成,如图3-21所示。其中控制装置又包括传感器、电子控制系统及触发装置。

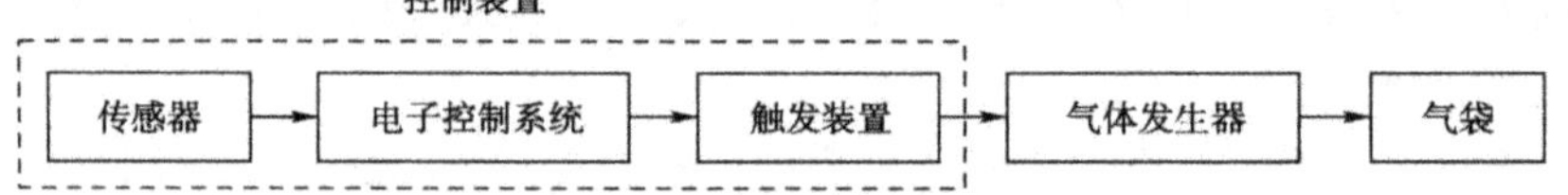

图3-21　安全气囊系统的组成

其工作原理为:安全气囊平时折叠收容于转向盘中央及仪表板下部。在汽车发生碰撞事故时,传感器感受汽车碰撞强度,电子系统接收并处理传感器的信号。当判断有必要打开气囊时,立即由触发装置发生点火信号触发气体发生器,气体发生器收到信号后迅速产生大量气体,并充满气囊,使得乘员能够与一较柔软的吸能缓冲物件相接触,而不是与汽车的内饰件猛烈碰撞,如图3-22所示。依靠气袋的排气孔节流阻尼来吸收碰撞能量,从而达到减少伤害保护乘员的目的。

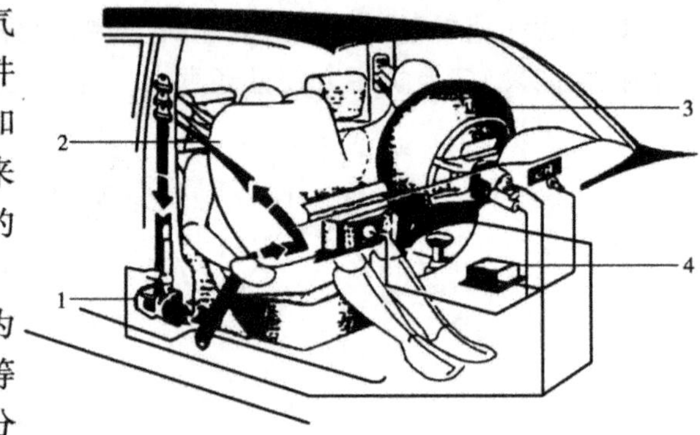

图3-22　乘员前部保护示意图

1-安全带卷收器;2-副驾驶员气囊;3-驾驶员气囊;4-控制装置

根据保护的乘员位置不同可把气囊分为驾驶员气囊、副驾驶员气囊和其他乘员气囊等几种。根据保护碰撞的方式不同又可将其分为正碰撞气囊、侧碰撞气囊及其他气囊等。目前驾驶员及副驾驶员的正碰撞气囊已经得到广泛应用,侧面碰撞气囊的应用也越来越广泛,装备对全车乘员进行各种碰撞保护的气囊系统将是乘员保护系统的发展趋势。

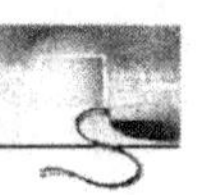

三、减轻行人伤害的被动安全技术

汽车在行驶过程中,不仅要对车内的乘员进行保护,还必须保证车外的行人具有一定的安全性。

1. 汽车与行人的碰撞分析

1)小客车与行人的碰撞

在小客车与行人的碰撞过程中,首先行人的腿部撞到汽车保险杠上,然后骨盆与发动机罩前端接触,最后头部撞到发动机罩或前风窗玻璃上。这时行人被加速到车速,这就是所谓的"一次碰撞";车速越高,头部撞击点越靠近前风窗玻璃,随后由于汽车制动使行人与汽车分离,行人以与碰撞速度相近的速度撞到路面上,这是"二次碰撞";在有的事故中还发生行人被汽车碾压,这是"三次碰撞"。

大多数汽车保险杠的高度不超过成人的膝盖。因此,保险杠会与行人的小腿发生碰撞,而导致小腿骨骨折、膝关节错位等。大腿、骨盆及腹部损伤主要是与发动机罩前缘碰撞造成的。头部是人体比较脆弱的部分,也是人体最重要的部位,头部的损伤是最易致命的伤害。可见,汽车与行人碰撞过程中,人体的损伤部位可以覆盖全身,但主要部位是头部和下肢。研究表明,行人头部和下肢在汽车与行人碰撞造成的损伤中各占约30%。因此,降低汽车前部在与行人碰撞过程中对行人头部和下肢造成的伤害非常重要。

2)载货汽车与行人的碰撞

载货汽车与行人相撞造成的伤亡远比小客车严重,这是因为一次碰撞中,无论是长头还是平头驾驶室的载货汽车,都不可能存在小客车事故中的行人身体在发动机罩上翻滚过程,而是在很短的时间内行人被加速到货车速度,易于造成行人的伤亡。同时,驾驶室上突出的后视镜、驾驶员踏板以及保险杠也容易使行人受伤。

另外,在不同的碰撞过程中,行人的身材和姿势存在较大的差异,行人与汽车的初始接触部位也存在较大的差异,致使行人的身体尤其是头部与汽车的撞击部位范围很广,从发动机罩前端到风窗玻璃再到顶盖都可能成为撞击区域。因此,提高汽车与行人碰撞的安全性需对整个汽车前部不同区域采取不同的措施。

2. 减轻行人伤害的结构措施

1)保险杠及其改进措施

设计合理的保险杠应该不仅考虑到内部被动安全性,而且也顾及外部被动安全性。为此,要求一切在公路上行驶的车辆前后均应装有保险杠。从减轻事故中受伤程度看,行人与保险杠的碰撞部位在膝盖以下为好,因此,希望将保险杠降低。但保险杠过低,会加大头部在发动机罩或风窗玻璃上的撞击速度。所以保险杠高度取为330～350mm是合适的,可以保证大部分行人的碰撞部位发生在膝盖以下。

为了降低保险杠对行人腿部造成的伤害,可以采取的措施是降低保险杠的刚性、改进保险杠的吸能性能、优化保险杠与汽车主梁的连接。例如本田Jazz小客车在保险杠和保险杠梁之间安装了吸能结构。另外,研究表明,加宽保险杠的界面高度、适当增加保险杠与发动机罩前端的距离、采用刚度在高度方向上变化的保险杠、保险杠下边缘比上边缘适当前移都将对行人腿部有较好的保护效果。

2)发动机罩的结构及其改进措施

从安全角度出发,发动机罩前端圆角半径应大一些,机罩高度低一些。降低发动机罩的刚性可以降低行人头部与发动机罩的撞击力。例如,减小发动机罩外板的厚度,改变发动机罩内、外板截面形式等。但是发动机罩的整体刚性不能太低,否则发动机罩在汽车行驶过程中会产生振动。另外,仅仅降低发动机罩的刚性,会进一步增加头部撞击发动机罩下面的硬物的可能性。为解决上述问题,一种较好的解决方案是采用可变形的发动机罩支撑结构。该结构可以在行人与发动机罩发生碰撞时产生一定的压溃变形,从而在不过分降低发动机罩整体刚性的情况下,降低发动机罩对行人产生的伤害。

3)改善汽车前端造型

研究表明,以前的老车型发动机罩前端高度较高,边缘轮廓较硬,对行人的保护效果较差。近年来推出的新车型多采用流线型造型,从而可以对行人的大腿、骨盆及腹部产生较好的保护效果。由德国德莱斯顿(DRESDEN)技术大学完成的一份统计报告表明,在汽车与行人发生的交通事故中,1990 年以前的车型导致重伤的比例是8%,而1990 年以后的车型是2%。由此可见,合理的汽车前端造型对提高汽车与行人碰撞安全性具有重要意义。

3. 行人安全防护的新技术

1)采用汽车前保险杠安全气囊和前风窗玻璃安全气囊

据统计,在50%以上的汽车碰撞事故中,驾驶员在碰撞发生前均采取了紧急制动措施,但由于制动距离不够,导致事故发生。因此,如果利用传感器技术在汽车碰撞前检测到碰撞即将发生而将前保险杠安全气囊释放出来,则行人将不会直接与刚度很大的汽车前部结构发生碰撞,而是首先与气囊接触,从而有效地保护行人。

汽车与行人发生碰撞时,行人头部极易撞击到前风窗玻璃上,很可能造成致命伤害。因此,也可以采用前风窗玻璃安全气囊。该装置需要控制系统及时正确地判断汽车与行人碰撞的发生,及时打开安全气囊来保护行人。

2)采用自动弹出式发动机罩

自动弹出式发动机罩是在汽车保险杠与行人碰撞的瞬间,有传感器检测到碰撞信号,迅速控制发动机罩后端向上开启一定距离(或前后同时弹出一定距离),从而有效增加发动机罩与发动机舱中零部件之间的间隙,避免行人头部与硬物接触。该方法已在一些运动型轿车上得到应用。

3)采用电子行人发射器和接收器

为了使驾驶员能够尽早发现行人并采取相应的措施,研究人员研制了一套电子行人发射器和接收器,行人随身携带一个小型的发射器,在可能与汽车发生碰撞的情况下开启发射器,通过安装在汽车上的接收器提醒汽车驾驶员注意行人,尽量避免事故的发生。该方法的效果取决于行人和汽车是否能正确携带、安装和使用发射器和接收器,推广应用尚有一定困难。

第三节　汽车主动安全技术

一、汽车主动安全概述

汽车主动安全技术又称积极安全技术,它是汽车上避免发生交通事故的各种技术措施的

统称,目的是“防止事故”。

汽车主动安全技术旨在提高汽车的安全性能,以确保行驶安全。主动安全技术包括行驶安全、环境安全、感觉安全和操纵安全等几个方面。

行驶安全来自车辆悬架、转向、制动的协调和整车设计制造,它反映了汽车的最佳动态性能,同时要求汽车上与行驶安全有关的系统要有很高的可靠性。比如为提高制动系统的可靠性,引入了“多余技术”,即制动系必须是双回路设置。

环境安全特指汽车乘员的“小环境”的安全。它应能够把汽车行驶的噪声、振动和各种气候条件给予汽车乘员尤其是驾驶员的心理压力降至最低,即尽可能提高乘员的舒适性,以降低疲劳,使驾驶员心情舒畅的安全行驶。

感觉安全可以确保驾驶员得到必需的驾驶信息。提高感觉安全的技术措施有:尽可能大的直接、间接和夜间视野;仪表和警告灯信息的视认性良好;优良配光特性、照度和照明设备等等。

操作安全指的是优化设计驾驶员的工作条件,使驾驶操作方便。如此可以降低驾驶员工作时的紧张感,从而提高运行安全。

二、汽车主动安全装置与结构

随着高速公路的发展及汽车数量的增加,汽车安全行驶成为人们普遍关注的问题。随着车速的提高和路面的复杂化,对汽车主动安全性提出了新的要求,除了汽车所具有的基本主动安全装置(如制动装置)之外,一些较为先进的主动安全装置也相继问世。

1. 汽车制动安全装置

汽车制动系统是汽车的重要组成部分,是汽车安全性能的重要保障。

汽车制动系统的功用是使汽车迅速减速或停车,并保证驾驶员离去后汽车能可靠地停驻。每辆汽车的制动装置都包括若干个相互独立的制动系统,主要为行车制动系统和驻车制动系统。当行车制动系统失效时,驻车制动系统还可用作紧急制动。经常在山区坡道行驶的汽车,为了避免下长坡时装在车轮上的制动器负荷过重,还常装有辅助制动器。每个制动系统都由供能装置、控制装置、传动装置及制动器组成。

1)制动系工作原理

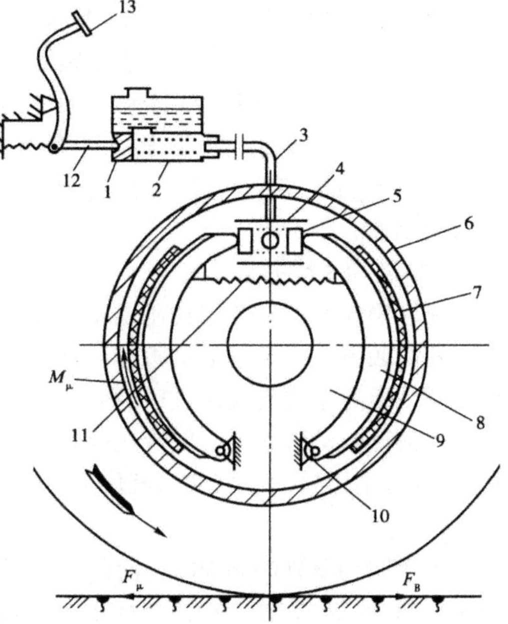

图 3-23 制动系工作原理

1-制动主缸活塞;2-制动主缸;3-油管;4-制动轮缸;5-制动轮缸活塞;6-制动鼓;7-摩擦衬片;8-制动蹄;9-制动底板;10-支承销;11-制动蹄复位弹簧;12-推杆;13-制动踏板

如图 3-23 所示,一个以内圆面为工作面的制动鼓 6 固定在车轮轮毂上,随车轮一同旋转。在固定不动的制动底板 9 上,有两个支承销 10,支撑着两个弧形制动蹄 8 的下端。制动蹄的外圆面上装有摩擦片 7。制动底板 9 上还装有液压制动轮缸4,用油管3与装在车架上的液压制动主缸2相连通。主缸中的活塞1由驾驶员通过制动踏板13来操纵。

制动系统不工作时,制动鼓的内圆面与制动蹄摩擦片的外圆面之间保持有一定的间隙,车轮和制动鼓可以自由地旋转。

汽车制动减速时,驾驶员踩下制动踏板,通过推杆和主缸活塞,使主缸内的压力油流入轮缸,两个轮缸活塞外伸推动两个制动蹄绕支承销转动,使摩擦片压紧在制动鼓的内圆面上。这样,不旋转的制动蹄就对旋转着的制动鼓即车轮施加了一个摩擦力矩 M_{μ},方向与车轮旋转方向相反。同时由于车轮与路面间的附着作用,路面也对车轮作用着一个与行驶方向相反的作用力,即制动力 F_{B}。该作用力迫使汽车减速,制动力越大,汽车减速度越大。当放开制动踏板时,复位弹簧将制动蹄拉回原位,摩擦力矩和制动力消失,制动作用即行终止。

按照制动能量传动方式,制动系统分为机械式、液压式、气压式及电磁式等类型。同时采用两种以上传能方式的制动系统称为组合式制动系统。

2)制动系主要部件

(1)制动器

制动器用于产生摩擦力矩,将汽车的动能转变成摩擦热能,散发到大气中,使汽车减速或停车。汽车用摩擦式制动器主要有鼓式与盘式两种类型。鼓式制动器中旋转元件为制动鼓,工作表面为圆柱面,有多种形式。如图3-23所示,制动时分泵油压升高,分泵活塞推动蹄端外张,使蹄上摩擦片紧压转动的制动鼓内表面而产生制动摩擦力矩。

盘式制动器中旋转元件是以端面为工作面的金属圆盘,其固定件则有多种形式。制动时制动钳中分泵油压升高,推动摩擦衬块使其紧压转动的制动盘而产生制动力矩。盘式制动器没有自行增力作用,摩擦系数的变动对制动效能影响小,即制动效能比较恒定,在强制动或反复制动时热衰退小。因而前轮装有盘式制动器的汽车,左右两侧制动力的变化小,制动时汽车方向稳定性好。由于衬块对盘的压力高,抗水衰退性好,采用盘式制动器的汽车日益增多。

(2)制动系统的驱动装置

制动系统驱动装置的功用是将驾驶员或其他能源的作用力传给制动器,使制动器产生制动力矩的装置。它由制动踏板、真空助力式加力器、总泵、制动油管、制动软管等组成。制动系统的驱动装置主要有液压、气压和气液复合式三种形式。

①液压驱动装置。一般液压驱动装置如图3-24所示,管路中充满制动液,驾驶员踩压踏板时,踏板力通过总泵转变为液压力,传到各车轮分泵,转变为活塞推力,推动制动蹄产生制动力矩。

液压驱动装置的制动滞后时间短、结构简单、尺寸小、质量小、价格低,但它只靠人力作用,力量有限,所以只在微型、轻型汽车上得到广泛应用。

另一种液压驱动装置由发动机带动油泵输出高压油,首先进入高压惰性气体液压储能器储存,然后驱动制动器。这种驱动装置除具有一般液压驱动装置优点外,还有制动效能高、易于采用制动力调节装置和防抱死装置等优点。但其结构相对复杂,精密件多,系统的密封性要求高。目前,这种系统只被少数高级小客车和欧洲的一些客、货车采用。另外还作为动力转向、座位移动、门窗启闭、油气悬架或液压悬架等多方面共用动力源的中央液压系统得到广泛

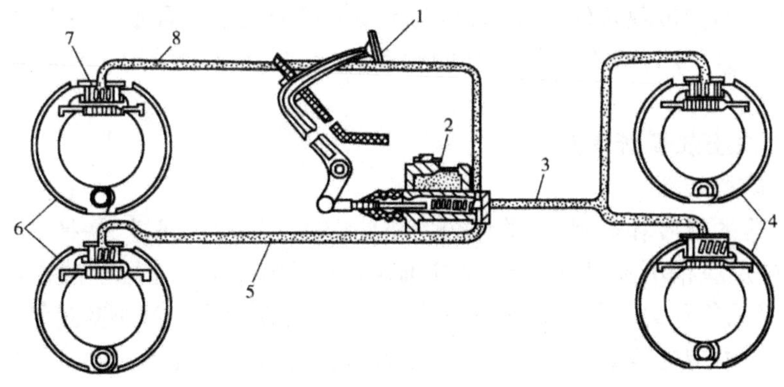

图 3-24　液压驱动装置

1-制动踏板机构；2-制动主缸；3、5、8-油管；4-后轮制动器；6-前轮制动器；7-制动轮缸

应用，全液压动力制动作为其中的一环将会得到进一步的广泛应用。

②气压驱动装置。气压驱动装置由发动机带动空气压缩机将压缩空气充进储气筒，制动时踩下制动踏板，制动阀中的出气阀开启，输出一定压力的空气进入制动气室，转动鼓式制动器中的凸轮，制动蹄紧压制动鼓，产生制动力矩。

气压驱动装置由空气压缩机提供动力，驾驶者操作省力，能对制动器提供大的驱动力。但其制动滞后时间长，结构复杂，尺寸、质量较大，故大多应用于中重型货车、客车、长途汽车及列车上。

③气液复合式驱动装置。气液复合式驱动装置是由空气加力器与液压驱动装置组成的，常用的空气加力器有真空加力器与压缩空气加力器两种，加力器又称助力器。

④真空加力液压驱动装置。真空加力液压驱动装置利用发动机进气管中的真空度，在液压驱动装置中安装真空加力器，以减轻踏板压力，增加制动效能，真空加力液压驱动装置广泛用于小客车和轻中型货车、客车。

⑤压缩空气加力液压驱动装置。压缩空气加力液压驱动装置利用压缩空气推动液压驱动系统，即"气顶油"系统。这种结构兼有气压与液压两种驱动的优点，操作省力，能对制动器提供较大的驱动力，由于气压系管路短，作用滞后时间也短。但是其结构复杂，质量大、造价高，一般多用于中、重型汽车，也用于高级小客车。

(3)驻车制动器

驻车制动器又称手制动器，一般采用机械驱动。小客车常以后轮制动器兼作驻车制动器，货车常用装在变速器后传动系中的带式、鼓式或盘式中央制动器作为驻车制动器。由于传动器的放大作用，中央制动器易于获得较大的车轮制动力矩。机械式驻车制动系的控制与传力元件全部为机械元件，驻车制动必须可靠地保证汽车在原地停驻，并在任何条件下不能自动滑行，这一点只能用机械锁止方法才能实现。

(4)辅助制动器

行驶于坡长弯多山区的汽车，为了防止制动器温度过高而出现严重的热衰退，减少摩擦片的磨损，一般增装辅助制动器。辅助制动器有三种类型，即液力缓速器、发动机排气制动及电涡流制动。

(5)制动力分配调节装置

为了使汽车在不同负载条件下,前后车轮制动力的分配总能合乎或接近理想要求,即前后轴附着力同时被充分利用,从而获得最好的制动性能,制动系中采用了各种制动力分配调节装置。

2. 汽车主动安全装置新技术

1)汽车自动防撞装置

随着公路运输的发展和普及,高等级公路将使交通运输更为迅速、快捷。在汽车高速行驶情况下,驾驶员的反应稍不及时,就会造成交通事故的发生,其中追尾事故在道路交通事故中占有相当数量,严重危及驾驶员和乘客的安全。因此,研究和推广汽车防撞装置显得日益重要和迫切。常见的自动防撞装置具有以下三种功能:环境监测、防碰撞判定和车辆控制。例如日本马自达公司研制开发出的自动控制防追尾系统设计思路是:在正常行驶情况下,系统处于非工作状态,当车头接近前车尾时,该系统发出防追尾警告,在发出警告后,若驾驶员没有采取制动、减速措施,该系统便启动紧急制动装置,以免发生追尾事故。

汽车激光扫描防撞系统就是一种自动防撞装置。它将激光扫描雷达安装在车辆前端的中央位置,将测得的车距和前面车辆方位信号送入防碰撞预测系统。激光扫描雷达的扫描角和视域如图3-25所示,激光束的视域窄并呈扇形,即在水平面上较薄,在垂直面上呈扇形;激光束可在较宽的范围内快速扫描,并通过激光束的能量密度消除因车辆颠簸引起的误差。通常激光扫描雷达监测范围为5~120m,以保证在潮湿路面上,后车减速制动后,不致碰撞前后暂停的车辆。

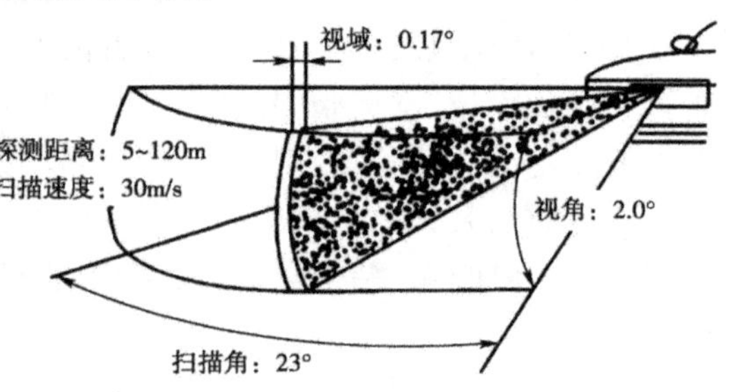

图3-25 激光扫描雷达

在进行追尾碰撞危险程度即安全/危险的判定时,首先根据路面干湿情况、后车车速及相对车速计算出临界车距,然后与实测的车距进行比较,当实测车距接近临界车距时,报警触发信号就会产生,当计算出的临界车距等于或大于实测车距时,自动制动控制系统便开始启动。

2)汽车驱动防滑控制系统

汽车驱动防滑控制系统(Traction Control System,简称TCS)的作用是在汽车加速时自动地控制驱动力、转向力,使轮胎的滑移量处于合理的范围之内,从而保持汽车行驶的稳定性。

驱动防滑控制系统由车轮速度传感器、TCS控制器、加速踏板控制器、加速踏板执行机构、TCS制动执行机构、TCS指示器、TCS OFF指示器等构成,如图3-26所示。

车轮速度传感器分别安装在各个车轮上,用于检测各车轮的转速。TCS控制器根据从车轮速度传感器等输入的信号,综合判断车轮的滑移状态、路面状态和行驶状态,并把信号传送到TCS制动机构和发动机加速踏板控制器,进行最优TCS控制。此外,与防抱制动控制电路互相协调,实现TCS与ABS紧密的综合控制。

TCS系统利用传感器检测车轮和转向盘转向角度,如果检测到驱动轮和非驱动轮转速差过大,系统立即判断驱动力过大,发出指令信号减少发动机的供油量,降低驱动力,从而减小驱动轮轮胎的滑转率。系统通过转向盘转角传感器掌握驾驶员的转向意图,然后利用左右车轮速度传感器检测左右车轮速度差,从而判断汽车转向程度是否和驾驶员的转向意图一样。如

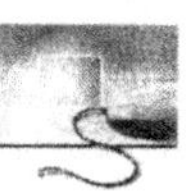

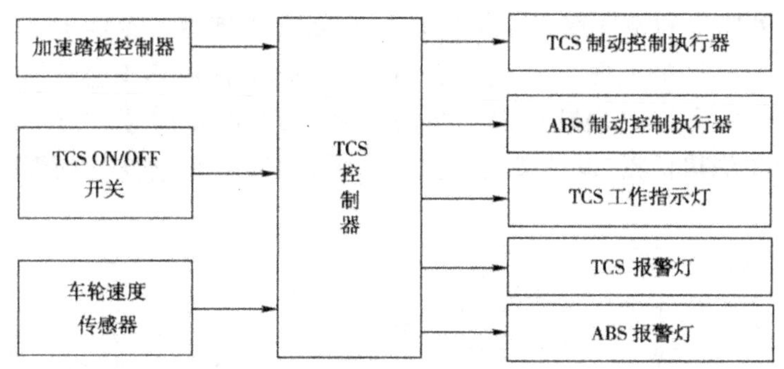

图 3-26　驱动防滑控制系统框图

果检测出汽车转向不足(或过度转向),系统立即判断驱动轮的驱动力过大,发出指令降低驱动力,以便实现驾驶员的转向意图。

3)轮胎气压检测报警装置

轮胎气压不仅对车辆的行驶稳定性和燃油经济有重大影响,而且当轮胎气压显著下降时,极有可能发生轮胎破裂爆炸,引发重大交通事故,所以轮胎气压检测预报警十分重要。

轮胎气压检测报警装置通过直接测量获得实际轮胎气压信号,通过车轮速度传感器测得的车速获得轮胎振动频率及扭转弹性常数信号。车辆行驶过程中,当实际轮胎气压信号与理想轮胎气压相差较大时,轮胎气压检测报警装置立即向驾驶者发出报警信号。

轮胎气压检测报警装置主要由速度传感器、报警灯、调置开关、停车灯开关及控制单元 ECU 等组成。轮胎气压检测报警装置系统如图 3-27 所示。

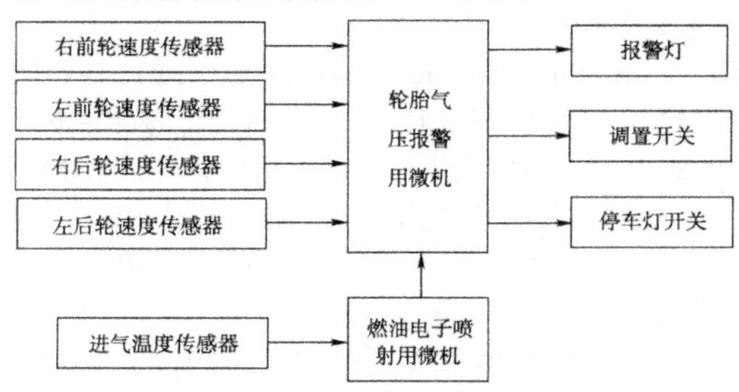

图 3-27　轮胎气压检测报警装置系统框图

4)车辆巡航控制系统

车辆巡航控制是指汽车的定速控制。在汽车中采用巡航控制系统,可使汽车在发动机功率允许范围内,不用调整加速踏板的位置便可按照驾驶员的要求,自动地适应外界阻力的变化,保持一定速度的行车状态。汽车行驶中省去驾驶员频繁地踩压加速踏板这一动作,大大减轻了驾驶员的疲劳强度,减少了交通事故的发生,增强了行车的安全性,并使燃油供给与发动机功率间的配合处于最佳状态,有效地降低了燃油消耗,减少了有害气体的排放。这种控制系统可以经驾驶员通过选择开关来增、减车速。特殊情况下,关闭选择开关或踩下制动踏板,都能迅速解除巡航控制而转换到怠速或驾驶员操纵状态。对于装有自动变速器的汽车,由于没有离合器,装有巡航系统就更为方便。

图 3-28 是一种典型的闭环汽车电子巡航控制系统原理图。图中 ECU 有两路输入信号：一路是车速传感器测得的实际车速信号；一路是驾驶员按所需车速调定的指令车速信号。ECU 将这两种信号进行比较，由减法得出两信号之差，即误差信号，再经放大、处理后成为供油控制信号，送至供油执行器，调节发动机供油数量，使实际车速恢复到驾驶员设定的车速并保持恒定。

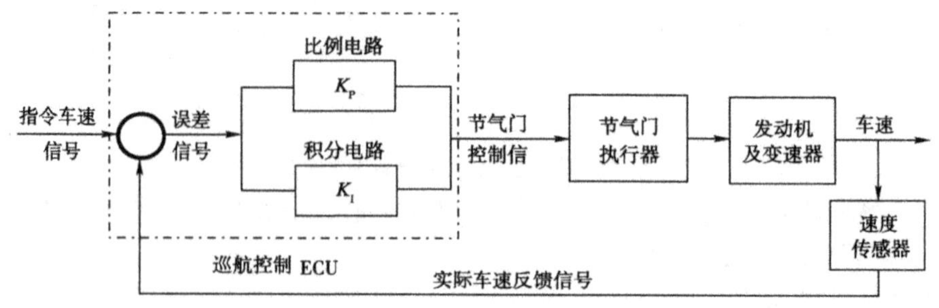

图 3-28　汽车电子巡航控制系统原理

值得指出的是，车辆行驶的操纵总控制是驾驶员，汽车电子巡航控制系统仅是一个辅助定速系统，不能把它作为自动或无人驾驶系统来依赖，而且它仅适用于平坦、不拥挤的公路或封闭式高速公路，不宜在重要的交通要道、转弯道路、松软泥泞的道路及陡峭的道路上使用。

三、汽车制动防抱死系统

1. 汽车防抱死制动系统概述

汽车防抱死制动系统（Anti-lock Braking System，简称 ABS），是一种机电液一体化装置。它在传统制动系统的基础上，采用电子控制技术，实现制动力的自动调节，防止制动车轮抱死，以期获得最有效的制动效果，并大大提高车辆主动安全性。ABS 能够利用轮胎和路面之间的峰值附着性能，提高汽车抗侧滑性能，充分发挥制动效能，同时增加汽车制动过程中的可控性，减少事故发生的可能性，是一种具有防滑、防锁死等优点的安全制动控制系统。

汽车防抱死制动系统是现代汽车上必备的安全装置。其工作原理是将车轮的滑移率 S 控制在最大地面附着系数对应的滑移率 S_c 附近，使汽车获得较高的纵向和侧向附着力，从而避免汽车在紧急制动时因车轮抱死出现制动效能下降、甩尾、转向失灵等不安全现象，减少事故的发生。

2. 防抱死制动系统（ABS）的组成

ABS 装置有许多种结构形式与相应的工作原理，在当前电子技术高速发展的情况下，几乎都采用电子控制，可使制动油液增减压达 10 ~ 18 次/s。ABS 装置由轮速传感器、电子控制装置和液压控制装置三部分组成，其组成和布置如图 3-29 所示。

3. 防抱死制动系统（ABS）的工作原理

红旗 CA7220 型轿车的制动防抱死装置如图 3-30，该装置为四个轮速传感器四通道式布置形式。四个轮速传感器分别将各车轮的信号传给电子控制器，经电子控制器运算得出各车轮的滑移率，并根据滑移率控制各轮缸油压。当滑移率在 8% ~35% 时，车辆的纵向附着力和侧向附着力都较高。将这一附着区域内的汽车制动的有关参数预先输入到防抱死制动系统（ABS）的控制系统，电子控制器（ECU）可随机地根据实际制动工况进行判断，给执行机构发

出动作指令，使车轮的滑移率控制在这一最佳工作区范围内，即各车轮制动到不抱死的极限状态。因此，汽车在制动时，既不“跑偏”又不“甩尾”。

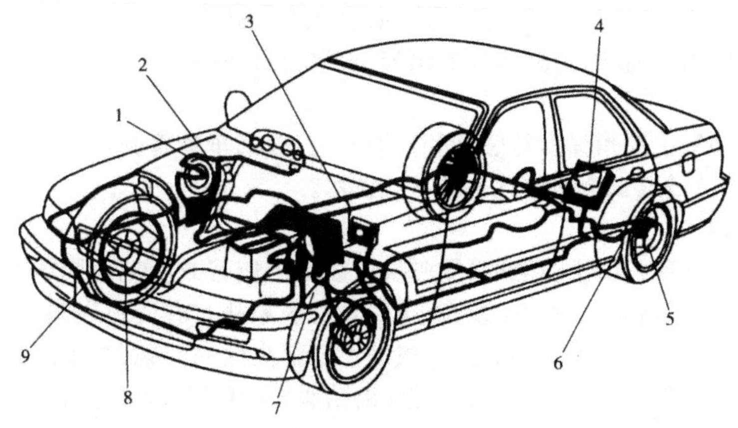

图 3-29　车防抱死制动系统(ABS)布置

1-制动主缸；2-制动助力器；3-调节器；4-控制装置；5-齿轮平衡器(后轮)；6-车轮传感器(后轮)；7-动力装置；8-齿轮平衡器(前轮)；9-车轮传感器(前轮)

四、安全辅助驾驶系统

从大量道路交通事故的统计及国内外研究人员研究成果来看，道路交通事故发生的原因80%以上与驾驶员有直接或间接关系。因此，研究车辆安全辅助驾驶系统，为汽车提供安全辅助驾驶功能，为减少常规因驾驶员主观因素造成的道路交通事故提供智能技术保障。

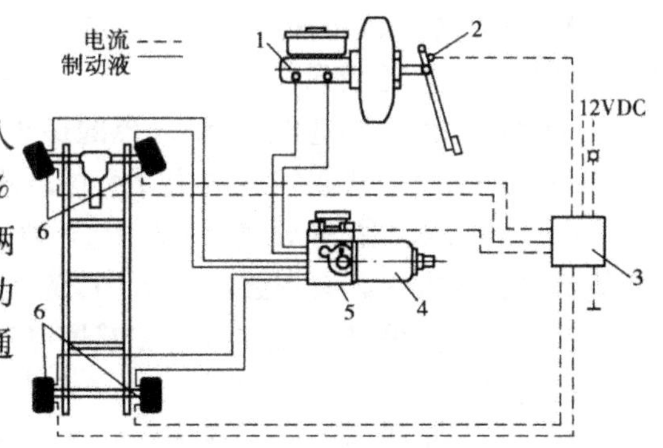

图 3-30　红旗 CA7220 型轿车防抱死制动系统(ABS)的组成及布置

1-制动主缸；2-制动灯开关；3-电子控制装置(ECU)；4-电动机；5-液压控制装置；6-轮速传感器

1. 车辆辅助驾驶系统技术概述

车辆的安全问题可以从三个方面解决：①限制车辆数量的增加；②增修、拓宽道路；③应用智能安全技术。前两种解决方案都有其局限性，日本率先采取了第三种解决方案，将安全保障技术应用于汽车上，使汽车逐步智能化，提高了汽车的安全性。

车辆安全辅助驾驶系统研究的目的就是使车辆在较差的环境中能够识别路况信息，并能够辅助驾驶员安全行车。从车辆安全辅助驾驶系统当前的发展状况来看，基于视觉的环境感知、多传感器的融合和自动驾驶等技术是其今后的发展趋势。

当我们驾车时，所接收的信息几乎全部来自于视觉。交通信号、道路标识等均可以看作是环境对驾驶员的视觉通信语言。在车辆辅助驾驶系统的研究中视觉系统主要起到环境探测和辨识的作用。与其他传感器相比，机器视觉具有检测信息大、能够遥测等优点。在行车道路检测、车辆跟随、障碍物检测等方面，机器视觉都起着非常重要的作用，是智能车辆研究中最重要的一种传感器。

在车辆领域，除视觉传感器外，常用的还有雷达、激光、GPS 等遥感技术。在实际应用中往往采用多种传感器和遥感技术,并采用传感器融合技术对检测数据进行分析、综合和平衡,利用数据间的冗余和互补特性进行容错处理,以求得所需要的环境特征。例如,美国军方研究的DEMOIII型智能车辆就采用了雷达与机器视觉融合技术用于障碍物探测。欧洲开放基金支持的研究集中在驾驶员的监测、道路环境的感知、视觉增强、前车距控制以及传感器融合方面。

2. 车辆安全保障技术

安全监测与预警主要指借助传感器和报警系统,监测车辆驾驶员状况、车辆隐患、特殊环境等,以帮助驾驶员增进安全驾驶状态的各项技术。

1)驾驶员注意力监视

长途行驶或在高速公路上行驶时,驾驶员往往由于疲劳或所见目标单调而造成注意力不集中或打瞌睡,导致车辆偏离行驶路线,甚至引发交通事故。有资料表明,高速公路上发生的交通事故中有一半以上是由于上述原因造成的。要解决这一问题,必须用技术手段及时监测车辆驾驶员的注意力是否集中,是否有打瞌睡的苗头,这就是注意力监测。例如可利用摄像机等传感器来监测驾驶员面部表情、眼睛的睁开程度、眼皮眨动的频率等,并用声光报警。

2)车辆技术状况监测

及时监测汽车自身各系统总的技术状况,将安全隐患消灭在萌芽状态。例如对发动机运转状况、轮胎气压、转向机构、制动系统等进行实时监测。

3)驾驶员视觉增强

视觉是人类观察世界、认识世界的最重要感知途径。因此基于视觉的感知技术已成为安全辅助驾驶系统中获取信息的主要手段。现今的视觉感知技术已能够实现在特殊天气或环境条件(如夜间,雨、雪、雾天气,弯道,上下坡,视觉盲点等)下使驾驶员具有良好的“视野”。红外传感器在这方面具有很强的优势,其最大的特点就是能够在夜间和各种能见度低的恶劣天气下探测到路况信息。目前红外传感器已广泛应用于多种车辆的夜视和后视报警系统。

4)防撞安全预警

全面监测车辆当前状态及周边其他车辆等障碍物的情况,如有碰撞等安全隐患,则警告驾驶员。例如,当车道前方有其他车辆或障碍物时,该系统将自动监测并及时发出警告,以便驾驶员提前做相应的处理。由于某些原因,在驾驶员未执行转向操作的情况下,车辆可能会自行偏离行驶路线。为此,日本一些公司开始研制行驶路线偏离警告系统。当驾驶员驾驶车辆进行车道变换或超车操作时,往往因各种原因发生交通事故。因此,国外一些汽车公司正在研制车道变换避撞系统。在车辆换道时,该系统可对接近车辆进行监测并发出警告。

复习思考题

1. 提高汽车操纵稳定性的途径有哪些?
2. 简述影响汽车制动距离的主要因素。
3. 轮胎的哪些特性与汽车安全行驶相关?
4. 简述驱动防滑控制系统和防抱死制动系统的组成及工作原理。
5. 减轻乘员和行人伤害的被动安全技术有哪些?

第四章　道路交通条件与交通安全

影响道路交通安全的道路交通因素包括道路几何线形、道路结构物和其上的交通流状态等。道路交通条件（交通量、交通组成、道路几何线形、横断面、交叉、路面、桥隧、作业区以及安全设施等）适宜与否，与交通安全密切相关，应合理设置，以满足保证汽车安全行驶的要求。

第一节　道路几何线形与交通安全

道路几何线形要考虑与地形及地区的土地使用相协调，同时要使道路线形连续，并和平面、纵断面两种线形以及横断面的组成相协调，更要从施工、维修管理、经济和交通运用等角度来确定。

所谓线形，是立体描述道路中心线的形状。其中，平面描述的道路中心线形状称为平面线形，立体描述的道路中心线形状称为纵断面线形。合理的线形，对交通流安全畅通具有极其重要的作用。如果道路线形不合理，不仅会造成道路使用者时间和经济上的损失，降低通行能力，而且可能诱发交通事故。

道路线形设计原则如下：

①从行驶力学考虑，汽车行驶时应安全、迅速、舒适；

②从地形及地质条件上应经济合理；

③驾驶员的视觉和驾驶心理应反应良好；

④与交通环境及沿途景观相协调；

⑤整体的线形保持较好的连续性。

线形虽受投资、设计与施工难易的制约，但它是一条路线的基础、汽车安全行驶的关键，必须重视上述的设计原则，线形不可急剧转变，例如避免长直线连接转弯；不得已设急转弯时，应设于驾驶员易辨认处；道路交角避免在10°以下，不得不设小交角时，应充分加长曲线长度，防止驾驶员产生曲率较大的错觉；直线与圆曲线之间应插入回旋曲线，并充分考虑行驶力学与视觉上的条件；设计平面线形时还要注意与纵断面线形密切配合，尽量形成良好的立体线形以达到行驶安全、顺适的目的。

在我国《公路工程技术标准》（JTG B01—2003）中规定了各级公路的设计速度及主要技术指标，如表4-1、表4-2所示。

各级公路设计速度　　表4-1

公路等级	高速公路			一级公路			二级公路		三级公路		四级公路
设计速度（km/h）	120	100	80	100	80	60	80	60	40	30	20

主要技术指标汇总 表4-2

<table>
<tr><td colspan="3">设计速度(km/h)</td><td>120</td><td>100</td><td>80</td><td>60</td><td>40</td><td>30</td><td>20</td></tr>
<tr><td colspan="3">车道宽度(m)</td><td>3.75</td><td>3.75</td><td>3.75</td><td>3.50</td><td>3.50</td><td>3.25</td><td>3.00</td></tr>
<tr><td rowspan="4">圆曲线最小半径(m)</td><td colspan="2">一般值</td><td>1 000</td><td>700</td><td>400</td><td>200</td><td>100</td><td>65</td><td>30</td></tr>
<tr><td colspan="2">极限值</td><td>650</td><td>400</td><td>250</td><td>125</td><td>60</td><td>30</td><td>15</td></tr>
<tr><td rowspan="2">不设超高最小半径</td><td>路拱≤2.0%</td><td>5 500</td><td>4 000</td><td>2 500</td><td>1 500</td><td>600</td><td>350</td><td>150</td></tr>
<tr><td>路拱>2.0%</td><td>7 500</td><td>5 250</td><td>3 350</td><td>1 900</td><td>800</td><td>450</td><td>200</td></tr>
<tr><td colspan="3">最大纵坡(%)</td><td>3</td><td>4</td><td>5</td><td>6</td><td>7</td><td>8</td><td>9</td></tr>
<tr><td colspan="3">最小坡长(m)</td><td>300</td><td>250</td><td>200</td><td>150</td><td>120</td><td>100</td><td>60</td></tr>
<tr><td rowspan="2" colspan="2">凸形竖曲线半径(m)</td><td>一般值</td><td>17 000</td><td>10 000</td><td>4 500</td><td>2 000</td><td>700</td><td>400</td><td>200</td></tr>
<tr><td>极限值</td><td>11 000</td><td>6 500</td><td>3 000</td><td>1 400</td><td>450</td><td>250</td><td>100</td></tr>
<tr><td rowspan="2" colspan="2">凹形竖曲线半径(m)</td><td>一般值</td><td>6 000</td><td>4 500</td><td>3 000</td><td>1 500</td><td>700</td><td>400</td><td>200</td></tr>
<tr><td>极限值</td><td>4 000</td><td>3 000</td><td>2 000</td><td>1 000</td><td>450</td><td>250</td><td>100</td></tr>
<tr><td colspan="3">竖曲线最小长度(m)</td><td>100</td><td>85</td><td>70</td><td>50</td><td>35</td><td>25</td><td>20</td></tr>
</table>

注:单车道四级公路车道宽度为3.50m。

一、平面线形

平面线形可分为直线、圆曲线、缓和曲线三种线形,如图4-1所示。

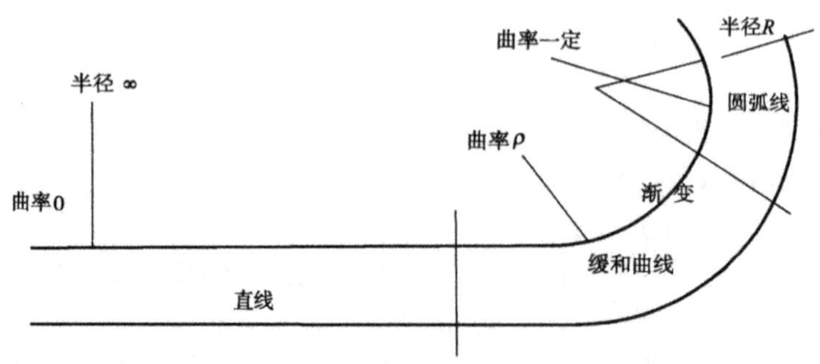

图4-1 平面线形要素

1. 直线

直线是最常用的线形,具有现场勘测简单、前进方向明确、距离短捷的优点。对于公路来说,直线部分景观单调,对驾驶员缺乏刺激,在选用直线线形时,一定要十分慎重。长直线段容易对驾驶员产生催眠作用,使驾驶员感到单调、易瞌睡,因此并非理想的线形;同时直线长度也不宜过短。

我国规定最小直线长度为:当设计速度≥60km/h时,同向曲线间最小直线长度(以m计)以不小于行车速度(以km/h计)的6倍为宜;反向曲线间最小直线长度(以m计)以不小于行车速度(以km/h计)的2倍为宜。

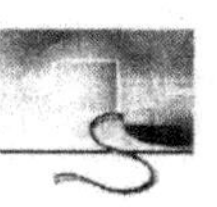

对于城市道路来说，由于城市道路网一般呈方格、放射环形等，设计速度较低且常有交通信号管制，使停车次数较多；因而城市道路采用通视良好的直线线形，对驾驶员有利。

2. 圆曲线

圆曲线使用频率仅次于直线，也是常选用的一种线形，其现场勘测比较简单。一定的曲率半径可以给驾驶员适当的紧张感。

圆曲线半径根据设计速度按下式计算：

$$R = \frac{v^2}{127(i+f)} \tag{4-1}$$

式中：R——圆曲线半径(m)；

v——设计速度(km/h)；

i——超高(%)；

f——横向摩擦系数。

式(4-1)中，在指定设计速度 v 的情况下，最小半径的绝对值取决于$(i+f)$值。$(i+f)$值如果过大，弯道上的车辆会有沿着路面最大合成坡度向下滑动的危险。根据国内外的经验，最大 i 值考虑气候、地形等条件采用6%～8%；f 值如果过大，车辆行驶不稳定，在弯道上易肇事，最大 f 值采用0.10～0.15比较妥当。

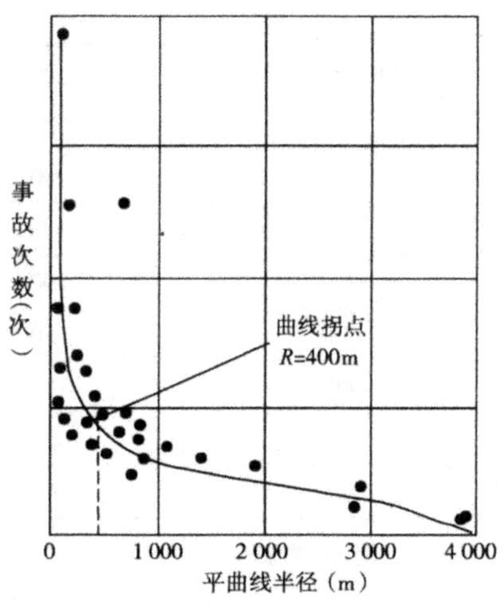

图4-2　美国公路事故次数与平曲线半径关系

图4-2给出了美国公路事故次数与平曲线半径的关系。当平曲线半径较小时，交通安全状况较差；随着平曲线半径的增大，交通安全状况趋于良好。通常都希望圆曲线的半径越大越好，但关键在于应使线形能适合地形的变化，同时能够圆滑地将前后线形连接起来，以保持线形的连续性。因此，在选用圆曲线半径时，在与地形等条件相适应的前提下，应尽量采用大半径，但圆曲线最大半径不宜超过10 000m。如不得已用最小半径时，应考虑驾驶员对周围地形情况能否自然地接受。

表4-3是某高速公路不同路段平曲线半径与对应的平均亿车事故率的统计分析结果。

某高速公路不同平曲线半径下的平均亿车事故率　　表4-3

平曲线半径(m)	470	500	550	700	1 000	1 100	1 200	1 500	2 000	2 500
平均亿车事故率(次/亿车)	401.36	442.81	582.62	253.74	103.00	82.58	98.40	81.17	102.58	81.05
平曲线半径(m)	3 000	3 500	4 000	5 000	5 500	6 000	7 000	8 000	9 800	9 900
平均亿车事故率(次/亿车)	67.41	52.50	48.73	41.33	25.98	28.85	27.45	20.80	18.49	13.20

图4-3为该高速公路平曲线半径与平均亿车事故率的散点图。从图中可以看出，随着平曲线半径的增大，事故率逐渐降低。

在日本道路技术标准中，最小圆曲线半径的建议值如表4-4所示。

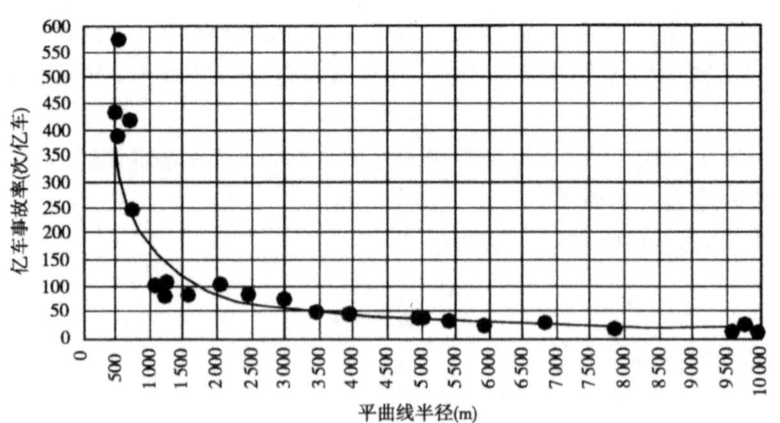

图 4-3 某高速公路亿车事故率与平曲线半径的关系

日本最小圆曲线半径的建议值 表 4-4

设计速度(km/h)	R(m)	$v^2/127R$	i	f
120	1 000	0.11	0.06	0.05
100	700	0.11	0.06	0.05
80	400	0.13	0.07	0.06
60	200	0.14	0.08	0.06
50	150	0.13	0.08	0.05
40	100	0.13	0.07	0.06
30	65	0.11	0.06	0.05
20	30	0.11	0.06	0.05

3. 缓和曲线

缓和曲线是设置在直线与圆曲线之间或圆曲线与圆曲线之间的一种曲率连续变化的曲线。如,直线与圆曲线连接,车辆由直线进入曲线时,驾驶员会由于突然受到离心力的影响而产生不舒适感和危险感。为了缓和这种感觉,就需要设置缓和曲线。在道路中增加缓和曲线,会使车辆在正常转弯行驶时减少对道路摩擦力的需求,增强道路交通的安全性。

另外,在路线的曲线部分要设一定的超高或加宽时,都应在缓和曲线段上进行。这种情况下设计超高,要在缓和曲线段的全长内逐渐过渡,使超高慢慢变化。缓和曲线长度还应不小于超高过渡段长度。

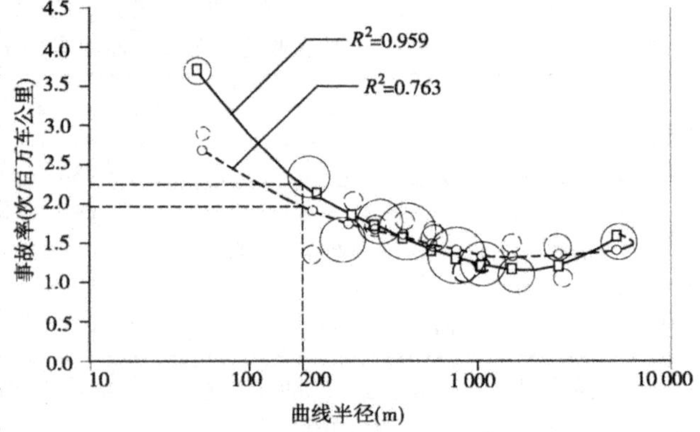

图 4-4 美国双车道公路设置缓和曲线前后交通事故率的变化

图 4-4 为美国双车道公路的交通事故率在不同曲线半径设置缓和曲线前后的变化情况。由图中可见,当曲线半径小于 200m 时,在直线与圆曲线之间添加缓和曲线,道路安全性会大大提高,交通事故

率会大幅降低；而对于曲线半径大于200m的路段，缓和曲线的设置与否，对道路交通安全的影响并不明显。

缓和曲线按线形分为三次抛物线、双扭曲线和回旋曲线等。驾驶员按一定速度转动转向盘，按一定车速行驶时则曲率按曲线长度缓和地增大或减小，轮迹顺滑的轨迹刚好符合回旋曲线，因而回旋曲线是适合汽车行驶的良好曲线形式。我国用回旋曲线较多。

设R为平曲线半径，则其倒数称为曲率。回旋曲线就是曲率按曲线长度成相同比例增大的曲线，其关系为：

$$1/R = C \cdot L \tag{4-2}$$

式中：C——常数；

L——曲线长度(m)。

按设计速度，最小缓和曲线长度如表4-5所示。考虑到驾驶员的视觉条件，设置回旋曲线时，应取大于表4-5的数值。

最小缓和曲线长度　　表4-5

设计速度(km/h)	120	100	80	60	50	40	30	20
缓和曲线长度(m)	100	85	70	50	40	35	25	20

4. *超高*

汽车在弯道上行进时，会受离心力的作用，向圆弧外侧推移。该离心力的大小，与行车速度的平方成正比，与平曲线的半径成反比。所以，车辆在较小半径的弯道上，开得越快，车身受离心力推向弯道外侧的危险就越大。为预防这种危险情况的发生，驾驶员必须小心谨慎，降低车速。同时，道路工程部门在设计与施工中，则把弯道的外侧提高，使路面在横向朝内一侧，有一个横坡度(即横向倾斜程度)，来抵挡离心力的作用，即道路超高，如图4-5所示。道路超高规定在2%～6%之间。

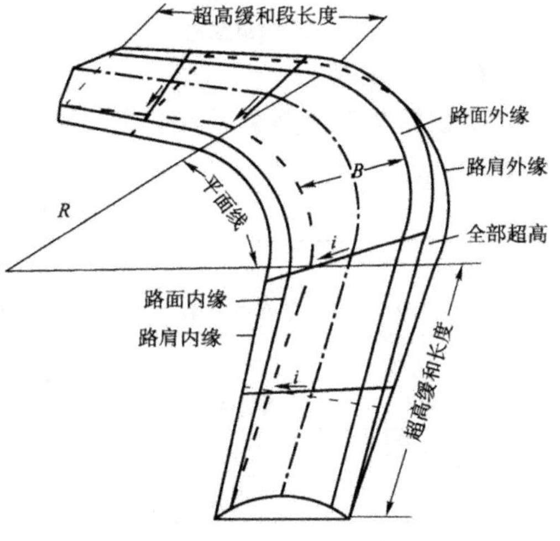

图4-5　道路超高

如果用式(4-1)来考虑横向力平衡时，可得出：

$$f_g = \frac{v^2}{R} - gi \tag{4-3}$$

式中，f_g是作用于汽车的横向加速度。若这个值大，就产生显著的横向摆动，给人以不舒适的感觉，所以尽量把超高i取大一些。但是，汽车如果以低于设计速度的速度行驶时，反而会在重力作用下，沿横断面斜坡向内侧下滑。为保证在弯道部分停车时，汽车不发生向内侧滑移，甚至翻车，所以其超高又不能太大。在曲线部分，除曲率半径非常大和有特殊理由等情况外，都要根据道路的类别和所在地区的寒冷积雪程度，以及设计速度、曲率半径、地形状况等设置适当的超高。

5. *加宽*

汽车在弯道上安全行驶所需要的路面宽度，较直线段上要宽些，所以弯道上的路面应当加宽。如图4-6所示，R为平曲线半径，L为汽车前挡板至后轴的距离，单车道路面所需要增加的

宽度 W 为：

$$W=\frac{L^2}{2R} \tag{4-4}$$

如果是双车道路面，则式(4-4)中求得的 W 值加倍，再加上与车速有关的经验数值公式，即双车道拐弯处路面所需增加的宽度为：

$$W_{双}=\frac{L^2}{R}+\frac{V}{10\sqrt{R}} \tag{4-5}$$

加宽值 W 是加在弯道的内侧边沿，并按抛物线处理，如图4-7所示。这样既符合汽车的行驶轨迹，有利于车辆平顺行驶，又改善了路容。

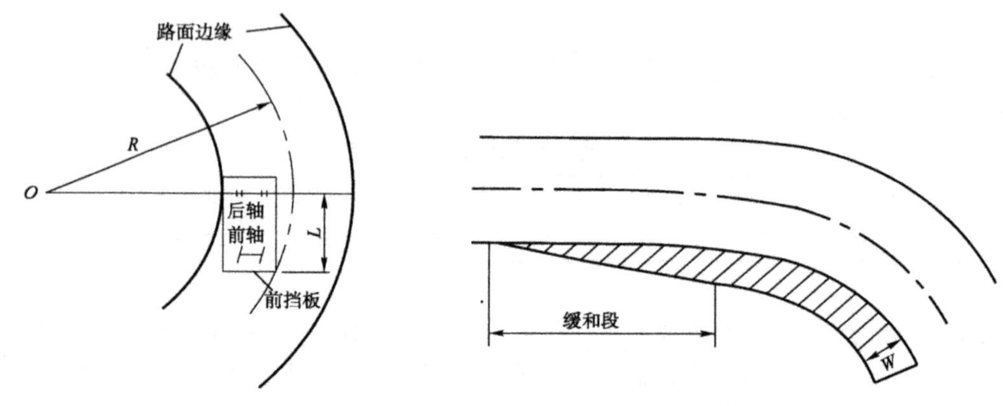

图4-6　弯道加宽　　图4-7　路面加宽的过渡

6. 曲线转角

曲线转角对道路交通安全也有影响。表4-6给出了某高速公路不同曲线转角对应的亿车事故率。

某高速公路不同路线转角下的亿车事故率　　表4-6

平曲线半径 1 000～1 100m	转角	4°08′	6°17′	17°54′	24°43′	30°50′	31°02′	34°14′	39°55′	45°00′	86°09′
	亿车事故率	112.52	93.10	30.52	21.34	66.92	114.63	122.45	110.13	120.78	193.76
平曲线半径 2 500m	转角	12°17′	13°52′	14°20′	14°28′	15°53′	22°24′	24°00′	28°20′	36°04′	36°09′
	亿车事故率	63.26	61.97	62.47	68.13	6.47	22.50	30.91	75.44	243.50	119.88
平曲线半径 3 000m	转角	6°41′	7°41′	10°11′	11°27′	11°59′	18°02′	18°04′	22°53′	24°14′	28°21′
	亿车事故率	126.24	125.29	72.33	93.10	87.41	44.48	37.55	39.85	25.98	52.45

图4-8所示为该高速公路亿车事故率与路线转角的散点图。从图中可以看出，当曲线转角在0～45°之间变化时，亿车事故率与转角的关系近似呈抛物线形，即事故率随着转角的增大在逐渐降低，当转角增大到某一数值时事故率降到最低值(即抛物线的极值点)，此时随着转角的继续增大事故率又开始上升，变化规律明显。由图可以看出，当路线转角小于或等于7°(即为小偏角)时，事故率明显高于表4-6中30个样本点的平均值(即平均亿车事故率83.37次/亿车)，这一统计结果证实了小偏角曲线容易导致驾驶员产生急弯错觉、不利于行车安全这一传统观点。

图4-8表明，当转角值在15°～25°之间时，事故率最低，交通安全状况最好。驾驶员在正常行车状态下，坐直、头正、目视前方，此时驾驶员的视点一般均集中在10cm×16cm(高×宽)

的矩形范围内。曲线转角在20°左右时，驾驶员看到的曲线恰好落于上述矩形范围内，从而使驾驶员在不需要移动视线或转动头部的情况下即可充分了解道路及交通情况，同时也提高了行车舒适性，减少了行车疲劳和紧张感。

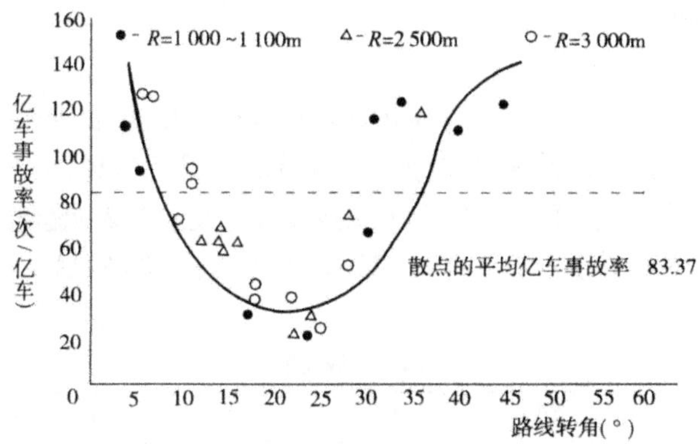

图4-8　某高速公路亿车事故率与路线转角的关系

事故率与路线转角关系的统计结果表明，在公路设计中合理确定路线转角对保证行车安全、提高服务水平具有十分重要的意义。

二、纵断线形

纵断线形主要指表示道路前进方向上坡、下坡的纵向坡度和在两个坡段的转折处插入的竖曲线两类。

原则上按在同一设计速度路段保持同一行驶状态来进行道路设计。纵向坡度和别的线形因素不同，受车辆行驶性能的影响较大，对任何车辆都按确保设计速度来设计是不经济的。同时，爬坡能力明显不同的车辆混合在一起时，如果不采用适当的纵向坡度和在路段设置爬坡车道，就会成为道路通行能力低和发生交通事故的主要原因。车辆行驶过程中往往需要紧急制动，由于下坡行驶的制动距离要比上坡行驶的长，因此下坡事故数要比上坡事故数多；上下坡行车条件的差别，在较小纵坡条件下就有所反映。

图4-9为美国埃尔泽山(Elzer Mountain)地区7.2km长的山区路段，在采取安全保障措施之前，下坡事故数要比上坡事故数多很多。1969年双向增加车道后，上下坡事故数均有所减少，尤其是下坡事故数下降显著；1972年设置限制车速的交通标志牌后，下坡事故数又有大幅

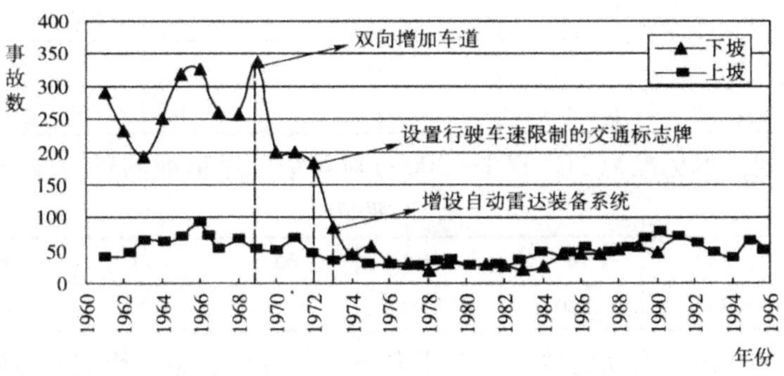

图4-9　美国某山区上下坡路段事故数案例

度下降,上坡事故数也有所下降;1973 年增设自动雷达车速控制系统后,总体交通事故数下降;在 20 世纪 70 年代末,下坡交通事故数相对稳定下来,并且在绝对数值和相对趋势上基本与上坡保持一致。由此可见,在纵坡路段采取增加车道、设置安全标志等交通改善措施对于促进道路交通安全非常必要。

1. 最大纵坡

纵向坡度的标准值,要在经济容许的范围内,按尽可能较少地降低车辆速度的原则来确定。与其他路段一样,需要努力保证与设计速度一致的行驶状态。具体地说,纵向坡度的一般值,按小客车大致以平均行车速度可以爬坡,普通载货车大致按设计速度的 1/2 能够爬坡的原则来确定。

我国《公路工程技术标准》(JTG B01—2003)对各级公路的最大纵坡所作的规定如表 4-7所示。

最大纵坡 表 4-7

设计速度(km/h)	120	100	80	60	40	30	20
最大纵坡(%)	3	4	5	6	7	8	9

高速公路受地形条件或其他特殊情况限制时,经技术经济认证合理后,最大纵坡可增加 1%。

2. 纵坡长度

在翻山越岭、连续上坡的路段,机动车在较长的坡道上行驶,发动机容易过热,引起故障;在连续下坡时,车速越来越快,不安全,尤其在雨天或有冰雪时,更有滑溜的危险。表 4-8 为不同坡度的坡长限制值。

纵坡长度限制值 表 4-8

最大坡长(m) / 设计速度(km/h) / 坡度(%)	120	100	80	60	40	30	20
3	900	1 000	1 100	1 200			
4	700	800	900	1 000	1 100	1 100	1 200
5		600	700	800	900	900	1 000
6			500	600	700	700	800
7					500	500	600
8					300	300	400
9						200	300
10							200

我国《公路工程技术标准》(JTG B01—2003)对各级公路纵坡的最小坡长规定如表 4-9。

最小坡长 表 4-9

设计速度(km/h)	120	100	80	60	40	30	20
最小坡长(m)	300	250	200	150	120	100	60

高速公路、一级公路当连续陡坡由几个不同坡度值的坡段组合而成时,应对纵坡长度受限制的路段采用平均坡度法进行验算。

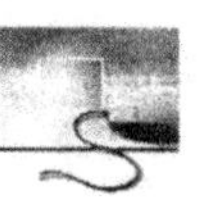

3. 竖曲线

汽车在纵坡发生转折的地方行驶时，为了缓冲汽车在转为凹曲线时的冲击，保证在凸曲线的地方有一定的视距，必须在两个坡段之间插入一段曲线。这段曲线称为竖曲线，通常采用二次抛物线。

表示竖曲线大小的指标有长度、半径和曲率。竖曲线的曲率根据曲线长度和纵向坡度的变化量来决定。严格地说，二次抛物线的曲率在曲线各点上不相同，但作为竖曲线应用的范围内其差别很小，所以实际应用中，不妨看作曲率一定的圆弧曲线。

竖曲线的半径，可用如下近似式求得：

$$R = \frac{100L}{|i_1 - i_2|} \tag{4-6}$$

式中：R——竖曲线半径(m)；

L——竖曲线长度(m)；

i_1、i_2——纵坡转折处左右坡度值。

表4-10给出了我国《公路工程技术标准》(JTG B01—2003)规定的竖曲线最小半径和最小长度。

竖曲线最小半径和最小长度　　表4-10

设计速度(km/h)		120	100	80	60	40	30	20
凸形竖曲线半径(m)	一般值	17 000	10 000	4 500	2 000	700	400	200
	极限值	11 000	6 500	3 000	1 400	450	250	100
凹形竖曲线半径(m)	一般值	6 000	4 500	3 000	1 500	700	400	200
	极限值	4 000	3 000	2 000	1 000	450	250	100
竖曲线最小长度(m)		100	85	70	50	35	25	20

一般说来，凸形竖曲线半径的交通事故率要比水平路段高，小半径凸形竖曲线的事故率要比经过改善设计后的竖曲线路段事故率高很多。竖曲线的频繁变换会影响行车视距，严重降低道路安全性能，尤其在凸形竖曲线路段，视距受限会大大增加交通事故率。如在凸形竖曲线后面存在一个急弯，由于凸形竖曲线遮挡视线，驾驶员往往来不及反应，极易造成交通事故。

在白天或夜晚照明充足的情况下，凹形竖曲线的视距并不是影响道路交通安全的关键因素，但是在夜晚没有照明的道路上，凹形竖曲线必须考虑视距问题，因为道路线形的水平曲率会使车头灯光不能沿路线线形的前进方向，仅能侧向照射路面，这种情况即使将凹形竖曲线展平也不会有明显改善。另外，凹形竖曲线上方的跨线结构物，往往会造成视距障碍，形成安全隐患。

三、线形综合协调

道路线形协调问题，对道路上的交通安全和畅通有很大影响。线形综合协调就是要考虑驾驶员行车特性及环境与线形之间的关系，使道路线形能够顺畅、平缓，为车辆行驶创造良好的条件。

1. 技术标准应相互协调

道路全线的各项技术标准最好能够一致，这意味着道路全线均可满足同一最大的行车速度值，车辆在道路上行驶就比较安全可靠，易于操作。如果必须变更标准，应该在两种标准之间设置过渡路段，使驾驶员能够逐渐适应变化。

2. 线形连接应协调

线形连接与驾驶员行车心理、生理特性和视觉及反应有密切关系。若行车速度变化幅度大,对于驾驶员来说,容易发生交通事故。根据驾驶员行车特性,线形连接应协调以下几点。

①在高填方的曲线路段,由于驾驶员对曲线大小难以准确判断,行车会偏离车道,冲到路下,酿成车祸,因此应沿曲线外侧加设护栏、视线诱导标和路警桩、诱导视线。

②两个同向曲线之间插入一个短直线,称为断背曲线。这种线形,行车条件差,容易使驾驶员产生错觉而导致发生事故,因此,应避免出现断背曲线。

③直线不宜过长。直线过长会使行车单调,容易使驾驶员思想不集中,反应迟钝,不利于安全行车。

④应避免采用由很多短坡路段连在一起的线形。因为在这种线形的道路上行驶,驾驶员只能看见凸出的部分,而看不见凹下隐藏的地方,视线断断续续,行车不畅通,超车视距不好,发生事故的可能性大。

3. 平曲线与竖曲线的组合

平曲线与竖曲线组合不良,即使两者都符合设计规范,也常常会成为道路交通安全的隐患。根据实际经验,应注意避免以下几种组合形式。

①避免在凸形竖曲线顶部或凹形竖曲线底部设小半径平曲线起点。前者会使驾驶员视线失去引导,驾驶员爬上顶坡才发现转变,来不及采取措施;后者会造成视觉误差,形成不必要的加速行驶,很不安全。

②避免在凸形竖曲线顶部和凹形竖曲线底部设反向平曲线拐点。

③避免在长直线路段上采用凹形竖曲线。驾驶员沿凹形竖直线行车,因视线错觉,会造成不必要的加速。

④在一个平曲线内的几个变坡点,或一个竖曲线内的几个平曲线处,会使视线不平衡,驾驶员容易产生错误判断。

⑤线形的连接和平曲线与竖曲线组合,在城市市区道路上,问题并不突出,但对于郊区公路尤其是山区公路具有重要意义,必须对这类路段加以改造。对暂时不能改造的路段,应采取相应的交通管制措施,保证交通安全,防事故于未然。

在行车时,驾驶员需要观察了解前方路段的道路交通情况,以适应新的行车条件。由于驾驶员顺着直线或某种曲线扫视时,习惯于使视线平顺地向前,因此为保证行车安全,道路几何线形的组合应该自然流畅。如果道路几何线形组成部分的尺寸变化过大,驾驶员就会在驾驶汽车过程中缺乏足够的思想准备,容易造成交通事故。此外,路外情况或地形条件的突然变化也不利于行车安全。比如,曲线路段会影响驾驶员的视距,当夜晚行车在曲线路段上时,光照距离也较直线段小,从而降低了行车的安全性。

四、视距

视距是驾驶员在道路上能够清楚看到的前方道路某处的距离,是道路几何设计的重要因素。有足够的视距,对于行车安全、行驶速度以及通行能力都很重要。视距之所以成为问题,是由于驾驶员发现前方有障碍物就要在其前面停住车(停车视距),或者前方来车需要错开行驶(错车视距),以及在两车道的道路上,要超越其他车辆,就要跨越到另一车道上行驶(超车

视距）等情况存在。

图4-10为美国事故率与行车视距的关系曲线，图中事故率随视距的增加而降低。当视距小于100m时，事故率随视距减小而显著增加；当视距大于200m时，事故率随视距增加而缓慢降低；当视距大于600m时，事故率基本不再变化。

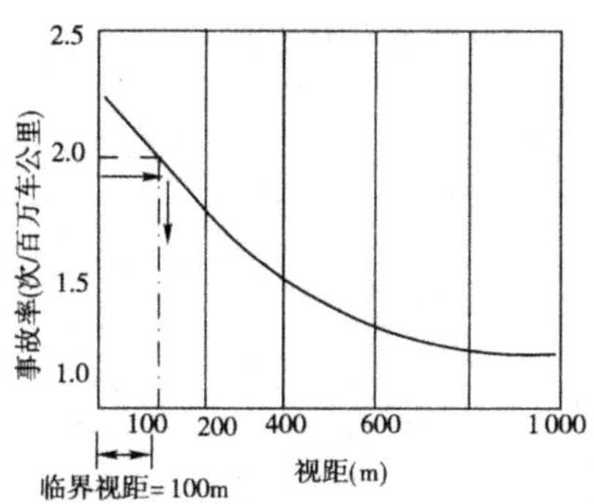

图4-10　美国事故率与视距的关系

1. 停车视距

驾驶员在行驶过程中，看到同一车道上前方的障碍物时，从开始制动至到达障碍物前安全停车的最短距离，称为停车视距。停车视距由三部分距离组成，即驾驶员在反应时间内车辆行驶的距离（l_1）、开始制动至停车的制动距离（$l_{制}$）和安全距离（l_0），如图4-11所示。

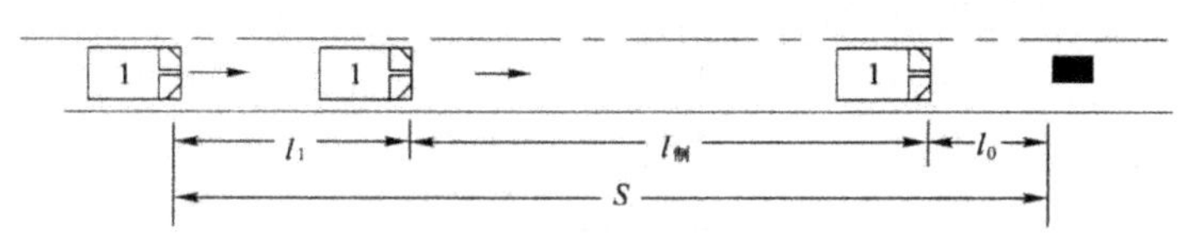

图4-11　停车视距

驾驶员从发现并确认障碍物，到踩上制动踏板，这段时间叫做驾驶员的反应时间，记做t_0；从踏下制动踏板到制动生效，这段时间叫做驾驶员的操作时间（即车辆反应时间，或称制动延迟时间），记做t_1；制动生效时，车辆开始产生减速度，直到车辆停止为止，这段时间可记做t_2。

设制动前汽车的行驶速度为V_0（km/h），车轮在道路上的附着系数为φ，重力加速度为g，安全距离为l_0，并且把V_0的单位由km/h化为m/s，则由运动学的原理可知停车视距为：

$$D=\frac{V_0}{3.6}t_0+\frac{V_0}{3.6}t_1+\frac{1}{2}t_2\frac{V_0}{3.6}+\frac{V_0^2}{2g\varphi\times3.6^2}+l_0 \tag{4-7}$$

由于t_0为驾驶员反应时间，t_1为汽车反应时间，不妨合并称为反应时间t，即：

$$t=t_0+t_1$$

t为1～2.5s，而t_2仅有零点几秒，略去式（4-7）右端中的第三项，得：

$$D=\frac{V_0}{3.6}t+\frac{V_0^2}{2g\varphi\times3.6^2}+l_0 \tag{4-8}$$

式中，l_0一般取5～10m，等号右边的第一项，称作反应距离，第二项称作制动距离，l_0称作安全距离，即：

停车视距＝反应距离＋制动距离＋安全距离

若取$t=2.5$s，$g=9.8$m/s^2，反应距离和制动距离分别记S_1和S_2，则：

$$S_1=\frac{V_0}{3.6}t=0.694V_0 \tag{4-9}$$

$$S_2=\frac{V_0^2}{2g\varphi\times3.6^2}=0.003\ 94\frac{V_0^2}{\varphi} \tag{4-10}$$

沥青或水泥混凝土干燥路面和湿润路面上的制动距离和停车视距如表4-11和表4-12。

干燥路面上的制动距离和停车视距　　表4-11

设计速度(km/h)	行驶速度(km/h)	f	$S_1=0.694v$	$S_2=0.003\,94v^2/f$	停车视距 D(m)
120	102	0.50	70.79	81.98	152.77
100	85	0.52	58.99	54.74	113.73
80	68	0.55	47.19	33.12	80.31
60	54	0.58	37.48	19.81	57.29
50	45	0.59	31.23	13.52	44.75
40	36	0.61	24.98	8.37	33.35
30	30	0.64	20.82	5.52	26.36
20	20	0.65	13.88	2.42	14.30

湿润路面上的制动距离和停车视距　　表4-12

设计速度(km/h)	行驶速度(km/h)	f	$S_1=0.694v$	$S_2=0.003\,94v^2/f$	停车视距 D(m)
120	102	0.29	70.7	141.3	212.0
100	85	0.30	58.9	94.8	153.7
80	68	0.31	47.1	58.7	105.8
60	54	0.33	37.4	34.8	72.2
50	45	0.35	31.2	22.8	54.0
40	36	0.38	24.9	13.8	38.3
30	30	0.44	20.8	8.1	29.9
20	20	0.44	13.8	3.5	17.3

我国《公路工程技术标准》(JTG B01—2003)规定的停车视距如表4-13所示。

各级公路停车视距　　表4-13

公路等级	高速公路			一级公路			二级公路		三级公路		四级公路
设计速度(km/h)	120	100	80	100	80	60	80	60	40	30	20
停车视距(m)	210	160	110	160	110	75	110	75	40	30	20

2. 会车视距

两辆汽车在同一条车道上相向行驶,发现时来不及或无法错车,只能双方采取制动措施。使车辆在相撞之前安全停车的最短距离,称为会车视距。会车视距一般为停车视距的两倍。会车视距由两相向行驶车辆的驾驶员反应距离(l_1、l_2)、制动距离($l_{制1}$、$l_{制2}$)、安全距离(l_0)组成,如图4-12所示。

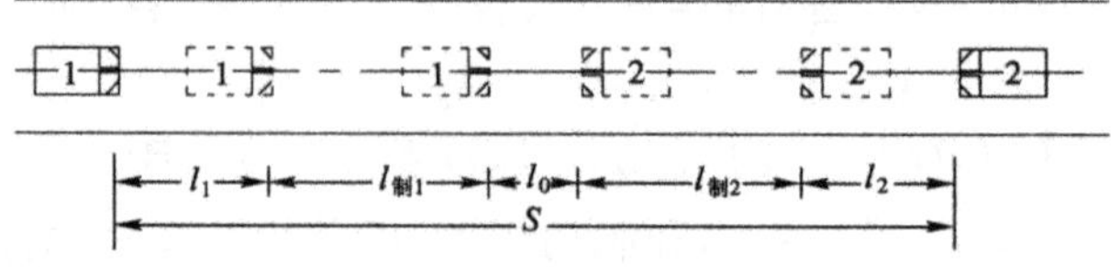

图4-12　会车视距

3. 错车视距

汽车在行驶中发现同迎面车辆在同一条车道上行驶,立即靠右行驶,而从来车左边绕至另

一车道并与对面来车在平面上保持安全距离时，两车所行驶的最短距离称为错车视距。在公路等级较低的单车道上行驶或不分上下行的城市道路上行驶时，对错车视距有严格的要求。错车视距由反应距离、绕行距离、来车在绕行时间内所行驶的距离和安全距离组成，如图4-13所示。错车视距包括第一辆车的反应距离（l_1）及让车绕行距离（l_2）、对向第二辆车在此时间内行驶的距离（l_3、l_4）和安全距离（l_0）。

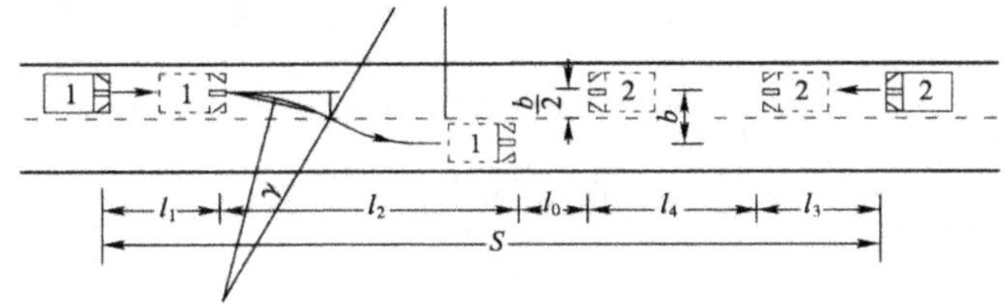

图4-13　错车视距

4．超车视距

在双车道道路上，汽车绕道到相邻车道超车时，驾驶员在开始离开原行车路线能看到相邻车道上对向驶来的汽车，以便在碰到对向行驶的车辆之前能超越前车并驶回原来车道所需的最短距离，称为超车视距。超车视距有两种情况：

1）不等速超车视距

当后车速度高于前车，以行驶时的车速超越前车时，超车时两车的间距 l_2 等于两车制动距离之差 $l_{制1}-l_{制2}$ 加上汽车1的反应距离 l_1，如图4-14所示。

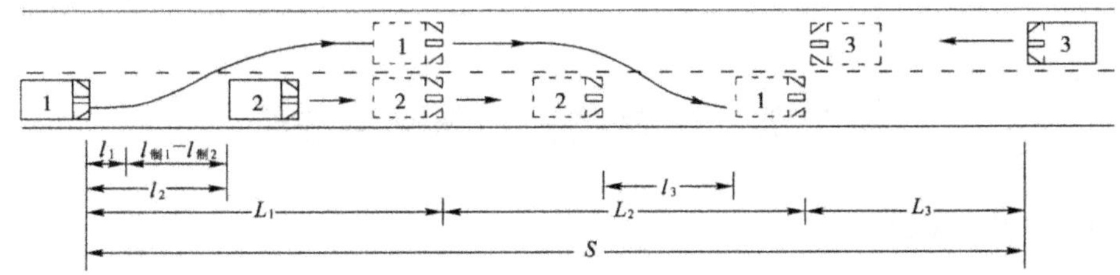

图4-14　不等速超车视距

2）等速超车视距

后车尾随前车行驶，即车速相同，判断认为有超车可能时，加速转入对向车道进行超越。超车视距由四部分组成，即后车加速进入对向车道所行驶的距离 d_1；后车进入对向车道进行超车至超过前车又回到原车道上行驶的距离 d_2；超车完成后与对向来车的距离 d_3；在超车过程中对向来车行驶的距离 d_4，如图4-15所示。

图4-15表明，超越车从开始加速到进入对面车道，这段时间所走过的距离为 d_1。在对面车道内行驶$\frac{1}{3}d_2$ 距离时，发现迎面来车，会车视距为 $D_{超\min}$。经判断，若继续超越，可能与迎面来车相撞，就暂时放弃超车，回到原来的车道内；倘若确有把握不会碰撞，就继续行进，直到完成超车。图4-15所示的是后一种情况，超越车又经过$\frac{2}{3}d_2$ 的距离，结束超车。即超越车在对面车道上行驶总距离为 d_2。回到原车道时，它与迎面来车之间的距离为 d_3。为了安全，一般规定 d_3 在30～100m之间，d_4 为超越车走过$\frac{2}{3}d_2$ 时，迎面来车所驶过的距离。

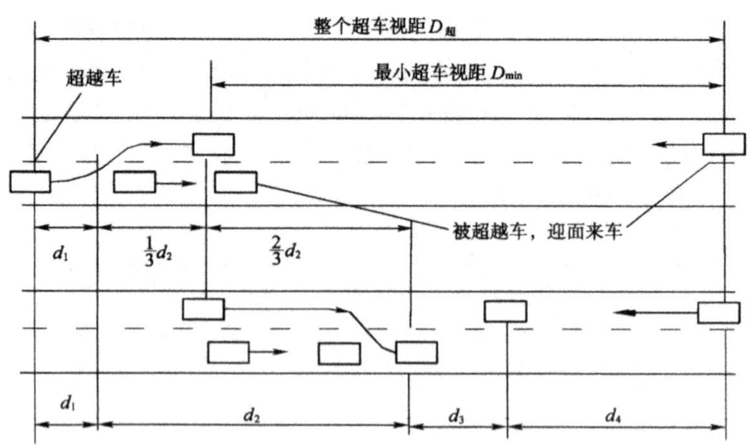

图 4-15　加速超车视距

表 4-14 是上述各式中，将设计速度作为超越车的车速，并给出被超越车的速度及有关其他数据所得出的全超车视距和最小超车视距。

超 车 视 距　　表 4-14

设计速度(超越车速度)(km/h)	100	80	60	50	40	30	20
被超越车速度(km/h)	80	65	45	37.5	30	20	15
全超越视距 $D_{超}$(m)	700	550	350	250	200	150	100
最小超越视距 $D_{超min}$(m)	500	350	250	200	150	100	70

第二节　道路结构物与交通安全

一、横断面及车道数

道路横断面指沿道路宽度方向，垂直于道路中心线的断面。城市道路横断面的组成包括道路建筑红线范围内的各种人工结构物，如行车道、人行道、分隔带、绿化带等。横断面设计对于满足交通需要，保证交通运输的通畅和安全，适应各项设施的要求，及时排除地面积水，以及合理安排地上杆线和地下管线，都具有十分重要的意义。横断面形式分为一块板、两块板、三块板和四块板四种。

根据我国北方某城市 76 条道路的事故调查资料，该市城市道路对应不同横断面形式的事故率如表 4-15 所示。

某市城市道路不同横断面形式的事故率　　表 4-15

横断面形式	事故数(次)	事故率(次/亿车公里)	道路数(条)	平均事故率(次/亿车公里)
一块板	1 191	10 011	61	164
二块板	111	520	4	130
三块板	273	1 341	10	134
四块板	220	415	4	104

交通事故发生状况也因车道数不同而变化。

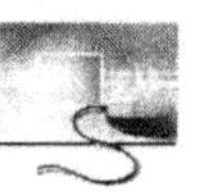

图4-16为美国道路种类与交通量及事故次数关系的统计结果。由图可知，事故次数随着日平均交通量的增加而增加。同时可看出，交通事故次数与车道数有关系，相同的平均日交通量条件下，8车道公路比6车道公路事故率低，6车道公路比4车道公路事故率低。

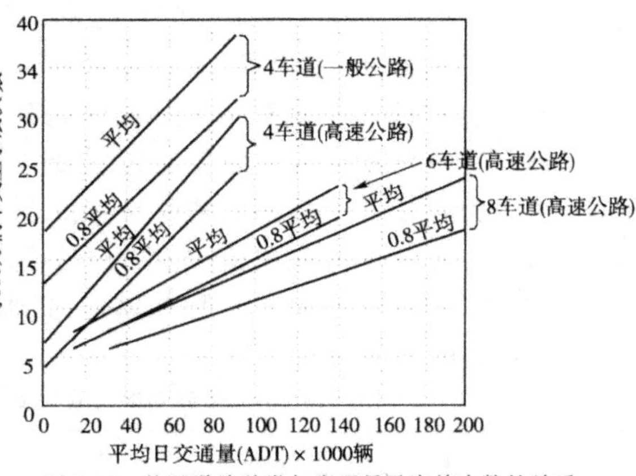

图4-16 美国道路种类与交通量及事故次数的关系

城市道路交通量大，交通组成复杂，因此交通事故的规律性不如公路上明显。但从宏观分析可知，车道数越多，通行能力越大，行车越畅通，道路状况越安全。根据某市城市道路的事故调查资料，得到该市城市道路对应不同车道数的事故率，如表4-16所示。

某市城市道路不同车道数的事故率 表4-16

车道数类型	事故数（次）	事故率（次/亿车公里）	道路数（条）	平均事故率（次/亿车公里）	不同车道数事故率（次/亿车公里）
2车道	169	1584	18	88	88
4车道	511	2 075	25	83	86
4车道有中央分隔带	4	150	2	75	
4车道有机非分隔带	59	404	4	101	
6车道	357	1078	11	98	83
6车道有中央分隔带	20	76	1	76	
6车道有机非分隔带	214	450	6	75	
8车道	109	273	3	91	81
8车道有中央分隔带	75	162	2	81	
8车道既有中央分隔带又有机非分隔带	220	284	4	71	

分析表4-17数据发现，事故率随车道数的增加而降低。1块板形式2车道事故率最高。当车道数为4车道时，增加中央分隔带将对向车流分离，事故率明显降低。增加机非分隔带后，虽然可以将机动车与非机动车分离，但对向车流问题没有得到解决。在我国，机动车与非机动车的事故一般较轻，而对向车辆发生的交通事故往往相对严重。当车道数为6车道时，增加中央分隔带或增加机非分隔带后，事故率均有所降低，但两者之间的区别并不明显。当车道数为8车道时，4块板形式比2块板形式更加安全。总体来说，8车道事故率最低，安全状况最好。

二、行车道宽度

根据美国和英国研究的结果，车道较宽时则事故较少。机动车2车道路面如宽度大于6m，其事故率较路面宽度为5.5m的道路要低得多。目前美国的标准车道宽度规定为3.65m，我国则规定大型车道为3.75m，小型车道为3.5m(公共汽车停靠站或路口渠化段车道宽度可分别为3.0～3.2m)。但如果车道过宽，例如大于4.5m，则由于有些车辆试图利用富余的宽度超车，反而会增加事故。划有车道标线的公路，由于规定车辆各行其道，其事故率会降低。

一些调查研究表明，车道宽度变宽，交通事故减少。日本的道路宽度与交通事故次数关系见表4-17。由表可知，随着道路宽度的增加，昼夜事故次数减少，但道路宽度增加会使车速高、车流增大，从而使平均每公里事故发生次数增加，特别在相当于干线道路宽度13m以上的道路上，事故发生的可能性更高。除此以外，交通事故也与道路性质相关，也因路肩、中央分隔带、路面状况而异。

道路宽度与昼夜间交通事故次数关系　　表4-17

道路宽度＼昼夜	昼	构成率	夜	构成率	合计	构成率	每公里交通事故发生次数
3.5m以下	20 733	4.7	4 342	2.1	25 075	3.9	0.1
3.5～5.5m	78 881	18.0	21 958	10.7	100 839	15.7	0.1
5.5～9.0m	217 775	49.8	103 347	50.2	321 122	49.9	1.8
9.0～13.0m	60 766	13.9	36 285	17.6	97 051	15.1	1.8
13.0～19.5m	45 120	10.3	32 165	15.2	76 385	11.9	5.5
19.5m以上	10 632	2.4	7 762	3.8	18 394	2.9	7.0
其他道路	3 227	0.7	1 004	0.5	4 231	0.7	—
合　计	437 134	100.0	205 963	100.0	643 097	100.0	—

三、路肩

路肩是指行车道外缘到路基边缘，具有一定宽度的带状部分。路肩的作用主要是：增加路幅的富余宽度；保护和支撑路面结构；供临时停车使用；为公路其他设施提供设置场地；汇集路面排水。

路肩通常包括硬路肩(高速公路和一级公路含路缘带)、土路肩。

硬路肩是指进行了铺装的路肩，常用于高速公路和一级公路。经过高速公路建设及运营实践，硬路肩一般宽度为3.00m或3.50m，4车道高速公路宜采用3.50m，6、8车道高速公路可采用3.00m(v=120km/h)；一级公路硬路肩为3.00m(v=100km/h)、2.50m(v=80km/h或60km/h)。直线路段的路肩一般应设置向外倾斜的横坡，其横坡值可与行车道路面横坡度相同或稍大于路面横坡度。曲线路段的路肩横坡，内侧与行车道路面横坡度相同；外侧与行车道路面横坡度相同或设置向外倾斜的横坡，应按规定并考虑路面施工方法论证选择。

土路肩是指不进行铺装的路肩，用于各级公路，宽度一般采用0.5m、0.75m，四级公路2车道土路肩宽度采用0.25m。土路肩的排水性远低于路面，故其横坡度较路面宜增大1.0%～2.0%。

高速公路采用分离式断面时，行车道左侧应设硬路肩，其宽度为1.25m(v=120km/h)、1.00m(v=100km/h)、0.75m(v=80km/h或60km/h)。

四、分车带

分车带是道路行车上纵向分离不同类型、不同车速或不同行驶方向车辆的设施，以保证行车速度和行车安全。分车带由分隔带及路缘带组成，常用水泥混凝土路缘石围砌，也可用水泥混凝土隔离墩或铁栅栏，还可以在路面上画出白色或黄色标线，以分隔行驶车辆。

分车带对解决机动车与机动车和机动车与非机动车的分离，提高道路通行能力，保证交通安全具有十分重要的作用。但如果设计不科学，也会导致交通事故的发生。如有的公路单向有两条机动车道，中央设置了分车带，在分车带上设置了路灯杆。但由于分车带没有设置路缘带，经常发生大型车挤上了中央分车带，小型车又撞在电线杆上，致使车毁人亡、路灯灯竿折断等重大交通事故；如"三块板"道路尽管有许多优越性，但若其隔离带断口太多，自行车和行人会任意横穿，同时由于道路条件好，机动车车速很高，往往来不及采取措施而发生交通事故。

分车带按其在横断面上的不同位置和功能，分为中央分车带及两侧分车带。

1. 中央分车带

中央分车带指高速公路，一级公路及城市二、四块板断面道路中间设置的分隔上下行驶交通的设施，包括两条左侧路缘带和中央分车带。

中央分车带的作用：分隔上下行车流；杜绝车辆随意掉头；减少夜间对向行车眩光；显示车道的位置，诱导视线；为其他设施提供场地。

我国《公路工程技术标准》（JTG B01—2003）规定，高速公路、一级公路整体式断面必须设置中间带，不同设计速度对应中间带宽度见表4-18。

中间带宽度　　表4-18

设计速度(km/h)		120	100	80	60
中央分隔带宽度(m)	一般值	3.00	2.00	2.00	2.00
	最小值	2.00	2.00	1.00	1.00
左侧路缘带宽度(m)	一般值	0.75	0.75	0.50	0.50
	最小值	0.75	0.50	0.50	0.50
中间带宽度(m)	一般值	4.50	3.50	3.00	3.00
	最小值	3.50	3.00	2.00	2.00

分离式断面中央分车带宽度宜大于4.50m。此时中央分车带宽度可随地形变化而灵活运用，不必等宽，且两侧行车道亦不必等高，而应与地形、景观相配合；中央分车带应做成向中央倾斜的凹形；行车道左侧设置左侧路缘带。当行车道与中央分隔带均用水泥混凝土修筑时，分隔带应用彩色路面以示区别。城市道路采用狭窄分隔带时，常在其上嵌以路钮与猫眼。

中央分车带的宽度一般情况下应保持等宽度。当宽度发生变化时，应设置过渡段。中央分车带过渡段以设在回旋线范围内为宜，其长度应与回旋线长度相等；中央分车带宽度较宽时，过渡段以设在半径较大的圆曲线范围内为宜。

2. 两侧分车带

两侧分车带是布置在横断面两侧的分车带，其作用与中央分车带相同，只是布置的位置不同。两侧分车带常用于城市道路的横断面设计中，它可以分隔快车道与慢车道、机动车道与非机动车道、车行道与人行道等。

五、路基高度与坡度

高路基对于行车安全十分不利，一旦车辆发生意外，很容易造成严重的交通事故。表4-19为我国某省公路翻车事故统计，图4-17为该省2000年1月至2001年7月公路翻车事故的死亡率与全部事故平均死亡率的对比关系。由此可知，在公路（尤其是高等级公路）上，由于路基较高，容易发生翻车事故。翻车事故所造成的死亡率高于道路交通事故的平均死亡率，因此事故比较严重。

某省公路翻车事故统计分析　　表4-19

公路等级	事故次数	受伤人数	死亡人数	死亡率(%)	事故总数	事故形态种类	平均死亡率(%)
高速公路	187	49	13	21.0	1 984	11	19.58
一级公路	49	44	14	24.1	3 661	11	
二级公路	150	137	39	22.2	5 881	11	
三级公路	200	157	52	24.9	5 972	11	
四级公路	52	47	26	35.6	1 690	10	
等外路	56	66	24	26.7	1 877	10	

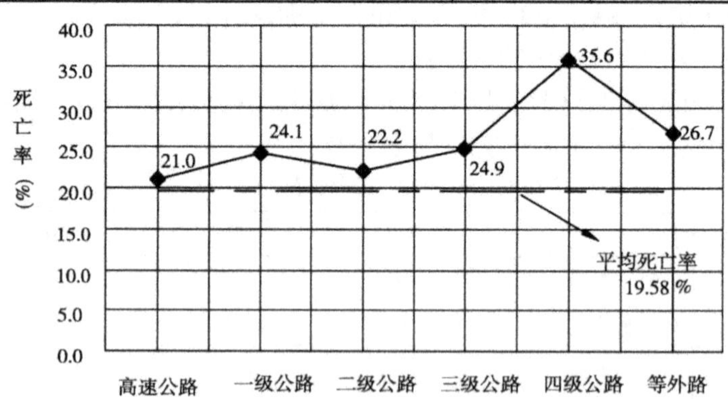

图4-17　某省公路翻车事故死亡率与平均死亡率对比关系

如图4-18所示，该省不同等级公路翻车事故的比例，除在高速公路外，其余各级公路的翻车事故比例均小于按事故形态分类的平均事故比例。这说明翻车事故虽然在总体事故中仅占有比例很小的一部分，但造成的严重后果却远远高于其他事故形态，因此在设计中要尽量避免翻车事故发生的潜在可能性，即慎重考虑高路基的选取问题。尤其在高等级公路上，由于设计标准通常倾向于"高设计标准"——高路基，而道路上行驶车速又非常快，因此一旦车辆失控，冲出路侧护栏，翻倒至高路基底部，就会造成车毁人亡的严重事故。

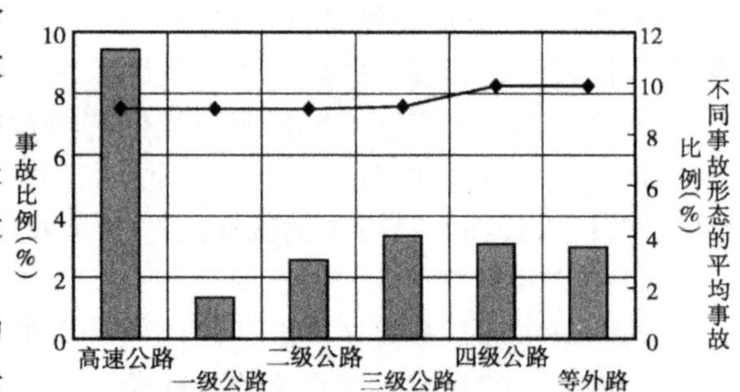

图4-18　某省公路翻车事故比例与平均事故比例对比关系

路基边坡过陡也是导致事故急剧增加的另一因素。车辆在坡度大的陡路基上发生意外时，事故类型接近于坠车。如果减小坡度，

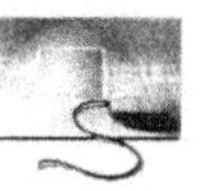

使路基边坡变缓，发生事故的车辆可以沿缓坡行驶一段距离，减小冲撞程度，从而减轻事故的严重性。如果采用矮路基或缓边坡，失去控制的车辆一般不会因驶出路外而翻车，事故的严重性将大大降低。

在我国公路项目的论证评审及施工过程中，矮路基方案会因为地下水的影响、排水不畅、软基问题、线形组合及横向通道致使纵断面起伏问题等常常被否定。事实上，如果对高路基带来的安全问题、护栏造价、计价土石方增加、土地(取土场和弃土堆)浪费、环境破坏等一系列问题，与采取矮路基所需处理技术可能增加的造价和施工问题加以综合对比的话，上述做法并不一定可取。当然，避免设置高路基并不是绝对的，在防洪、通道设置及立交引道等情况下，有必要合理地设置高路基。

六、交通设施

1. 交通标志与交通标线

交通设施包括设置于路旁或车行道上方的道路标志及嵌画于路面上的路面标线。所谓交通标志，就是将交通指示、交通警告、交通禁令和交通指路等交通管理和控制法规，用文字、图形或符号形象化地表示出来，设置于路侧或道路上方的交通管理设施。

交通标志分为主标志和辅助标志两大类，是道路交通的向导。主标志分为指示标志、警告标志、禁令标志、指路标志、旅游区标志和道路施工安全标志六种；而辅助标志是附设在主标志下，起辅助说明作用的标志。指示标志是指示车辆、行人行进的标志；警告标志是警告车辆、行人注意危险地点的标志；禁令标志是禁止或限制车辆、行人交通行为的标志；指路标志是传递道路方向、地点、距离信息的标志；旅游区标志是提供旅游景点方向、距离的标志；道路施工安全标志是通告道路施工区通行的标志。道路上设置齐全的交通标志，能够有效地保护道路设施，保障交通秩序，提高运输效率和减少交通事故，它是道路沿线设施不可缺少的组成部分。

道路交通标线与交通标志具有相同的作用，它是将交通的指示、警告、禁令和指路等用画线、符号、文字等标示或嵌画在路面、缘石和路边的建筑物上，这也是交通管理必不可少的一种设施。道路交通标线按设置方式可分为纵向标线、横向标线和其他标线；按功能可分为指示标线、禁止标线和警告标线；按形态可分为线条、字符标记、突起路标和路边线轮廓标。

2. 道路安全净空

道路安全净空以规定的汽车装载高度为标准。如交通法规规定，大货车载物高度自地面起不得超过4m，那么道路安全净空必须超过4m。在城市中，道路上空的跨空物体比较多，如电线、电缆、桥梁、树木枝叶等，随着自然演变，有的接近于安全净空，有的已侵入到安全净空内，特别是自然生长物(如树枝)更为突出。驾驶员对安全净空的认识只是心里估计，一般是不可能在驾驶时去丈量的，因而被认为是安全的地方，有时就可能发生与高位物体相撞的车祸。

建筑物的跨空高度，有历史的原因，也有演变的原因。历史的原因指工程设计与当时的历史背景相关联，比如铁路跨空桥梁，在某条铁路设计时，当时的道路交通情况与现代交通情况是不相同的。演变的原因指自然条件的影响，如涵洞受雨水冲击或风吹沙侵，污垢、泥砂抬高了涵洞内地面，使安全净空缩小；又如道路反复维修填补，也抬高了路面。

3. 护栏

1)路中护栏

路中护栏在行车道部分作为分隔车流、引导车辆行驶、保证行车安全之用。当中央分车带较窄时,也有设置于中央分车带内以阻止车辆闯入对向行车道的安全设施。路中护栏应能满足防撞(即车辆碰撞)、防跨(即行人跨越)的功能,通常采用较高的栏式缘石形式、混凝土隔离墩式或金属材料栅栏式。

2)栏杆

桥上的安全设施,要求坚固,并适当注意美观。栏杆高一般为0.8~1.2m,间距为1.6~2.7m。城市桥梁和大桥的栏杆应适当作艺术处理,以增加美观。栏杆和扶手常用钢筋混凝土、钢管或花岗岩石料制成。

3)行人护栏

行人护栏是指为保护行人安全,在人行道与车行道之间设置的隔离栏杆。一般在人行道的路缘石左侧边上安装高出地面90cm左右的栏杆,它可以控制行人任意横穿道路,也可以防止行人走上车行道或车辆失灵而闯入人行道。因行人护栏主要是为了控制行人任意横穿道路,所以在结构上不考虑车辆碰撞问题,一般多用钢管或网材等制成。

4)栏式缘石

栏式缘石形体较高,正面较陡,用来禁止或阻止车辆驶出路面,缘石高度一般为15~25cm。栏式缘石用于街道或桥梁两侧,起护栏作用,也可围绕桥台或护墙设置,起保护作用。在较窄的中央分车带四周也可采用,以阻止汽车驶入中央分车带内。

5)护柱

护柱是指为在急坡、陡坡、悬崖、桥头、高路基处及过水路面,靠近道路边缘设置的安全设施,以诱导驾驶员的视线,引起其警惕。护柱一般用木、石或钢筋混凝土制成,间距为2~3m,高出地面80cm,外表涂以红白相间的颜色。

6)墙式护栏

在地形险峻路段的路肩挡土墙顶或岩石路基边缘上设置的整体式安全墙,是用片(块)石(干)砌或混凝土浇筑而成的安全设施,其作用是引起驾驶员警惕,防止车辆驶出路肩。若墙身为间断式,则称为墩式护栏或护栏墩;若墙顶有柱,则称横式护栏柱。

4. 路障

路障是设置在道路上的障碍物,以阻止或控制车辆交通。按性质分为临时性路障和永久性路障;按形式分为可移动式路障和固定式路障;按构造材料分为木制、钢制和水泥混凝土预制块等。路障设计在与干路交叉的支路上,对防止机动车突然驶入干路与干路机动车相撞效果明显,但路障的宽度和厚度要适宜。

5. 道路照明

随着夜间运输的日益增加,为保持夜间交通的通畅,提高道路服务水平,为驾驶人员和行人创造能及时、准确地发现各种障碍物的道路交通条件,减少和防止交通事故,道路照明必须满足交通的要求,具有明视的功能,能够正常地显色,并要保持相对稳定性。

道路照明质量是在人的视觉要求条件下确定其相应的技术标准。路段、交叉路口、场站、桥隧等道路工程设施以及所有的交通管理设施和服务设施,在夜间或光线不足的情况下,都需

要借助道路照明来对交通起作用。交通管制的信号和标志也离不开光和色彩。因此,道路照明在交通系统中,起着便于各种信息传递的作用。为了保证驾驶员和行人在运动中反应和判断不会失误,必须保证其视野范围内有足够的亮度。

6. 道路绿化

道路绿化是指路侧带、中间分车带、两侧分车带、立体交叉路口、环形交叉路口、停车场、服务区、隧道口以及道路用地范围内的边角空地等处的绿化。进行道路绿化时,应处理好与道路照明、交通设施、地上杆线、地下管线等的关系,要综合考虑、协调配合。根据具体位置,可考虑乔木、灌木、草皮、花卉等综合种植。道路绿化应服从交通阻止的要求,起到保持驾驶员具有良好视距和诱导视线的作用。

七、路面

1. 路面种类

路面按力学特性分为柔性和刚性两类。

各种沥青路面与碎石都属于柔性路面。它是一种与载荷保持紧密接触且将载荷分布于土基上,并借助粒料嵌锁、磨阻和结合料的黏结等作用而获得稳定的路面。它具有一定的抗剪和抗弯能力,在重复荷载作用下容许有一定的变形。柔性路面是以路面的回弹弯沉值作为强度指标,利用弯沉仪测量路面表面在标准试验车后轮的垂直静载作用下轮隙回弹弯沉值,用来评定路面强度。

水泥混凝土路面属于刚性路面,它具有较大的刚性与抗弯能力,是能直接承受分布车辆载荷到路基的路面结构。承载能力取决于路面本身的强度。铺设适当的基层可为刚性路面提供良好的支承条件。

2. 路面与交通安全

道路除应有强度足够的路面结构外,从人体观点看,为安全舒适地行驶汽车,它还应有路面行车质量,就是道路对驾驶员的便利程度。例如汽车驾驶操纵是否自如,乘客是否舒适,行驶费用高低,以及轮胎与路面间产生的抗滑性能等。

随着现代汽车减振系统的改进,因路面凸凹不平引起的振动与冲击已有所缓解,路面行车质量已明显提高。但是随着汽车性能不断地提高,高速公路上的汽车经常以 100km/h 的速度行驶,为了获得良好的舒适性与安全性,对路面的平整度、抗滑性的要求越来越高。

路面平整度主要是车辆对路面质量的要求,路面抗滑性则是交通安全的迫切要求,抗滑性差常常导致交通事故。尽管现代路面技术不断提高,但由于路面附着性变差产生的事故率仍然很高。如英国调查表明因路滑造成的事故占全年事故次数的 24%,日本抽样调查显示因路滑造成的事故占全年事故次数的 25%。

3. 路面平整度

路面坎坷不平,即路面平整度差,则行车阻力大,车辆颠簸振动,机件、轮胎磨损就会加快,行车安全性和舒适性就会降低,甚至造成交通事故。例如,汽车在凸形路段行驶,由于行驶中出现垂直向上的离心力,会与汽车垂直向下的重力部分全部抵消,地面对车辆垂直反力大大减小甚至变为零,汽车出现失重现象,转向操纵失灵,容易引起交通事故。若凸形高度太大会对汽车底部突出部件造成损害。汽车通过凹形路段,由于垂直向下的离心力很大,加上汽车的重力，使汽车钢板、轮胎的承受力加大。凹形竖曲线很小时，极易损坏钢板弹簧或轮胎的机件，从而发生故障，导致交通事故。

1）平整度标准

平整度是路面表面的平整程度，是路面质量的重要指标之一，它直接影响到行车平稳性、乘客舒适性、路面寿命、轮胎磨损和运输成本。

我国沥青路面平整度采用连续式路面平整度仪或3m直尺控制施工质量，其数据如表4-20所示。用3m或4m直尺量测路面平整度是当前各国仍在沿用的简易方法，表4-20的允许偏差实际上为验收或养护路面而定，并非从汽车行驶的路面行车质量与理论的推导值。

施工中沥青路面面层平整度控制标准 表4-20

<table>
<tr><td rowspan="3">沥青路面种类</td><td colspan="2">允许偏差</td><td colspan="6">检查频率</td><td colspan="2" rowspan="2">检查方法</td></tr>
<tr><td rowspan="2">平整度仪（mm）</td><td rowspan="2">3m直尺（mm）</td><td rowspan="2">范围（m）</td><td colspan="5">数量</td></tr>
<tr><td>平整度仪</td><td colspan="4">3m直尺</td><td>平整度仪</td><td>3m直尺</td></tr>
<tr><td rowspan="2">沥青混凝土
沥青碎石</td><td rowspan="2">≯2.5</td><td rowspan="2">≯5</td><td rowspan="4">100</td><td rowspan="4">连续</td><td>公路</td><td colspan="3">10杆</td><td rowspan="4">（1）2车道测1条轨迹；
（2）4车道测2条轨迹</td><td rowspan="4">连续或随机抽样</td></tr>
<tr><td rowspan="3">城市道路</td><td rowspan="3">路宽（m）</td><td><9</td><td>5杆</td></tr>
<tr><td>上拌下灌灌入</td><td>≯3.5</td><td>≯8</td><td>9～15</td><td>10杆</td></tr>
<tr><td>表面处治</td><td>≯4.5</td><td>≯10</td><td>>15</td><td>15杆</td></tr>
</table>

我国水泥混凝土路面平整度，规定用3m直尺连续量测三次，取最大三点的平均值控制施工质量。高速公路和一级公路的允许偏差为3mm，其他公路为5mm。

2）路面粗糙度

路面粗糙度可用车辆纵向紧急制动距离、纵向摩擦系数和横向摩擦系数来表示。目前，常用摆动式摩擦系数测定仪测定路面的摩擦系数。

3）路面构造深度

路面构造深度是用于评定路面表面的宏观粗糙度、路面表面的排水性能及抗滑性能的指标。路面构造深度越小，表明路面越光滑。在一般情况下，路面摩擦系数变小，会丧失渗水、排水的功能，容易产生汽车滑水现象，造成严重的交通事故，因而路面必须保持一定的粗糙度。目前，国内新推广的等粒径石子沥青路面（SMA路面），可以在一定程度上解决小雨时路面与车轮的排水问题，从而减少交通事故。

4. 路面抗滑性

当道路表面的抗滑能力小于要求的最小限度时（纵向摩擦系数，水泥混凝土路面为0.5～0.7，沥青混凝土路面为0.4～0.6，沥青表面处治及低级路面为0.2～0.4，干燥路面数值取高限，潮湿时取低限），车辆行驶中稍一制动就可能产生侧滑而失去控制。特别是道路表面潮湿或覆盖冰雪时，发生侧滑的危险性增大，在弯道、坡路和环形交叉处，尤其容易发生滑溜事故。路面的表面结构对抗滑能力也有一定的影响，如果路面集料已被车辆磨得非常光滑，道路抗滑能力降低，即使在干燥路面上，也会出现滑溜现象。另外，渣油路面不仅淋湿后会很滑，气温高时，路面泛油变软，也会很滑。在这种情况下，可采用压力预涂沥青石屑、路面打槽、设置合适的排水系统、限制车速、设置警告标志等方法保障交通安全。

1）路面摩擦系数

路面摩擦系数又称为路面抗滑系数。汽车在水平路面上行驶或制动时，路面对轮胎滑移

的阻力与轮载的比值称为路面摩擦系数，即：

$$f = \frac{F}{P} \tag{4-11}$$

式中：f——路面摩擦系数；

F——路面对轮胎滑移的阻力；

P——车轮的荷载。

按摩擦阻力的作用方向，分为纵向、横向摩擦系数。摩擦系数的大小取决于路面类型、道路表面的粗糙程度、路面干湿状态、轮胎性能及其磨损情况等，并与轮载的大小成反比，与接触面积无关。

路面摩擦系数是衡量路面抗滑性的重要指标。为保证汽车安全行驶，路面必须有较大的摩擦系数。我国采用一定车速下的纵向摩擦系数或制动距离作为路面抗滑能力的指标。

考察事故原因，单纯因路滑造成的事故仅占一定比率，加大路面的摩擦系数虽可减少事故与损害程度，却不能根除事故。反之，如摩擦系数过大，则行驶阻力大、耗油量大、车速降低且舒适性差。因此，路面防滑也要综合地从安全、迅速、经济上考虑。

我国用摆式仪测定摩擦系数，它可以测定路面干燥或湿润条件下的纵向、横向的摩擦系数。沥青路面抗滑标准如表 4-21。

沥青路面抗滑标准　　表 4-21

路段分类 / 公路等级	一般公路			环境不良路段		
	摩擦系数	构造深度(mm)	石料磨光值	摩擦系数	构造深度(mm)	石料磨光值
高速公路、一级公路	52～55	0.6～0.8	42～45	57～60	0.6～0.8(1.0～1.2)	47～50
二级公路	47～50	0.4～0.6	37～40	52～55	0.3～0.5(1.0～1.2)	40～45
三级公路、四级公路	≥45	0.2～0.4	≥35	≥50	0.2～0.4(1.0～1.2)	≥40

表 4-22 的环境不良路段指高速公路的立交、加速与减速车道；其他各级公路指交叉路口、急弯、陡坡或集镇附近。表列数值对低级公路或年降雨量小于 500mm 地区可用低值，反之用高值，年降雨量小于 100mm 的干旱地区可不考虑抗滑要求，括号内数值是易形成薄冰的路段。

成渝高速公路重庆段典型路面实测摩擦系数和路面构造深度　　表 4-22

重庆成渝高速公路		缙云山隧道左线入口（沥青路面）		缙云山隧道右线入口（沥青路面）		右线 317km（沥青路面）			左线 300km＋400km（沥青路面）			左线 300km－100km（沥青路面）		
车道		行车	超车	行车	超车	停车	行车	超车	停车	行车	超车	停车	行车	超车
路面摩擦系数	（干）	0.75	0.71	0.56		0.63	0.87	0.73	0.80	0.79	0.75	0.66	0.64	0.56
	（湿）	0.46		0.32		0.45	0.43	0.45	0.54	0.44	0.46	0.41	0.36	0.51
路面构造深度(mm)		1.6	1.7	0.3		0.6	0.3	0.5	0.77	0.85		0.53	0.4	0.3

轮胎与路面间的摩擦系数随车速增高而减小。最大摩擦系数出现在汽车车轮与路面的滑移率为 15% 的时候。干燥路面上车速增高，摩擦系数稍减小，潮湿路面上随着车速增高，摩擦系数明显地减小。

2）路面摩擦系数、构造深度的变化

路面抗滑性能对交通事故有很大的影响。在研究中发现,公路开通初期路面摩擦系数较大,由此引发的事故极少。但使用一段时间后,路面由于磨损,摩擦系数下降较多,由此引发了的事故也逐渐增多。特别是在弯道、坡道处,常发生严重交通事故,这种路面雨天事故率明显升高。提高这些路面的摩擦系数,有利于减少交通事故。表4-22列出了成渝高速公路重庆段几处路面改造前后的摩擦系数和路面构造深度。

由表中数据可知,路面的干湿摩擦系数相差很大,可达40%左右,粗粒度新路面构造深度新路面为0.8mm左右,两年后变为1.6mm左右,而中粒度新路面约为0.6mm,两年后变为0.3mm左右,接近水泥路面磨光后的程度。因此,高等级公路路面采用的砂石粒度应考虑该路段的纵、竖线形与汽车制动的频繁程度。对于下坡转弯的弯道与水平直线交接附近应选用粗粒度砂石,即SMA路面。路面磨损变光滑,不仅使路面摩擦系数下降,也使路面表面结构深度变小,不利于雨天车轮与地面之间的排水,从而产生滑水现象,造成交通事故。成渝高速公路重庆缙云山左线隧道入口处和300~400m处路面,在使路面的砂石粒度增大后,原来有雨必发生事故的现象基本消失。这表明路面的摩擦系数和渗水性能都直接影响行车安全。日本近年采用渗水路面新技术,取得了良好的效果。

5. 路面病害对交通安全的影响

1)泛油

由于油石比过大,矿料用量不足,在气温高时就会形成泛油,轻则形成软黏面,重则形成“油海”。油黏在轮胎上,降低了行车速度,增加了行驶阻力。雨天,多余的沥青降低了路面防滑性能,影响行车安全。

2)油包、油垄

由于石料级配不当,油量过大,使得路面在车辆水平力作用下推移变形。车辆制动或起动时摩擦力比匀速行驶时要大,故这种病害多发生在路口、停靠站的路面上。油包、油垄严重影响行车的舒适性,同时也加快了机件的磨损。

3)裂缝

由于施工不良、路基沉陷,造成路面整体性不好;或沥青材料老化、沥青质量低、油石比过小等原因,路面出现龟裂、网裂或纵横裂缝,影响路面的平整度,干扰车辆正常行驶。

4)麻面

主要是由于施工不符合规范要求、油石比小、搅和不均匀等造成,严重时可使行车颠簸,对于自行车交通影响更大。

5)滑溜

石料磨光、磨损或泛油形成表面滑溜,危及行车安全,对交通影响很大。

八、交叉口

道路与道路相交的部位称为道路交叉口,交叉口把各个不同方向道路联结起来,形成网络。由于相交道路上的各种车辆和行人均需汇集于交叉口后才能转向其他的道路,这时车辆和车辆之间、车辆和横过道路的行人之间相互干扰,降低行车速度,造成交通阻滞,容易产生交通事故。

1. 平面交叉

交叉口由于交通量大、冲突点多及视线盲区大,所发生的交通事故也多。在平面交叉口

处，由于多个方向的交通流汇入，致使交通量大幅度增加，而且各方向行驶的车辆存在许多可能导致事故发生的潜在冲突点，在平面交叉口处，观察相交道路时视线因建筑物遮挡等原因而受到影响，形成视线盲区；同样相交道路上的车辆视线也受到阻碍，因此行车视距严重不足，这些原因都可能导致道路交通事故的增加。

某市2000年不同类型道路交叉口交通事故数据的分析结果如图4-19所示。

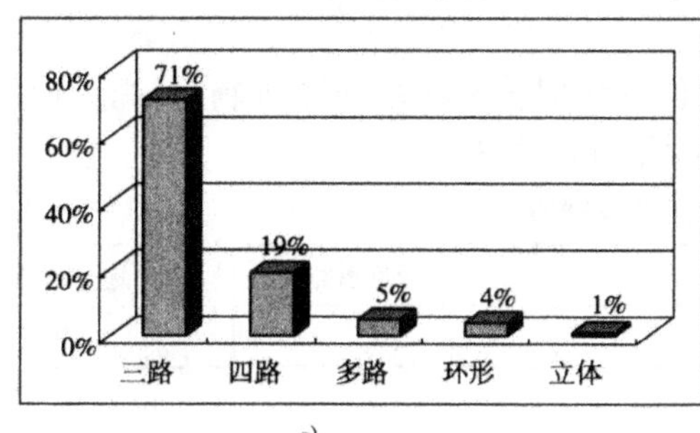

a)

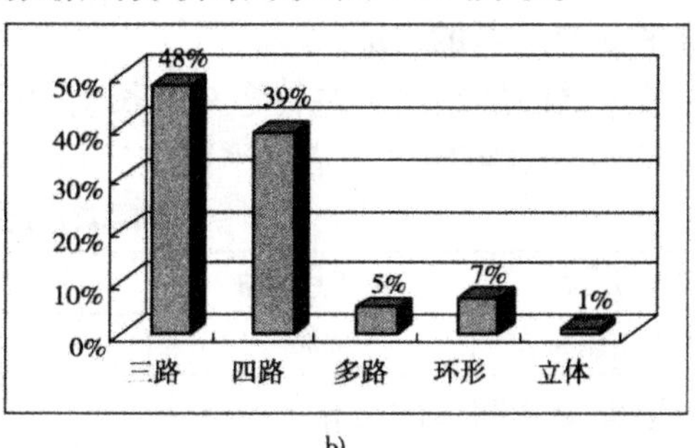

b)

图4-19　某市2000年不同类型道路交叉口的事故比例

a）公路；b）城市道路

从图中可以看出，公路的交叉口类型对行车安全影响很大，三路交叉口发生事故最多；城市道路中，不同类型交叉口的交通事故率也存在明显差别，三路交叉口发生事故同样最多。

表4-23是该市市区各类型交叉口的道路交通事故数据统计。

某市交叉口类型与事故率关系　　表4-23

交叉口类型	事故数（次）	所占比例（%）	交叉口数（个）	交叉口事故率（%）
三路交叉口	261	47.89	52	5.02
四路交叉口	214	39.27	99	2.16
多路交叉口	28	5.14	11	2.55
环形交叉	37	6.79	5	7.40
立体交叉	5	0.92	13	0.38

从表中可以看出环形交叉口事故率最高，危险性也最大。之后依次为三路交叉口、多路交叉口、四路交叉口和立体交叉。由于环形交叉口存在交织段，车辆汇流和分流的机会最多、冲突点最多，因此行车危险性最高；畸形交叉口不良的几何设计也会造成视距不足、行车轨迹冲突点多等诸多安全隐患；立体交叉的分流量、分流向的几何设计，可以消除车辆间的大多数冲突点，行车最安全。

1）交叉路口的道路条数

平面交叉的相交道路宜为4条，不宜超过5～6条，因为交通流的冲突点、合流点、分流点会随道路条数增加而显著增加。如表4-24的四路交叉，有冲突点16个，合流、分流点各8个，

交叉路口道路条数与冲突、合流、分流点数　　表4-24

交叉道路条数	冲突点	合流点	分流点	合　计
三路交叉	3	3	3	9
四路交叉	16	8	8	32
五路交叉	49	15	15	79
六路交叉	124	24	24	172

计32个。在未设交通信号或无交通警察指挥的交叉口，车辆相撞的危险性大。

产生冲突点最多的是左转弯车辆。如四路交叉口，若无左转车则冲突点可从16个减到4个。因此，为保证交叉口安全、畅通，应尽可能设置左转弯车道，同时，交通信号灯设左转相位。左转车道若不与直行车道兼用，可减少左转弯事故，并增加交叉口的通行能力。在设计小时交通量200辆/h以下，且左转弯率在20%以下的情况下可不设左转弯车道。

2）平面交叉口的间隔

交叉口之间的距离受左转弯车道长度，交织长度和驾驶员注视限度所制约，尚无通用的计算式。表4-25是英国城市道路平面交叉口间隔的指标可作为参考。

英国城市道路交叉口间隔 表4-25

道路分类	主干线道路	干线道路	地区分流道路	当地分流道路
交叉口间隔(m)	550	275	210	90

3）平面交叉路口的交角

平交路口的交叉角应近于直角，主干路应近于直线，平面与纵断线形应缓和。错位交叉、斜向交叉等变形交叉应改善交叉状况，采取设置渠化岛等措施，增大相交道路车流方向的交角，以利车辆安全行驶，提高通行能力。

4）平交路口的渠化

渠化交通的主要作用是保证车辆行驶的安全。渠化的方法如下：

①利用分车线或分隔带、交通岛等，将道路上不同行驶方向和行驶速度的车辆以及交叉口左转、右转和直行方向的车辆按规定的车道分离行驶，使行人和驾驶员均容易辨明相互行驶的方向，以利于有秩序地通过。

②利用交通岛的布置，限制车辆的行驶方向，使斜交对冲的车流变为直角或同方向的锐角交织。

③利用交通岛的布置，限制车道宽度，控制车速，防止超车，并在其上设置交通标志，以及作为行人过街时避车用的安全岛。

④利用交通岛的布置，可以防止车辆在交叉口转错车道。

⑤在交通量较大、车速较高的交叉口利用交通岛组织渠化交通时，还需要考虑设置变速车道和候驶车道，以利于左转弯车辆转向行驶和等候的需要。

⑥在交叉口布置交通岛时，应使行车自然而方便，一般采用比较集中的大岛。

5）交通控制

一般来说，当交叉口交通量发展到接近停车或让路标志交叉口所能处理的能力时，应对交叉口采取信号控制；城市分主、次干路时，停车线应设在次干路上以便让路；交叉口交通阻塞，可用施行单向交通等办法来解决，但附近的交叉口可能受到左、右转弯车增多的不利影响，应慎重考虑。

如果交叉口是区域控制系统的一部分，那么交叉路口控制要服从区域控制系统的要求。交通标志应与区域内其他标志控制方式相一致。

6）辨认距离

为方便辨认平交路口的驶入口处，应在一定距离设置交通信号灯或标志，其最短距离如表4-26所示。

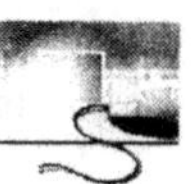

平面交叉口的辨认距离　　表 4-26

设计速度(km/h)			20	30	40	50	60	80
辨认距离(m)	信号交叉口	一般公路	60	100	140	180	240	350
		城市道路	40	70	100	130	170	—
	无信号交叉口		20	35	55	75	105	—

7)右转车道与变速车道

右转车道是平交路口右转车流量大时为保证直行车流通畅而设在外侧行车道的附加车道,它能提高交叉口的通行能力。

变速车道包括加速车道和减速车道。加速车道是在高速公路上为保证汽车驶入高速车流前能安全加速,且不干扰其他车辆而设;减速车道是为汽车驶离高速公路驶向另外公路而设。这两种车道又称为变速路段或变速区间,有利于合流、分流,并减少事故。

2. 立体交叉

尽管设置立体交叉的目的是尽可能提高交通安全性及各交通流的运行效率,但是立交范围内出现的关于驾驶员、车辆、道路、交通和环境条件的任何突变,都会造成交通安全隐患。使道路上原本未经干扰的交通流在立交范围内产生突变的原因有:驾驶员需要进行必要的决策、车辆组成发生变化、道路几何线形变化、车速变化以及行驶条件和环境的变化。

表 4-27 示出了某高速公路立体交叉各组成部分的交通事故的分布情况。

某高速公路立体交叉各组成部分上的事故分布　　表 4-27

组成部分	驶出匝道			驶入匝道			加减速车道	驶出匝道与干路分岔口	其他
	左转匝道	右转匝道	合计	左转匝道	右转匝道	合计			
事故次数	23	20	43	4	2	6	42	37	3
占总数百分比(%)	17.6	15.2	32.8	3.1	1.5	4.6	32.1	28.2	2.3

由表 4-28 可见,驶出匝道的事故明显多于驶入匝道,其主要是进入匝道前后车速不同所致。高速公路主线上的行车速度一般高于收费站进口至驶入匝道的连接道路上的行车速度。对驶出匝道而言,事故多发的原因除个别为匝道构筑条件不当(如超高不足、摩擦系数过低)外,多数是由于在减速车道上没有充分减速,因车速高于匝道的限制车速而在离心力的作用下发生翻车事故。高速公路的左转驶出匝道事故略多于右转驶出匝道的原因则主要取决于线形条件上的差异。左转匝道的转角及起终点高差较大,其总体线形指标一般低于右转匝道。

图 4-20 示出了该高速公路上立体交叉各组成部分、收费站及连接道路上的交通事故的事故形态分布特点。

表 4-28 对比列出了美国道路交通事故与立体交叉出入口匝道的关系。从表中可以看出,无论城市道路还是公路,事故率都随着立体交叉进出口匝道间距的减少而增加,而且驶出匝道的交通事故明显多于驶入匝道,这一点与上述某高速公路的研究结果相同。由于城市道路交通流量大、车辆类型多,加上又有非机动车和行人的干扰,交通运行情况复杂,因此城市道路立体交叉的交通事故明显多于公路立体交叉。当出入口匝道间距从 0.2km 增加到 8km 时,对于公路立体交叉而言,出口一侧的交通事故率会降低 20%,入口一侧降低 100%;对于城市道路立体交叉而言,出口一侧的交通事故率会降低 90%,入口一侧降低 60%。

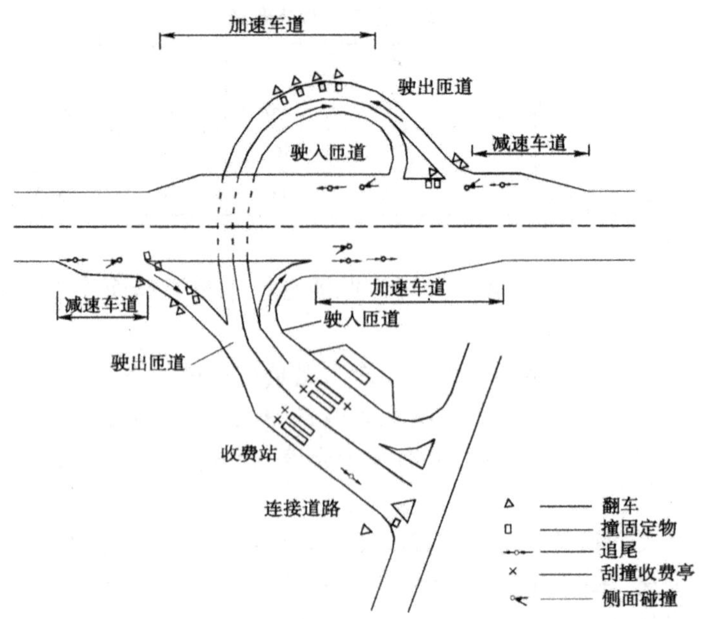

图4-20 某高速公路立体交叉、收费站及连接道路事故形态分布

交通事故与立体交叉出入口匝道的关系 表4-28

道路种类	出、入口匝道间距 d(km)	出口		入口	
		事故数(次)	事故率(次/百万车公里)	事故数(次)	事故率(次/百万车公里)
城市道路	$d<0.2$	722	131	426	122
	$0.2\leqslant d<0.5$	1 209	127	1 156	125
	$0.5\leqslant d<1.0$	786	110	655	105
	$1.0\leqslant d<2.0$	280	75	278	84
	$2.0\leqslant d<4.0$	166	63	151	59
	$4.0\leqslant d<8.0$	19	69	200	75
	$d\geqslant 8.0$	—	—	—	—
公路	$d<0.2$	160	76	117	80
	$0.2\leqslant d<0.5$	459	75	482	82
	$0.5\leqslant d<1.0$	559	69	560	72
	$1.0\leqslant d<2.0$	479	69	435	64
	$2.0\leqslant d<4.0$	222	68	169	51
	$4.0\leqslant d<8.0$	46	62	52	40
	$d\geqslant 8.0$	—	—	—	—

立体交叉发生交通事故的可能性与匝道的交通量及其与主线交通量之比有密切关系。发生在匝道上的交通事故主要有:追尾碰撞、擦边碰撞、碰撞固定物体、失控、倾斜和碰撞行人,其中82%的交通事故是追尾碰撞。图4-21为美国匝道发生的不同类型交通事故的比例。

我国各城市主要平面交叉口超负荷现象日趋严重,有的路口高峰时堵塞时间长达0.5小

时，排队长度可达1km，时间与经济损失较大。近年各大城市修建了各种类型的立交，对缓解交通拥塞与减少交通肇事起了良好效果，但尚未满足经济与交通发展的需要。

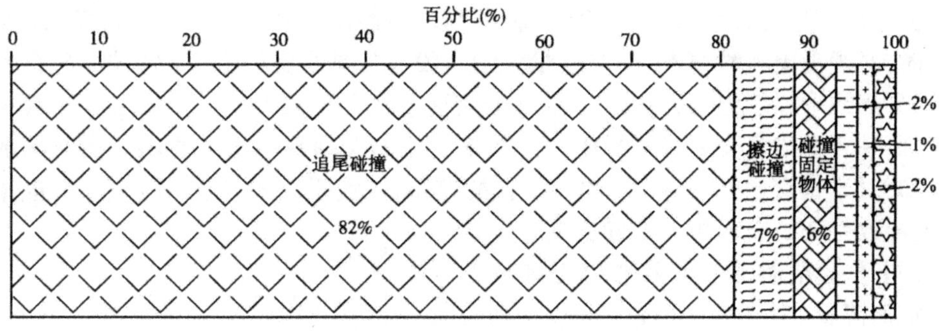

图4-21　美国立体交叉匝道的事故类型比例

第三节　交通条件与交通安全

一、交通量

道路上交通量的大小对交通事故的发生有着直接的影响。交通量与交通流饱和度直接相关，而交通流饱和度影响交通事故发生的频率和严重程度，因此交通事故与交通量的大小有密切关系。一般认为，交通量越小，事故率越低；交通量越大，事故率越高。但实际情况并不完全符合这种规律，图4-22为交通事故率与饱和度的关系。从图中可以看出，交通量对事故率的影响分为以下几种情况：

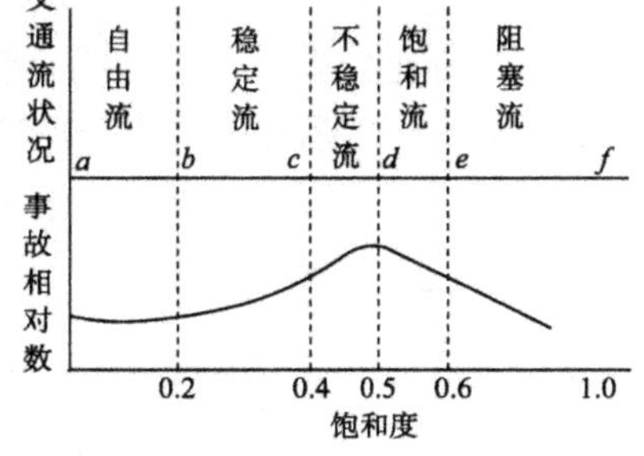

图4-22　交通事故与交通饱和度的关系

①a 点表示交通量很小时，车辆之间的间距较大，驾驶员基本上不受同向行驶车辆的干扰，可以根据个人习惯选择行车速度。这时，绝大多数驾驶员都能保持符合车辆动力性、经济性、制动性和安全性的行驶车速，只有当个别驾驶员忽视行驶安全而冒险高速行车，遇到视距不足、车道狭窄或其他紧急情况时，来不及采取措施才会发生交通事故。

②a 至 b 段表示当道路上的交通量逐渐增加时，驾驶员不能再单凭个人习惯驾车，必须同时考虑与其他车辆的关系。由于对向来车增多，使驾驶员的驾驶行为开始变得谨慎，因而交通事故相对数量有所下降。

③b 至 c 段表示当道路上的交通量继续增大时，在道路上行驶的车辆大部分尾随前车行驶，形成稳定流。在这种情况下，超车变得比较困难，因而与超车有关的事故也有所增加。

④c 至 d 段表示当交通量进一步增大，交通流形成不稳定流。此时，超车的危险越来越大，交通事故相对数量也随交通量的增加而增大。

⑤d 至 e 段表示当交通量增加到使车辆间距已大大减小，车辆超车困难，交通流密度增大形成饱和交通流。由于饱和交通流的平均车速低，因此事故相对数量也降低。

⑥e 至 f 段表示如果交通量进一步增加，则产生交通阻塞。这时，车辆只能尾随前车缓慢

行驶,在道路的服务水平大幅度下降的同时,交通事故也大为减少。

要详细调查交通量对事故率的影响程度难度很大,因为交通事故发生时的交通量一般难以准确把握。但年平均日交通量 AADT 与事故率之间存在一定的联系。当分析 AADT 与事故率的关系时,必须考虑一种情况,即交通量大的路段通常具有良好的道路条件(包括宽阔的路面、平缓的平面线形、较缓的纵坡等),而对于交通量小的路段来说,这些几何要素相对差一些,这对于研究年平均日交通量 AADT 与事故率之间的关系具有重要影响。由英国的事故调查数据可知,对于日交通量超过 10 000 辆/日的道路,导致死亡的交通事故率随交通量的增加而降低,但导致受伤的交通事故率随交通量的增加而增加;同时发现,对于单车事故,事故率随交通量的增加而降低;对于多车事故,事故率随交通量的增加而增加。

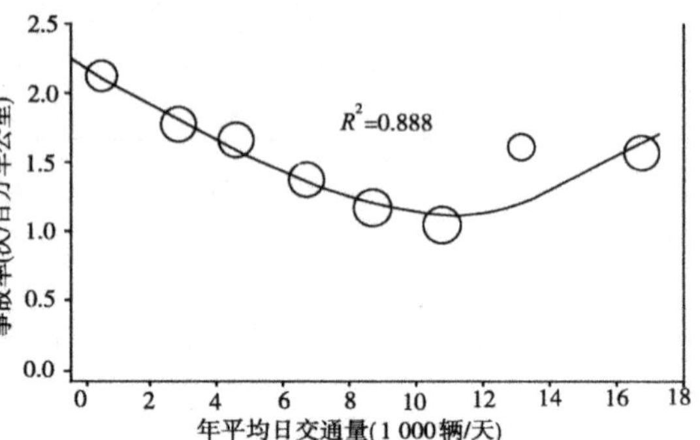

图 4-23　事故率与年平均日交通量 AADT 的关系

图 4-23 为美国双车道公路的事故率与年平均日交通量 AADT 的关系。由图可知,事故率与 AADT 呈现 U 形曲线关系。当 AADT 从零增加到 10 000 ~ 12 000 辆/日时,事故率逐渐降低;当 AADT 从 10 000 ~ 12 000 辆/日继续增加时,事故率开始逐渐增加。

某高速公路 3 年的交通事故次数与月平均日交通量的关系如图 4-24 所示。从图中可以看出,该高速公路尽管 3 年的交通事故次数增长速度有所不同,但在月平均日交通量低于 10 000辆/日的情况下,事故次数具有随交通量增长而增加的趋势。

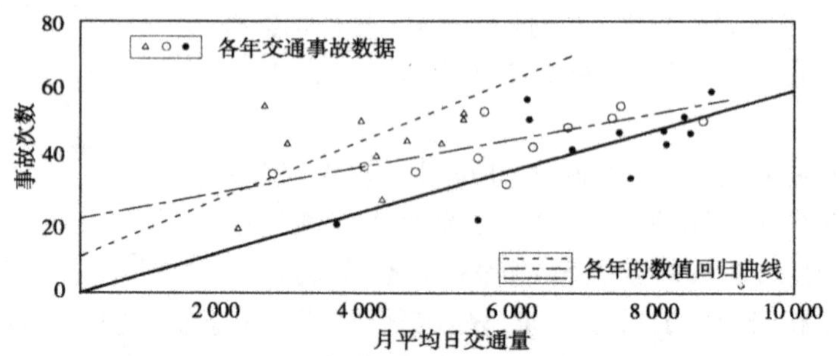

图 4-24　某高速公路事故次数与月平均日交通量关系

二、交通组成

我国道路交通组成比较复杂,混合交通是我国交通的一个显著特点。混合交通的存在,致使交通流运行复杂化,尤其在城市道路中,信号交叉口多,机动车、非机动车及行人互相影响,车辆很难以最佳状态行驶,交通事故时有发生。因此,混合交通的交通组成对道路交通安全的影响很大。鉴于城市道路交通组成较公路交通组成复杂,这里仅对城市道路交通组成与交通事故率的关系进行说明。

城市道路的交通组成非常复杂,包括客车、货车和摩托车等,按照车辆的大小差异又可将其分为大、中、小等车型。对城市道路交通事故数据的分析结果表明:大型车、货车和摩托车是

城市道路中干扰交通流、影响交通安全的主要因素。

表4-29是我国某城市2000年道路路段交通组成与事故率之间的关系。

某城市2000年道路路段交通组成与事故率关系　　表4-29

路段名称	事故次数(次)	事故率(次/亿车公里)	道路交通组成(%)						
			小客车	中客车	大客车	小货车	中货车	大货车	摩托车
霁虹街	7	43	90.97	8.36	0	0.47	0.18	0	0.02
石头道街	13	78	87.13	9.89	0.01	2.53	0.4	0.04	0
中山路	57	94	86.41	7.54	0	5.79	0.16	0.04	0.06
尚志大街	30	65	86.22	12.91	0	0.5	0.09	0.22	0.06
教化街	13	76	84.58	5.66	0.01	7.56	1.88	0.22	0.09
通达街	22	96	84.50	7.71	0	6.24	1.37	0.16	0.02
和平路	16	84	83.36	12.63	0	2.65	1.13	0.16	0.07
学府路	103	107	78.29	6.39	3.65	7.84	2.87	0.76	0.2
红旗大街	149	107	78.31	5.53	0.02	11.35	3.67	0.97	0.15
东直路	45	66	76.64	12.19	0	8.97	1.6	0.45	0.15
新阳路	59	96	76.61	11.88	0.4	10.23	0.72	0.05	0.11
和兴路	45	103	76.48	8.22	0	7.63	4.89	2.05	0.73
田地街	16	106	75.77	6.03	0	15.14	2.58	0.23	0.25
康安路	8	140	72.84	8.42	0.22	13	3.78	1.3	0.44
宽城街	16	111	72.52	6.41	0	15.6	4.88	0.5	0.09
南直路	23	117	65.89	7.76	0.81	12.92	7.81	4.17	0.64
先锋路	25	270	46.84	3.17	0	26.1	16.39	6.76	0.74

图4-25为数值模拟散点图。从图中可以看出，虽然散点图存在数值反复的现象，但总体趋势是事故率随大型车、货车和摩托车比例增加而逐渐增大。

城市道路交通流中小型车居多，连续的小型车交通流在行驶过程中稳定性强，而且视距条件好，因此事故率较低；当交通组成中大型车比例增加时，干扰原来有序的交通流，影响紧随其后行驶的小型车的视距，容易导致交通事故的发生。

类似地，城市道路交通流中客车居多，当交通组成中货车比例增加时，由于客、货车的动力性能存在差异，导致车速分布变的离散，车速方差变大，也容易导致交通事故的发生。

摩托车在城市道路中作为特殊的交通组成部分，在行车安全方面一直起负面作用。当摩托车比例增加时，不但干扰原有稳定的交通流，导致车速分布离散，同时摩托车行驶的灵活性还可能导致其他车辆驾驶员措手不及，容易引发交通事故。因此，随着摩托车比例增加，事故率也逐渐增加。

因此，要减少城市道路因交通组成不合理而造成的交通事故，可以采取以下管理措施：

①对城市部分道路实施货车禁行措施。货车既会影响城市道路的行车安全，也会影响城市景观，因此应对货车实施限时（多为白天）、限地（多为城市中心区）的禁行措施。

②合理地对城市部分道路设置公交专用道。城市道路白天交通量大，当货车被实施禁行

后，主要的大型车就是大客车，其中尤其以公交车为主，因此设置公交专用道，将公交车与其他车型分离，能大大地减小大型车对交通流的影响。

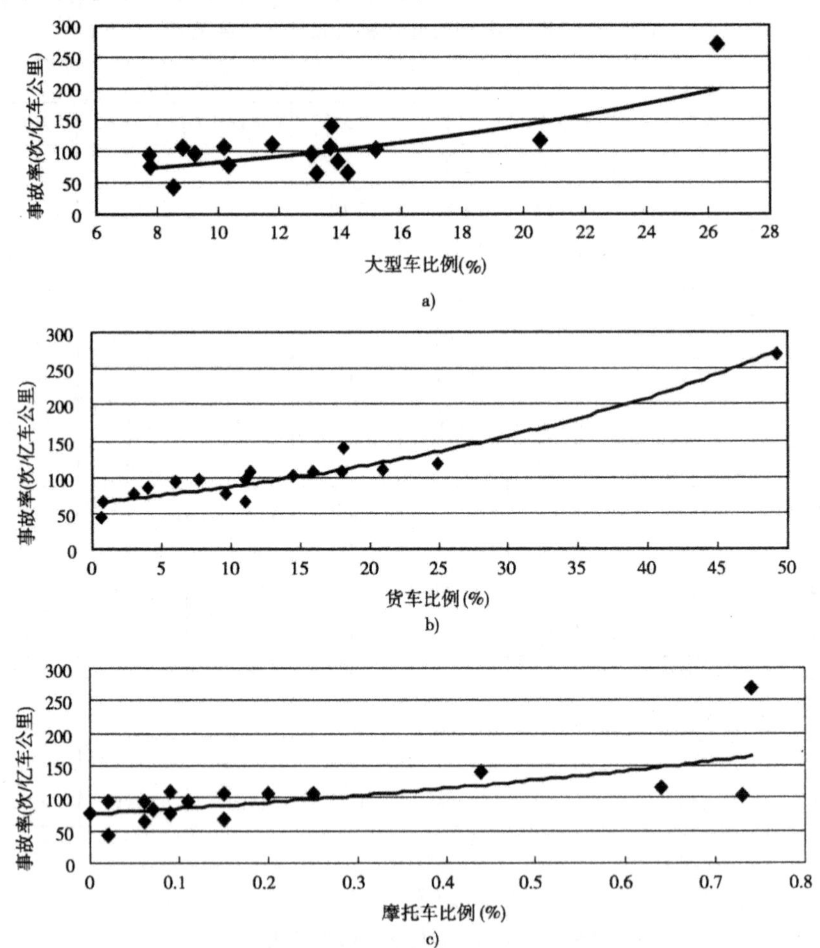

图 4-25 某城市路段事故率与各种车型比例的关系

a)事故率与大型车比例；b)事故率与货车比例；c)事故率与摩托车比例

③减少摩托车许可牌照的发放。摩托车对道路交通安全的影响显著，应适当降低其数量。同样，也可实施区域或时间禁行。

三、车速

驾驶员必须时刻都能获得周围环境的信息，从而估计交通情况，决定下一步应采取的措施并付诸行动，所有这些过程都需要一定的时间。但是，随着车速的提高，驾驶员可以支配的时间却明显减少。当观察和判断的时间减少时，驾驶员作出错误决定的可能性就会相应地增加，从而导致交通事故发生的可能性变大。而且，车速的提高会减少驾驶员采取避让措施（例如制动或转弯）的时间和距离，汽车发生碰撞时的速度通常也比较高。

初始速度对采取避让措施的行驶距离和碰撞速度的影响，可以通过一个例子来说明。假设障碍物位于驾驶员前方 40m 处，驾驶员用 1s 的时间来判断，之后以 0.8m/s^2 的减速度开始

制动。如果初始速度为 100km/h，则驾驶员在 1s 的反应时间内将驶出 27.8m，制动距离为 12.2m，碰撞速度为 87km/h，驾驶员可支配的时间为 1.5s；如果初始速度为 70km/h，车辆在反应时间内行驶的距离为 19.4m，制动距离为 20.6m，车辆与障碍物碰撞时的速度仅为 26km/h，驾驶员可利用的时间为 2.5s。低速行驶车辆的驾驶员可以从距离障碍物更远的地方开始制动减速，而高速行驶车辆的驾驶员制动距离变短，二者碰撞障碍物时的车速差异要远大于其初始速度的差异。高速驾驶同时也增加了其他驾驶员遭受事故的可能性。而且，驾驶员通常都会过高估计车辆之间的距离，却低估了跟驰车辆的速度。这种错误的估计会随着车速的提高而变得更为严重。

事故的严重程度取决于碰撞时车速的瞬时变化 dv（尤其在 0.1 ~ 0.2s 的范围内）。当 dv 超过 20 ~ 30km/h 时，发生严重事故的可能性开始增加；当 dv 超过 80 ~ 100km/h 时，事故中便会有人员死亡。在有行人的事故当中，当车辆与行人发生碰撞时的车速从 40km/h 增加到 50km/h 时，行人死亡的概率会增加 2.5 倍。从前面的例子可以看出，即使驾驶员在发生碰撞之前采取制动措施，dv 也会随着碰撞速度增加而增加，而碰撞速度是随着初始速度的增加而增加的。事实上，与不采取制动措施的情况相比，如果驾驶员在发生碰撞之前采取制动措施，初始速度通常会对碰撞速度、dv 和事故严重性产生更大的影响。如果车辆发生正面碰撞，由于两辆车的制动距离都有限，行驶车速对 dv 和事故严重性的影响是最大的。在一辆小轿车与货车的正面碰撞当中，如果小轿车的初始速度从 100km/h 减小到 70km/h，则 dv 将从 106km/h 减小到 22km/h，106km/h 的 dv 意味着发生的事故中必有人员死亡，而 22km/h 的 dv 则意味着事故中不会有人员受伤。

1995 年，研究人员发现当车速为 110km/h 时，驾驶员在高速公路上的平均反应时间为 0.347s，比车速为 70km/h 时同一驾驶员的平均反应时间少了 0.015s。与低速行驶的驾驶员相比，高速行驶的驾驶员则将增加 3.9m 的行驶距离。另外，车速从 70km/h 增至 100km/h，若驾驶员以 0.8m/s^2 的减速度制动，将使制动距离从 25m 增加到 60m。

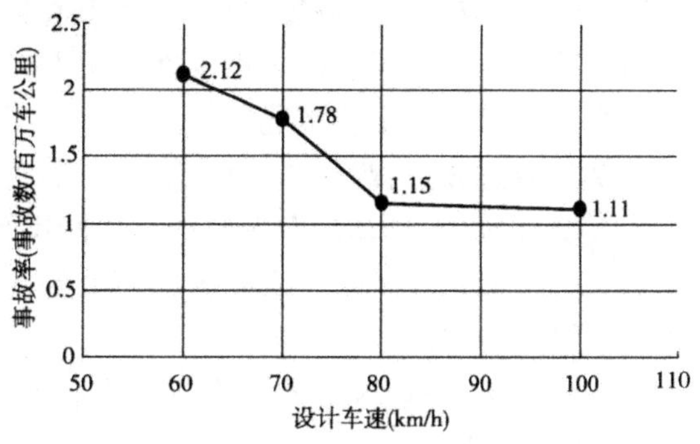

图 4-26　交通事故率与设计速度的关系

图 4-26 为德国的某研究获得的交通事故率与设计速度的关系。由图可知，当设计速度由 60km/h 增加到 80km/h 时，交通事故率呈下降趋势，但当设计速度继续增加时，事故率趋于稳定。

综上所述，随着车速的提高，事故率和事故的严重性都会升高。

第四节　道路作业区与交通安全

一、道路作业区的定义及区域划分

1. 定义

道路作业区是指在道路交通事故处理和道路养护维修过程中临时关闭一个或几个车道形

成的一段禁行区域,它主要由警告区、过渡区、缓冲区、作业区和终止区组成。

道路交通事故处理是指对一起交通事故的勘查、分析、处理过程。由于每起交通事故都有一个现场,事故现场保留着大量的事故证据,因此,在事故处理过程中,经常需要将一个或一个以上的车道关闭。道路的养护工作一般包括经常性保养和修补其轻微损坏部分,对一般性磨损和局部损坏进行修理、加固、更新和完善,对已达到服务年限或严重损坏的高速公路及其附属设施进行综合修复。由于作业区通行能力的减小,工人、施工机械、路边施工护栏和作业区来往的车辆又构成了一个危险的环境,因此,道路作业区很容易发生交通事故。

2. 作业区区域划分

在道路作业时,为了保证给道路使用者和作业人员提供最大的安全保护,作业区应分为以下六个部分,如图4-27所示。

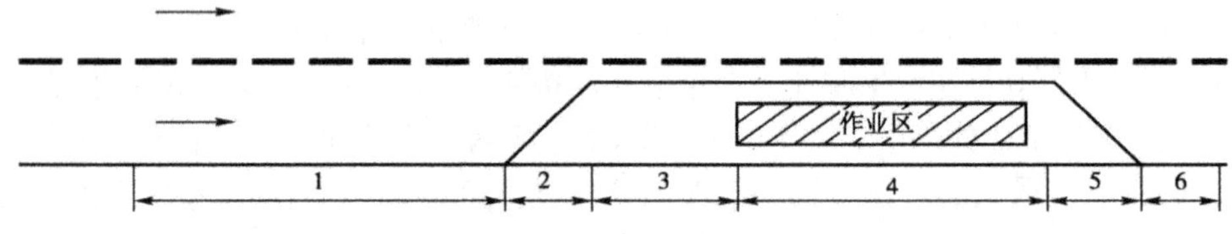

图4-27 作业区区域划分

①警告区:提示前方道路作业,使行车者注意交通变化情况,以便及时采取措施。在作业封闭车道前,应设立作业警告标志,用于通告道路的交通阻断、绕行情况,使驾驶员有时间调整其行车速度。施工预告标志设置在行车方向的右侧,其布设主要考虑施工区交通流的情况、施工区视距及交通的干扰情况等。

②上游过渡区:起导流作用,引导车辆改变行驶方向,变换车道。

③缓冲区:引导车流有序行进。一般用锥形交通标志进行隔离,其长度在高速公路半幅封闭施工时一般不作要求。缓冲区内不准停放车辆,放置器具、材料,禁止工作人员停留,以避免由于车辆失控出现事故。

④作业区:作业区是道路作业人员活动和工作的地方,车道与作业区之间必须设置隔离装置,作业区还应为工程车辆提供安全的进出口。作业区全程用锥形交通标志与通行车道进行隔离。半幅封闭施工时,双向通行的半幅路面利用锥形交通标志进行隔离,引导车辆各行其道,并派专人维护交通标志,防止交通标志倾倒,中间有缺失的应及时补上。

⑤下游过渡区:起导流作用,引导车辆改变行驶方向,变换车道,进入正常的行驶道。车辆驶过施工区后,应利用锥形交通标志设置过渡区,引导车辆进入正常车道,其长度一般为30m。

⑥终止区:表示施工区的结束和施工限制的解除,位于施工区的末端,终止区的末端应设解除限制标志。

二、道路事故处理作业区与交通安全

道路上发生交通事故后,为了对事故责任进行认定,需要进行事故现场勘查和现场救护,因此,往往需要关闭一个或几个车道形成作业区。确定合适的事故处理作业区,一方面要能够

尽可能保持交通运行,另一方面要使得现场救护和现场勘查工作能够顺利进行。作业区的确定目前没有通用的方法,处理人员一般要根据路段的宽度、车道数目、车流量大小、周围替代道路条件以及事故本身的严重程度来综合判断合适的作业范围,确定采取全封锁、单向封锁、缩减车道、改道等管制方式。为了避免路过车辆与事故现场发生冲突而导致二次事故,需要设置一段缓冲区。缓冲区大小要考虑封闭车道的宽度、车辆行驶速度等因素。当被封闭的车道越宽,路过车辆躲避现场的回旋空间越小,因此,需要设置更长的缓冲区;而车辆的限速越高,后续车辆的可能速度越大,应该相应加长缓冲区长度。

在作业区前限制车速可以保障事故处理的交通安全,但过低的限速会降低作业区的道路利用率,降低作业区的通行能力,在作业区前方易形成较大的速度方差和交通拥挤或堵塞,引起驾驶员的急躁情绪和争道抢行等行为,反而会降低作业区的运行效率和安全性。因此,限速需要与其他交通安全设施一起进行。

现场管制设施主要有警车、交通锥和红色警示灯等。交通锥是最常用的管制设施,除了警示作用外还可以完成引导交通的功能。警示设施根据现场保护和管制的要求布置在现场前方的适当位置。在事故现场实施管制时,要根据道路条件、交通状态、事故状态以及是否存在中央分隔设施来确定合适的管制形态,管制形态有干线管制、隧道管制、交叉路口管制等。确立适当的道路交通事故处理作业区,是事故现场处理工作中十分重要的一个环节,也决定着事故处理作业区的安全程度。

三、道路养护维修作业区与交通安全

道路养护维修作业的同时要开放交通,但养护维修作业占用的道路空间会使车道数减少或车道变窄,造成道路环境突然改变,如在此处发生意外,驾驶员躲避危险的空间不足,往往是措手不及,发生事故的可能性大大增加。同时养护维修作业区构成了道路空间范围内的障碍物,增加了车辆与固定物相撞的危险。

另一方面,养护维修作业人员和作业车辆出现在道路上,造成了对交通的干扰。如果没有适当的安全防护措施和交通控制技术,很可能会发生意外事故。

根据某省 2002 ~ 2005 年的高等级公路交通事故资料,以及同期对公路改扩建和养护维修的时序表,得到该省高等级公路的维修养护作业区的安全状况。

1)哈同公路作业区交通事故情况

根据哈同公路改扩建建设时间表可知,2003 年 7 月 ~ 2004 年 10 月哈同公路 K402 + 650m ~ K569 + 507.4m 段全面改扩建,这期间该段公路存在多处施工作业区,交通情况十分复杂。该段历年交通事故统计如表 4-30、图 4-28 所示。

哈同公路 K402 + 650m ~ K569 + 507.4m 段历年事故统计　　表 4-30

年　份	2000	2001	2002	2003	2004
事故数(起)	31	24	19	53	42

2)黑大公路作业区交通事故情况

2000 年 5 月 ~ 2002 年 8 月,黑大公路哈尔滨任家桥至阿城五常界(K609 + 882m ~ K644 + 140m)段改扩建。该段历年交通事故统计如表 4-31、图 4-28 所示。

黑大公路 K609 +882m ~ K644 +140m 段历年事故统计　　表 4-31

年　份	2000	2001	2002	2003	2004
事故数(起)	37	32	45	18	16

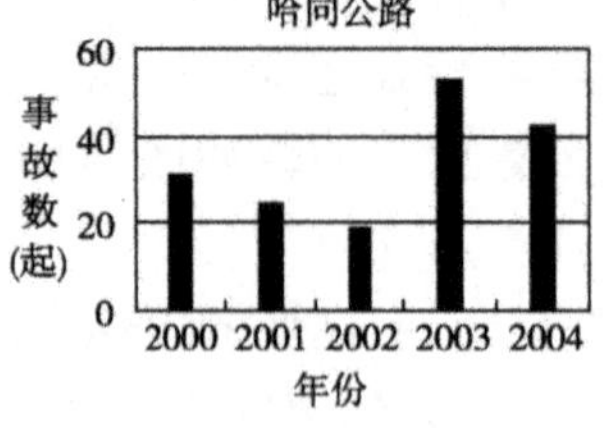

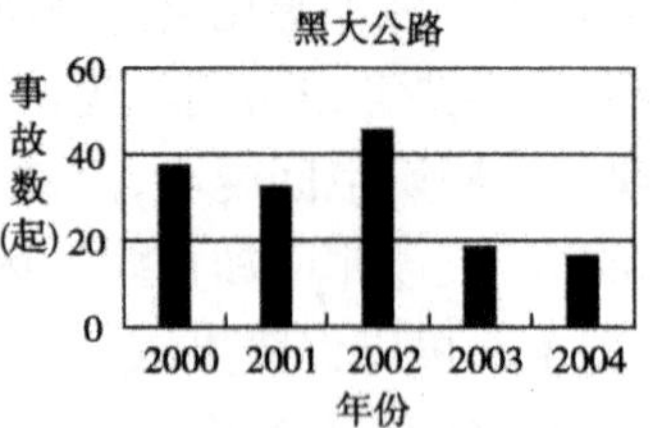

图 4-28　哈同公路、黑大公路事故数柱状图

3)绥满公路作业区交通事故情况

2002 年 5 月 ~2004 年 10 月,绥满公路尚志至阿城段(K634 +703m ~ K433 +133m)改扩建。该段历年交通事故统计如表 4-32、图 4-29 所示。

绥满公路 K634 +703m ~ K433 +133m 段历年事故统计　　表 4-32

年　份	2002	2003	2004	2005
事故数(起)	12	56	31	7
死亡人数(人)	6	10	12	6
受伤人数(人)	5	25	33	10
经济损失(万元)	34.00	67.00	238.48	6.30

4)哈大公路作业区交通事故情况

2004 年 5 月 ~2005 年 11 月,哈大公路哈尔滨至哈肇界段(K535 +739m ~ K550 +636m)路面维修。该段历年交通事故统计如表 4-33、图 4-29 所示。

哈大公路 K535 +739m ~ K550 +636m 段历年事故统计　　表 4-33

年　份	2002	2003	2004	2005
事故数(起)	19	17	35	24
死亡人数(人)	5	11	15	29
受伤人数(人)	14	28	50	25
经济损失(万元)	26.75	31.00	70.32	49.10

5)鹤大公路作业区交通事故情况

1999 年 9 月 ~2001 年 10 月,鹤大公路鹤岗至佳木斯段进行改建。该段历年交通事故统计如表4-34、图 4-29 所示。

鹤大公路鹤岗至佳木斯段历年事故统计　　表 4-34

年　份	1999	2000	2001	2002	2003
事故数(起)	64	85	35	14	3
死亡人数(人)	20	12	3	0	1
受伤人数(人)	49	81	21	3	14
经济损失(万元)	30.77	27.96	1.27	0.59	2.17

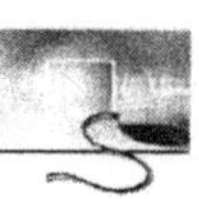

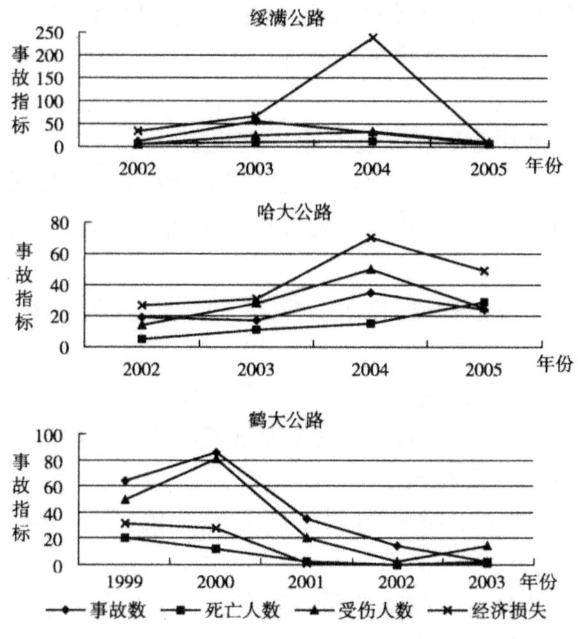

图 4-29　绥满公路、哈大公路、鹤大公路作业区事故四项指标统计

6）各公路交通安全状况分析

比较以上数据，各作业区路段养护维修期间发生的事故平均为非施工期间的 2.7 倍，其中鹤大公路作业区安全状况最差，达 7.2 倍。同时施工期事故的经济损失大于非施工期间，最高为非施工期间的 3.81 倍；施工期间事故严重程度也高于非施工期，死亡人数与受伤人数比最高为 0.58，为非施工期间的 1.54 倍，如表 4-35 所示。

各公路作业区比较参数　　表 4-35

作业区位置	哈同公路	黑大公路	绥满公路	哈大公路	鹤大公路
α	1.92	2.23	4.71	1.64	7.21
β	—	—	0.44	0.58	0.23
γ	—	—	3.81	1.26	2.01

注：$\alpha = \frac{\text{施工期事故}}{\text{非施工期事故}}$；$\gamma = \frac{\text{施工期事故平均经济损失}}{\text{非施工期事故平均经济损失}}$；$\beta$ = 施工期平均每起事故死伤人数比。

由以上各条公路历年交通事故统计情况可以看出，在公路养护维修作业期间发生的交通事故远高于该公路无施工作业期间，同时公路养护维修作业期间发生的事故危险性较大，死伤事故多发。因此，道路在养护维修作业期间的运行安全性较差，值得充分注意。

四、道路作业区安全保障措施

1）车速管理

车辆行驶于作业区路段时，由于作业区的道路交通状况十分复杂，驾驶员接收到的信息量很大，内容复杂，这就要求驾驶员加倍留心地对各种信息进行筛选和处理。一旦驾驶员漏掉了某种重要信息，就会导致驾驶员的判断失误，给行车安全带来隐患。通过对车辆速度的限制，可以使驾驶员能处理的信息量和接收到的信息量相适应,可以保证驾驶员更好地认知各种驾驶信息并作出正确的反应,从而提高行车安全性。

2)交通安全设施的布设

交通控制区内设置交通标志的位置应符合下列规定:

①作业区在右侧车道时,应将交通标志设在公路右侧路肩上和作业区边界的左侧。

②作业区在左侧车道时,除施工预告标志设在右侧硬路肩上外,其他交通标志应设在作业区边界的右侧及施工区的后方。

③作业区在中间车道时,应将交通标志设在同一方向公路的右侧及施工区的起点处,起点处应设置临时性分流标志。

④现场用于设置交通安全设施的施工用车,车身颜色应为醒目的橘黄色,车上应备有黄色频闪灯和警报器,车尾朝着车流方向,在设置或撤除交通安全设施时应鸣工程警报并打开频闪灯。

安全设施布设也应遵循一定的顺序:

①安全设施的布设必须从上游开始顺车流方向布置,其中锥形交通标志的布设间距为10~20m。

②安全设施的撤除应从施工区的末端开始逆车流方向撤除。若为半幅封闭施工,则应先开放施工封闭区交通后再进行安全设施的撤除。

3)交通组织管理措施

作业现场应设专职交通协管员,负责维护现场交通秩序。交通协管员应经过培训,掌握交通法规,能快速、有效地指挥交通,能应付突发的交通情况。应设立专职安全员负责监督现场的安全管理,并及时维护设置的交通安全管理设施。作业人员上路前应进行施工安全教育,从思想上重视作业安全;施工作业时,作业人员应身着黄色反光背心;注重安全作业,不在作业区外流动。施工车辆在施工区内应按规定地点有序停放,进出施工区域时应服从专职交通协管员管理,不得擅自进出。

4)夜间作业的管理

在夜间及不良天气导致可视性差的条件下,作业区应利用可变信息板、反光与主动发光类警示、安全、防护类设施,适时、醒目地发布前方施工信息,并设置能够覆盖整个作业区的照明设施。同时,应重视对在夜间及不良天气下道路施工路段标志、标牌、施工警告灯、可变信息板使用完好情况和发光、反光效果的检查,提高在夜间及不良天气下养护作业的安全可靠性。

复习思考题

1. 为了保证道路交通安全,应避免哪些平曲线与竖曲线组合方式?
2. 平面与纵断面线形设计中,如何保证道路交通安全?
3. 简述路面病害对道路交通安全的影响。
4. 平面交叉路口安全设计要考虑哪些因素?
5. 影响道路交通安全的交通条件有哪些?
6. 试述道路作业区的区域划分及安全保障措施。

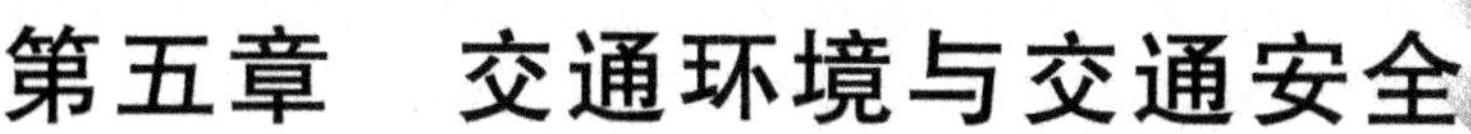

第五章　交通环境与交通安全

车辆是在道路条件、交通条件和天气条件等组成的硬环境以及由交通管理措施组成的软环境中运行的，交通环境对交通安全有明显的影响。分析交通环境与交通安全的关系，掌握影响交通安全的主要交通环境因素，通过改善道路条件、加强交通管理、完善安全设施，能够切实减少交通事故的发生。

第一节　概　　述

一、交通环境的含义

交通环境是指车辆运行过程中，所处的道路条件、交通条件、管理条件、气候条件等相互作用的关系。交通环境包括硬环境和软环境，其中硬环境包括道路条件、交通安全设施、噪声和天气条件等；软环境主要是指交通管理措施，如法律法规等。

二、影响交通安全的交通环境因素

分析影响交通安全的交通环境因素，目的在于掌握影响交通安全的主要交通环境因素的构成。根据目前的研究，影响交通安全的交通环境因素主要有以下几部分。

1）道路条件

道路条件对交通安全存在着显著影响，主要反映在其不能满足汽车正常行驶时驾驶员在视觉、心理、反应等方面的需要。道路设计与道路条件的改善，应主要依据人和车对道路的安全需要。

道路的设计车速一般由道路等级及其所处的地形决定。但许多高等级公路为节省投资，未设置完善的交通标志及安全设施，很容易造成驾驶者对道路的安全警戒意识的降低，而实际的道路安全保证较低，从而使事故更为严重。

2）噪声和天气条件

噪声和天气条件也对交通安全有着重要影响。超标的噪声污染会导致驾驶员精神过度集中、紧张与心理疲劳；在雨天、雪天、雾天等恶劣天气条件下，行车安全系数会随之下降。

3）法律法规

交通环境中的软环境也与交通安全有着密切的关系。目前，有关交通管理的法律法规及安全体制还不够健全，有些现存的法律法规相对滞后，管理条块分割和冲突现象仍然存在，交通管理和路政管理人员思想素质和业务素质参差不齐。某些执法人员没有经过严格的训练，执法水平低，执法力度不够大等。具体体现在突击性交通违章处罚和严管，周期性和运动性，安全教育、交通安全宣传时紧时松等方面。这些社会现象也在一定程度上影响了交通安全水平提高。

4)交通安全教育

目前的交通安全教育还仅仅局限于交通管理部门,尚未形成全民交通安全教育的局面,缺少全面系统性。交通安全教育还存在着以下一些不良现象:交通管理部门着急,有力使不上;交通参与者着急,缺少社会安全意识;社会公众难以通过多渠道了解交通安全知识。

总之,交通环境还存在不少问题,如果不进一步加强和改善,严峻的交通安全环境将难以满足交通事业飞速发展的需要。

第二节　道路景观与交通安全

现代道路景观包含的内容较多,道路不单纯地仅仅具有承载交通运输功能,而且要求能够为人们提供美好、舒适的视觉效果,并能与自然环境和社会环境相协调,体现社会文化内涵和文化价值。在考虑这一层意义的基础上,如何规划、修建、管理公路与城市道路,满足道路的发展趋势与时代要求变得非常重要。

一、道路景观的构成要素

道路景观按照不同的结合方式可以分为:道路线形要素的景观协调、道路与道路沿线的景观协调、道路与自然环境及社会环境的协调。道路景观所包括的具体内容见表5-1。

道路景观内容　　表5-1

类　型	具体形式	内　容
道路线形要素的景观协调	视觉上的协调	视觉上,平面线形和纵断面线形各自协调、连续
	立体上的协调	平面线形与纵断面线形互相配合,形成立体线形
道路与道路沿线的景观协调	行车道旁边的环境	中央分隔带的绿化;路肩、边坡的整洁;标志清楚完整;广告招牌规则协调;商贩集中、整洁,不占道路
	构造物环境	对跨线桥、立体交叉、电线杆、护栏、隧道进出口、隔音墙等的设计有一定的艺术特色,体现一定的区域建筑特色
道路与自然环境及社会环境的协调	道路与自然环境、社会环境的协调	路线与沿线的地形、地质、古迹、名胜、绿化、地区风景间的协调;沿线与城市风光、格调的协调

修建公路要考虑对生态环境的影响及相应的改善道路景观的对策。例如,修建路堑不仅要考虑地形、地质的稳定,还要考虑植物、动物的生态平衡和景观要求。

图5-1表示路堑边坡的坡度不同时,视觉的变化情况。图中a)与b)中路堑边坡分别是1:1与1:2,视觉上图a)使人感到狭窄有压抑感,不如图b)宽阔、美观、平缓;图b)宛如天然的丘陵、曲缓自然。在地形允许和经济可行的条件下,无论路堑和路堤,它们的边坡都要尽量缓和,以利于边坡稳定、绿化、草木生长且可改善景观视觉效果。

道路使用者对道路景观的评价和建议,可作为道路设计者的参考。因此,可由设计单位用道路模型、透视图、剪辑照片和三维模拟等给道路使用者观看以广泛征询意见,依据意见,进行必要的设计修改,力求道路设计造型新颖、美观。

桥梁、隧道等应按构造物景观学的观点,力求在设计上既与自然环境协调,又有民族造型

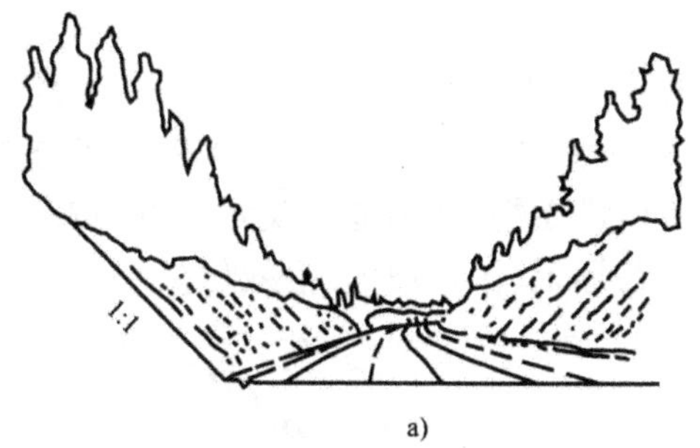

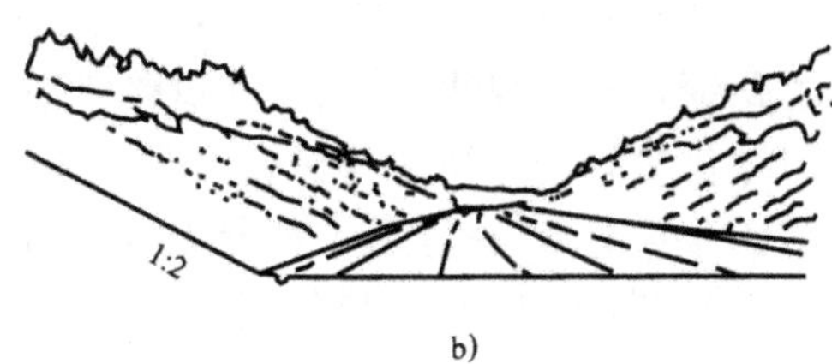

图 5-1 路堑边坡的坡度不同时视觉的变

艺术的特点。

近年我国各大城市已开始重视街道景观建设,例如增修建筑小品等使交通环境美化。对于通往名胜古迹、风景区的旅游公路,除需要提高公路等级与安全设施外,也将沿线绿化、景观美化列入了设计范围。

二、道路景观的安全作用

1. 道路

道路线形是影响道路景观的一个重要因素。直线线形带有很明确的方向,给人以简洁明了之感,但直线线形道路从车行道或人行道的视线上看比较单调、呆板,静观时路线缺乏动感,容易使驾驶员注意力不集中,产生事故。曲线线形流畅,具有动感,在曲线上行驶可以很清楚地判别方向变化,看清道路两侧景观,并可能在道路前方封闭视线形成优美的街景,有利于驾驶安全;而且曲线容易配合地形,同时可以绕越已有地物,在道路改造时容易结合现状。纵断面线形对道路使用者视觉及街景变化也有影响,尤其凸形竖曲线对道路景观影响较大。在道路设计中尽可能采用较大的竖曲线半径,以避免产生街景的"驼峰点",导致景观不连续,而破坏道路空间序列,引起驾驶的不舒适感。

图 5-2 所示的道路线形设计合理,充分考虑了视距要求,驾驶员看到的曲线恰好落于视距矩形范围内,从而使驾驶员在不需要移动视线或转动头部的情况下即可充分了解道路及交通情况,同时也提高了行车舒适性、减少了行车疲劳和紧张感。图 5-3 是表示平曲线转角变大,部分曲线已落于矩形范围之外,导致驾驶员看到的路线不连续,为此必须移动视线或转动头部才能看清全部曲线上的道路及交通情况,这无疑增加了行车难度和危险性。

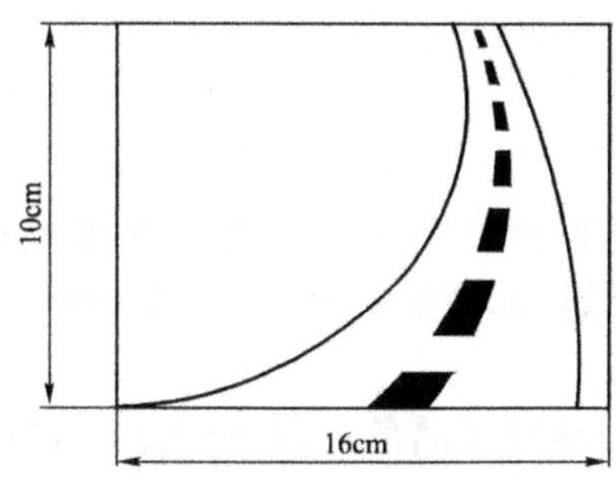

图 5-2 曲线全部落入清晰视距矩形范围内

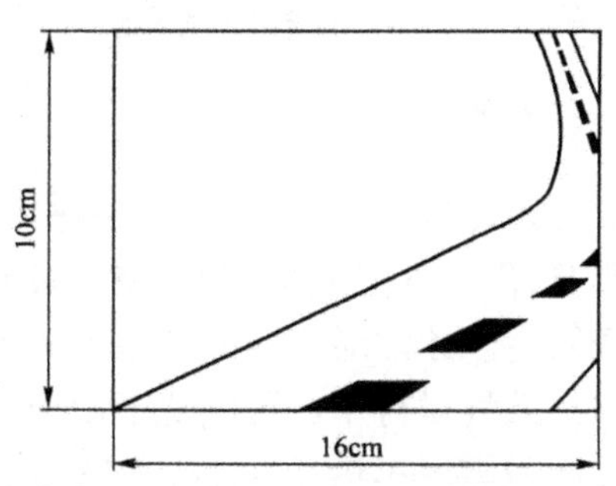

图 5-3 曲线部分落入清晰视距矩形范围外

2. 绿化

道路景观由多种景观元素组成,各种景观元素的作用、地位都应当恰如其分。一般情况下绿化应与道路环境中的景观诸元素协调,应该让道路使用者从各方面来看都有良好的效果。有些道路绿化成了视线的障碍,使道路使用者看不清街道面貌,从街道景观元素协调来看就不适宜。绿化具有诱导视线、防眩、缓冲、遮蔽、协调、指路标记、保护坡面、沿线保护等安全功能。

如图 5-4 所示,在弯道中央分隔带种植树木,夜间行车时,能遮挡对向车灯光线,避免产生眩光。

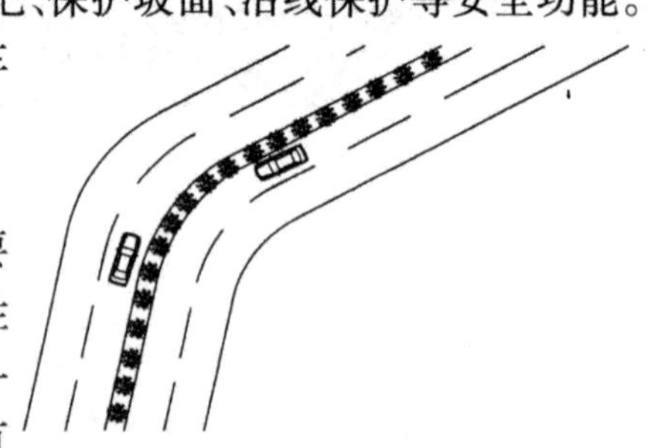

图 5-4 种树防眩

3. 建筑

一条道路的景观好坏,建筑是否与道路协调是最主要的因素,而建筑与道路宽度的协调则是关键。不同交通性质道路的建筑高度 H 与道路宽度 D 的比例关系不同。一般认为,$1 < D/H < 2$ 时,既具有封闭空间的能力,又不会有压迫感。在这种空间比例下的步行和驾车可取得一定的亲切感和热闹气氛,而且绿化为两侧建筑群体空间提供了一个过渡,使两侧高大建筑群之间产生了一种渐进关系,而避免了两侧建筑群体的空间离散作用,使人感到突然和单薄。对于商业街,D/H 宜小,这样空间紧凑,显得繁华热闹;而居住区需要对建筑群有一定的观赏机会,这种比例就应大些;交通干道的道路宽度较大,建筑物的尺寸、体量也会较大,而且高低错落,这时可按低的建筑高度 $D/H = 1/4$ 来控制。这样可以看清建筑的轮廓线,让人有和谐明朗的印象。

4. 照明

道路景观的亮化是指道路夜景的统一设计和道路两侧建筑立面的橱窗、景观灯、霓虹灯及绿化的地灯等统一设计,烘托建筑轮廓线,亮化道路的夜景观。千姿百态的路灯设施不仅照亮了城市,也美化了城市,五光十色的灯光形成了城市夜晚一道亮丽的风景线。照明除了给人好的视觉效果外,还具有安全功能,它可以指示道路方向、道路标记,但照明设计不好也会引发眩光,引起交通事故。同时,要注意节约能源和防止光污染。

第三节　气候条件与交通安全

气候条件与交通安全有着密切的关系。恶劣的天气条件会带来道路路面摩擦系数下降、驾驶员视线受阻、驾驶员心理变化较大等影响,容易导致交通事故。因此,研究气候条件对交通安全的关系,可以有效控制交通事故,提高交通安全。

一、冰雪

北方寒冷地区的冬季,在车轮作用下,积雪会使道路表面变得坚硬、光滑,特别是在初冬和初春季节,由于气温变化频繁,路面极易产生薄冰层,导致路面摩擦系数急剧降低,致使交通事故频繁发生。冰雪对交通的危害如表 5-2 所示。

冰雪天气对行车的影响比下雨天大得多。积雪对公路行车的危害,首先表现在路况的改变。路面积雪经车辆压实后,车轮与路面的摩擦力减小,车辆易左右滑摆(即通常说的“侧滑”)。同时,汽车的制动距离也难以控制,一旦车速过快、转弯太急都有可能发生交通事故。

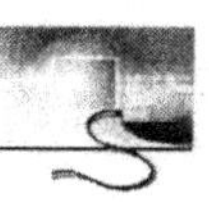

据乌鲁木齐地区某年1月份统计数字，发生的123起公路交通事故中，因雪天“侧滑”和冰雪导致制动失控酿成的事故比例竟占49%。

冰雪对交通的危害　　表5-2

冰雪现象	对车辆行驶的影响	对交通的危害
降雪或风雪流	妨碍车辆行驶，影响视距	降低行车速度，降低道路通行能力，增加交通事故率
积雪 风吹雪堆 路面结冰	驾驶困难，易发生事故	
雪花覆盖标志	弱化标志作用，降低车速	
积雪荷载	可能破坏防护工程	
雪　崩	阻断交通	
路面冻胀	妨碍行驶	
冰雪融化	边坡可能崩垮，影响道路交通条件	

专家研究表明，气温不同、积雪的厚度不同，对行车的危害也不一样。当积雪厚度在5～15cm、气温在0℃左右时，汽车最容易发生事故。因为在这种条件下，路面上的雪常常呈“夜冻昼化”状态。路表面更加光滑，车辆几乎无法行驶。此时，车轮必须带上防滑铁链，车速要缓慢，上下坡尤其不可突然加速，从而避免或减少交通事故的发生。

另外，雪中行车时，飘洒的雪花影响驾驶员的视线，路面积雪也会带来阻碍，同时积雪对阳光的强烈反射，容易产生雪盲现象（眩目），伤害驾驶员的眼睛，同时造成视力疲劳，对安全行车极为不利。

二、雨天

降雨是最常见的天气现象之一，由降雨引发的交通事故也最为普遍。例如在黑龙江省不利天气条件下发生的交通事故中，雨天发生交通事故的比例占第一位，为33%。

据国外研究所得出结论：雨中行车比在干燥路面上行车增大2～3倍的危险。雨天车辆在高速公路上行驶，经常会出现“水滑”现象，路面变滑、摩擦系数明显降低，同时行车视线和路面标线的可视距离也会受到较大影响。个别路段因路面不平形成的局部积水以及暴雨带来的滑坡、落石和泥石流等，都是很大的事故隐患。值得注意的是，阴雨绵绵比暴雨更具危险性，一方面是驾驶员对小雨不会引起足够的重视，而在暴雨中行车，会本能地注意到危险而集中精神，进而控制车速；另一方面是小雨中的路面比暴雨中的路面更容易打滑。

雨中行车的安全隐患主要表现为：降水对路面有影响，容易导致车辆侧滑和控制失灵。就全国而言，日总降水量在10mm以上时发生车祸的几率开始增大。因为此时路面一般都有积水，从而使得摩擦力减小，汽车的制动距离增长，侧滑的可能性增大，方向控制也容易失灵，一旦有险情，汽车难以及时停止。另外，雨天能见度低，驾驶员视线容易受阻，给安全行车带来困难。下小雨时，空气水平能见度低；而狂风骤雨时，刮水器常常不能刮尽玻璃上的雨水从而造成驾驶员视线模糊，而此时路上行人多半都撑起雨伞，也使得驾驶员无法一览无余，从而形成了安全隐患。

三、雾天

雾，是一种常见的天气现象。气象观测学定义：当浮游在空中的大量微小水滴使得水平有效能见度低于 1 000m 时就称大雾天气。

大雾天气下,公路交通事故的发生几率是比较高的。据权威部门 1990 年统计,我国大中城市平均每年在大雾天气下发生重大交通事故的几率为 30%。大雾天气是行车最恶劣的气候条件之一,容易发生恶性事故。2005 年京津塘高速公路北京、天津交界处发生的特大事故,就是大雾惹的祸。沪宁、京石、成渝、汉宜、济青等高速公路都曾经因为雾天发生过多车相撞、群死群伤的重特大交通事故,给社会带来严重灾害。在各种恶劣天气中,雾天对高速公路行车安全构成的威胁是最大的。雾天对行车产生的影响有两个方面,一是大大降低能见度,使驾驶员看不清运行前方和周围的情况,行车视线距离缩短,可变情报板、标志标线及其他交通安全设施的辨别效果较差,前后车辆的最短安全间距无法保持,驾驶员的观察和判断能力受到严重影响,尤其是浓雾天气和雾带的出现,极易引发连锁追尾相撞事故。二是道路上的雾水使附着系数减小,制动距离增加。但最近,威尔士大学的心理学教授罗伯特·斯诺登研究发现,雾中之所以容易"出事",一个主要原因是在大雾中快速驾车行驶的驾驶员常常认为自己的车速很慢。

为了保证雾天行车安全,驾驶员应做到:开雾灯或近光灯,增加与来往车辆及行人相互间的能见度,必要时鸣喇叭;降低车速,使制动距离小于驾驶员的视距;增大车距,防止与前后车相撞;集中精力,平稳制动,防止侧滑;严格遵守行车路线,不准争道抢行;若雾太浓,可开示廓灯、危险报警闪光灯靠边暂停,待雾散后再继续行驶。

第四节　交通环境对交通安全影响的综合分析

道路环境(道路条件、标志标线、气候条件、安全设施等)对交通安全有着明显的影响。改善道路条件、加强交通管理、完善安全设施,能够切实减少交通事故发生的次数,降低交通事故伤亡人数,控制交通事故所带来的经济损失。

一、道路条件对交通安全的影响

1. 道路线形对交通安全的影响

道路线形必须考虑汽车行驶的运动学与动力学的要求,同时也应考虑线形的宜人性要求。在行车时,驾驶员主要通过视觉(80%)、听觉(14%)和触觉(2%)等感觉器官接受信息。美国一项调查表明,驾驶员每行驶 1km,会遇到 300 多种信息,需作出 75 次决策。驾驶员需要一面观察了解前方新路段的情况,一面驾驶汽车使之适应新的行车条件。由于驾驶员顺着直线或某种曲线扫视时,习惯于使视线平顺地、合乎思维地前进,所以为保证行车安全,道路几何线形应该自然流畅。此外,道路线形的宜人性要求也是要考虑的重要因素。如果在道路线形设计中没有充分考虑宜人性要求,行车时驾驶员就会因过于单调而打瞌睡,或者驾驶员心理上感到危险而紧张起来。那么,不管道路本身多么好,都是危险的,都无法保障交通安全。研究表明:对于设计速度低的乡村道路,路面在驾驶员的视觉中所占的比例是 8%,根据地形和种植情况,道路两侧环境占 80% 以上;在以 40km/h 的速度行驶在六车道的高速公路上时,路面在驾驶员视界中所占的比例增加到 20%;以 96km/h 的速度行驶时,驾驶员的视野缩小,路面所占的比例为 30%,空间所占的比例为 50%,道路两侧所占的比例减少到 20% 以下,特别是在地形平坦的情况下,更减少到 15% 以下。这就是说,行驶速度越快,路面本身在视觉透视图中

所描绘的形状(即道路的线形),就越成为构成道路美观印象的控制因素。

2. 路面对交通安全的影响

良好的路面应当是宽度满足行车要求、坚实、平整、没有凹坑、耐磨、具有一定的抗滑性能的刚性或柔性体。它能给车辆提供安全、快捷、舒适的行车条件。路面的平整度、抗滑性和排水性对行车安全影响最为明显。

1)平整度对行车安全的影响

平整度是路面表面相对于真正平面的竖向偏差,它是道路路基质量和路面质量的直接反映。平整度差的道路会加剧车辆磨损、增大燃油消耗、影响行车舒适性、降低行车速度、危及行车安全。路面平整度不好主要反映在两个方面:一是形成波浪或搓板;二是有坑槽、车辙或凸起。车辆在有波浪或搓板的路面上行驶,车辆上下(或左右)起伏、摆动,时而行驶在短波长、高频率、低振幅路段,时而在长波长、低频率、高振幅的路面上行驶,造成驾驶员和乘客心理紧张,旅行劳累,在弯道上行驶或超车时,稍有疏忽,车辆便会驶离正常车道,发生交通事故。

汽车在有坑槽、凸起的道路上行驶,极易损坏轮胎和钢板(弹簧),造成驾驶员和乘客心理紧张,也容易引发行车安全事故。

2)路面抗滑性能对行车安全的影响

美国宾夕法尼亚州调查的路面状况和交通事故率的关系表明,如果路面干燥时发生事故危险的比率是 1 的话,那么路面潮湿、降雪和结冰时,危险比例大致相应为 2、5 和 8,如表 5-3 所示。

路面状况与交通事故率关系　　表 5-3

路面状况	每百万车公里交通事故率	路面状况	每百万车公里交通事故率
干燥	1.6	降雪	8.0
湿润	3.2	结冰	12.8

路面抗滑性反映了路面安全方面的使用性能,可通过测定路表抗滑性能指标来评定。路面的抗滑性能必须满足两个方面要求:表面的抗滑性和耐久性。

抗滑性与路面结构、表面的纹理和表面处理有关;耐久性则与路面的内在质量及与路面材料的耐磨性有关。路面抗滑性能指车辆轮胎受到制动时沿路表面滑移所产生的力,通常被看作路面的表面特性,定义见式(5-1)。

$$f=\frac{F}{P} \tag{5-1}$$

式中:f——摩阻系数;

F——作用于路表面的摩阻力;

P——垂直于路表面的荷载。

3)路面质量对交通安全的影响

水泥混凝土路面是一种刚性路面,其内在质量对交通安全有很大影响,主要表现在:其对地基的不均匀沉降适应能力差,地基不均匀沉降及水泥混凝土质量不好会产生断板、错台,且不易修补;接缝多,一旦填缝材料失效,地表水从接缝渗入基层乃至路基,使混凝土板在车辆行驶的作用下,产生唧泥将基层细料掏走,导致板端(底)脱空、断板;若处理不及时,地表水渗入积聚在破损后的基层内并透过基层渗入路基,使基层和土基吸水软化、失稳,支承力下降,引起路面损坏加剧，直接影响行车舒适性，危及行车安全。

3. 道路周围建筑、植物、集市对交通安全的影响

道路周围建筑物、植物对交通安全的影响主要有妨碍驾驶员和行人视线、造成视距不足、引发交通事故。主要表现为在主线上行驶的驾驶员看不到路旁即将出现的人、车或牲畜，在路旁行走或准备横跨道路的人看不到驶来的汽车。路旁建筑物和植物总是在不断加大、增高，往往在不知不觉中埋下了隐患。因此，不但要在道路设计建设时期时解决视距问题，也要在道路建成以后切实按照有关规定防止路旁建筑物、植物侵占道路空间，要定期检查道路视线与视距情况，确保行车安全。

二级以及二级以下道路穿过村镇时经常遇到路旁集市，每逢赶集的日子，往往会出现交通阻塞，经常发生交通事故。因此，非汽车专用公路在经过乡镇的时候，应当既要考虑方便当地群众出行，又要防止形成路边集市。采取绕行方式并且修建连通乡镇集市（主要街道）的辅助道路，可有效防止这些地方的人员向公路两旁集中，保证行车安全畅通。

二、标志标线对交通安全的影响

1. 标志对交通安全的影响

交通标志是一种用文字与图案传递特定信息，用以管理交通的安全设施。交通标志给道路使用者以确切的交通信息，使交通达到安全畅通、低公害和节约能源的目的。

指路标志、警告标志及限制行车方向与路线的标志应设在距路口与危险点前一定距离的位置上，为驾驶者按照标志内容采取相应措施（如减速、变换车道）预留足够的时间。

1）指路标志

指路标志设置高度约为5m。驾驶员了解到交叉路口前的指路标志后，应有减速时间。一般道路标志设于路口前30～50m处，预告重要地名的标志约在300m以内，其具体位置决定于标志与交叉路口间的距离，即“前置距离”。

前置距离的计算应考虑路况、汽车行驶速度、认读距离等因素。如图5-5，S为指路标志，F为交叉路口端点（或危险点）。当汽车驶至A点时，驾驶员看到前方有标志，B与C分别是驾驶员认读标志的开始与终止地点，其所需距离为l'(m)，这时接近标志的车速为v_1。根据标志

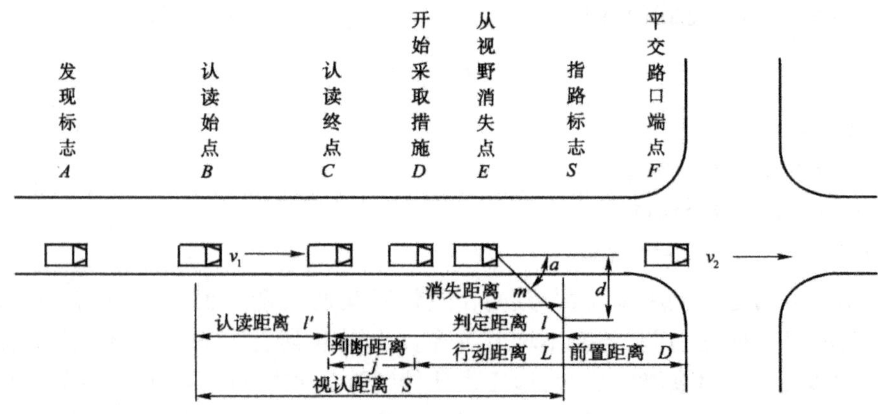

图5-5 指路标志与汽车的相对位置

内容经判断、选择，在 D 点开始采取措施，此段时间内行驶的距离为 j。从行动开始点到路口的距离为 L，车辆在此距离内必须能安全、顺利地完成根据标志内容所采取的全部行动（如变更车道、减速、停车等）。设到达路口（或危险点）时的车速为 v_2。E 是随着驾驶员接近标志 S，标志从视野开始消失时路上的一点，点 E 到 S 的水平距离称为消失距离 m。判定距离 l 是看明标志从 C 到标志 S 的距离，此距离不能小于消失距离，否则标志内容不能保证被全部认清。从 S 到路口边缘（或危险点）的距离称为前置距离 D。

求算 D 应考虑四个因素：行动距离 L、判断距离 j、认读所需距离 l' 和视认距离 S，其关系见式(5-2)和式(5-3)。

$$D = L + j + l' - S \tag{5-2}$$

$$L = l + D - j \geqslant (n-1)v_1t_1 + \frac{1}{2a}(v_1^2 - v_2^2) \tag{5-3}$$

式中：$(n-1)v_1t_1$——变更车道需要的距离；

$\frac{1}{2a}(v_1^2 - v_2^2)$——减速距离；

$$l' = v_1t_2 \tag{5-4}$$

$$j = v_1t_3 \tag{5-5}$$

式中：n——车道数；

v_1——接近标志时的车速（m/s），取85%的车速；

t_1——变更一次车道需要的时间（s），约10s；

a——减速度（m/s^2），一般为 $0.75 \sim 1.5m/s^2$；

v_2——到达路口（或危险点）时的车速（m/s）；

t_2——认读标志所需要的时间（s），一般为1～2s；

t_3——判断时间（s），一般为2.0～2.5s。

消失距离随驾驶者视线高度 h_0、标志牌顶至地面高度 H、视线至标志牌外边缘的横向距离 d 以及视线角度（水平角或仰角）而变动，如图5-6所示。判定距离必须大于或至少等于消失距离，其关系式如式(5-6)。

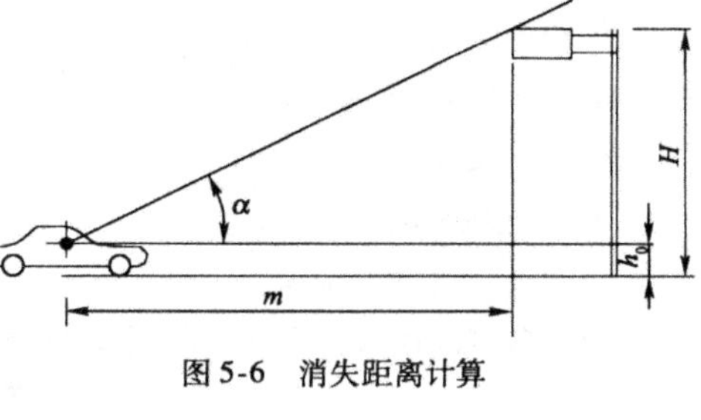

图5-6　消失距离计算

$$l \geqslant m = \frac{d}{\tan\alpha} = \frac{H - h_0}{\tan\alpha} \tag{5-6}$$

小汽车视线高 h_0 为1.2m、载重货车为1.8m。路侧式标志 α 为15°，悬臂及门式等高空标志 α 为7°。按式(5-6)计算，当路侧式标志 d 为8m时，m 约为30m；高空标志 H 为6m、h_0 为1.2m时，m 约为39m（h_0 为1.8m时，m 约为34m）。

由式(5-3)、式(5-5)和式(5-6)可得 D、d、H 的计算公式：

$$D \geqslant (n-1)v_1t_1 + \frac{1}{2a}(v_1^2 - v_2^2) + v_1t_3 - l \tag{5-7}$$

$$d \leqslant l\tan\alpha \tag{5-8}$$

$$H \leqslant l\tan\alpha + h_0 \tag{5-9}$$

标志的设置位置可根据上述关系确定。

指路标志的汉字高度与道路设计速度有关,其关系如表 5-4 所示。

汉字高度与设计速度的关系 表 5-4

设计速度(km/h)	100～120	71～99	40～70	<40
汉字高度(cm)	60～70	50～60	40～50	25～30

还有一些指路标志,如百米桩、里程碑及公路界碑等其设置应参考国家标准中的规定。

2)警告标志

警告标志应分别设置在进入平面交叉及环形交叉之前,以及急弯、陡坡、反向曲线起终点、傍山险路、窄桥、铁路道口、隧道、交通事故多发路段等危险地点之前。同一路段不要连续设置几种警告标志。警告标志距危险点的距离 d,如图 5-7 所示。

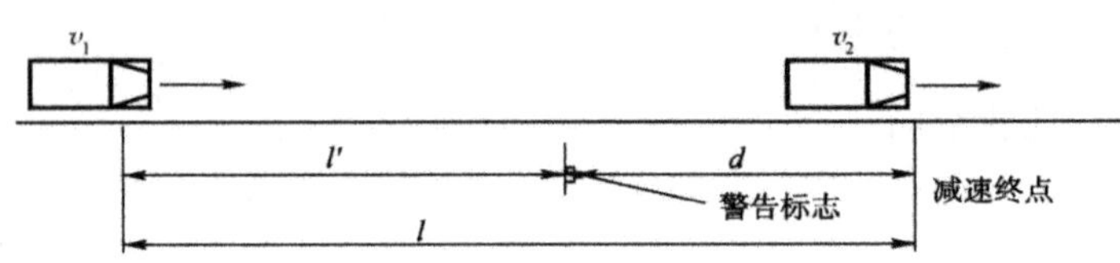

图 5-7 警告标志的设置位置

按式(5-10)计算 d:

$$d = l - l' = \frac{v_1}{3.6}t + \frac{v_1^2 - v_2^2}{25.92a} - l' \tag{5-10}$$

式中:l——减速距离(m);

l'——认读距离(m);

v_1——行驶车速(km/h);

v_2——安全车速(km/h);

t——判断时间(s);

a——减速度(m/s^2)。

警告标志到危险点的距离可参考表 5-5。

警告标志到危险点的距离 表 5-5

设计速度(km/h)	100～120	71～99	70～40	<40
标志到危险点的距离(m)	200～250	100～200	50～100	20～50

警告标志的尺寸依据道路设计速度选取,如表 5-6 所示。

警告标志尺寸与设计速度的关系 表 5-6

设计速度(km/h)	100～120	71～99	40～70	<40
三角形边长(cm)	130	110	90	70
黑边宽度(cm)	9	8	6.5	5
黑边圆角半径 R(cm)	6	5	4	3
衬底边宽度(cm)	1.0	0.8	0.6	0.4

3)其他标志

禁令标志设置在限制车速、限制轴载、限制宽度、禁止鸣笛等处。指示标志设置在交叉口进口道前,以指示行驶方向、车道类别以及人行横道、准许试制动、准许掉头的路段上。禁令标

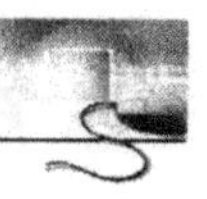

志尺寸与设计速度的关系如表 5-7 所示。

禁令标志尺寸与设计速度的关系　　表 5-7

设计速度(km/h)		100～120	71～99	40～70	<40
圆形标志	标志外径(cm)	120	100	80	60
	红边宽度(cm)	12	10	8	6
	红杠宽度(cm)	9	7.5	6	4.5
	衬边宽度(cm)	1.0	0.8	0.6	0.4
三角形标志	三角形边长(cm)			90	70
	红边宽度(cm)			9	7
	衬边宽度(cm)			0.6	0.4

指示标志设置在交叉口进口道前以指示行驶方向、车道类别以及人行横道、准许掉头等路段上。

标志牌一般垂直于地面设置，但大雪地区为避免雪花覆盖牌面，可向下倾斜约 15°，或根据风向设为不同的角度。路侧式标志应减少标志板面对驾驶员的眩光，板面应与道路中线垂直或成一定角度，指路和警告标志为 0～10°，禁令标志为 0～45°，如图 5-8 所示。

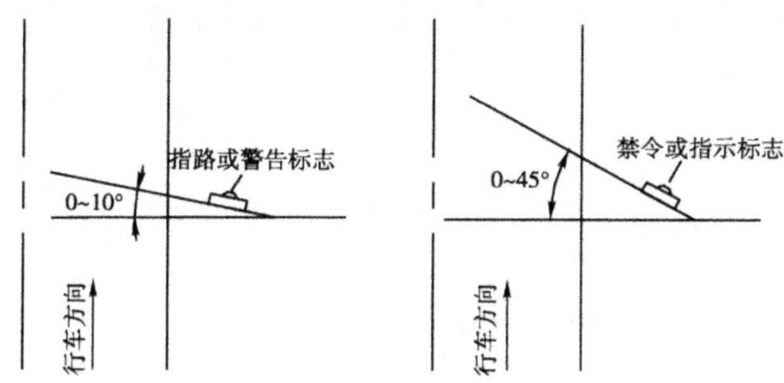

图 5-8　标志牌的安装角度

2. 标线对交通安全的影响

交通标线是交通安全设施的重要组成部分，其作用是管制和引导交通，表达指示、警告、禁令及指路等内容，起到保障道路畅通和行人安全的作用。

交通标线按功能可分为指示标线、禁止标线和警告标线三类。我国主要的路面标线式样有以下几种。

1）双向两车道道路中心线

双向两车道路面中心线为黄色虚线，用于分隔对向行驶的交通流。黄色虚线一般设在车行道中心线上，但不限于一定设在道路的几何中心线上。在保证安全的情况下，它允许车辆越线超车或向左转弯。凡路面宽度可画为两条机动车道的双向行驶的道路，应画黄色中心虚线，用于指示车辆驾驶员靠右行驶，各行其道，分向行驶。

2）车行道分界线

车行道分界线为白色虚线，用来分隔同向行驶的交通流，设在同向行驶的车行道分界线上。在保证安全的情况下，允许车辆越线变换车道行驶。凡同一行驶方向有两条或两条以上车行道时，应画分车道分界线。高速公路、一级公路和城市快速路，车道分界线应画 6m（实线)9m(空挡),其他道路应画2m(实线)4m(空挡)。

3)车道边缘线

车道边缘线用来表示车行道的边线,一般用白色标线。车辆在有边缘线的道路上行驶比在仅有中心线或无标线的道路上行驶时更居中,尤其是在晚间行车时。边缘线能促使驾驶员准确、稳定地驾驶,提高交通安全度。对驾驶员心率变异系数和稳定性测试表明,在有边缘线的道路上行驶不易疲劳。

据研究,在双向车道画线后,观察驾驶员心理紧张程度和交通状况为:当车行道的宽度为7~9m,中心线的宽度为0.1m,边线宽度为0.2m时,在汽车速度不变的情况下,行车轨迹向行车道边缘偏移了0.3~0.4m。这样就提高了行车道的使用效率,改变了超车条件。

高速公路、一级公路和城市快速路,应在路缘带内画实线边缘线,如图5-9所示。二级公路受限制的路段和画有中心单实线的路段,应画实线边缘线,其他路段不画或画虚线。

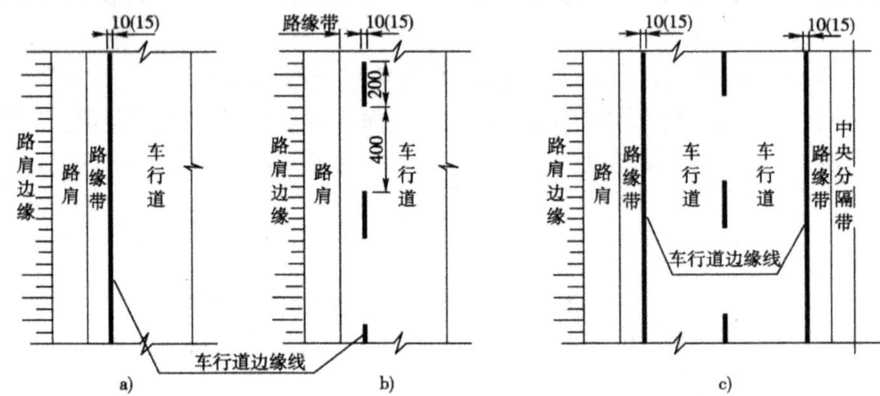

图5-9 车道边缘线(尺寸单位:cm)

4)停止线

停止线用以表示车辆等候放行信号的停车位置,画设于有交通信号控制的交叉路口、铁道平交道口及左转弯待转区的前端,颜色为白色。如图5-10所示,停止线为一条实线,双向行驶的路口,与车行道中心线连接。单向行驶的路口,其长度应横跨整个路面。停止线的线宽可根据道路等级、交通量、行驶速度的不同,选用20cm、30cm或40cm。停止线应设置在最有利于驾驶员停车瞭望的位置。设有人行横道时,停止线应距人行横道150~300cm。

5)让行线

让行线分为停车让行线和减速让行线。停车让行线表示车辆在此路口必须停车让干路车辆先行。设有“停车让行”标志的路口,应设停车让行标线,如图5-10所示。减速让行线为两条平行的虚线,它表示车辆在此路口必须减速让干路车辆先行。设有“减速让行”标志的路口,应设减速让行标线,如图5-11所示。

6)人行横道线

人行横道线为白色粗实线(斑马线),是表示准许行人横穿车行道的标线。它的设置应根据行人横穿道路的实际需要确定。在视距受限制、急转陡坡等危险路段和车行道宽度渐变路段,不应设置人行横道线。横穿道路行人较多,路面宽度在30m以上时,可在适当地点设安全岛。

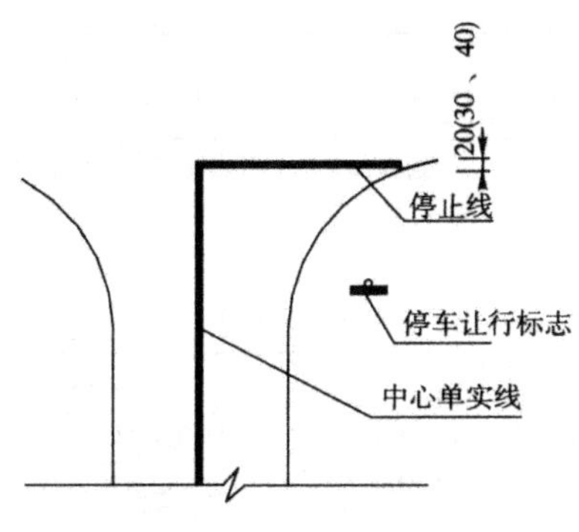

图 5-10　停止线(尺寸单位:cm)

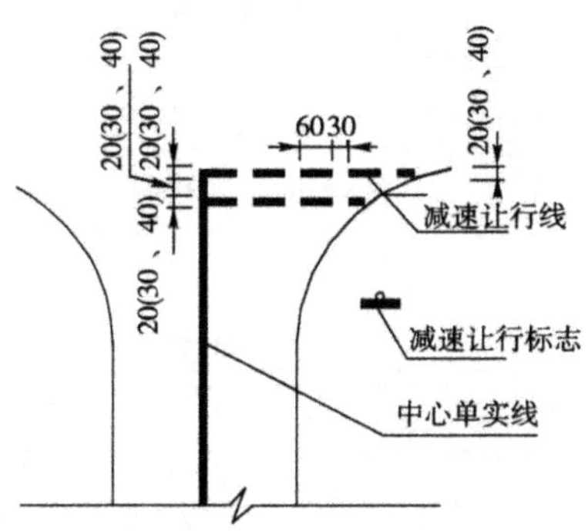

图 5-11　减速让行线(尺寸单位:cm)

7)导流线

导流线表示车辆需按规定的路线行驶,不得压线或越线行驶,主要用于过宽、不规则或行驶条件比较复杂的交叉口、立体交叉的匝道口或其他特殊地点。导流线应根据交叉口的地形和交通量、流向情况进行设计,其颜色为白色。

8)停车位标线

停车位标线表示车辆停放位置,可在停车场、路边空地、车行道边缘或道路中央位置设置。停车位标线应和停车场标志配合使用,其颜色为白色,可分为平行式、倾斜式和垂直式三种,如图 5-12 所示。可根据车行道宽度、停放车辆种类、交通量等情况选择采用其中某种形式。

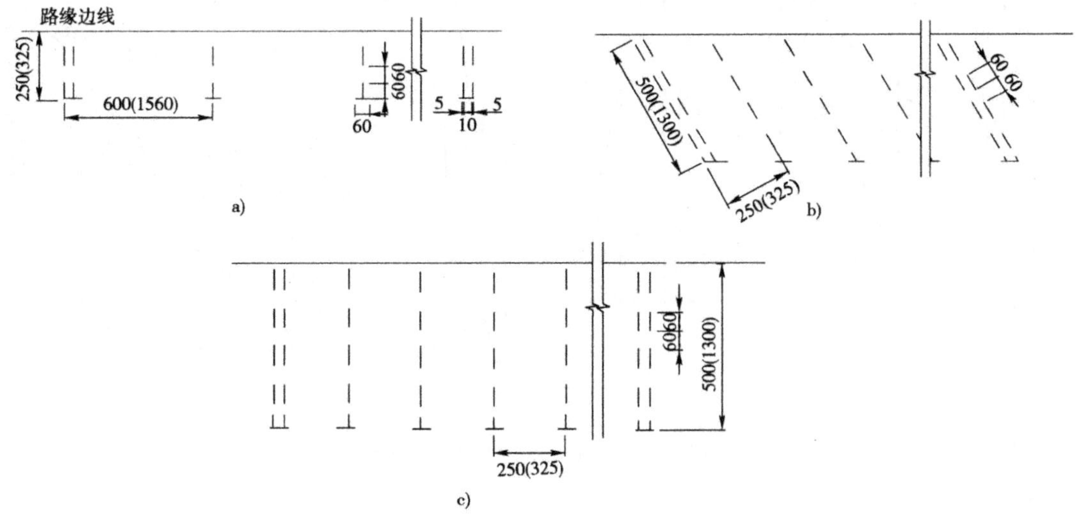

图 5-12　停车位标线(尺寸单位:cm)

a)平行式;b)倾斜式;c)垂直式

9)出入口标线

出入口标线是为驶入或驶出匝道的车辆提供安全交汇、减少与突出路缘石碰撞的标线,包括出入口的横向标线和三角地带的标线。出入口标线主要用于高速公路和其他采用立体交叉并有必要画这种标线的道路(如城市快速路)上,其颜色为白色,出入口标线如图 5-13 所示。

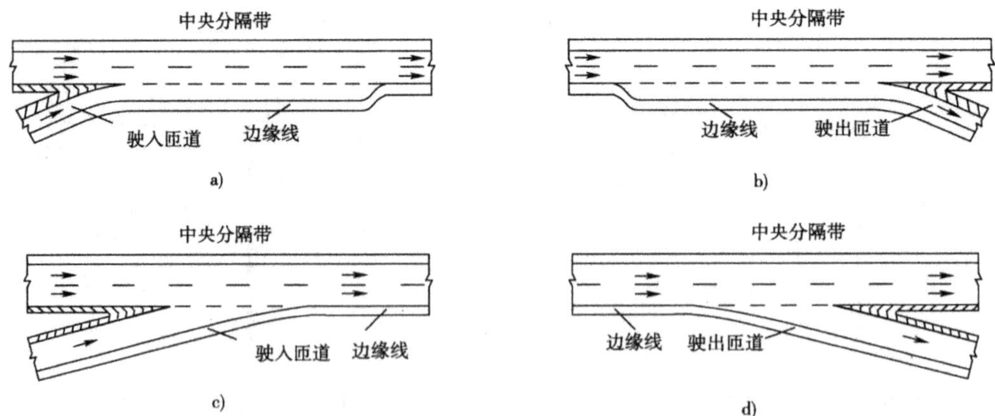

图 5-13　出入口标线

a）平行式入口标线；b）平行式出口标线；c）直接式入口标线；d）直接式出口标线

10）导向箭头

导向箭头表示车辆的行驶方向，主要用于交叉道口的导向车道内、出口匝道附近和对渠化交通的引导，其颜色为白色。按设计速度的不同，导向箭头尺寸有两种形式：当设计速度在60km/h以下的道路，导向箭头的尺寸见图5-14a）；当设计速度在60km/h以上时，箭头尺寸见图5-14b）。

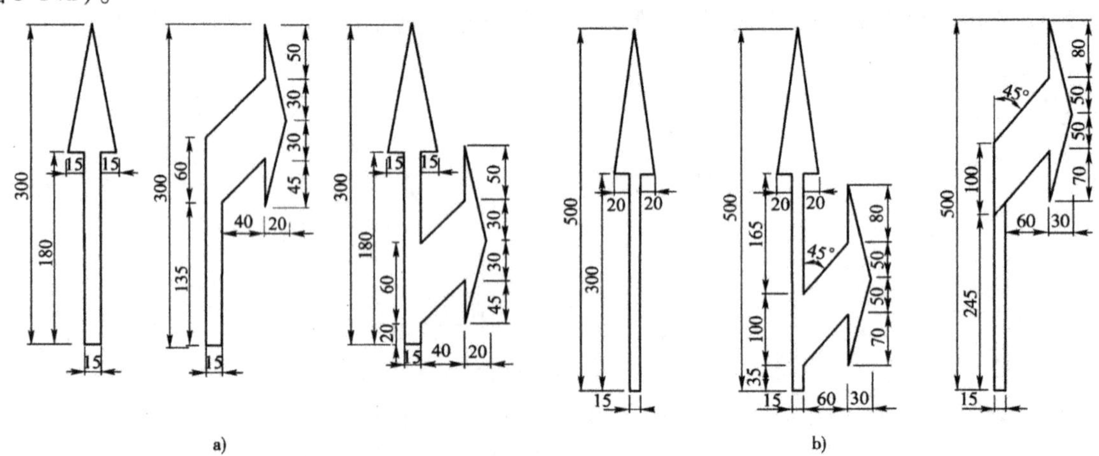

图 5-14　导向箭头尺寸（尺寸单位：cm）

11）左转弯导向线

表示左转弯的机动车与非机动车之间的分界，主要用于畸形平面交叉口。左转弯导向线颜色为白色虚线，实线段长2m，间隔2m，线宽15cm。两相临路口的左转车道与非机动车道之间用圆曲线连接，左转弯的机动车在导向线的左侧行驶，非机动车在导向线的右侧行驶。

三、安全设施对交通安全的影响

近几年我国的道路建设发展很快，但是在安全设施方面的投入还不够。缺乏必要的安全设施也是导致我国的事故严重程度明显高于其他国家的原因之一。在我国交通事故中，平均

每百次事故死亡25人，不仅远远高于发达国家中日本和瑞士的每百次事故死亡1人的水平，也超过了乌克兰每百次事故死亡15人的水平。就国内城市而言，安全设施配备比较完善的广州市每百次事故的死亡人数（14人）明显少于安全设施配备较差的哈尔滨市（43人），如表5-8所示。

国内外事故严重程度对比　　表5-8

国家或地区	事故次数（次）	受伤人数（次）	死亡人数（人）	每百次事故死亡人数（人）	每百次事故受伤人数（人）
中国（1995～1998）	1 209 874	746 604	297 077	25	86
中国哈尔滨市（1995～1998）	2 306	1 793	983	43	120
中国广州市（1995～1998）	33 148	23 194	4 759	14	84
日本（1998）	803 184	989 297	9 211	1	124
法国（1998）	124 387	168 535	8 437	7	142
瑞士（1998）	77 945	27 790	597	1	36
乌克兰（1998）	36 299	40 174	5 552	15	126

资料来源：《中华人民共和国道路交通事故统计资料汇编》，公安部交通管理局，1999年。

交通安全设施有以下几种类型：隔离设施、防护栏、行人过街设施等。

1. 隔离设施

中央隔离设施隔离了对向的交通流，避免了对向车辆正面相撞和对向刮擦事故，降低了道路的危险程度。全国1994～1998年正面相撞和对向刮擦的事故占总数的28.8%，达到421 873次，死亡125 309人。高速、一级公路上已有中央分隔带，双车道公路和城市支路因为超车的需要，无法设置中央隔离设施，因此需要增设中央隔离设施的道路主要集中在四车道及四车道以上的主、次干路上。中央隔离栅栏还能阻止行人随意过街，减少因行人违章而导致的事故次数。

路侧隔离设施把人行道和车行道隔开，对组织沿街的行人正确通行，有着良好的效果。国外的资料表明，在城市中这种设施可减少行人交通事故的30%～40%。路侧隔离设施主要采用路栏或者矮灌木丛绿化带的形式。

2. 防护栏

各种形式的防护栏主要作用是防止翻车、坠车和碰撞固定物这三类事故的发生。前苏联这类事故每年约占总数的20%，而我国1994～1998年，这三类事故约占总事故数的9%，死亡人数约占37%。

防护栏的制作和设置要求很高，设置不当的护栏不仅满足不了安全的要求，反而会成为路侧的障碍物，加剧了事故严重性。

3. 行人过街设施

人行天桥和地道是保证行人安全过街的重要设施，但是人行天桥和地道的使用率较低一直是困扰各国交通管理部门的难题。我国的调查资料也表明：如果人行天桥或地道没有配套的中央或路侧隔离设施，人行天桥或地道几乎不起作用。英国的观测资料表明：如果跨越人行天桥所必需的时间超过直接穿越道路所需时间（含在路边等待合适的车辆间隙的时间），人们就不愿意使用人行天桥；地下通道只有在它的穿越时间不大于直接穿越道路所需时间的20%

时，才会被利用。不仅人行天桥和地道是这样，路面的人行横道也是这样，行人一般只有在离它的距离小于100m 的情况下才会使用，否则就会直接横穿街道。图 5-15 是人行天桥与地道的利用情况与穿越时间关系图。

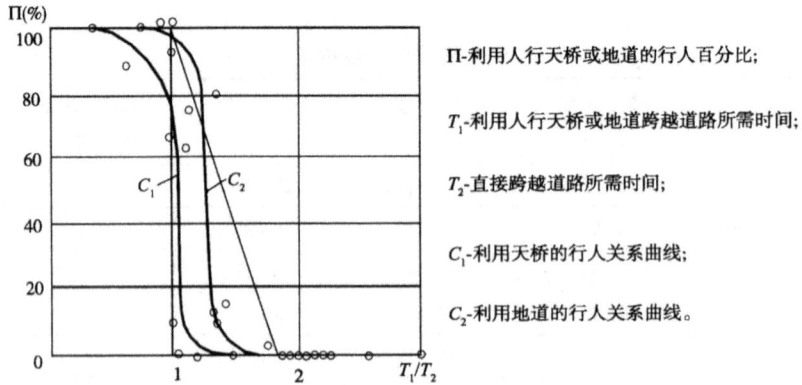

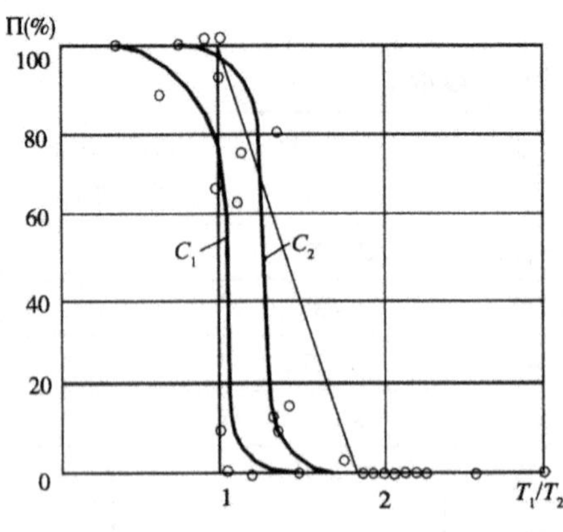
Π(%)
100
80
60
40
20
0
1
2
T_1/T_2
C_1
C_2
Π-利用人行天桥或地道的行人百分比；
T_1-利用人行天桥或地道跨越道路所需时间；
T_2-直接跨越道路所需时间；
C_1-利用天桥的行人关系曲线；
C_2-利用地道的行人关系曲线。

图 5-15　人行天桥与地道的利用、穿越时间关系

从图 5-15 可以看出，在交通繁忙时，在需要等待很长时间才能出现合适的可穿越空隙的情况下，行人会选择利用过街设施；但是当车流量不大时，等待可穿越空隙的时间比较短，行人一般选择直接穿越，这就容易导致事故发生。因此，过街设施配合路中央的隔离设施一起使用是非常必要的。

复习思考题

1. 影响道路交通安全的交通环境因素主要有哪些？
2. 试述冰雪对道路交通安全的影响。
3. 简述降雨对交通安全影响。
4. 驾驶员雾天行车的注意事项有哪些？

第六章　道路交通事故调查与处理

道路交通事故调查是指为了搞清事故发生的原因、过程和后果，进而快速准确处理事故进行的勘查、询问、讯问、检验和鉴定等一系列工作。事故调查是分析与处理事故的基础。道路交通事故处理是指公安机关交通管理部门依法对发生的交通事故勘查现场、收集证据、认定交通事故、处罚责任人、对损害赔偿进行调解的过程。正确处理道路交通事故可以保护国家利益和公民的正当权益。

第一节　道路交通事故调查的内容和方法

一、道路交通事故调查的内容

道路交通事故调查（以下简称“事故调查”）按照调查的先后顺序可分为事故现场勘查和事后调查。事故调查的主要内容如下：

①事故相关人员调查：包括事故当事人的年龄、性别、家庭、工作、驾驶证、驾龄、心理生理状况等。

②事故相关车辆调查：包括车辆的类型、出厂日期、荷载、实载、车辆的技术参数、车身上的碰撞点位置、车身破损变形（损毁变形位置、尺寸、形状等）。

③事故发生道路调查：包括道路的线形、几何尺寸、路面（沥青、水泥、土、砂石等材料状况，雨雪等湿滑状况）。

④事故发生环境调查：包括天气（风、雨、雪、雾、阴、晴等对视线的影响）、交通流（周围车辆的流量、速度、密度、车头时距、车头间距）、现场周围建筑、交通管理和控制方式等。

⑤事故现场痕迹调查：路面痕迹（拖印、凿印、挫印、划痕）、散落物位置、人车损伤痕迹等。

⑥事故发生过程调查：主要对车辆和行人在整个事故过程中的运动状态进行调查，包括速度大小、速度方向、加速度及在路面上的行驶轨迹、路面碰撞点等。

⑦事故发生原因调查：包括主观原因（人的违法行为或故意行为）和客观原因（道路原因、车辆原因、自然原因等）调查。

⑧事故后果调查：包括人员伤亡和财产损失调查。

⑨其他调查：除了上述调查内容之外，还有事故发生时间、地点（道路或交叉口名称）、当地民俗以及事故目击者、证人等的调查。

二、事故调查的方法

道路交通事故的调查涉及很多内容，不同内容的调查方法也多种多样，总体来说可以分为以下几大类。

①人工方法:是通过事故调查人员的观察、询问、讯问、人工测量等进行的,适用于事故调查的大部分内容。

②仪器方法:是利用各种仪器进行的调查。例如通过照相机进行现场拍照来获取现场信息;通过酒精测试仪进行驾驶员的现场饮酒情况测定等;通过车载机获取事发前后车辆的运行数据。

③鉴定方法:是鉴定人员运用自己的专门知识和技术,对案件中需要解决的专门性问题作出结论性判断的方法,具有客观性和科学性的特点,在诉讼中有较强的证明力和可信性。鉴定往往是通过使用仪器和专家经验结合进行的。道路交通事故中的检验和鉴定主要是针对人、车辆、物证和事故过程进行的。

④实验方法:多在事故现场进行。例如现场制动实验就可以在相同的车辆、道路和环境下进行,测试车辆的制动性能或者事发前车速。

⑤录像方法:是一种事前使用的仪器法,某些发生交通事故的交叉口或者路段安装有摄像机,因而能够拍摄下事故发生的全过程,这也是一种非常有效的事故调查手段。

第二节　道路交通事故现场与现场勘查

一、道路交通事故现场

1. 道路交通事故现场的定义及构成

1)道路交通事故现场的定义

道路交通事故现场(以下简称“事故现场”)是指发生事故的有关车辆、人员、牲畜及其他事物、痕迹、物证所共同占有的空间和时间。事故参与者加上特定的空间和时间,形成特定的交通事故现场。交通事故现场的客观存在,是分析事故过程的依据和判断事故原因的基础。

2)事故现场的构成

任何道路交通事故现场必须具备时间、地点、人、车、物五个要素。时间和空间是构成交通事故现场必不可少的要素,是交通事故现场存在的前提。没有时间、空间要素就构不成交通事故现场。肇事行为必须通过一定的人,即车辆驾驶员、行人等的具体活动才能实现,而人的活动又必然与一定的人、车、物发生联系,造成人、车、物损害的后果。这就形成了人、车、物之间的因果关系。事故当事人的活动及其相互之间的关系和不同的损害后果表现为千变万化的交通事故现场。这些与交通事故相关联的时间、地点、人、车、物及其相互关系的总和即为现场构成。勘查人员的任务,就在于充分揭示构成事故现场的各种要素,详细研究它们各自的特点及其相互之间的关系,作出正确的判断,为事故处理工作提供坚实的基础资料。

2. 事故现场的特性

1)事故现场的整体性和形成过程的阶段性

道路交通事故现场是一系列过程演变后的静态表现形式,它体现出了整个事故演变过程的整体性。交通事故过程的分析必须由终结的静态表现倒推出演变经过,以便再现事故的发生和演变过程。

道路交通事故现场的形成一般分成3个阶段，即事故发生前的动态阶段、发生时的变化阶段和发生后的静态阶段。3个阶段依次衔接，最后形成具有整体性的交通事故现场。各个阶段的特点对交通事故现场的整体性产生重要影响，使勘查人员有可能透过现场现象，了解事故的全过程。

2）现场存在的客观性和现场状态的可变性

任何道路交通事故，客观上都存在事故现场。即使当事人为了逃避责任，改变或毁灭现场，也只能掩盖和改变现场的某些现象和状态。这是由于交通事故现场存在的客观性所决定的。但是，事故现场的某些现象、状态会随着时间的流逝，由于人为的原因或天气及其他自然因素的影响，发生变化甚至消失，即事故现场状态具有可变性。我们必须明确现场存在的客观性和现场状态的可变性，才能了解事故的真相。

3）现场现象的暴露性和因果关系的隐蔽性

道路交通事故是在一定的时间和空间直接产生客观事物，引起事物的一系列变化，或是人畜的伤亡，或是车辆的损坏，或是物体的变动。这些变化必然在事故现场留下痕迹、物证等。这些迹证明显地显露于外，凭借认真的勘查，完全可以发现，这是现场现象的暴露性。但这些看得见、感觉到的现象，只是事物的外部形态，个别现象只能反映事物的某一侧面，而不能反映事物的整体和本质。交通事故现象之间的因果关系，尤其是违法行为与事故后果的因果关系，比较复杂而又一时难以查明，构成了因果关系的隐蔽性。

现场的暴露性，使勘查人员能够认识交通事故案件的存在，为寻找交通事故产生的原因提供客观依据。因果关系的隐蔽性，决定了勘查人员认识交通事故案件的艰巨性。勘查人员的任务就是要透过现象认识本质，使交通事故案件得到正确的处理。

4）事故现场的共同性和具体现场的特殊性

道路交通事故是千差万别的，但由于事故现场的构成条件等原因，又常表现出许多相同的现象，如碰撞事故、刮擦事故、碾压事故、翻车事故、坠车事故等。由于同类事故的客体相同，发生事故的方式相似，决定了同类交通事故在现场表现上存在很多相同的现象，即事故现场的共同性。具体的交通事故现场，没有完全雷同的可能。由于事故当事人自身条件的不同，时空条件的差异，决定了同类事故中每一起事故的现场特点，构成了具体现场的特殊性。这样，交通事故处理人员就有可能将一类事故现场区别于另一类事故现场。但是，具体事故的特殊性，是事故处理人员具体情况具体分析、正确认定责任的条件和依据。现场勘查人员的任务就是要用交通事故现场的共同性来指导对每一具体现场的特殊性的认识，指出每一具体事故的特殊规律，为处理事故服务。

3. 事故现场分类

事故现场在事故发生时产生，根据其完整和真实程度可分为原始现场、变动现场、伪造现场、逃逸现场和恢复现场五类。

1）原始现场

没有遭到任何改变和破坏的现场叫做原始现场。在原始现场里，事发地点的车辆、人员、牲畜和一切与事故有关的物品、痕迹等均保持着事故发生时的原始状态。原始现场由于保留了与事故过程对应的各种变化形态，能真实地反映出事故的发生、发展和结局，是分析事故原因和过程的最有力依据。

2)变动现场

变动现场又称为移动现场,是指在事故发生后到现场勘查前这段时间里,由于自然的和非故意的人为原因,使现场的原始状态全部或部分地发生变动。通常引起现场变动的原因如下:

(1)抢救伤员或排险。有时为及时抢救伤员或排险,不得不变动现场的车辆或有关物体的痕迹。

(2)保护不力。事故发生后由于未及时赶到或封闭现场,有关痕迹被过往车辆和行人辗踏,致使痕迹模糊或消失。

(3)自然破坏。由于雨、雪、风、日晒等自然因素,使无遮盖的现场痕迹被冲刷、覆盖、遗失、挥发等。

(4)特殊情况。特殊车辆,如消防、警备、救险等有特殊任务的车辆在发生事故后,允许驶离现场;有时为了避免交通阻塞,在主要路段,经允许可以移动车辆或有关物件。

(5)其他原因。如车辆发生事故后,当事人没有察觉,车辆无意间驶离了现场。

3)伪造现场

伪造现场是指事故发生后,当事人为了毁灭证据、逃避罪责或为了嫁祸于人,有意加以改变或布置的现场。

4)逃逸现场

逃逸现场是指肇事者在明知发生交通事故的情况下,为了要逃避责任,驾车逃逸而导致变动的现场。由于性质完全不同,应严格区分故意逃逸现场行为与未知肇事驶离现场行为。根据有关法律规定,对肇事后故意逃逸者(其性质与伪造现场相同),要从重处罚。

5)恢复现场

恢复现场是指依据有关证据材料重新布置的现场。进行现场恢复主要原因如下:

①从实际事故现场撤出后,为满足事故分析或复查案件的需要,根据原现场勘查记录,重新布置形成的现场。

②在事故现场正常变动后,为确认事故真实情况,根据目击者和当事人的描述,恢复其原有形态。

二、现场勘查内容及程序

1. 现场勘查的含义

现场勘查是指道路交通事故勘查人员用科学的方法和现代技术手段对事故现场进行实地勘验和调查,并将得到的结果完整、准确地记录下来。

现场勘查的目的主要是采集与事故相关的物证,为事故的责任认定搜集证据;其次是查明事故的起因;此外,通过现场勘查,可以获取第一手事故调查资料,为今后事故分析、车辆设计及交通工程的技术研究提供数据基础。

2. 现场勘查内容

现场勘查包括以下五个方面的内容。

1)时间调查

调查与事故有关的时间,如事故发生时间、相关车辆的出车时间、中途停车或收车时间、连续行驶时间等。与事故相关的时间参数是分析事故过程的一个重要参数。

2)空间调查

调查现场内与事故有关的车辆、散落物、被撞物体等遗留痕迹的状态,用来确定车辆运动速度、行车路线及接触点等,为事故分析奠定基础。

3)当事人身心调查

调查当事人的身心状态,如健康状况、情绪、心理状态、疲劳、饮酒及服用的药物等情况。

4)后果调查

调查人员伤亡情况,查明致伤和致死的部位及原因,记录车辆损坏和物资财产损失情况。

5)车辆与周围环境调查

调查可能对事故产生影响的车辆的技术状况,道路及其附属设施的状态,气候、天气条件等。

3. 现场勘查的要求

1)及时迅速

现场勘查是一项时间性很强的工作。公安交通管理机关的事故处理部门,一旦接到报案后,不管白天黑夜、刮风下雨、酷暑严寒,都要立即组织人员赶赴现场,及时地对现场进行勘查。抓住案发不久、痕迹比较明显、证据未遭破坏、证明人记忆犹新等有利时机,取得证据;反之,若不及时勘查,就会由于人为或自然的原因,使现场受到破坏,给事故调查处理工作带来困难。所以要求勘查人员必须加强值班制度,经常保持出动现场准备状态,在发生事故后要用最快的速度到达现场。

2)细致完备

现场勘查必须细致完备、有秩序地进行。在现场勘查过程中,不仅要注意发现那些明显的痕迹物证,而且要注意发现那些与案件有关但不明显的痕迹,特别是不要漏掉那些有价值的点滴证据;反对"走马观花"和粗枝大叶的工作作风。有些交通事故初看后果并不严重,情况也不复杂,待伤者伤势恶化导致死亡,问题就变得复杂化了。再想收集证据已经时过境迁,使勘查工作受到无法弥补的损失,导致事故处理陷于困境。

3)客观全面

勘查要从现场的实际情况出发,勘查的方法要适应现场的具体条件,不能墨守成规。在勘查过程中,要按照客观事物的本来面目去认识现场。现场勘查是一项脚踏实地的调查研究,必须要有实事求是的科学态度,发现痕迹物证,要全面周密地研究它们与事故的关系。对痕迹物证要如实勘查、记录、提取,切忌主观臆断,反对先入为主,带着框框去勘查、讯问、访问,这将会改变客观事物的本来面目,给事故处理工作造成错案。

4)依照法定程序办事

在现场勘查中,必须严格按照《交通事故处理程序规定》和《道路交通事故痕迹物证勘验》的规定办事。在现场勘查中要爱护公私财产,尊重被讯、访问人的权利,尊重群众的风俗习惯,注意社会影响。

4. 现场勘查程序

现场勘查程序主要有:第一时间赶赴事故现场、采取应急措施、保护现场、现场勘查、确认并监护当事人、询问当事人和事故见证人、现场复核、处理现场遗留物及恢复交通,如图 6-1 所示。

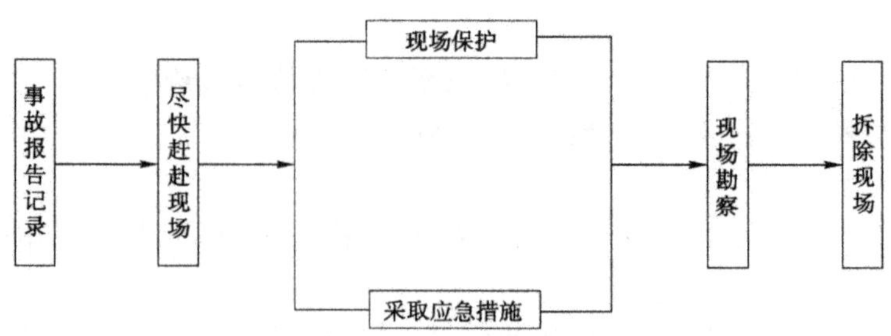

图 6-1　现场勘查程序

三、现场勘查方法

现场勘查记录的记载顺序,必须和勘查的顺序一致。由于交通事故现场各不相同,勘查的顺序也应有所不同。一般按照现场的勘查记录的记载顺序,可以将勘查方法分为以下几种。

①顺序勘查,即按照事故发生、发展、结束的先后顺序进行调查。

②从中心(接触点)向外围勘查,适用于现场范围不大、痕迹及物体集中的现场。

③从外围向中心勘查,适用于现场范围较大、中心不明确、痕迹及物体比较分散的现场。

④分片、分段勘查,适用于范围分散、散落物及痕迹凌乱的现场。

⑤从最易破坏的地方开始勘查,适用于痕迹、物体等易受自然条件(风、雨)或过往人、车等外界因素破坏的现场。

四、现场勘查项目

1. 痕迹检验

事故痕迹是事故分析的最重要依据,是指事故发生前后遗留在现场的各种印记和印痕,可分为路面痕迹、车体痕迹、物体痕迹及散落物等。

1)路面痕迹

路面痕迹主要是指遗留在现场路面上的轮胎痕迹和挫划痕迹。

(1)轮胎痕迹

随着汽车轮胎在路面上运动状态的改变,会在路面上留下各种不同痕迹。在交通事故现场上的轮胎痕迹主要有胎印、制动印迹和侧滑印。

①胎印。轮胎在路面上自由滚动时,轮胎胎面印在路面上的印痕称为胎印。胎印可显示车辆的行驶轨迹和轮胎种类,是一条与轮胎胎面宽度及花纹相似的连续印痕。

②制动印迹。汽车制动时,由于强烈的摩擦,常会使轮胎表面的橡胶微粒黏附于路面,形成黑色的条状痕迹,这就是所谓的制动印迹。制动印迹通常可分为制动压印和制动拖印,二者长度之和视为制动距离,据此可推算出车辆制动前的行驶速度。根据制动拖印可以确认车辆的行驶方向、路线、轮胎宽度和判定车辆的轮距、车辆类别大小,还可以确定车辆是否采取紧急制动。

③侧滑印。当车辆在某种横向力作用下,车轮沿着垂直于轮胎转动平面的方向发生运动时,轮胎与路面间滑摩留下的痕迹称为侧滑印。侧滑印的特征为印痕宽度一般大于轮胎胎面的宽度,不显示胎面的花纹,其走向与车轮的转动平面有一定角度。侧滑印的种类通常有转弯侧滑印、制动侧滑印、碰撞侧滑印等。碰撞侧滑印的出现,常常可显示出准确的碰撞地点,即接触点。

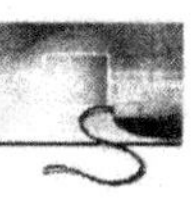

(2)挫划痕迹、沟槽痕迹

地面挫划、沟槽痕迹是指当车辆发生碰撞事故时，事故车辆除轮胎以外的坚硬部位或者其他坚硬物体，相对于地面滑移运动时所造成的痕迹。这类痕迹可用来判断接触点的位置及碰撞后车辆的运动过程。

2)车体痕迹

车辆与其他交通元素或物体发生冲突时，常会在车身上留下呈凹陷状、断裂状或分离状的碰撞痕迹及呈长条状、片状的刮擦痕迹，统称为车体痕迹。对车体痕迹进行勘查的主要目的就是确定接触部位和接触状况，并为碰撞受力分析提供基础资料。勘查时，应详细记录这些痕迹的几何形状、几何尺寸、所在部位、痕迹中心距地面的高度等情况。

3)物体痕迹与散落物

当车辆与某些障碍物，如树木、电杆等碰撞时，会在被撞物体上留下痕迹或使被撞物体折断、飞出。物体痕迹有助于确定车辆发生碰撞前的行驶路线及方向和脱离道路的位置。

散落物是指车辆在碰撞损坏过程中脱落到地面上的碎片、泥土、水滴、油滴等。这些物体原来和车辆一起运行，在碰撞过程中从车体上脱落后抛射，散落于车辆前方某处。通过测定散落物的飞行距离和原来在车辆上的位置高度，利用抛落物体运动规律，可以推算出散落物的抛出速度，即车辆碰撞瞬间的速度。

2. 车辆检验

车辆的结构、技术性能和使用状况等与交通事故的形成有着密切的联系。因此，必须对事故车辆进行技术检验。其主要内容有：

1)载货和乘员情况

包括货物的种类与质量、安放位置、捆绑固定情况以及乘员人数、乘坐位置等。车辆装载不当，会使车辆的重心发生偏移，从而成为诱发事故的潜在因素。

2)操纵机构运用情况

包括所使用的变速器挡位，驻车制动器操纵杆所处位置，点火开关、转向盘自由转动量、转向灯开关及其他电器开关的位置，以及车辆转向、制动、行走机构的渗漏、磨损、松动情况。

3)安全装置技术状况

重点检查车辆的制动、转向、悬架、轮胎、灯光、后视镜及其他附属安全设备等是否齐全有效，是否合乎国家颁布的有关法规规定，对事故的形成有无影响。

4)车辆结构特征

根据案情分析的需要，有时需记录下车辆的外廓尺寸、轮距、轴距、轮胎型号、最小转弯半径等参数。

5)车辆动力性能

包括肇事车辆起步后的加、减速性能，汽车通过弯道而不产生侧滑和侧翻的最高行驶速度等。

6)车辆破损情况

记录车辆破损部位的位置、名称、形态、破损原因和破损程度等。在检查断裂的转向拉杆等金属构件时，应注意分析是事故造成断裂还是断裂诱发事故。

3. 道路鉴定

道路鉴定就是为了确定道路是否符合设计标准、是否存在失修和违章占用等情况、对事故的形成有无影响等，对事故地点的道路及通行条件进行全面的检测。检测内容包括道路几何参数、路面附着系数、路面障碍物类型、尺寸和位置、现场交通设施等。

4. 当事人身体状况检查

主要检查当事人精神和身体的自然状态，是否酒后驾车、是否处于疲劳状态及其疲劳程度、在事故前是否服用过某些药物等。

5. 人体伤害鉴定

人体损伤的部位和程度，与事故的性质和原因有一定的联系，根据当事人身上的损伤情况，可判断其与车辆的接触部位、接触角度和接触状态。当交通事故造成人员伤亡时，应对其损伤进行检验，查明伤害部位、数量、形态、大小和颜色，损伤类型、特征与致伤物及伤残程度，致命部位及致死原因等，并写出鉴定结论。

五、现场勘查过程

现场勘查是执行《中华人民共和国道路交通安全法》的一项法定程序，它不仅是收集证据的重要手段，而且是准确立案、查明原因、认定责任、对责任者处罚的依据。

交通事故的现场勘查可视为一连串由简易（无须特别训练）到复杂（需科学知识与技术）的操作过程，其中有些工作需同时进行相关证据的搜集，先进行有关人、车、路与环境等基本属性的调查，再用科学技术对事故发生的相关事物做深入调查，进一步再进行事故再现或事故原因分析。交通事故的勘查工作，总体上可分为以下五个过程。

1. 事故属性勘查过程

这一过程是针对事故基本属性资料的搜集，以便对事故相关的人、车、路等进行分类，初步了解事故发生方式、财物损失状况及事故前后的各种可能行为。所搜集的是精确的事实资料，绝不允许有个人陈述。此项工作大多有现成的表格，不需要特别的技术训练。

2. 现场迹证勘查过程

现场迹证勘查是针对事故结果的勘查与记录，要求对事故现场资料进行全面充分搜集，而事后未必都能用上。这一过程所搜集的资料仍限于事实资料，也是现场处理人员的主要工作。一般而言，除轻微事故外，均应进行这一调查过程。其主要的工作事项有下列几种。

①对可疑酒后驾车者进行初步测试；

②寻找与确认可能的见证人或目击者；

③描述、测绘、拍摄现场路面的痕迹物证（人、车、物、痕等最后终止位置与状态）；

④将肇事车辆的轮胎与路面的轮胎痕迹作初步对照比较；

⑤将肇事车辆的损坏部分与路面痕迹物证、相关车辆（固定物）的损坏部分等作初步对照比较；

⑥对肇事车辆的构件（胎压、轮圈、灯泡、转向盘等）、安全设备（安全带、气囊、制动器等）等进行初步勘查，交通事故比较严重的，尚需进行下一步技术性勘查；

⑦对道路设施与交通管制措施状况的勘查；

⑧初步勘查损坏车辆与路面标准、滚动痕迹及其他车辆间的关系。

3. 资料深入整理过程

这种技术性资料，大部分来自于事后对现场资料做进一步搜集与整理。通常这一勘查过程是针对法律诉讼和其他特殊目的。

1)技术性资料的收集

技术性资料的收集包括：

①测量现场路况、坡度、视距、安全视距、摩擦系数；

②观察车辆驾驶员或行人的视界与交通管制设施的关系；

③仔细勘查车体损坏部分、机件、车灯与轮胎等；

④勘查伤员的受伤部位(或验尸)；

⑤在相关情况下,车速及加减速的大小。

2)资料后续整理

资料后续整理工作包括：

①绘制事故现场比例图；

②将相片所显现出的路面痕迹标示在图上；

③决定弯道及转向的临界和设计车速；

④对照比较损伤部位及冲撞方向；

⑤决定肇事时车灯(开或关)或轮胎的状况；

⑥决定肇事时车辆安全设备的功能；

⑦初步估计滑动痕迹、掉落物情况及车辆运动轨迹等。

4. 事故再现分析过程

事故再现是指利用所有收集到的资料,再现事故发生的全过程,包括事故中车辆位置的时空间变化。再现的结果以意见、推论(演绎)等方式得出结论,内容包含行车速率,碰撞时肇事车辆或行人的所在位置,伤亡者如何受伤,何人驾驶,人、车、路三方面如何影响事故的发生,描述驾驶行为及闪避策略,特殊驾驶员(行人)如何避免事故的发生等事项的推定。

5. 事故原因分析过程

事故原因分析过程是指利用前几种勘查方式所搜集到的资料,决定事故为何会发生,即分析造成交通事故的所有因素。因此,肇事原因分析过程仅在进行安全分析研究时才需要。这一过程必须设法解决下列事项。

①道路或车辆设计不良与事故发生的相关性；

②个人特殊性格与事故发生的相关性；

③肇事车辆、驾驶员、道路等当时的情况与事故发生的相关性；

④为何驾驶员无法避免事故的发生；

⑤驾驶员当时的行为对事故发生的影响；

⑥为何各种安全预防装备无法发挥其功能；

⑦不能采取预防行动或策略成败的原因所在。

六、现场勘查记录

1. 现场摄影

道路交通事故现场拍摄的照片或录像能够直观地、形象地记录现场的实际情况,是采集物证的重要手段之一。用摄影技术把事故现场的痕迹物证等准确地反映出来,并与笔录绘图相互印证,互相补充,可为研究分析事故提供有力的证据。此外,还可使没有到达现场的人员,通过照片或录像能够较清晰地了解现场情况,有助于参与事故处理工作。

1)现场摄影的分类

根据道路交通事故现场环境和拍摄内容的不同,可以使用不同的方法对事故现场进行拍摄,摄影技巧在事故现场摄影中起到重要的作用。现场拍摄的分类如下。

(1)现场方位摄影

现场方位摄影要求拍摄时要反映出现场及其周围的地貌、地物,现场内外的车辆、人、畜、建筑、树木、标志、道路、电线杆、坡沟等的位置及相互之间的关系。这是拍摄范围最广的一类现场照片。

现场方位拍摄时,摄像人应选择较远、较高处采取俯视拍摄,必要时可以使用高架梯子,或在现场附近楼房的窗口或在大型车辆的顶上拍摄。如在夜间,有条件的可使用新闻灯或大型照明灯拍摄,没有条件的可将现场封闭,等白天再拍摄。

(2)现场概览摄影

现场概览摄影以现场的事故车辆为重点,采取沿着现场道路走向的相对向位、侧向位或多向位的拍摄方式。拍摄时要求能反映出现场的全貌和所发生的事故事态与损害后果情况。概览摄影与方位摄影的区别在于它只拍摄现场范围以内的车、物,拍摄范围较方位摄影小。

(3)现场中心摄影

现场中心摄影是反映现场上主要物体和重点部位的特点。现场重点部位可能是一处,也可能多处,不同的现场重点也各不一样,无论何种类型的事故现场,都应将当事车辆、尸体、接触点部位与制动痕迹、血迹的关系反映出来。现场中心拍摄的对象是处于静止的原始状态,但随着勘查的深入,尸体可能被翻动、车辆可能被移动,暴露出一些原先被掩盖着的痕迹或尸体上的伤痕以及双方车辆碰撞伤痕的比对情况等,这些都应拍摄下来。

(4)现场细目摄影

现场细目摄影是指不考虑其他物体,独立反映人、车及物证形状大小等个体特征的物证摄影。现场无法进行细目拍摄时,可将被摄物移位,以改善摄影条件,但须做到客观真实,不改变物体形态,准确地反映物证的本来面貌。要求照片应具有立体感、真实感、质感。根据被摄物的形状,无论选择哪个角度,均应使相机光轴垂直于被摄物,运用不同的照明条件拍摄,以达到细目摄影的目的。

(5)事故痕迹摄影

交通事故发生后,一般会在现场和人、车、物上遗留下各种痕迹。这些痕迹在分析认定事故责任时具有重要的作用,同时又是刑事、民事诉讼的重要证据。因此,需要把这些痕迹的形状和特征完整、准确地拍摄下来。常见的痕迹摄影主要有以下几种。

①碰撞痕迹摄影。碰撞痕迹存在于车辆或物证外形上,表现为凹陷、隆起、变形、断裂、穿孔、破碎等特征。断裂、变形和穿孔等现象比较容易反映其特征,只需选择合适的角度进行拍摄即可。凹陷痕迹,特别是较浅小的凹陷痕迹较难拍摄。拍摄这种痕迹关键在于用光,一般是采用侧光,借助阴影来显示痕迹特征。

②擦划痕迹摄影。擦划也称平面痕迹,一般不伴有客体的变形,有的是加层痕迹,如油漆、塑料、橡胶、纤维及人体表皮、血迹附着在被摄物表面,拍摄时要求光照要均匀。对反差微弱的痕迹物证,应在散射光下拍摄,细小的痕迹可用接圈或变焦微距拍摄。使用黑白胶卷照相时,

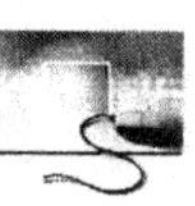

还可用滤色镜突出物体的某种色调，以加强照片的反差。

③碾轧痕迹摄影。碾轧痕迹在外形上一般表现为凹凸变化、变形、破碎等特征。如轮胎碾压松软泥土路面，路面将形成凹凸变化的轮胎印痕；车辆碾压自行车时，会造成车体变形、断裂等伤痕。对碾轧痕迹可采用斜侧光线照明拍摄。

④渗漏痕迹摄影。发生事故的车辆由于水箱或管路破裂，油、水渗漏而形成痕迹。如果渗漏在受尘土粘污的物体上，痕迹比较明显，容易拍摄。若渗漏在光洁的黑、绿、蓝色物体上，则不易拍摄。这就需要正确运用光照和控制曝光时间，利用油、水和物体表面对光线反射能力不同的特点，选择适当角度照明进行拍摄。

⑤血迹摄影。血迹是重要的证据，为了拍好血迹的形状特征，应考虑血液遗留在什么颜色的物体上及其凝固程度。在使用黑白胶卷时，还应考虑是否采用滤色镜及选用何种滤色镜。

⑥鞋底擦挫痕迹摄影。鞋底擦挫痕迹较难拍摄。夜间拍摄时，可用辅助光与痕迹平面成30°角照射，这时在另一侧大致相同的角度，可见清晰的痕迹。

(6)尸体伤痕摄影

人体损伤照片对分析研究事故有很大的价值，也是刑事、民事诉讼证据材料之一。因此，必须详细、完整地拍摄。这类摄影主要包括尸体全身和面部伤痕摄影。

2)现场摄影方法与技巧

根据道路交通事故现场的情况，可以采用不同的方法进行拍摄。常用的事故现场摄影方法有两种，即分段拍摄法和比例拍摄法。

(1)分段拍摄法。

在事故现场摄影中，由于照相机取景范围或现场条件的限制，一方面，即使用广角镜头也无法反映全部景物，或在较远位置拍摄景物全貌会使主体成像太小，影响观察效果；另一方面，由于现场景物相互遮挡，一次拍摄不能反映场景各个方位的情况。为了解决这些问题，可以使用分段摄影方法对事故现场进行拍摄。采用分段摄影法时，有下面几种方法。

①直线分段法（图6-2）。直线分段照相法是沿着平行于被摄客体前沿的直线，移动照相机的位置，逐段拍摄。这种方法适用于拍摄狭长的现场或平面物体。

②回转拍摄法（图6-3）。回转拍摄法是把照相机固定在三角架的顶部，只转动照相机的角度，不改变拍摄位置，使拍照范围横向扩大。这种方法容易导致被摄物变形，只适用于拍摄大事故现场的方位照片和概览照片，主要是为一次成像无法解决现场范围较大和现场侧向场面过长的照相。

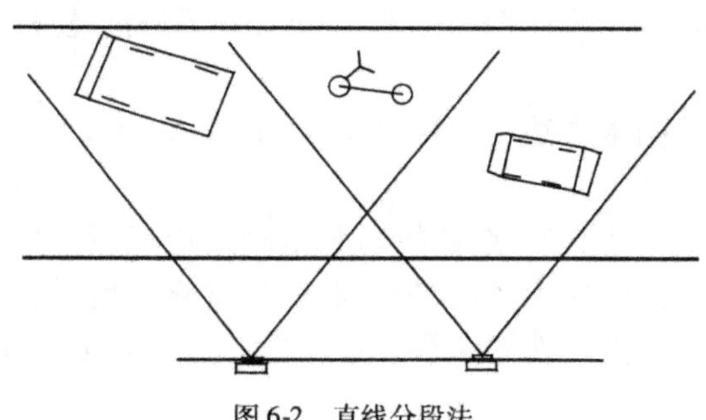

图6-2　直线分段法

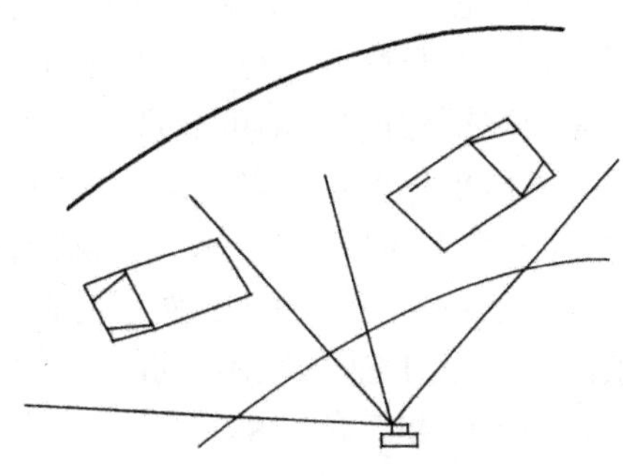

图6-3　回转拍摄法

③相向拍摄法(图6-4)。相向拍摄法是从两个相对的方向对现场中心进行拍摄,把现场的中心部分和相关情况拍摄下来。

现场相向照相事先从现场道路相向的两端,选择好合适的高度,在拍摄时不一定绝对相向,可稍微偏斜一些角度,但要注意两端到事故现场的距离应大体相符,然后采取俯视的方法,在条件允许的情况下,尽可能避免逆光,以利于景物的真实感和立体感。这类照相把道路环境和有关物体有机地联系,构成一个完整的画面。

④十字交叉拍摄法(图6-5)。十字交叉拍摄法是从四个不同的地点向现场的中心部分交叉进行拍摄,把现场中心部分和前后左右的情况摄入四张照片中。

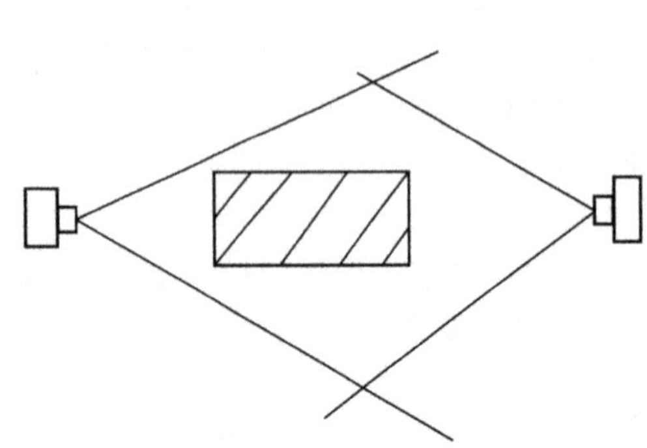

图6-4　相向拍摄法

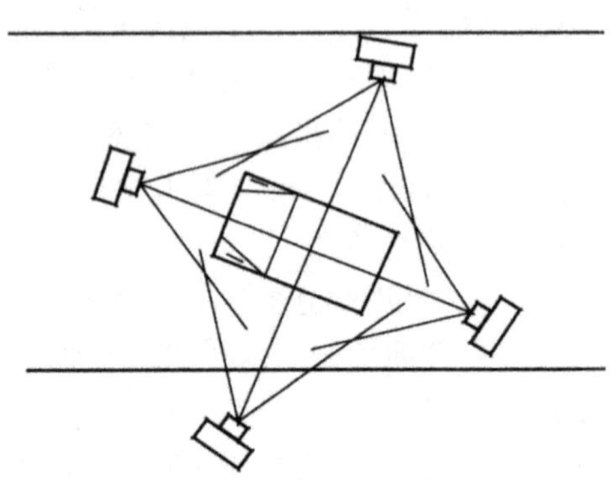

图6-5　十字交叉拍摄法

(2)比例拍摄法

比例拍摄法用于表示某些较小客体(物体和痕迹)的大小或它们之间的距离。可以把钢卷尺放在被摄物体旁边进行拍摄。比例拍摄法常在拍摄痕迹、物证及碎片等微小物情况下采用,以便根据照片测定物体的实际大小和尺寸。进行比例拍摄必须注意以下几点。

①紧跟被拍摄的物体,在与该物体同一平面上,放置一根或几根比例尺或钢卷尺;

②拍照时胶片的平面应当与被摄物体的平面平行;

③镜头的光轴正对被摄物体的中心。

(3)现场拍摄技巧

①拍摄痕迹物证技巧:

a. 在勘查痕迹物证时,需要拍摄取证,常遇到被摄物体外部不同的形状,如平面、斜面、曲面状或是方形、菱形、长方形及管状等。在拍摄这类物证时,应将被摄物体悬挂或放置在红色幕布前的托板上,与幕布保持一定的距离,以提高物体上痕迹的反差比。根据物体的形状,从不同的方向选择符合人视觉习惯的最佳角度,采取高于视平线的侧光照明,将照相机镜头光轴调到高于被摄物拍摄,即可显现出被照物的特征。

b. 拍摄事故车辆底盘上的痕迹,可采取仰视拍摄方法,即将车辆移到修车平台或"地沟"上,摄像人在下面加用闪光灯,仰视拍摄需采证的痕迹。

c. 拍摄各种证件、书证、文字材料,应选用长焦距镜头,在拍摄时尽量利用小光圈,以求增加景深,防止底片边角发虚,同时镜头的光轴必须与被摄物体水平中心线呈垂直角度,使相机内胶片的中间和四角与被摄物体的平面保持等距离。切忌偏斜,否则被摄物体会出现变形现象。

d. 拍摄尸体全身相时，应在尸体倒卧的侧向位，将相机与尸体头、脚呈三角形俯视拍摄，即可将死者全貌及衣着特征反映出来。切忌在头和脚的一端斜向拍摄，否则拍摄的尸体全身相会出现躯干长、下肢短或下肢长、躯干短的现象。拍摄伤亡人员的衣服时，可选择能显示衣服特征及痕迹形态的角度拍摄。在拍摄各种痕迹物证时，应把带有厘米的标示尺放置在被摄物体一侧，与被摄物体在同一水平线，使拍摄的照片能用以认定被摄物体的实际尺寸。

②拍摄反光物证的技巧：

在太阳光和灯光斜射的情况下，拍摄汽车风窗玻璃、车身表层漆面和电镀、抛光的金属物件或有水反光的路面痕迹时，由于光线是射在光滑的物体表面上，32°～37°观察被摄部位的反射光极强，不能显露被摄物体表面的真实状态。为了把被摄物体上的痕迹真相表现出来，关键是要消除其表面的反光，解决的办法是采用偏振镜。

偏振镜的边框上刻有度数，将金属圈上的红点朝上，安装在物镜上，将零度对准反光源，即可将被摄物体上的反光消除。或在拍摄的位置上，通过偏振镜观察景物，同时缓缓转动固定镜片的外环，转到反光现象完全消失时，再把偏振镜装到照相机镜头上。在选择好反光消除最佳角度后，不能再变动摄相位置。使用双镜头反光照相机，可先把偏振镜放在取景的镜头上，经过转动偏振镜外环找出合适的角度后，再把偏振镜装到镜头上，这时拍摄位置也不能再变动。如果反光消除的效果不佳，可将被摄物体移到散射光的环境拍摄。

3）摄影新技术的应用

摄影技术自 20 世纪 40 年代开始用于道路交通事故分析以来，在现场勘查中已得到了广泛使用。但是，在事故处理现场中还是以人工测量为主，对事故现场照片的应用多局限在进行简单的定性分析，提供图片证明。随着计算机技术和图像处理技术的发展，使利用摄影照片对交通事故进行定量分析，绘制事故现场图成为可能。近年来，国内外一些部门已经将照相（摄影）测量技术应用于实际的交通事故现场勘查中。国内外学者对摄影测量技术在事故再现中的应用进行了广泛的研究，主要有以下三方面。

①利用摄影照片测量事故现场，不用现场人工测量，自动绘制事故现场图。

②利用摄影照片测量车辆变形，表明车辆碰撞情况。

③利用摄影照片进行智能识别。

由于摄影照片能够完整和快速地记录事故现场的各种信息，若能用来测量事故现场，利用软件绘制事故现场图，则可提高事故现场勘查速度，减少占道时间，提高道路通行能力，减少交通阻塞。这是将摄影测量应用于事故现场的研究热点。

事故现场图是事故再现分析最主要的信息来源之一。在当前的实际工作中，事故勘查人员一般是采用人工测量的方法进行现场测量。这样得到的事故现场图，由于测量误差或遗漏等原因，不能给事故再现分析人员提供足够的信息。虽然摄影技术已经被广泛使用，但由于事故现场照片是利用二维方法平面地记录三维信息，不能从二维照片的平面直接提取所需的三维信息，使得事故现场照片中隐含的大量信息得不到充分利用，只能配合事故现场图和文字记录，形象地说明事故现场的情况。近年来，国内外把从二维照片尽量获得更多的事故现场三维信息作为研究重点，已获得一些研究成果，下面简要介绍这些方法。

（1）方格透视法

方格透视法以中心透视投影转换数学模型为理论基础，由中心透视投影的基本共线关系式推演出空间前交会法、空间后交会法及直接线性变换法等三度空间点位转换至二度空间平面点位的数学模型。这些数学模型应用于透视投影法、网格法、相机反射法、分析性反射法等。

(2)二维方法

1971 年,以理想摄影机模型(针孔模型)为基础,产生了一套称为直接线性变换的公式。通过这套变换公式,如果已知照片中 6 个点在图像上的坐标及其对应的实际坐标,就可确定出世界坐标系和图像坐标系之间的对应关系,并可求出摄影机在实际坐标系中的位置及摄影机的内部参数。但是用直接线性变换得到的关系,可以根据某点的实际坐标唯一确定其在图像上的坐标,却不能根据图像上点的坐标唯一确定其在实际空间中对应的坐标。

如果假设图像上的点在实际空间坐标系中对应的点都在同一个平面上,则可以根据直接线性变换关系,推导出从实际坐标系平面到图像平面的对应关系,并能由已知其在实际空间平面上的位置和图像平面上的位置的 4 个点,求出实际空间平面上的点与其在图像平面上对应点之间的对应关系,这就是照片图像的二维重建方法。使用二维方法,可以从照片图像上点的位置,计算出对应的实际空间平面上点的位置。

(3)三维方法

三维方法可分为单目照片法和多目照片法。

①单目照片法。单目照片法实际上是反投影法。这种方法以重现现场中原照片的视点和方位为基础。在传统的摄影机反摄影法中,要求根据照片(幻灯片)回到原事故现场,用适当的观察设备(如摄影机)找出原照片在现场中的视点和方位,从而在事故现场达到三维再现的目的。经试验证明,用传统的摄影机反摄影法进行交通事故再现,可以得到比较理想的效果。此外还通过利用照片上已知实际坐标位置的离散点,用计算机反投影法,以直接线性变换求出摄影机的视点和方位,再现事故现场。

②多目照片法。如果有两张以上从不同方位拍摄的照片上有同一点,则可根据该点在两张照片上的位置,求出它在实际空间中的三维坐标位置。这种方法仍需根据已知坐标的参考点分别求出各照片的变换关系。如果能对照片中的每个像素点求出其在实际空间坐标系中的三维坐标位置,则可对整个交通事故现场进行完整的数字三维再现,对交通事故的分析是十分有用的。

(4)立体摄影测量系统

立体摄影测量系统主要由带有基线连接杆的照相机对、固定及操作相机的起落机架、摄影灯、立体测图仪及车辆等组成。

①系统基本工作过程。事故发生后,将安装有摄影测量系统的专用警车开至事故现场,从车身上方伸出机架,安装好照相机对组合,按照勘查需要,选择合适的场景拍摄现场照片,完成现场部分的勘查工作。照相工作完成后,即可在专车内或回到办公室后,冲洗出照片。选择合适的几对图片,用立体量测仪测量定点的位置,从而可以绘出事故现场平面图,完成整个现场的勘查工作。

②系统的基本特点。该系统需要专用的照相机及照相处理设备,系统测量精度高,但设备投资高,测量分析复杂,对操作人员的技术要求高。并且,数据获取与最终处理结果输出之间有一个较长的时间滞后,使该技术方法的推广应用受到限制。在研究初期,都采用立体摄影测量相机,这种专用相机采用玻璃干板为摄影材料,由两只牢固地安装在一定长度基线上的测量

镜箱所组成，其摄影机轴彼此平行，且与基线垂直，进行正直摄影测量，其成像幅度较大。使用摄影定位框标时，不需要进行标定校正，但价格昂贵。系统以立体量测仪为基本分析工具，立体量测仪对数据的基本简化过程如图6-6所示。

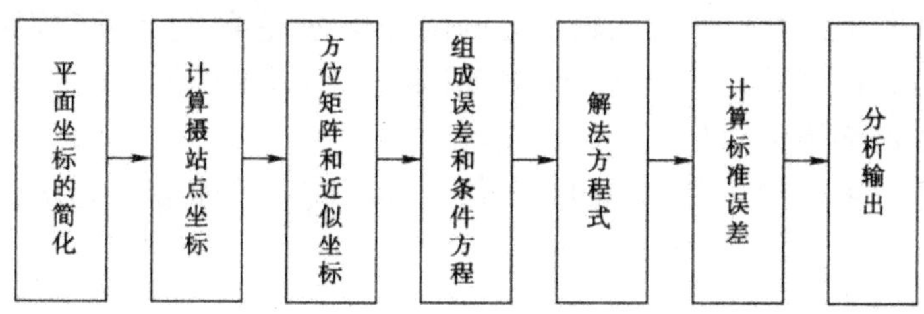

图6-6　立体量测仪对数据简化过程

2. 现场图测绘

1）现场图的定义

事故现场图是借助图例和线型按一定比例将现场的地形、地物、道路设施、交通元素、遗留痕迹、散落物等绘制在图纸上的图形。一般现场图都是平面图。

2）现场图的种类

（1）现场方位图

现场方位图通常包括现场的位置、周围环境、与事故有关的车辆行驶路线、遗留痕迹、物证的地点等。现场方位图可利用大比例尺地形图或道路设计图、竣工图进行复制，填上事故要素即可。

（2）现场局部图

现场局部图是以事故现场为中心，把与事故有关的车辆、人、畜、痕迹、物证等以及它们之间的相互关系用各种图例、线型绘制在规定的图纸上而成的，是现场勘查记录的重要部分。

现场局部图根据所反映的内容又可分为以下几种。

①平面图：用正投影方式绘制的现场图。

②侧面图：用正投影原理制作，在图上表现车辆、物体的某个侧面及附着的痕迹、损坏情况等的平面图。

③剖面图：将地形从某个部位纵、横、水平切开，以表达平面图难以或无法显示的部分的平面图，常用来反映纵、横坡，边沟的状况。

④立体图：用中心透视原理制作的反映车辆、物体三维形象的图，用以表达痕迹、损坏状况及相互间的关系。

此外，根据成图的过程，可分为现场草图和现场比例图。现场草图是在事故现场勘查过程中，边勘测、边绘画、边记录的现场示意图。现场比例图是根据现场草图，按选定的比例工整地绘制出的正式图。现场比例图要求规格高，一般用在特殊交通事故中，作为分析、鉴定的依据。

3）测绘的对象

凡对事故处理有帮助的，都应该列为测绘对象，一般包括人、车、物、痕迹、环境五大类。

（1）人

测绘事故伤亡当事人的倒地终止位置、姿势及方向。当事人包括行人、摩托车驾驶员及跌落车外的当事人。如果当事人仅只是受伤，应尽快定位并测量，以便就医治疗。

(2)车

测绘肇事车辆碰撞后最后的停止位置,若为摩托车还要记录它倒地时的方向。汽车有时还需显示它的侧翻、转向或车底向上的状态。不同的车种应根据需要,测绘不同的测点。

①机动车停车位置测量。若为四轮着地的俯卧状态,它的测点可分别取前后车轮外缘对地面的垂直投影点;若为侧卧及四轮朝天的仰卧姿态,则以触地的车身外廓拐角处为测点;马车等畜力车的测点可参照机动车的方法选定。

②自行车停车位置测量。自行车的停车位置,可取前后两轮的轴心为测点,也可按摩托车方式取测点。

(3)物

对各种散落物的测绘而言,包括车辆彼此撞击后所产生的坠落物,如玻璃碎片、落土、牌照、附载物及人体上所遗留的小碎片,如衣物、身体残骸、血液等。

①整体性散落物的测量。对整体性的散落物件,可取其中心或长度端点为测点。

②散装性散落物的测量。对散装性散落物件,可取距车辆的最近点和最远点为测点,必要时,可以取这两个端点之间的中心点为测点。

(4)痕迹

痕迹是指事故现场路面上的各种痕迹及路外固定物所遗留的车身擦痕,如轮胎的胎痕,车身对地面的刮地痕,车身给固定物所留下的擦拭痕、刮裂等。对痕迹进行测绘时,须根据痕迹的长度与形状,选定不同的测点。

①制动拖印的测量。无论是单胎或多胎拖印,均取拖印起止端外胎外缘处为测点,若拖印为弧形,应酌情加选弧中一个或两个测点。

②路面痕迹的测量。应根据痕迹的长度与形状,选定不同的测点。对弧形痕迹应酌情加选弧中一个或两个测点。

(5)环境

有时事故发生的原因,并非完全由于人为疏忽或车辆状况不良所致,还有客观环境因素的作用。在测绘时,若发现事故原因可能与客观环境因素有关联,应考虑对环境进行妥善的测绘。

4)测绘的工具

①铅笔:用铅笔制作事故现场草图,便于修改。

②绘图方格纸:便于勘查人员能掌握大概的比例,快速绘制出现场草图。

③交通圆规:用于测量斜坡的坡度及绘制比例图。

④长度测量工具:用来测量长度的工具,有多种,如布卷尺、钢卷尺、轮式测距仪等。

⑤定位工具:为使事故发生后,现场能迅速恢复交通。最好的方法是先将妨碍交通的障碍物先行定位、测量。常用的定位工具有黄色蜡笔、粉笔、喷漆、9cm 的长钉。

5)现场测绘定位

(1)确定基准点与测量点

在确定测绘对象后,就要给这些对象定位。定位的先决条件是针对各对象找到适当的基准点及测量点,就这些基准点及测量点在现场的位置进行测量,即可给测绘对象定位。

①基准点的选定。基准点是用来对被测量的对象作方向及位置定位的永久性固定物,以

便在再现事故现场时能找出物体间的相关位置,可分为下列两大类:

a. 一般基准点:以固定的路标及其他不易变动位置的物体,如交通信号灯及标志立柱、邮筒、消防栓、桥墩、防护物、栏杆的末端、渠化岛的末端,建筑物或围栏的角落等为基准点。

b. 基准线上的基准点:以靠近基准线的固定路标,向基准线画垂直线,交叉点即为基准点。

②测量点的选定。为固定事故现场内所有对象的位置,须针对每一对象选择适当的测量点,来配合基准点进行现场测绘。不同对象的定位,可能需要利用一点、两点或两点以上的测量点,才能代表各迹证相对于现场道路的位置,作为勘查人员进行测量的目标。在能满足现场定位的前提下,测量点越少越好。

(2)选定基准线

基准线是一条用以定位测量对象的固定直线,在测绘时,配合基准点作为物体或痕迹定位的基准。由于以路面中心线或车道线作基准线存在一系列困难,因此,只要有其他基准线可供选择,一般不选用中心线或车道线,以免造成不必要的麻烦。可作为基准线的直线有路缘线、路缘线的假想延伸线、防护物栏杆、桥梁桥墩及铁路栏杆等。

6)现场测绘方法

勘查人员在确定现场测绘的基准点、基准线、测量点的分布以后,接下来的工作便是选择合适的测量方法进行测量。目前测绘的方法有很多种,其中较常见的有直角坐标法、三定点法、平面极坐标法、交会法等。以下作简要介绍。

(1)直角坐标法

直角坐标法简称为坐标法,是交通事故现场测量中使用最广泛的,也是最容易掌握的方法。只要现场条件许可,一般都被列为优先考虑选择,其要领如下:

①按前述基准线的选定原则,在事故现场选择一条基准线。

②再选定一个适当的路标,由路标向基准线做垂线,以其交点作为基准点。若选择的路标已在基准线上,则该路标即为基准点。

③由各个标定物分别向基准线做垂线。

④测量各垂线的长度及各垂直线彼此间的距离。

⑤测量基准点至最近垂线与基准线交点的距离。

根据测量结果,运用直角三角形原理,即可求得标定物的位置。

(2)三定点法

在某些情况下,例如弯道或圆环,使用坐标法比较复杂时,可用三定点法来测绘,其要领如下:

①按基准点的选定原则选择两个基准点。

②测量两基准点之间的距离。

③分别测量标定物到两基准点之间的距离。

三定点法是一种采用作图方式确定标定物位置的方法。

(3)平面极坐标法

平面极坐标法是借助平面极坐标系来确定平面上任意一点位置的方法。此时基准点称为极点,由基准点引出的一条射线称为极轴。对于平面内任意一点,均可用该点到极点连线的长度(即极径)及极轴沿逆时针方向与极径的夹角(极角)来表示该点的位置坐标。

运用极坐标定位法,可以解决一些不易建立平面直角坐标系的现场定位问题,如弯道上的事故现场。

(4)交会法

交会法有两种:一是一个基准点和一个引出点的交会法;二是两个基准点交会法。其原理是借助于基准点或引出点及相互间的距离已定,将平面上的任意一点到基准点或引出点的距离量出来,达到该点定位的目的。这种方法用于弯道现场图的定位优于平面极坐标定位法。

为使现场测绘能迅速完成,可不必局限于使用某一种方式的测绘方法,尤其是在事故现场范围较大的情况下,若仅用一种方法测绘,常会出现测量线与标示物交叉重叠,增加制作草图时的麻烦,造成现场图的复杂化。因此,可对不同的标定物综合运用上述测绘方法,以充分发挥各自的优势,求得最佳的测绘效果。

3. 现场勘查笔录

1)现场勘查笔录的含义

现场勘查笔录是交通警察在事故现场依法制作的记录现场勘查内容、过程和在现场发现提取证据情况的法律文书。它客观记录了事故现场情况,可作为分析事故原因、判定事故责任的依据。

2)现场勘查笔录的内容

道路交通事故现场勘查笔录主要记录事故时间、事故地点、天气状况、勘查时间、勘查人员和勘查记录,具体形式如表6-1所示。

交通事故现场勘查笔录 表6-1

事故时间	年 月 日 时 分	天气	
事故地点			
勘查时间	年 月 日 时 分至 年 月 日 时 分		
勘查人员姓名、单位:			
勘查记录如下:			
现场勘查人员:		记录人:	
备注:			

共 页 第 页

第三节 事故处理

道路交通事故处理,是指公安机关交通管理部门依据《中华人民共和国道路交通安全法》及有关行政法规、规章的规定,对发生的交通事故勘查现场、收集证据、认定交通事故、处罚责任人、对损害赔偿进行调解的过程。

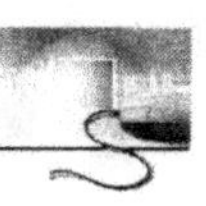

一、事故处理权限

我国规定所有道路交通事故必须由国家公安机关交通管理部门出面处理。具体处理权限规定如下。

1. 按行政区划处理

县级以上公安机关交通管理部门负责处理所管辖的区域或者道路内发生的交通事故。

对管辖权发生争议的，立即报告上一级公安机关交通管理部门指定管辖，上级公安机关交通管理部门应当在二十四小时内作出决定，并通知争议各方。

道路交通事故发生地管辖不明的，由最先发现或者最先接到报警的公安机关交通管理部门先行救助受伤人员，进行现场前期处理。管辖确定后，再移交具备管辖权的公安机关交通管理部门处理。

2. 军车事故的处理

对军车发生的交通事故，涉及军人的行政处分或刑事处罚时，应通知军人所属部队的有关部门，并将有关材料移交。部队依据军纪军法对当事人进行处理，处理后将结果通告原处理单位。

3. 涉外事故的处理

凡涉及外籍人员的交通事故，由当地公安交通管理部门会同外事部门共同处理。对于享有外交豁免权的外籍人员，公安交通管理机关负责向外事部门提供材料，由外事部门依照国家有关规定处理。

4. 其他特殊情况

对于火车与车辆、行人在铁道与公路交叉道口发生的交通事故，依照国家有关规定进行处理。

二、事故处理程序

道路交通事故的处理应当按照公安部颁发的《交通事故处理程序规定》进行，该规定于2004年5月1日正式实施。交通事故处理程序是指公安交通管理机关在处理交通事故中必须遵守的法定程序和制度，即处理交通事故的操作规程，它包括从立案、事故调查到善后处理的各个主要环节，具体如下：

1. 立案

立案主要来源是报案，也有当事人私下和解不成又请求处理的，还有交通管理机关自行发现的。立案是进行交通事故处理的前提。

2. 事故调查

事故调查是事故处理的重要过程之一，第一节和第二节已做阐述。

3. 事故认定

交通警察应当自勘查现场之日起7日内，交通肇事逃逸案件在破获案件后7日内，需要检验、鉴定的在检验、鉴定结果确定后3日内，向交通事故处理机构负责人提交《交通事故调查报告书》。调查报告应当载明下列内容。

①交通事故当事人、车辆、道路和交通环境的基本情况；

②交通事故的基本事实；

③交通事故证据、检验、鉴定结论；

④事故成因分析；

⑤当事人的责任。

4. 处罚执行

处罚执行是指公安交通管理部门应当依据《中华人民共和国行政处罚法》、《中华人民共和国道路交通安全法》及其实施条例等法律、行政法规，适用《公安机关办理行政案件程序规定》、《道路交通安全违法行为处理程序规定》，对当事人的道路交通安全违法行为做出处罚。

根据当事人违法行为的性质和轻重，有扣证、吊销机动车驾驶证、拘留乃至移交刑事案件等处罚形式。同时，专业运输单位发生重大交通事故的也会受到相应的处罚。

5. 损害赔偿调解

调解作为解决交通事故损害赔偿的形式，不同于法律上的经济赔偿判决。调解申请人应具有交通事故损害赔偿权利人、义务人主体资格；在收到交通事故认定书之日起 10 日内提出申请书；并且当事人对检验、鉴定或者交通事故认定不存有异议的前提下进行。由事故处理机关召集当事人和有关人员协商解决。

经调解达成协议的或在调解期满后未达成协议的，由事故处理机关分别制作调解书或调解终结书。至此，交通管理机关处理事故的程序便告终结。

6. 简易程序

“简易程序”是《中华人民共和国道路交通安全法》在事故处理程序当中的新增内容。针对人员伤亡和财产损失很小的交通事故，公安部提出了应用“简易程序”的处理方法，可以提高事故处理效率、减少交通拥堵、减小公安交警人员的工作量。

仅造成轻微财产损失和未造成人员伤亡两种情况都属于简易程序的适用范围。

三、事故责任认定

道路交通事故责任认定就是对当事人有无违法行为，违法行为与事故后果之间有无因果关系，以及违法行为在事故中的作用所进行的一种定性、定量的描述。责任认定准确与否，关系到整个事故处理工作的好坏。

责任认定的目的，一方面要追究肇事者的责任，做到以责论处；另一方面要公平、客观地确定当事人事故损害的赔偿份额；此外，还要对其他交通参与者进行教育、警戒；最后能够为研究交通事故发生规律，制订安全有效的安全防范措施和管理对策提供素材。

1. 道路交通事故责任认定的原则

在查清了事故发生的真实情况后，便可运用交通法规去衡量当事人的行为，进而确定其是否应承担事故责任以及责任的大小。

1）交通事故责任认定定性的原则

①当事人没有交通违法行为，不应负事故责任。

②当事人有交通违法行为但与事故发生无因果关系，不应负事故责任。

③当事人有违法行为且与事故发生有因果关系，应负事故责任。

2）道路交通事故责任认定定量的原则

①违法行为扰乱了正常的道路交通秩序，破坏了交通法规中各行其道和让行的原则，在引发事故方面起着主导作用，即违法行为是导致交通事故最主要的、直接的原因时，该当事人的责任相对要大于对方当事人。

②违法行为在事故的发生中只是促成因素，只起着被动的、或加重后果的作用，即违法行为在交通事故中是次要的、间接的因素时，该当事人的责任小于对方当事人。

2. 道路交通事故责任分类

我国规定道路交通事故责任分为全部责任、主要责任、同等责任和次要责任四种。

1）全部责任

一方当事人的违章行为造成交通事故的，有违章行为的一方应当负全部责任，其他方不负交通事故责任；当事人逃逸，造成现场变动、证据灭失，公安机关交通管理部门无法查证交通事故事实的，当事人承担全部责任；当事人一方有条件报案而未报案或者未及时报案，使交通事故责任无法认定的，应当负全部责任；当事人故意破坏、伪造现场、毁灭证据的，承担全部责任。

2）主要责任、同等责任和次要责任

两方当事人的违章行为共同造成交通事故的，违章行为在交通事故中作用大的一方负主要责任，另一方负次要责任；违章行为在交通事故中作用基本相当的，两方负同等责任；当事人各方有条件报案而均未报案或者未及时报案，使交通事故责任无法认定的，应当负同等责任。但机动车与非机动车、行人发生交通事故的，机动车一方应当负主要责任，非机动车、行人一方负次要责任。

3）无责任

各方均无导致交通事故的过错，属于交通意外事故的，各方均无责任；一方当事人故意造成交通事故的，他方无责任。

3. 事故当事人的责任承担

①驾驶员违反交通法规或操作规程发生交通事故，由驾驶员负责；

②在教练员监护下学员驾驶车辆发生交通事故，由教练员和学员共同负责；

③驾驶员把车辆交给无证人驾驶发生交通事故，由驾驶员负责；

④怂恿驾驶员违法行驶，发生交通事故，由怂恿人和驾驶员共同负责；

⑤迫使驾驶员违法行驶（驾驶员已提出申辩无效）发生交通事故，由迫使人负责；

⑥行人、乘客违反交通规则而造成事故，由行人、乘客负责；

⑦因道路条件不符合技术要求而引起的交通事故，由道路工程和道路养护部门负责；

⑧因保修质量差，以及能够检查而没有检查，发生机械故障以致肇事，由有关人员负责；

⑨因例行维护不好，发生机械故障以致肇事由驾驶员负责；

⑩因交通指挥错误，发生交通事故，由交通指挥人员负责。

四、对事故当事人的处罚

对事故当事人的处罚，即根据以责论处的基本原则，追究其行政责任、民事责任甚至刑事责任。

1. 对当事人刑事责任的追究

对造成道路交通事故构成交通肇事罪的当事人，应依法追究其刑事责任。交通肇事罪的构成必须同时具备以下四个条件。

①交通肇事罪所侵害的客体是交通运输的正常秩序和交通运输的安全；

②交通肇事罪所侵害的客观方面表现为从事交通运输的人员违反规章制度，发生重大事故，致人重伤、死亡或者使公私财产受重大损失；

③交通肇事罪的犯罪主体，主要是从事交通运输工作的人员；

④交通肇事罪的主观方面必须是出于过失，即行为人在犯罪时的心理状态是出于过失而不是故意。

我国《刑法》第113条明确规定："从事交通运输的人员违反规章制度，因而发生重大事故，致人重伤、死亡或者是公私财产受重大损失，处三年以下有期徒刑或者拘役；情节特别恶劣的，处三年以上七年以下有期徒刑，非交通运输人员犯前款罪的，依照前款规定处罚。"具体的量刑标准如下：

具有下列情节之一的，处三年以下有期徒刑或者拘役：

①造成死亡1人或重伤3人以上的；

②重伤1人以上，情节恶劣、后果严重的；

③造成公私财产直接损失的数额，起点在3万元至6万元之间的。

具有下列情节之一的，可视为"情节特别恶劣" 处三年以上七年以下有期徒刑：

①造成2人以上死亡；

②造成公私财产直接损失的数额，起点在6万元至10万元之间的。

交通肇事罪的量刑，以及诉讼程序主要是司法机关的任务，公安交通管理机关主要负责现场勘查、证据收集的任务。

2. 对当事人民事责任的追究

道路交通事故实际上是指由于肇事者的侵权行为，而致使他人（包括国家和集体）的财产遭受损失的事件。因此，肇事者应承担侵权行为的民事责任，即交通事故责任者应按照所负交通事故责任承担相应的事故损害赔偿。

3. 对当事人行政责任的追究

行政责任中的行政处分由当事人所在单位主管部门予以追究，不在本书讨论范围；行政责任中的行政处罚是由公安交通管理机关作出的，适用于造成交通事故尚不够刑事处罚的事故当事人。

行政处罚的方式有警告、罚款、吊扣驾驶证、吊销驾驶证及行政拘留等。

五、人员伤亡检验和鉴定

机动车、非机动车以及参与交通运输活动的载体，在道路交通活动中发生事故，导致人体组织、器官结构完整性的破坏或功能障碍，称之为道路交通事故损伤。损伤分为冲撞伤、碾压伤、刮擦伤、抛掷伤、挤压伤、拖擦伤、挥鞭样损伤等。

根据道路交通事故处理工作的需要和司法诉讼的要求，交通事故的法医学检验和鉴定主要解决如下问题。

1. 死亡人员的检验、鉴定

根据《交通事故处理程序规定》第39条规定:对交通事故伤亡人员应当指派或委托专业技术人员、具备资格的鉴定机构进行检验、鉴定。第41条规定:解剖尸体需征得其家属的同意。经过检验、鉴定,确定死亡原因、损伤情况、损伤与死亡的关系、疾病与死亡的关系、分析损伤过程,为处理人员确定事故责任和审判机关依法判决提供证据。检验、鉴定应当在二十日内完成,经过批准(地级市)可以延长十日。

检验、鉴定分为:尸表检验、尸体解剖检验、组织学检验。

2. 人身损害程度鉴定

依据《人体重伤鉴定标准》(司发1990—670号)、《人体重伤鉴定标准》(司发1990—6号),确定受伤人员所受伤害程度分为:皮肉痛苦、轻微伤、轻伤、重伤。

3. 人身伤残程度评定

依据《道路交通事故受伤人员伤残评定》(GBl 18667—2002)的条款,评定人应当具有法医学鉴定资格的人员担任。由伤残评定机构依据伤残的部位,根据日常生活能力、各种活动降低、不能胜任原工作、社会交往狭窄等方面确定受伤人员伤残等级,确定是否需要护理和医疗维持。评定的范围包括十个等级。

4. 法医学物证检验

在交通事故中与法医学物证有关的检验、鉴定,主要解决个体识别。通过人体的某些成分,包括血痕、毛发、人体组织、人体的分泌物、排泄物等,确定交通肇事逃逸车辆;确定发生事故时谁处在驾驶员位置上。物证提取之前要求办案人员固定原始位置,亲自送检。检材必须风干后密封保存,防止霉变或者污染。

5. 法医学化验检验

根据《中华人民共和国道路交通安全法》第22条规定:饮酒、服用国家管制的精神药品或者麻醉药品,不得驾驶机动车。公安部《行政案件程序规定》第77条规定:对有酒后驾驶机动车嫌疑的人,可以对其进行酒精度检测。《驾驶员酒精度检测标准》(GB 19522—2004)规定:车辆驾驶员血液中乙醇浓度大于或者等于20mg/100ml,小于80mg/100ml的,可以确定为饮酒驾车;乙醇浓度大于或者等于80mg/100ml的,可以确定为醉酒驾车。死亡人员由法医提取其静脉血或者心腔血2ml送检,活体检验由医务人员采取其静脉血液2ml送检;要求办案人员亲自送检,检材必须密封、冷藏保存,并且尽快检验。

六、车辆鉴定

1. 车辆鉴定目的

据我国公安部门的统计,由于车辆故障直接造成事故的约占事故总数的5%,此外,还有一些车辆故障可能是造成事故的多个原因之一,或者是加重了事故的后果。为了保证机动车运行安全,《中华人民共和国道路交通安全法》第十条规定:准予登记的机动车应当符合机动车国家安全技术标准;第十三条规定:对登记后上道路行驶的机动车,应当依照法律、行政法规的规定,根据车辆用途、载客载货数量、使用年限等不同情况,定期进行安全技术检验。总而言之,机动车必须保持车况良好,必须符合国家关于车辆标准的各项规定。

事故车辆鉴定就是要利用专用检测设备,结合专家经验查明事故车辆是否符合《机动车运行安全技术条件》要求以及是否由于机械故障引发了事故。检验结果对事故处理工作具有指导作用。

2. 车辆鉴定内容

根据《机动车运行安全技术条件》的规定，车辆鉴定主要有以下内容：整车、发动机、转向系、制动系、行驶系、传动系、车身、安全防护装置、特种车的附加要求、照明、信号装置和其他电器设备、机动车排气污染物排放控制、机动车噪声控制等。

七、事故损害赔偿

道路交通事故引起的人员伤亡和公私财产的损失，称为交通事故损害。事故损害赔偿是指事故责任者对事故损害后果应承担的赔偿责任。

事故损害赔偿包括直接财产损失折款、医疗费、误工费、住院伙食补助费、护理费、残疾者生活补助费、残疾用具费、丧葬费、死亡补偿费、被抚养人生活费、交通费及住宿费等。其中残疾者生活补助费、死亡补偿费和被抚养人生活费三项费用标准，根据各地区间经济发展的实际情况确定。

交通事故赔偿数额确定之后，各当事方的赔偿金额可按下式计算：

$$p_i = k_i \cdot Q \quad (i = 1,2,3,4,\cdots,n) \tag{6-1}$$

式中：p_i——当事方 i 的赔偿金额（元）；

k_i——当事方 i 的责任系数，全部责任 $k_i = 1$，主要责任 $k_i = 0.6 \sim 0.9$，同等责任 $k_i = 0.5$，次要责任 $k_i = 0.1 \sim 0.4$；

Q——事故损害赔偿总额（元）。

八、调解和调解终结

公安机关处理交通事故，应当在查明交通事故原因、认定交通事故责任、确定交通事故造成的损失情况后，召集当事人和有关人员对损害赔偿进行调解，主要包括以下几方面内容。

1. 在公安交通管理机关主持下调解

公安交通管理机关对交通事故损害的调解是职责范围内的工作，整个损害赔偿调解都在交通事故办案人员主持下进行。调解的时间、地点、方式由公安交通管理机关指定。在调解过程中，就交通事故损害赔偿的项目、标准、赔偿总额等进行协商，从而达成协议，结束交通事故。

2. 调解遵循自愿协商原则

交通事故的调解结果不具法律上的强制力，因此在调解时，当事人依照自己的真实意思，参与交通事故损害的调解，各方当事人是否达成协议，必须尊重当事人的意思，不能强迫或变相强迫当事人达成调解协议。调解协议是在法律允许范围内，自愿协商，相互让步达成的结果。如果说各方当事人达不成协议即终结调解。

3. 调解达成的协议容易履行

调解赔偿是基于当事人的意愿，更易于各方当事人接受，履行调解协议时相对顺利。调解

协议不具有法律上的强制力，只靠双方自觉履行。其中任何一方不履行或不完全履行，另一方当事人可向人民法院提起诉讼。

4. 调解终结

调解两次未达成协议的，应制作调解终结书。

5. 赔偿调解

赔偿调解是诉讼的前置程序。未经调解的，当事人因交通事故损害赔偿问题向人民法院提起的民事诉讼，人民法院不予受理。

第四节　事故档案与统计报表

一、事故档案

道路交通事故档案（也可称之为道路交通事故卷宗）全面、客观地记录着道路交通事故的全部过程。它不仅是道路交通安全管理工作的业务技术资料，还起着法律依据的效力。

道路交通事故档案是分析交通事故的原始素材，通过对大量交通事故的分析，找出发生交通事故各方面的原因，诸如主观和客观方面的原因，行政、技术和教育方面的原因，人员、车辆、道路、环境方面的原因等，进而研究和制订减少交通事故的防范措施，提出从各方面预防交通事故的对策。另外，事故档案还是交通安全教育宣传和预防事故教育的重要原始资料，同时在一定时间内也可供有关部门复核案件使用。

道路交通事故档案的主要内容包括：交通事故处理批文；交通事故处理意见书；交通事故处理协议书或裁决书；驾驶员处分通知书；现场勘查记录；事故现场图；事故现场摄影；综合材料；车辆技术鉴定；道路技术鉴定；询问当事人笔录；旁证材料；尸体检验记录；受伤人员诊断书；其他有关资料。

从道路交通安全管理工作需要出发，凡是交通事故均应建立档案，但是，轻微事故只作处理而不做统计。又考虑当前的实际管理水平，对重大事故和特大事故必须建立档案，若有条件，一般事故也应建立档案，并积极争取尽快把一般事故档案建立起来。

事故档案保管期限：一般事故为五年，重大事故为十年，均以结案之日算起。特大事故档案长期保管，如有情节恶劣、影响很大、涉及外籍人员的交通事故以及比较有代表性的典型事故档案也可以长期保管。

二、事故统计报表

道路交通事故统计报表是各级交通管理机关定期取得交通事故统计资料的一种重要方式。它是按照国家统一规定，自下而上地提供交通事故统计资料的一种报告制度。由于我国交通事故的统计量非常庞大，因此采取先手工填写后软件系统自动上报的模式。

各种统计上报的交通事故信息首先来自于公安交警处理事故时手工填写的“道路交通事故信息采集项目表”，如表6-2～表6-4所示。

道路交通事故信息采集项目表(一)

表 6-2

编号:0000001

<table>
<tr><th colspan="8">快报信息(基本信息)</th></tr>
<tr><td>1. 事故时间</td><td colspan="7">□□□□年 □□月 □□日 □□时 □□分</td></tr>
<tr><td rowspan="4">2. 事故地点</td><td>路号</td><td colspan="2">□□□□□□</td><td>路名/地点</td><td colspan="3"></td></tr>
<tr><td>公里数
(路段/路口)</td><td>□□□□ 米数 □□□</td><td></td><td rowspan="2">3. 人员死伤情况</td><td>当场死亡人数 □□</td><td>抢救无效死亡人数</td><td>□□</td></tr>
<tr><td rowspan="2">在道路横断面位置</td><td>1-机动车道 2-非机动车道</td><td>□</td><td>受伤人数 □□</td><td>下落不明人数</td><td>□□</td></tr>
<tr><td colspan="2">3-机非混合道 4-人行道 5-人行横道
6-紧急停车带 9-其他</td><td>5. 现场形态</td><td colspan="2">1-原始 2-变动 3-驾车逃逸
4-弃车逃逸 5-无现场
6-二次现场</td><td></td></tr>
<tr><td rowspan="2">4. 事故形态</td><td colspan="3">11-正面相撞 12-侧面相撞 13-尾随相撞
21-对向刮擦 22-同向刮擦 23-刮撞行人
30-碾压 40-翻车 50-坠车
60-失火</td><td>6. 是否装载危险品</td><td colspan="2">1-是 2-否</td><td></td></tr>
<tr><td colspan="2">70-撞固定物 80-撞静止车辆
90-撞动物 99-其他</td><td>□□</td><td>7. 危险品事故后果</td><td colspan="2">1-爆炸 2-气体泄漏
3-液体泄漏 4-辐射泄漏
5-燃烧 6-无后果
9-其他</td><td>□</td></tr>
<tr><td rowspan="4">8. 事故初查原因</td><td>违法过错</td><td colspan="5">违法行为代码(参见违法行为代码表)
5981-未设置道路安全设施 5982-安全设施损坏、灭失
5983-道路缺陷 5989-其他道路原因</td><td rowspan="4">□□□□</td></tr>
<tr><td>非违法过错</td><td colspan="5">9001-制动不当 9002-转向不当 9003-加速踏板控制不当 9009-其他操作不当</td></tr>
<tr><td>意外</td><td colspan="5">9101-自然灾害 9102-机件故障 9103-爆胎 9109-其他意外</td></tr>
<tr><td>其他</td><td colspan="5">9901-其他</td></tr>
<tr><td>9. 直接财产损失</td><td colspan="2">元</td><td>10. 天气</td><td colspan="3">1-晴 2-阴 3-雨 4-雪 5-雾 6-大风 7-沙尘 8-冰雹 9-其他</td><td>□</td></tr>
<tr><td rowspan="2">11. 能见度</td><td colspan="2" rowspan="2">1-50m 以内 2-50～100m 3-100～200m
4-200m 以上</td><td rowspan="2">□</td><td>12. 逃逸事故是否侦破</td><td colspan="2">1-是 2-否</td><td>□</td></tr>
<tr><td rowspan="2">14. 路表情况</td><td colspan="2" rowspan="2">1-干燥 2-潮湿 3-积水 4-漫水
5-冰雪 6-泥泞 9-其他</td><td rowspan="2">□</td></tr>
<tr><td>13. 路面状况</td><td colspan="2">1-路面完好 2-施工 3-凹凸
4-塌陷 5-路障 9-其他</td><td>□</td></tr>
<tr><td rowspan="2">16. 照明条件</td><td colspan="2" rowspan="2">1-白天 2-夜间有路灯照明
3-夜间无路灯照明</td><td rowspan="2">□</td><td rowspan="2">15. 交通信号方式</td><td colspan="3">1-无信号 2-民警指挥 3-信号灯
4-标志 5-标线</td></tr>
<tr><td colspan="2">6-其他安全设施</td><td>□□□□□</td></tr>
<tr><td rowspan="4">17. 事故认定原因</td><td>违法过错</td><td colspan="5">违法行为代码(参见违法行为代码表)
5981-未设置道路安全设施 5982-安全设施损坏、灭失 5983-道路缺陷 5989-其他道路原因</td><td rowspan="4">□□
□□</td></tr>
<tr><td>非违法过错</td><td colspan="5">9001-制动不当 9002-转向不当 9003-加速踏板控制不当 9009-其他操作不当</td></tr>
<tr><td>意外</td><td colspan="5">9101-自然灾害 9102-机件故障 9103-爆胎 9109-其他意外</td></tr>
<tr><td>其他</td><td colspan="5">9901-其他</td></tr>
</table>

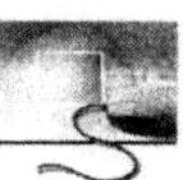

续上表

<table>
<tr><th colspan="6">当事人信息</th></tr>
<tr><td colspan="2">18. 身份证明号码/驾驶证号</td><td colspan="4">甲　　乙　　丙</td></tr>
<tr><td colspan="2">19. 户籍所在地行政区划代码</td><td colspan="4">甲□□□□□□　乙□□□□□□　丙□□□□□□</td></tr>
<tr><td colspan="3"></td><td>甲▼</td><td>乙▼</td><td>丙▼</td></tr>
<tr><td>20. 当事人属性</td><td colspan="2">1-个人　2-单位</td><td>□</td><td>□</td><td>□</td></tr>
<tr><td>21. 户口性质</td><td colspan="2">1-非农业户口　2-农业户口</td><td>□</td><td>□</td><td>□</td></tr>
<tr><td>22. 人员类型</td><td colspan="2">11-公务员　12-公安民警　13-职员　14-工人　15-农民　16-自主经营者
21-军人　22-武警　31-教师　32-大(专)学生　33-中(专)学生
34-小学生　35-学前儿童　41-港澳台胞　42-华侨　43-外国人
51-外来务工者　52-不在业人员　99-其他</td><td>□□</td><td>□□</td><td>□□</td></tr>
<tr><td rowspan="5">23. 交通方式</td><td>驾驶机动车</td><td>K1-驾驶客车　H1-驾驶货车　G1-驾驶汽车列车
N1-驾驶三轮汽车　N2-驾驶低速货车 Q1-驾驶其他汽车
M1-驾驶摩托车　T1-驾驶拖拉机　J1-驾驶其他机动车</td><td rowspan="5">□□</td><td rowspan="5">□□</td><td rowspan="5">□□</td></tr>
<tr><td>驾驶非机动车</td><td>F1-自行车　F2-三轮车　F3-手推车　F4-残疾人专用车
F5-畜力车　F6-助力自行车　F7-电动自行车
F9-其他非机动车</td></tr>
<tr><td>步行</td><td>A1-步行</td></tr>
<tr><td>乘车</td><td>C1-乘汽车　C2-乘摩托车　C3 乘其他机动车
C4 乘非机动车</td></tr>
<tr><td>其他</td><td>X9-其他</td></tr>
<tr><td>24. 驾驶证种类</td><td colspan="2">1-机动车　2-拖拉机　3-军队　4-武警　5-无驾驶证</td><td>□</td><td>□</td><td>□</td></tr>
<tr><td>25. 过错行为</td><td colspan="2">违法代码　(参见违法行为代码表)
5981-未设置道路安全设施　5982-安全设施损坏、灭失
5983-道路缺陷　5989-其他道路原因</td><td>1□□□□
2□□□□
3□□□□</td><td>1□□□□
2□□□□
3□□□□</td><td>1□□□□
2□□□□
3□□□□</td></tr>
<tr><td>26. 事故责任</td><td colspan="2">1-全部　2-主要　3-同等　4-次要　5-无责　6-无法认定</td><td>□</td><td>□</td><td>□</td></tr>
<tr><td>27. 伤害程度</td><td colspan="2">1-死亡　2-重伤　3-轻伤　4-不明　5-无伤害</td><td>□</td><td>□</td><td>□</td></tr>
<tr><td>28. 受伤部位</td><td colspan="2">1-头部　2-颈部　3-上肢　4-下肢　5-胸、背部　6-腹、腰部
7-多部位　9-其他</td><td>□</td><td>□</td><td>□</td></tr>
<tr><td>29. 致死原因</td><td colspan="2">1-颅脑损伤　2-胸腹损伤　3-创伤失血性休克　4-窒息　5-直接烧死　9-其他</td><td>□</td><td>□</td><td>□</td></tr>
<tr><td colspan="3"></td><td>甲▲</td><td>乙▲</td><td>丙▲</td></tr>
</table>

道路交通事故信息采集项目表(二)

表 6-3

编号:0000002

车　辆　信　息				
		甲▼	乙▼	丙▼
30. 号牌种类	01-大型汽车号牌 02-小型汽车号牌 03-使馆汽车号牌 04-领馆汽车号牌 05-境外汽车号牌 06-外籍汽车号牌 07-两、三轮摩托车号牌 08-轻便摩托车号牌 09-使馆摩托车号牌 10-领馆摩托车号牌 11-境外摩托车号牌 12-外籍摩托车号牌 13-农用运输车号牌 14-拖拉机号牌 15-挂车号牌 16-教练汽车号牌 17-教练摩托车号牌 18-试验汽车号牌 19-试验摩托车号牌 20-临时入境汽车号牌 21-临时入境摩托车号牌 22-临时行使车号牌 23-公安警车号牌 31-武警号牌 32-军队号牌 41-无号牌 42-假号牌 43-挪用号牌 99-其他号牌	□□ 挂车 □□	□□ 挂车 □□	□□ 挂车 □□
31. 机动车号牌号码	如为汽车列车,应分别填写牵引车和挂车两个号码 (挂车)➡			
32. 实载数(千克/人)	如为全挂车,应分别填写牵引车和挂车实载数 (挂车)➡			
33. 车辆合法状况	1-正常 2-未按期检验 3-非法改拼装 4-非法生产 5-报废 6-其他	□	□	□
34. 车辆安全状况	1-正常 2-制动失效 3-制动不良 4-转向失效 5-照明与信号装置失效 6-爆胎 7-其他机械故障	□	□	□
35. 车辆行驶状态	01-直行 02-倒车 03-掉头 04-起步 05-停车 06-左转弯 07-右转弯 08-变更车道 09-躲避障碍 10-静止 99-其他	□□	□□	□□
36. 车辆使用性质 营运	11-公路客运 12-公交客运 13-出租客运 14-旅游客运 15-一般货运 16-危险品货运 17-租赁 19-其他营运	□□	□□	□□
36. 车辆使用性质 非营运	20-警用 21-消防 22-救护 23-工程救险车 24-党政机关用车 25-企事业单位用车 26-施工作业车 27-校车 28-私用 29-其他非营运			
37. 公路客运区间里程数	1-100km 以下 2-100～200km 3-200～300km 4-300～500km 5-500～800km 6-800km 以上	□	□	□
38. 公路客运经营方式	1-自主经营 2-承包 3-挂靠	□	□	□
39. 运载危险物品种类	1-易燃易爆 2-剧毒化学品 9-其他危险物品	□	□	□
		甲▲	乙▲	丙▲

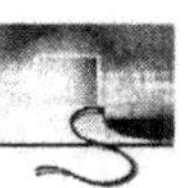

续上表

道路关联信息						
40. 道路类型	公路	10-高速　11-一级　12-二级 13-三级　14-四级　19-等外	☐ ☐	41. 公路行政等级	1-国道　2-省道　3-县道　4-乡道 9-其他	☐
	城市道路	21-城市快速路　22-一般城市道路 25-单位小区自建路　26-公共停车场 27-公共广场　29-其他路		43. 道路线形	01-平直　02-一般弯　03-一般坡 04-急弯　05-陡坡　06-连续下坡 07-一般弯坡　08-急弯陡坡 09-一般坡急弯　10-一般弯陡坡	☐ ☐
42. 地形		1-平原　2-丘陵　3-山区	☐			
44. 路口、路段类型	路口	11-三枝分叉口　12-四枝分叉口　13-多枝分叉口　14-环形交叉口　15-匝道口				☐ ☐
	路段	21-普通路段　22-高架路段　23-变窄路段　24-窄路　25-桥梁　26-隧道　27-路段进出处 28-路侧险要路段　29-其他特殊路段				
45. 道路物理隔离		1-无隔离　2-中心隔离　3-机非隔离 4-中心隔离加机非隔离	☐	46. 路面结构	1-沥青　2-水泥　3-沙石　4-土路 9-其他	☐
47. 路侧防护设施类型		1-波形防撞护栏　2-防撞墙　3-防护墩　4-其他防护设施　5-无防护				☐

当事人关联信息		甲▼	乙▼	丙▼
48. 姓名/单位名称	当事人无身份证无法关联时，直接录入姓名或单位名称			
49. 性别	1-男　2-女	☐	☐	☐
50. 年龄				
51. 驾驶证档案编号				
52. 驾龄				

机动车关联信息				
53. 车辆类型	（参考车辆类型代码表）	☐☐☐	☐☐☐	☐☐☐
54. 核载数（千克或人）	如为全挂车，应分别填写牵引车和挂车核载数 （挂车）➡			
55. 第三者责任强制保险	1-是　2-否	☐	☐	☐
56. 有无危险物品运输许可证	1-有　2-无	☐	☐	☐
		甲▲	乙▲	丙▲

道路交通事故信息采集项目表(三) 表 6-4

其他相关人员信息												
人员编号	48 姓名	49 性别	50 年龄	18 身份证明号码	19 户籍所在地行政区划代码	21 户口性质	22 人员类型	23 交通方式	27 伤害程度	28 受伤部位	29 致死原因
		□	□□		□□□□□□□	□	□□	□□	□	□	□
		□	□□		□□□□□□□	□	□□	□□	□	□	□
		□	□□		□□□□□□□	□	□□	□□	□	□	□
		□	□□		□□□□□□□	□	□□	□□	□	□	□
		□	□□		□□□□□□□	□	□□	□□	□	□	□
		□	□□		□□□□□□□	□	□□	□□	□	□	□
		□	□□		□□□□□□□	□	□□	□□	□	□	□
		□	□□		□□□□□□□	□	□□	□□	□	□	□
		□	□□		□□□□□□□	□	□□	□□	□	□	□
		□	□□		□□□□□□□	□	□□	□□	□	□	□
		□	□□		□□□□□□□	□	□□	□□	□	□	□
		□	□□		□□□□□□□	□	□□	□□	□	□	□
		□	□□		□□□□□□□	□	□□	□□	□	□	□
		□	□□		□□□□□□□	□	□□	□□	□	□	□
		□	□□		□□□□□□□	□	□□	□□	□	□	□
		□	□□		□□□□□□□	□	□□	□□	□	□	□
		□	□□		□□□□□□□	□	□□	□□	□	□	□

上述手填信息经核实后，再通过计算机录入到“全国道路交通事故统计信息系统”(2006版)，该系统的登录界面和主界面如图 6-7 和图 6-8 所示。

图 6-7 “全国道路交通事故统计信息系统”登录界面

事故编号	事故时间	类型	地点	办案人1	初次录入时间	最近补录时间
200518545	2005-11-12 12:12:00	死亡事故	dd	小方	2005-11-20 08:52:45	2005-11-20 08:52:45
200518546	2005-11-12 12:12:00	死亡事故	11	小方	2005-11-20 09:12:29	2005-11-20 09:13:43
200518547	2005-11-12 12:12:00	死亡事故	ttt	小方	2005-11-20 09:22:05	
200518549	2005-11-12 12:12:00	死亡事故	ttt	小方	2005-11-20 09:27:59	
200518548	2005-11-12 12:12:00	死亡事故	ttt	小方	2005-11-20 09:26:45	
200518550	2005-11-12 12:12:00	死亡事故	hhh	小方	2005-11-20 09:33:25	2005-11-20 09:33:26
200518543	2005-11-12 12:12:00	死亡事故	11	小方	2005-11-19 21:57:14	2005-11-19 21:57:14
200518542	2005-11-12 12:12:00	死亡事故	dd	小方	2005-11-19 21:50:20	2005-11-19 21:50:20
200518544	2005-11-12 12:12:00	死亡事故	ttt	小方	2005-11-19 22:02:31	2005-11-19 22:02:46
200518541	2005-11-16 11:56:00	死亡事故	11	小方	2005-11-19 21:46:27	

图 6-8 “全国道路交通事故统计信息系统”主界面

“全国道路交通事故统计信息系统”主要有以下几个功能模块。

①一般程序。一般程序分为快报数据录入和全项数据补录/修改，用于录入一般程序处理的事故，一般程序数据将上传公安部数据库。

②简易程序。简易程序分为录入和修改，用于录入简易程序处理的事故，简易程序数据不上传公安部，只保留在总队数据库。

③查询。查询包括快报查询、简单查询、多项查询、任意查询、简易程序信息查询、死亡事故肇事情况查询、死亡事故同等责任以上查询。

④统计。统计包括快报四项指数统计、全项四项指数统计、全项四项指数同期比较、全项伤亡人员同期比较、组合统计。

⑤系统监控。系统监控包括缺项数据量统计、历史记录查询、日志查询。

⑥参数维护。参数维护包括标准代码查询、办案人员维护、道路代码维护。

根据交通事故信息统计的需要，“全国道路交通事故统计信息系统”还分为“大队版”、“支队版”和“总队版”，由基层大队统计的信息通过公安网络能够层层上传到支队、总队传至公安部。

“全国道路交通事故统计信息系统”中各种统计的操作和界面基本相同，下面以快报事故形态四项指数举例说明。

①点击左侧菜单栏中的【快报四项指数统计】→【快报事故形态四项指数】，进入快报事故形态四项指数界面，如图 6-9 所示。

②设定统计条件。先选择统计时间范围，如需添加其他条件，点【其他条件】，进入其他条件选择界面，如图 6-10 所示。

选中数据项条件，并在该数据项右边的数据框选中具体的内容，添加到条件框里。

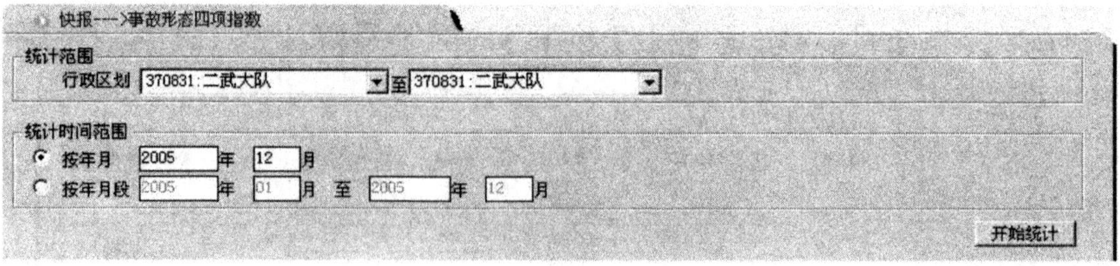

快报--->事故形态四项指数

统计范围

行政区划 370831:二武大队 至 370831:二武大队

统计时间范围

按年月 2005 年 12 月

按年月段 2005 年 01 月 至 2005 年 12 月

开始统计

图 6-9 快报事故形态四项指数界面

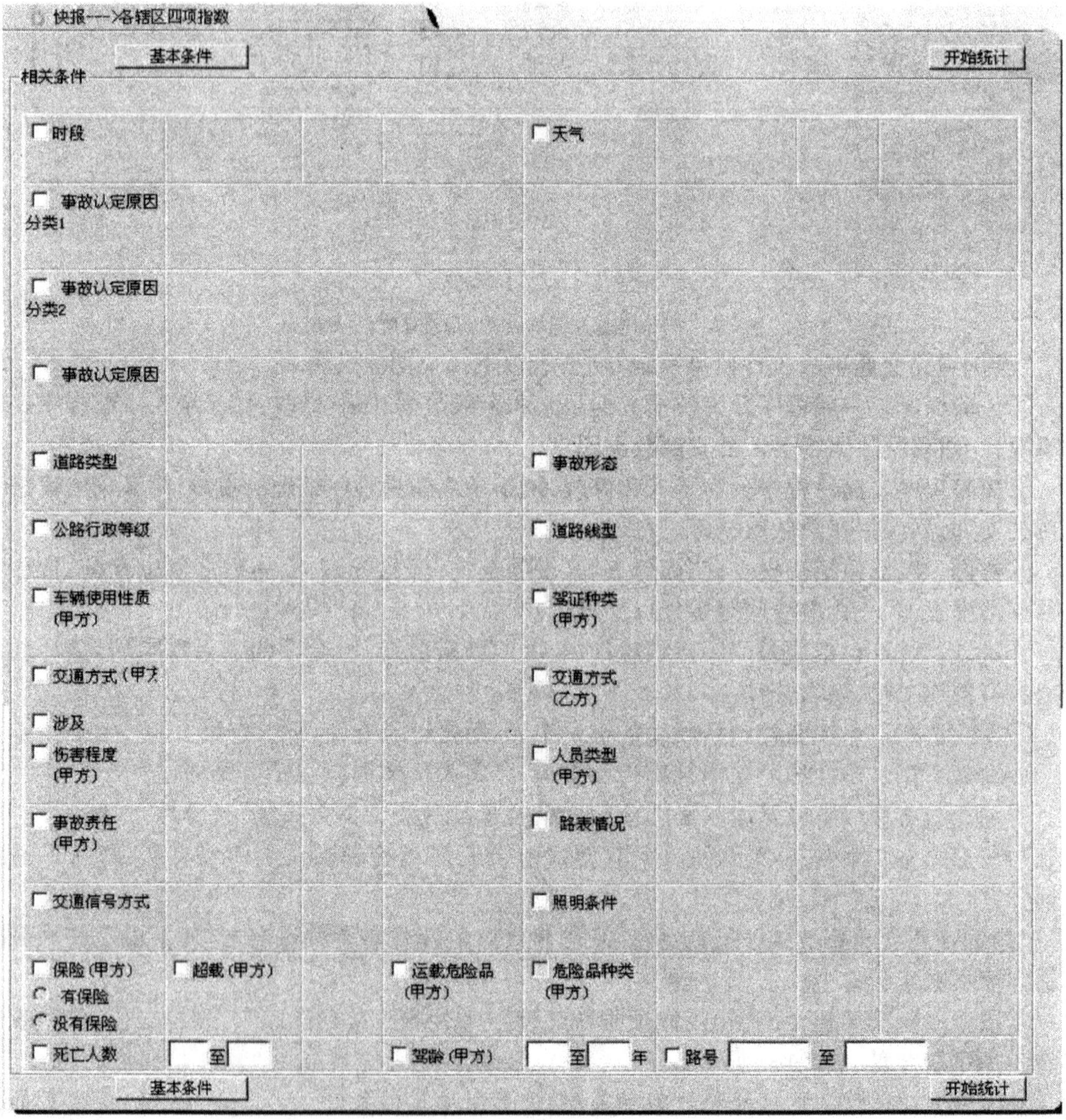

快报--->各辖区四项指数

基本条件 开始统计

相关条件

时段 天气

事故认定原因分类1

事故认定原因分类2

事故认定原因

道路类型 事故形态

公路行政等级 道路线型

车辆使用性质(甲方) 驾证种类(甲方)

交通方式(甲方) 交通方式(乙方)

涉及

伤害程度(甲方) 人员类型(甲方)

事故责任(甲方) 路表情况

交通信号方式 照明条件

保险(甲方) 有保险 没有保险 超载(甲方) 运载危险品(甲方) 危险品种类(甲方)

死亡人数 至 驾龄(甲方) 至 年 路号 至

基本条件 开始统计

图 6-10 其他条件选择界面

③统计结果。点【开始统计】,系统开始根据所选条件进行统计,弹出统计结果界面,如图6-11所示。统计结果可以直接点【打印】打印出来。

快报--->事故形态四项指数统计表

快报事故形态----四项指数统计表

行政区划：370831　至　370831

统计时间段：2005年01月　至　2005年12月

打印 | 生成excel | 生成柱图 | 生成饼图 | 返回

项目	次数		死亡人数		受伤人数		直接财产损失(元)	
	数量	百分比	数量	百分比	数量	百分比	数量	百分比
合计	**427**	**100%**	**9505**	**100%**	**2556**	**100%**	**1000329212**	**100%**
正面相撞	311	72.83%	7474	78.63%	1935	75.70%	14200	0.00%
侧面相撞	46	10.77%	1748	18.39%	339	13.26%	700309600	70.01%
尾随相撞	47	11.01%	148	1.56%	183	7.16%	300005400	29.99%
对向刮擦	11	2.58%	119	1.25%	99	3.87%	12	0.00%
同向刮擦	4	0.94%	2	0.02%	0	0.00%	0	0.00%
刮撞行人	8	1.87%	14	0.15%	0	0.00%	0	0.00%
碾压	0	0.00%	0	0.00%	0	0.00%	0	0.00%
翻车	0	0.00%	0	0.00%	0	0.00%	0	0.00%
坠车	0	0.00%	0	0.00%	0	0.00%	0	0.00%
失火	0	0.00%	0	0.00%	0	0.00%	0	0.00%
撞固定物	0	0.00%	0	0.00%	0	0.00%	0	0.00%
撞静止车辆	0	0.00%	0	0.00%	0	0.00%	0	0.00%
撞动物	0	0.00%	0	0.00%	0	0.00%	0	0.00%
其他	0	0.00%	0	0.00%	0	0.00%	0	0.00%

统计单位：大队　　统计时间：2005年11月24日

打印 | 生成excel | 生成柱图 | 生成饼图 | 返回

图6-11　统计结果界面

④生成excel文件。点击【生成excel】,弹出文件保存界面,选择路径,输入保存文件名,点击【保存(S)】即可保存excel文件。

⑤生成柱图。点【生成柱图】,系统根据各事故形态数据生成柱状图。可以通过选择"次数"、"死亡人数"、"受伤人数"、"直接财产损失",分别查看这四项指数对应的柱状图。

⑥生成饼图。点【生成饼图】,系统根据各事故形态数据生成饼状图。可以通过选择"次数"、"死亡人数"、"受伤人数"、"直接财产损失",分别查看这四项指数对应的饼状图。

根据填报单位和报表内容的不同,统计报表可分为部门统计报表(交通事故月报表和交通死亡事故情况分析表)和地方统计报表(干线道路交通事故统计表等)。按报送周期长短的不同,又可分为日报(特大交通事故快报)、月报(交通事故月报表)、季报(交通死亡事故情况分析表)、年报(民用车辆拥有量统计表)等。

各级公安部门将其管理范围内的交通事故在月后一日内填报同级交通部门,然后县(市)、市(州、盟、行署)、省(市、区)三级交通部门分别于月后二日内、月后五日内、月后十日内进行汇总逐级上报。各级交通部门在上报交通主管部门的时候,还要同时抄送给同级统计部门和公安部门,并报送给党政机关。

复习思考题

1. 简述道路交通事故现场勘查的主要内容与方法。

2. 什么是道路交通事故现场？事故现场可分为哪几类？各类事故现场的主要特点是什么？

3. 道路交通事故处理时要注意哪些事项？

4. A、B 两台卡车均以超过40km/h 的速度相向驶入一弯道处，路面宽7m，弯道半径、会车视距等符合道路标准。在弯道处会车侧面碰撞，A 车车厢上一人因相撞致死。试分析该起事故的成因，并进行事故责任认定。

第七章　道路交通事故分析与再现

道路交通事故分析与再现是以事故现场上的车辆损坏情况、停止状态、人员伤害情况和各种形式的痕迹等为依据，应用数学、力学和工程学原理，对事故发生的全部经过作出推断的过程，属定量分析方法。事故再现的过程往往通过事故仿真的方式在计算机上进行动态模拟，以形象地显示道路交通事故的真实过程。

第一节　概　　述

一、道路交通事故分析的目的和意义

道路交通事故分析主要是分析事故发生的原因，找出事故的重点或典型类型和形态，提出改进道路交通安全管理、汽车安全设计、道路交通安全设施等措施。道路交通事故分析不但可为交警部门快速、准确处理道路交通事故提供技术支持，同时也可以为交通管理部门提供避免道路交通事故和减轻道路交通事故严重程度的理论依据。

道路交通事故分析在于借助已收集到的资料、数据，进一步科学地解释说明事故发生的原因，并弄清楚事故发生全过程的运动状态，明确各方当事人应负的责任，应当汲取的经验和教训，分析降低道路交通事故后果应采取的必要措施等问题。除了评估车辆速度分布和质量关系分布规律以及与乘员座椅位置、碰撞方向的关系，还可阐述车辆乘员的碰撞位置、相互作用以及典型的受伤机理，从中获得进一步的理论和经验（诸如工程技术、医学、心理学），从而对改善道路交通安全作出贡献。

二、道路交通事故分析的内容与方法

道路交通事故分析属于交通安全的微观分析领域，是一个技术性和理论性都很强的重要课题。完整的事故分析能够确定造成碰撞以及伤亡的各种物理因素，包括事前因素，例如车辆行驶轨迹、速度、方向以及碰撞接触点；另外也包括事后因素，例如车辆、车辆部件以及人员的最终停止地点、制动痕迹等。这些经过事故分析得到的物理因素可以作为道路交通事故责任认定的依据，作为道路交通事故成因分析的根据，还可以作为道路交通安全统计分析的基础数据。

道路交通事故分析的内容是利用所收集的现场迹证，将事故发生的过程推估出来。主要分为事故过程分析、碰撞点确定、碰撞形态分析和事故现场分析。对于每一起道路交通事故，所需进行事故分析的内容不尽相同，也不需要对所有内容进行完整的分析与鉴定。一般事故

分析的内容包括:事故发生涉案的相关人、车判定,碰撞过程中车辆行驶路线及碰撞位置的确定,损坏及伤害的测定,车辆运动学与动力学模型的建立以及驾驶策略与行为的推定。其中,以碰撞过程中车辆行驶路线及碰撞位置的确定和车辆运动学与动力学模型的建立为研究重点,以事故再现模型的建立为技术难点,以车速计算为核心。

道路交通事故分析的主要方法包括:基于几何学、运动学、动力学模型的计算,利用计算机进行道路交通事故仿真再现分析以及各种影响系数的实验方法。

三、道路交通事故分析的发展趋势

随着《道路交通安全法》的实施,道路交通事故司法鉴定刚刚启动,肇事车车速鉴定、路面上碰撞位置鉴定、自行车是否骑行鉴定等司法鉴定工作将在各省逐步展开,将有大量道路交通事故分析与鉴定工作摆在面前,迫切要求道路交通事故分析工作提高技术水平和工作效率。展望将来,道路交通事故分析技术将向以下几个方面发展。

1. 建立精确的模型

将来的高精度三维道路交通事故再现软件,将会考虑模型中的各种非线性行为,如碰撞中的塑性变形、非线性的轮胎力学模型、悬架的柔性等,并且计算模型向简化实用方向发展。

2. 考虑人—车—路—环境之间的影响

不仅能再现道路交通事故中的车辆行为,还要能推断驾驶员在事故中的各种操纵行为和事故对环境的影响,甚至还能模拟驾驶员的生理心理变化。

3. 实验数据的更新

鉴于许多实验数据都是几十年前取得的,需要针对当前的车体新结构、新材料积累新的实验数据。

4. 事故的预防分析

事故的分析技术不仅仅用于鉴定事故责任,还要能够进行事故预防分析,提出各种有效的预防措施,从而能够将人员的伤害和经济损失降低到最小程度。

5. 开发实用化的专家系统

结合模糊数学和神经网络等方法,开发完备的知识库和推理机,并不断充实和更新专家经验,使其达到快速、高效、准确的分析,体现智能化水平,真正成为事故分析专家,辅助实际道路交通事故的鉴定分析。

总之,结合先进的计算机仿真和人工智能技术分析道路交通事故,研制新的模型和算法,提高仿真运算速度,改善事故再现结果的可靠性,开发出实用化专家系统软件,尽可能包含更详尽的法规和经验数据,是道路交通事故分析技术今后发展的重点。

四、道路交通事故再现

道路交通事故再现也叫道路交通事故重建,它是进行事故鉴定和事故原因分析的主要方法之一,用来解释说明事故发生的整个过程或其中的某一片段。它主要根据道路交通事故现场所遗留的种种迹证,比如:碰撞后车辆滑行距离、滑行方向、损毁程度、制动痕迹长度、路面特性、车辆特性等,运用弹塑性力学、运动学、动力学等相关理论对事故发生过程进行理论推演与印证。动力学理论以动量守恒和能量原理为主,前者以碰撞前的动量总和与碰撞后的动量总

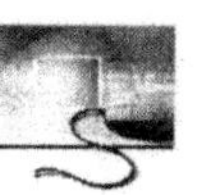

和相等为基础，借以推导碰撞前后车速的变化；后者根据事故发生后车辆位移、损毁程度、塑性变形量等，导出碰撞前、后车速的变化。

道路交通事故再现是在事故发生后，由车辆的最终位置开始，运用按相关理论方法、实验数据以及专家经验建立的运动学和动力学模型往回推算，即：碰撞后阶段→碰撞阶段→碰撞前阶段，使整个事故过程的实际情况在时间和空间上得以重现。事故再现目的在于翔实地描述或鉴定事故碰撞时空关系，包括碰撞过程的第一次接触及损害造成前后、瞬间的一系列时间段或空间分析。

五、道路交通事故仿真

运用计算机编程的方法，将事故再现的内容，在计算机上进行动态模拟，形象地显示道路交通事故的真实过程，称为道路交通事故计算机仿真。

道路交通事故仿真分析的基本过程一般包括：前处理——绘制事故现场图并将各种参数数据输入计算机；事故再现——利用模型的分析计算进行运动学和动力学再现；后处理——通过图示和动画仿真等给出最终的分析结果。其中，通过人工或摄影测量方法进行事故现场信息采集，获取真实可靠的数据，再利用事故再现模型准确计算出各种未知参数，再现事故发生的全过程，然后结合专家经验，依照相应法律法规对道路交通事故责任进行认定。

道路交通事故仿真分析软件的开发和应用，主要集中在欧美和日本。比如美国的 SMAC、CRASH 等软件；奥地利的 PC-Crash 软件，法国 INRETS 的 ANAC；日本 JARI 的 J2DACS 软件等。尽管现有的各种碰撞模型和事故仿真软件一直在不断改进和完善，但在技术方面还存在许多关键问题有待于深入研究。

第二节　道路交通事故分析的理论基础

一、事故车辆行驶速度分析方法

事故车辆车速分析就是利用车辆的制动印迹、碰撞散落物体以及碰撞力学原理，对制动车速、碰撞车速等进行推算。它在整个道路交通事故分析中具有特别重要的意义，一方面是事故责任认定和事故原因分析的需要，另一方面又是道路交通事故分析中的重点和难点。

1. 根据制动印迹长度推算制动车速

汽车制动时，当车轮制动器的制动力大于轮胎与路面的附着力时，汽车将沿着行驶方向在路面上滑移。此时，汽车所具有的动能将主要消耗于车轮与路面之间的摩擦，根据初始动能转化为附着力作功。

$$\frac{1}{2}mv_0^2 = mg\varphi S$$

得到：

$$v_0 = \sqrt{2g\varphi S} \tag{7-1}$$

考虑到道路纵坡的影响，依据功能原理有：

$$\frac{1}{2}mv^2 = S\varphi mg \pm Smgi$$

式中：m——汽车质量(kg)；

v——汽车制动滑移前的车速，即制动车速(m/s)；

S——制动印迹长度(m)；

φ——轮胎与路面的附着系数；

i——道路纵坡坡度(%)；

g——重力加速度(9.81m/s²)。

由此可得根据制动印迹长度推算制动车速的基本公式为：

$$v = \sqrt{2gS(\varphi \pm i)} \quad (\text{m/s}) \tag{7-2}$$

或

$$V = \sqrt{254S(\varphi \pm i)} \quad (\text{km/h}) \tag{7-3}$$

2. 借助抛落物体推算碰撞车速

车辆在碰撞瞬间，由于剧烈振动和较大的减速度，车体上的易碎构件或物体可能碎裂、松脱，并受惯性力的作用向车辆行驶方向抛出。此时，如果测出抛落物体的飞行距离和它原来在车辆上的位置高度，则可根据抛物体的运动规律来推算车辆在碰撞瞬间的车速，即碰撞车速。

如图7-1所示，抛落物从车上高度H处向车前飞出，飞行L后落到地面，则碰撞车速可按下式计算：

$$v_c = L\sqrt{\frac{g}{2H}} \quad (\text{m/s}) \tag{7-4}$$

或

$$V_c = \frac{7.97L}{\sqrt{H}} \quad (\text{km/h}) \tag{7-5}$$

式中：v_c、V_c——碰撞车速；

H——抛落物原位置高度(m)；

L——抛落物飞行距离(m)；

g——重力加速度(9.81m/s²)。

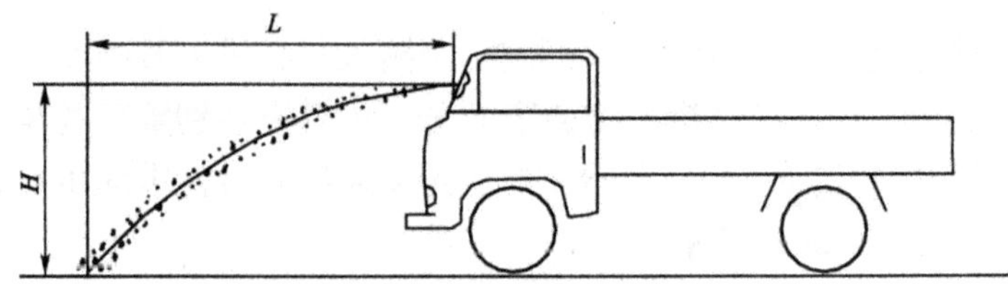

图7-1 从车上碎裂的抛落物示意图

现场测量飞行距离L时，应首先确定车辆碰撞接触点的位置。当无法或不能准确地判断碰撞接触点的位置时，还可利用车辆上不同高度处抛落物体的不同落地位置推算碰撞车速。

如图7-2所示，碰撞瞬间汽车风窗玻璃和车灯玻璃均破碎坠地。由于不能准确确定碰撞接触点，故无法测量破碎的风窗玻璃和车灯玻璃的飞行距离(即L_1和L_2)，但此时仍可根据汽车风挡和车灯在车上的原始位置以及它们坠地后的中心间距等参数推算碰撞车速，具体计算公式如下：

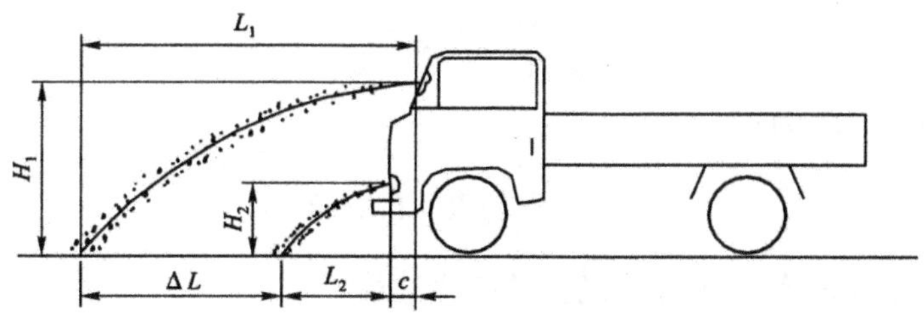

图 7-2　从车上不同高度碎裂的抛落物示意图

$$V_c = \frac{7.97(\Delta L + c)}{\sqrt{H_1} - \sqrt{H_2}} \quad (\text{km/h}) \tag{7-6}$$

式中：V_c——碰撞车速（km/h）；

ΔL——风窗玻璃散落物中心与车灯玻璃散落物中心间的距离（m）；

c——汽车风窗玻璃与车灯间的水平距离（m）；

H_1、H_2——分别为破碎的风窗玻璃与车灯在车上的原始高度（m）。

3. 根据侧滑轨迹估算制动初速度

车辆转弯并制动过程中，如果车速太高，车辆将产生侧滑或侧翻，只要能测出侧滑或侧翻时制动轨迹的曲率半径，就能估算出制动初速度。

1）道路外侧不设超高时车辆侧滑的临界速度（v_φ）

图 7-3 为在弯道上行驶的车辆的横剖面，假定道路外侧未设超高。设整车所受重力为 G，弯道曲率半径为 R，那么作用在整车质心 C 上的惯性离心力 $\overrightarrow{F_g}$ 等于质量乘转弯时的向心加速度，即：

$$F_g = ma_n = \frac{G}{g}\frac{v^2}{R}$$

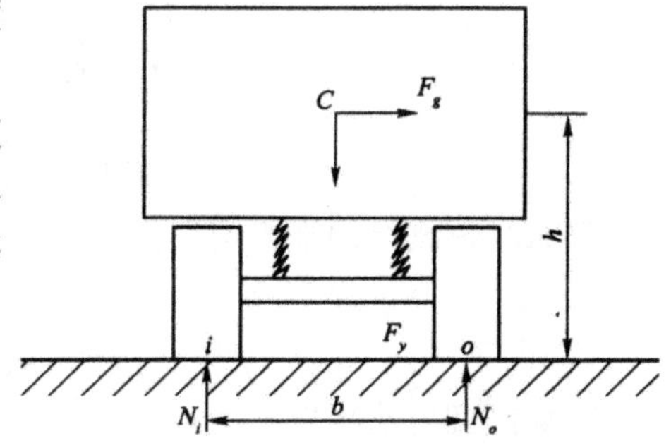

图 7-3　弯道外侧无超高时的车辆受力图

随着车速 v 的增加，惯性离心力迅速增加，当它达到轮胎与路面间横向最大摩擦力 F_y 时，路面上出现侧滑的擦印，此时的车速称为侧滑时的临界速度，用 v_φ 表示，于是可根据：

$$F_g = F_y$$

$$\frac{G}{g}\frac{v_\varphi^2}{R} = G\varphi'$$

所以，侧滑的临界速度为：

$$v_\varphi = \sqrt{g\varphi' R} \quad (\text{m/s}) \tag{7-7}$$

式中：φ'——整车横向的附着系数。

2）车辆侧翻时的临界速度（v_h）

如图 7-3 所示，当整车重心高度 h 比较大，两轮间距 b 比较小时，随着车速 v 的增加，可能先侧翻，而不是先侧滑。侧翻的临界条件是离心惯性力引起的倾覆力矩 $F_g \cdot h$ 等于稳定力矩 $G \cdot (b/2)$，即：

$$\frac{G}{g}\frac{v_h^2}{R}\cdot h = G\frac{b}{2}$$

所以侧翻的临界速度为：

$$v_h = \sqrt{\frac{b}{2h}gR} \quad (\text{m/s}) \tag{7-8}$$

3）道路外侧设超高时车辆侧滑与侧翻的临界速度

上述侧滑和侧翻临界速度公式中没有考虑道路外侧超高因素。假设弯道横断面有外侧超高如图 7-4 所示，内倾角 β 的正切称为超高的横向坡度 i_y。

$$i_y = \tan\beta$$

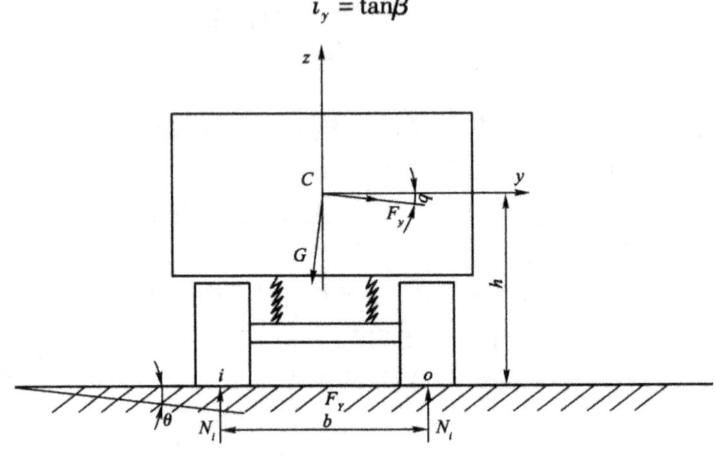

图 7-4　弯道外侧有超高时的车辆受力图

那么车辆侧滑的临界速度为：

$$v_\varphi = \sqrt{\frac{\varphi' + i_y}{1 - \varphi' i_y}gR} \quad (\text{m/s}) \tag{7-9}$$

车辆侧翻的临界速度为：

$$v_h = \sqrt{\frac{b + 2hi_y}{2h - bi_y}gR} \quad (\text{m/s}) \tag{7-10}$$

从这两个计算式中不难看出，路面横断面有外侧超高（$i_y > 0$）时，两个临界速度都增大，车辆行驶的稳定性提高。不过，若某处路面有反超高（$i_y < 0$）时，两个临界速度都减小，车辆行驶的稳定性降低。

4. *有碰撞的制动车速推算*

在很多情况下，车辆在制动滑移过程中即发生了碰撞，此时，车辆制动前的车速称之为有碰撞的制动车速。若碰撞后车辆不再运动，则依据功能平衡原理有：

$$\frac{mv_a^2}{2} - \frac{mv_c^2}{2} = mg\phi s \pm mgis$$

式中：v_a、v_c——分别表示有碰撞的制动车速和碰撞车速；

其他符号含义同前。

显然有：

$$v_a = \sqrt{2gs(\phi \pm i) + v_c^2} \quad (\mathrm{m/s}) \tag{7-11}$$

或

$$V_a = \sqrt{254(\phi \pm i) + V_c^2} \quad (\mathrm{km/h}) \tag{7-12}$$

二、路面上碰撞位置分析方法

路面上碰撞位置的确定，在道路交通事故分析中具有重要意义。这是因为它直接与路权有关，而是否侵犯他人的路权，是道路交通事故责任划分的重要依据。其次，车速计算也需要知道路面上碰撞位置，以便确定碰撞后车辆滑行的距离和方向。路面上碰撞位置的确定大致有以下几种方法。

①根据肇事车制动拖印的转折点确定。因为两车碰撞时，行驶方向会有变化，路面上的拖印会有转折，所以肇事车制动拖印的转折位置往往就是两车碰撞位置。

②根据散落物的位置确定。因为两车碰撞时，车体有振动，减速度又很大，使原来附在车体上的泥土等物体脱落下来，据此可以确定碰撞位置。

③根据肇事车停止位置、摩托车停止位置、自行车停止位置及人体（血迹）位置等反推碰撞位置。

④根据碰撞前两车的行驶方向推定。

三、道路交通事故力学分析方法

1. 道路交通事故的力学特点

道路交通事故大部分是汽车与汽车或汽车与其他物体发生碰撞而引起的。从力学观点分析汽车碰撞现象，可发现它具有其他物体碰撞中所不同的特征，这是分析汽车各类碰撞事故的基础。汽车碰撞事故在力学上有以下特点。

1）碰撞事故由三个不同且连续进行的过程构成

第一个过程是碰撞前驾驶员的操作过程，因驾驶员未采取措施或措施无效，导致汽车发生碰撞事故；第二个过程是碰撞本身，即汽车与汽车或与其他物体相互接触，并在接触瞬间进行动量和动能交换的过程；第三个过程是碰撞结束后，汽车以重新获得的运动初始条件开始运动直至最后停止的过程。根据事故具体情况的不同，有些事故也可能只具有其中某两个过程，例如汽车碰撞坚固的刚体墙壁，就几乎没有碰撞后的运动过程；汽车单独翻车事故没有第二个过程，即碰撞过程。

2）汽车碰撞接近塑性碰撞

用以区别物体是弹性碰撞还是塑性碰撞的参数叫恢复系数。恢复系数表示为两个相互碰撞的物体碰撞前后相对速度的比值，即：

$$e = \frac{v_2 - v_1}{v_{10} - v_{20}} \tag{7-13}$$

式中：e——恢复系数；

v_1、v_2——分别为物体 1 和物体 2 在碰撞刚结束时的速度（m/s）；

v_{10}、v_{20}——分别为物体 1 和物体 2 在碰撞前的速度（m/s）。

显然，弹性碰撞（如橡皮球碰撞墙壁），其碰撞前后相对速度差值不变，恢复系数 $e=1$；塑性碰撞（如泥巴球碰撞墙壁），碰撞后速度为零，恢复系数 $e=0$。

当汽车以较低的速度互撞或撞刚性固定物时，恢复系数 e 较大，接近于弹性碰撞；当汽车以较高的速度碰撞时，恢复系数 e 趋向于零，接近于塑性碰撞。由于在实际的道路交通事故中，车辆的速度均较高，故可认为汽车碰撞近似于塑性碰撞。

3）碰撞过程中可将汽车当作刚体处理

在碰撞过程中，汽车的损坏仅限于相撞部位，而其他大部分仍然完好，故可将汽车视为刚体。将汽车作为刚体处理，可简化分析和计算。

4）两辆同型号汽车以相同速度正面相撞与其中一辆汽车对坚固墙壁的相撞等价

5）汽车碰撞时的减速度（或加速度）是造成车内人员伤亡的主要原因

汽车在发生碰撞时，车速会发生急剧改变，这称为第一次碰撞；由于车速急剧改变，车内乘员在惯性力作用下，将与车内结构物发生剧烈碰撞，并因此而受伤，这称为第二次碰撞。汽车在第一次碰撞的加（减）速度越大，车内乘员第二次碰撞的加（减）速度也越大，乘员受到的伤害也越严重。

2. 道路交通事故分析中常用的力学方法

①运动学及几何方法；

②动力学的动量方法（动量守恒定律及动量矩定理）；

③动力学的能量方法（能量守恒原理）。

第三节　典型汽车碰撞事故再现模型构建及分析

一、单车事故

单车碰撞路边固定物或坠车等，但不与其他车辆相碰撞的事故称为单车事故。

1. 单车正向碰撞固定障壁

由于驾驶员酒后驾车、疲劳驾驶，或者由于视线不良等原因，正向碰撞路边固定障壁的情况时有发生。分析这种事故有以下两条途径。

①运用弹性恢复系数 k，由碰撞后速度 v 反推碰撞前速度 v_0。也就是先根据碰撞固定障壁后反弹拖印的长度 S，计算碰撞后反弹的速度 v，即根据式(7-1)：

$$v = \sqrt{2g\phi S}$$

再根据弹性恢复系数 k 的定义式：

$$k = \left|\frac{v}{v_0}\right| \tag{7-14}$$

可得碰撞前速度：

$$v_0 = \frac{v}{k} = \sqrt{2g\phi S/k} \tag{7-15}$$

道路交通事故中弹性恢复系数 k 一般为 0.1 ~ 0.3，塑性变形越大，k 越小，甚至 $k \to 0$。当 k 很小时，计算结果很不稳定。

②根据塑性变形的经验公式计算碰撞前速度 v_0。据国外资料介绍，由多种轿车碰撞固定壁实验结果归纳出塑性变形量 x 与碰撞速度存在线性比例关系，原则上可分为以下两种情况。

当轿车正面碰撞固定壁时：

$$v_0 = 86x + 4.8 \tag{7-16}$$

当轿车头部碰撞树、杆、柱等固定物时：

$$v_0 = 67x \tag{7-17}$$

上述两式中：x——轿车头部塑性变形深度(m)；

v_0——碰撞初瞬时轿车的速度(km/h)。

2. 单车斜向碰撞路边护栏

当车辆方向失控时，常常斜向撞在护栏或其他障壁上，并且反弹到前方才停下来。如图7-5所示，设碰撞前车速为$\vec{v_0}$，其方向与护栏的夹角为θ_0(称为入射角)。碰撞后反弹的速度为$\vec{v}$，其方向与护栏的夹角为θ(称为反射角)。由于不是正向碰撞，用车头塑性变形计算车速的经验公式不适用，可以采用以下两种方法。

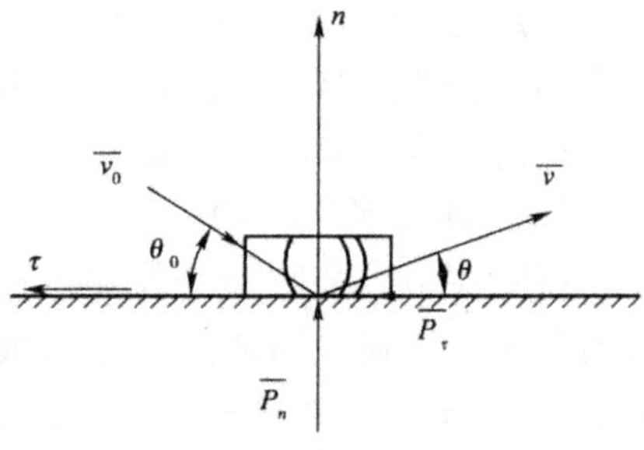

图7-5　单车斜向撞护栏示意图

①采用法向弹性恢复系数k。碰撞后速度的法向分量v_n与碰撞前速度的法向分量v_{on}之比就是法向弹性恢复系数k，即：

$$k = \frac{v_n}{v_{on}} = \frac{v\sin\theta}{v_0\sin\theta_0} \tag{7-18}$$

所以：

$$v_0 = \frac{\sin\theta}{\sin\theta_0}v/k \tag{7-19}$$

当护栏的刚性不大时，弹性恢复系数k可以达到0.5以上。通常情况下反射角θ小于入射角θ_0，但也可能出现相反的情况。这是因为护栏切向摩擦力冲量比较大，使切向速度分量因摩擦而减少的程度超过法向速度分量减少的程度。

②采用切向摩擦系数μ。如图7-5所示，把护栏对车辆的碰撞冲量$\vec{P}$分解为切向冲量$\vec{P_t}$和法向冲量$\vec{P_n}$，那么将冲量方程：

$$m\vec{v} - m\vec{v_0} = \vec{P}$$

分别投影在切向(τ)和法向(n)得到：

$$(-mv\cos\theta) - (-mv_0\cos\theta_0) = P_\tau$$

$$mv\sin\theta - (-mv_0\sin\theta_0) = P_n$$

定义切向摩擦系数μ为：

$$\mu = \frac{P_\tau}{P_n} = \frac{-m(v\cos\theta - v_0\cos\theta_0)}{m(v\sin\theta + v_0\sin\theta_0)} \tag{7-20}$$

经整理得到：

$$v_0 = \frac{\cos\theta + \mu\sin\theta}{\cos\theta_0 - \mu\sin\theta_0}v \tag{7-21}$$

这里定义的切向摩擦系数μ与普通所用摩擦系数在概念上有所区别。普通所用摩擦系数是指摩擦力达到最大值时，最大摩擦力F_{max}与法向反力N的比值。当摩擦力没有达到最大值时，没有定义什么系数。这里按式(7-14)定义的摩擦系数，只是切向冲力(或冲量)与法向冲力(或冲量)的比值,没有规定切向冲力是否已经达到摩擦力的最大值。也就是说,当切向冲力达到摩擦力最大值时,就是普通的摩擦系数,而当切向冲力没有达到摩擦力最大值时,也定义了摩擦系数。当然它要比普通摩擦系数小,而且随着入射角 θ_0 的增大而减小。例如普通摩擦系数 $\mu=0.5$ 时,它所对应的临界入射角 θ'_0 为:

$$\theta'_0=90°-\arctan0.5=90°-26.6°=63.4°$$

于是,当 $\theta_0\leqslant\theta'_0=63.4°$时,摩擦系数都采用 $\mu=0.5$。但当 $\theta_0>63.4°$时,$\mu<0.5$,而且随 θ_0 的增大而逐步减小直至 $\theta_0=90°$时,$\mu=0$。当然,此时已经不是斜向碰撞,而是正向碰撞,式(7-15)的计算结果已经变成无穷大而不能使用了。

3. 单车坠崖(坠车)

行驶在山区公路上的长途汽车,常常因驾驶员疲劳驾驶或车辆机械故障等原因而飞出路外,坠落到山脚下,造成特大事故。对于这种情况,可以按两种情况来分析计算。

①若能找到车轮坠落点 P(图 7-6),并测量得到它的水平距离 x_1 和高差 h,就可按抛物线计算:

$$x_1=v_0t$$

$$h=\frac{1}{2}gt^2$$

联立上述两式,消去时间 t,得到:

$$v_0=x_1\sqrt{\frac{g}{2h}} \tag{7-22}$$

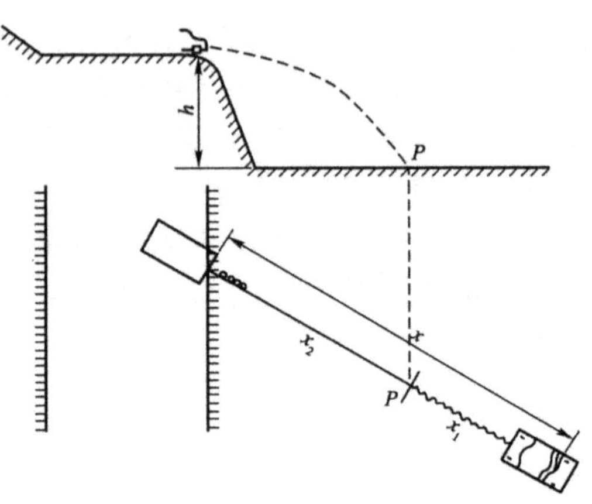

图 7-6 路外坠车示意图

②若找不到坠落点 P 的位置,但能测量得到停车位置总的水平距离 x 和高差 h 及车辆落下后与地面间的滑动摩擦系数 μ。那么可以由

$$x_1=v_0\sqrt{\frac{2h}{g}}$$

$$x_2=\frac{v_0^2}{2g\mu}$$

相加得:

$$x=x_1+x_2=v_0\sqrt{\frac{2h}{g}}+\frac{v_0^2}{2g\mu}$$

这是 v_0 的二次方程,有两个解,其中有用的一个解为:

$$v_0=\mu\sqrt{2g}\left(\sqrt{h+\frac{x}{\mu}}-\sqrt{h}\right) \tag{7-23}$$

二、一维碰撞事故

两车一维碰撞也叫直线碰撞,它是指碰撞前后两车质心始终保持在同一直线上。只要用一个坐标轴就能描述两车的碰撞过程。它一定是对心碰撞,而不是偏心碰撞;它一定与碰撞面正交,而不是斜交;它也不能与车辆侧面相撞,而只能是正面对正面或正面对后面(追尾)碰

撞。因此,一维碰撞包含两车正面碰撞和追尾碰撞两种。

1. 一维正面碰撞

两车一维正面碰撞过程中,碰撞前有两个速度 v_{10} 和 v_{20},碰撞后也有两个速度 v_1 和 v_2。若已知碰撞前的速度推算碰撞后的速度称为正推法;反过来,已知碰撞后速度,推算碰撞前速度称为反推法。无论正推法,还是反推法,都有两个未知量,但是只有一个坐标轴方向的动量守恒投影方程,想要求解还缺一个方程。根据将要补充的方程不同,又可分两种情况。

1)用弹性恢复系数正推碰撞后速度(或反推碰撞前速度)

如图 7-7 所示两车沿 x 轴一维正碰撞。为了使得推导的公式具有一般性,我们假定碰撞前后两车速度$\vec{v_{10}}$、$\vec{v_{20}}$、$\vec{v_1}$、$\vec{v_2}$的方向都沿 x 轴正向,于是把动量守恒定理投影在 x 轴上得到:

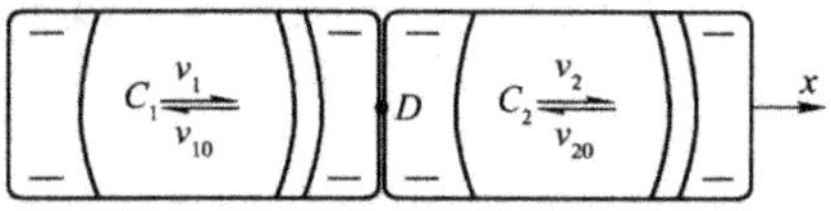

图 7-7　两车一维碰撞示意图

$$m_1 v_1 + m_2 v_2 = m_1 v_{10} + m_2 v_{20} \tag{7-24}$$

同时,再定义弹性恢复系数:

$$k = \frac{v_2 - v_1}{v_{10} - v_{20}} \tag{7-25}$$

这个定义与式(7-14)是一致的,因为对固定面碰撞时,$v_{20} = v_2 = 0$,而且 v_1 与 v_{10} 方向相反,其中有一个应取负值,保证 k 是正值。

有了弹性恢复系数公式(7-25),便可与动量守恒公式(7-24)联立求解得到正推法公式:

$$v_1 = v_{10} - \frac{m_2}{m_1 + m_2}(1 + k)(v_{10} - v_{20}) \tag{7-26}$$

$$v_2 = v_{20} + \frac{m_1}{m_1 + m_2}(1 + k)(v_{10} - v_{20}) \tag{7-27}$$

这是以碰撞前车速表示碰撞后车速。也可以反过来,以碰撞后车速表示碰撞前车速,即反推法公式为:

$$v_{10} = \frac{m_1 v_1 + m_2 v_2}{m_1 + m_2} + \frac{m_2}{m_1 + m_2} \times \frac{v_2 - v_1}{k} \tag{7-28}$$

$$v_{20} = \frac{m_1 v_1 + m_2 v_2}{m_1 + m_2} - \frac{m_1}{m_1 + m_2} \times \frac{v_2 - v_1}{k} \tag{7-29}$$

在这两个公式中,弹性恢复系数 k 在分母中,当 $k \to 0$ 时,这两个公式不能使用。因为从理论上讲,根据 k 的定义式(7-14),$k = 0$,$v_2 = v_1$,碰撞后两车速度相等而不分离,$(v_2 - v_1)/k$ 变为零比零不定式。即使 $k \neq 0$,但 k 比较小时,式(7-28)和式(7-29)的计算结果也很不稳定。

2)用塑性变形与有效碰撞速度的经验公式反推碰撞前速度

选用弹性恢复系数的方法求解一维碰撞问题,其求解过程非常简单。若是正推法就代入式(7-26)和式(7-27),若是反推法就代入式(7-28)和式(7-29),而且无论是正面碰撞还是追尾碰撞都同样求解,只要注意速度方向的正负号就可以了。但是,弹性恢复系数的选择带有很大

的主观随意性，即使是经验丰富的道路交通事故专家，也要根据事故车辆损坏的情况，才能凭经验选定。因此把事故车辆损坏后留下的塑性变形与碰撞前两车的速度差建立联系，要比选取弹性恢复系数更直接一些。据国外资料介绍，轿车头部塑性变形平均深度，与该车的有效碰撞速度 V_e 的关系如下：

$$V_e = 105.3x \tag{7-30}$$

式中：V_e——有效碰撞速度（km/h）；

x——轿车头部塑性变形平均深度（m）。

1 车和 2 车的有效碰撞速度 v_{1e} 和 v_{2e} 定义为：

$$v_{1e} = v_{10} - v_c$$

$$v_{2e} = v_c - v_{20}$$

根据有效碰撞速度定义式得到：

$$v_{10} = v_c + v_{1e} \tag{7-31}$$

$$v_{20} = v_c - v_{2e} \tag{7-32}$$

而公共速度为：

$$v_c = \frac{m_1 v_1 + m_2 v_2}{m_1 + m_2} \tag{7-33}$$

1 车和 2 车的有效碰撞速度 v_{1e} 和 v_{2e} 与质量 m_1 和 m_2 成反比，即：

$$m_1 v_{1e} = m_2 v_{2e} \tag{7-34}$$

上述就是一维正面碰撞用反推法求两车碰撞初瞬时速度的主要公式。

2. 一维追尾碰撞

追尾碰撞与上一节正面碰撞都是一维碰撞，采用弹性恢复系数求解的正推法式(7-26)、式(7-27)和反推法式(7-28)、式(7-29)都是一样适用的。即反推法公式：

$$v_{10} = v_c + v_{1e} \tag{7-35}$$

$$v_{20} = v_c - v_{2e} \tag{7-36}$$

而公共速度为：

$$v_c = \frac{m_1 v_1 + m_2 v_2}{m_1 + m_2} \tag{7-37}$$

1 车和 2 车的有效碰撞速度 v_{1e} 和 v_{2e} 与质量 m_1 和 m_2 成反比，即：

$$m_1 v_{1e} = m_2 v_{2e} \tag{7-38}$$

追尾碰撞与正面碰撞相比有以下不同之处。

①被撞的轿车尾部刚度较小，碰撞时塑性变形很大，弹性变形可以忽略不计，弹性恢复系数 $k \to 0$。图 7-8 就是两轿车碰撞时弹性恢复系数 k 与有效碰撞速度 V_e 的函数关系。图中显示对于追尾碰撞，当有效碰撞速度 $V_e > 20$km/h 时，弹性恢复系数几乎等于零。此时，碰撞压缩变形达到最大值时的共同速度 v_c 也就是碰撞后开始滑行时的初速度 v_1 和 v_2，即：

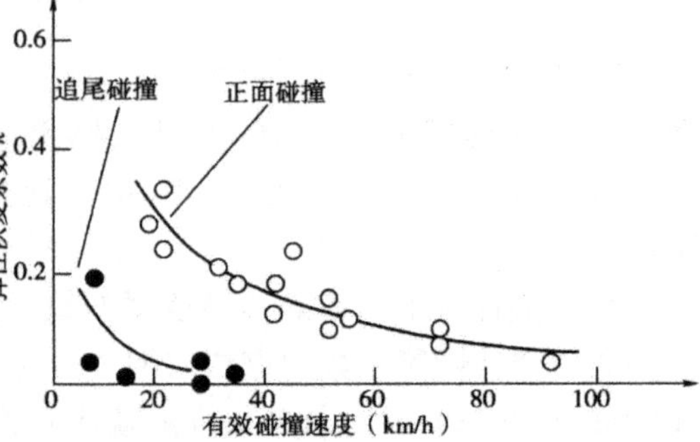

图 7-8　弹性恢复系数与有效碰撞速度的关系

$$v_1 = v_2 = v_c = \sqrt{2g\varphi S}$$

式中：S——两车一起滑行的距离，当轿车追尾大货车时，往往钻进大货车货箱下面，根本就没有反弹，就属于这种情况。

②两车追尾碰撞时，后面的主撞车在碰撞前后一般都有制动拖印，但前面的被撞车往往没有制动拖印。这是因为被撞前根本不知道后面有车撞过来，被撞后才开始制动，实际上已经自由滚动了一段距离。此时仍可假定 $v_2 = v_1 = v_c$。

③被撞车尾部的塑性变形平均深度 x_2 与有效碰撞速度 v_{2e} 的关系为：

$$V_{2e} = 17.9x'_2 + 4.6 \tag{7-39}$$

$$x'_2 = \frac{2m_1}{m_1 + m_2}x_2 \tag{7-40}$$

后一式为被撞车尾部塑性变形平均深度因两车质量不等而引进的换算公式。m_1 为主撞车质量，m_2 为被撞车质量。当 $m_1 = m_2$ 时，$x'_2 = x_2$ 不用换算，因为式(7-39)是按照质量相等的两轿车进行追尾碰撞试验结果总结出来的，把它推广到质量不等的两轿车追尾碰撞中，应该按式(7-40)进行换算。

三、二维碰撞事故

两车碰撞事故中，除了少量属于对心碰撞，碰撞后滑行过程中车体没有转动，或者转动不大，可以不予考虑之外，绝大部分都是非对心碰撞，碰撞后车体既平动又转动，平动和转动都消耗动能，两者同样重要。因此本章的主要任务是把车体真正作为既平动又转动的二维平面运动，并且按照平面运动动力方程，建立碰撞前后两车六个速度分量之间的矩阵关系，以便编写计算机软件进行求解。

1. 两车二维对心碰撞

当两车之间的碰撞冲力通过各自的质心时，称为对心碰撞。如何判断是不是对心碰撞，主要根据碰撞后车体是否转动，如果车体只平动不转动就是对心碰撞。有时虽有一些转动，但转动不大，不予考虑，也就可以按对心碰撞处理。

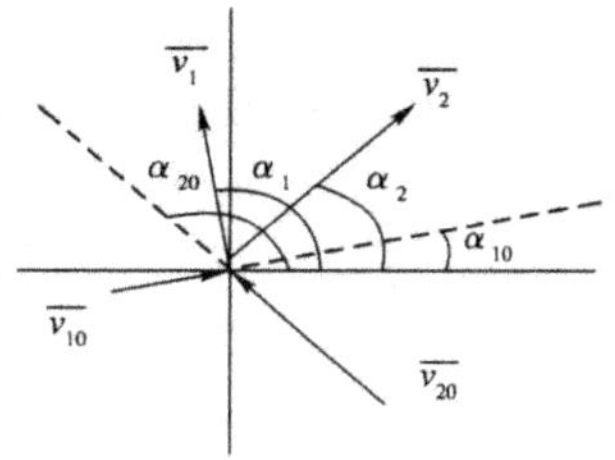

图 7-9　二维对心碰撞示意图

如图 7-9 所示，1 车和 2 车碰撞前行驶速度分别为$\overrightarrow{v_{10}}$和$\overrightarrow{v_{20}}$，速度的方向角分别为 α_{10} 和 α_{20}；碰撞后滑行速度分别为$\overrightarrow{v_1}$和$\overrightarrow{v_2}$，速度的方向角分别为 α_1 和 α_2。那么根据动量守恒方程：

$$m_1\overrightarrow{v_1} + m_2\overrightarrow{v_2} = m_1\overrightarrow{v_{10}} + m_2\overrightarrow{v_{20}}$$

把它分别投影在 x、y 轴上得到：

x 轴：
$$m_1v_1\cos\alpha_1 + m_2v_2\cos\alpha_2 = m_1v_{10}\cos\alpha_{10} + m_2v_{20}\cos\alpha_{20} \tag{7-41}$$

y 轴：
$$m_1v_1\sin\alpha_1 + m_2v_2\sin\alpha_2 = m_1v_{10}\sin\alpha_{10} + m_2v_{20}\sin\alpha_{20} \tag{7-42}$$

这两个投影方程联立起来可以求解两个未知量。如果已知各车速度的方向，再已知碰撞前的两车速度，就可以求碰撞后两车的速度。反之，在道路交通事故分析中常常先按滑行距离，算出碰撞后的速度，然后便可按式(7-41)、式(7-42)求出碰撞前的速度：

$$v_{10} = \frac{m_1v_1\sin(\alpha_{20} - \alpha_1) + m_2v_2\sin(\alpha_{20} - \alpha_2)}{m_1\sin(\alpha_{20} - \alpha_{10})} \tag{7-43}$$

$$v_{20}=\frac{m_1v_1\sin(\alpha_{10}-\alpha_1)+m_2v_2\sin(\alpha_{10}-\alpha_2)}{m_2\sin(\alpha_{10}-\alpha_{20})} \tag{7-44}$$

2. 两车二维非对心(偏心)碰撞理论计算

1)描述二维非对心碰撞的三套坐标系

非对心碰撞的主要特点是碰撞后车辆滑行时,不仅发生平动,而且发生转动。转动的大小决定于碰撞冲力 $\overline{P}$ 与其偏离质心 C 的距离 h 的乘积。偏心距 h 越大,转动的程度越大。为了建立车体平面运动动力方程,需要采用三套直角坐标如图 7-10 所示。

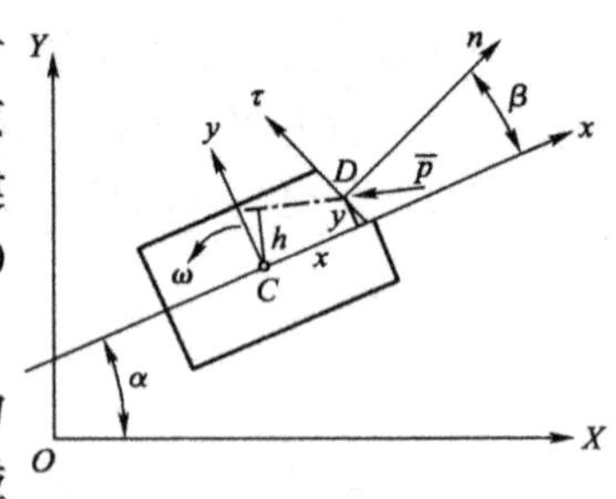

图 7-10 二维非对心碰撞的三套坐标系示意图

①车体坐标系 xCy。以车体质心 C 为坐标原点,车体纵轴为 x 轴,将 x 轴逆时针旋转 90°为 y 轴。该坐标系主要用来确定碰撞点 D 相对质心的位置坐标(从事故车上直接量取)。

②碰撞面法向坐标系 $nD\tau$。以碰撞面法线为 n 轴,逆时针转 90°为 τ 轴。这个碰撞面法向坐标系主要用来分解碰撞冲力为法向冲力 P_n 和切向冲力 P_τ,并且分别沿法向和切向建立动量方程。因为碰撞时的变形压缩和弹性恢复发生在法向。

③地面固定坐标系 XOY。通常以事故车行驶的道路方向为 X 轴,逆时针转 90°为 Y 轴,原点 O 可不必确定。固定坐标系主要用来描述两车的运动参量速度、加速度、滑行距离及方向角等,因为牛顿定律只适用于固定坐标系。

为了在法向坐标系的法向和切向建立动量方程,需要将碰撞点相对质心的车体坐标分量列阵 $(x,y)^T$ 转换为法向坐标系的分量列阵 $(x_n,y_\tau)^T$,即:

$$\begin{Bmatrix}x_n\\x_\tau\end{Bmatrix}=\begin{bmatrix}\cos\beta & \sin\beta\\-\sin\beta & \cos\beta\end{bmatrix}\begin{Bmatrix}x\\y\end{Bmatrix} \tag{7-45}$$

式中,β 角为车体坐标 x 轴逆时针转到碰撞面法线 n 的角度。同时地面固定坐标系中的速度分量列阵 $(v_x,v_y)^T$ 也要转换为碰撞面法向坐标系中的速度分量列阵 $(v_n,v_\tau)^T$,即:

$$\begin{Bmatrix}v_n\\v_\tau\end{Bmatrix}=\begin{bmatrix}\cos(\alpha+\beta) & \sin(\alpha+\beta)\\-\sin(\alpha+\beta) & \cos(\alpha+\beta)\end{bmatrix}\begin{Bmatrix}v_x\\v_y\end{Bmatrix} \tag{7-46}$$

式中,α 为车体纵轴相对固定坐标 X 轴的夹角,而 $(\alpha+\beta)$ 便是碰撞面法线 n 相对固定坐标 X 轴的夹角。

2)二维非对心点碰撞动力方程

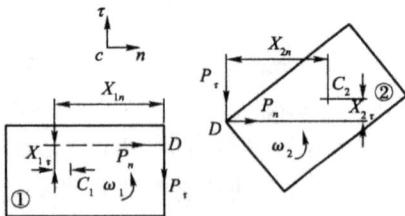

现在讨论二维非对心碰撞时,碰撞冲力作用点是已知的,故称为点碰撞。

图 7-11 二维非对心点碰撞示意图

分别以 1 车和 2 车为研究对象,受碰撞力 P_n、P_τ 作用,如图 7-11 所示。令碰撞后两车速度在法向坐标系的分量分别为 v_{1n}、$v_{1\tau}$ 和 v_{2n}、$v_{2\tau}$,碰撞前两车速度分量分别为 v_{10n}、$v_{10\tau}$ 和 v_{20n}、$v_{20\tau}$,两车碰撞前后转动角速度分别为 ω_{10}、ω_{20} 和 ω_1、ω_2。令两车质量分别为 m_1、m_2,两车绕质心的转动惯量分别为 J_1、J_2。那么,对两车分别应用动量定理得到:

$$m_1(v_{1n}-v_{10n})=-P_n \tag{7-47}$$

$$m_1(v_{1\tau}-v_{10\tau})=-P_\tau \tag{7-48}$$

$$m_2(v_{2n}-v_{20n})=P_n \tag{7-49}$$

$$m_2(v_{2\tau}-v_{20\tau})=P_\tau \tag{7-50}$$

再应用动量矩定理分别得到：

$$J_1(\omega_1-\omega_{10})=P_n\cdot x_{1\tau}-P_\tau\cdot x_{1n} \tag{7-51}$$

$$J_2(\omega_2-\omega_{20})=-P_n\cdot x_{2\tau}+P_\tau\cdot x_{2n} \tag{7-52}$$

为了消去碰撞冲力 P_n 和 P_τ，需要引入碰撞点 D 处的弹性恢复系数 k 和切向摩擦系数 μ，即定义 D 点处弹性恢复系数：

$$k=-\frac{v_{rn}}{v_{ron}}=-\frac{(v_D)_{1n}-(v_D)_{2n}}{(v_D)_{10n}-(v_D)_{20n}} \tag{7-53}$$

式中：v_{rn}——碰撞后，在碰撞点 D 处两车公法线方向的相对速度(m/s)；

v_{ron}——碰撞前，在碰撞点 D 处两车公法线方向的相对速度(m/s)。

分别以两车质心为基点，求碰撞点 D 处的法向速度之差为：

$$v_{rn}=(v_D)_{1n}-(v_D)_{2n}=(v_{1n}-\omega_1\cdot x_{1\tau})-(v_{2n}-\omega_2\cdot x_{2\tau})$$

$$v_{ron}=(v_D)_{10n}-(v_D)_{20n}=(v_{10n}-\omega_{10}\cdot x_{1\tau})-(v_{20n}-\omega_{20}\cdot x_{2\tau})$$

所以：

$$k(v_{10n}-\omega_{10}\cdot x_{1\tau})-k(v_{20n}-\omega_{20}\cdot x_{1\tau})=-(v_{1n}-\omega_1\cdot x_{1\tau})+(v_{2n}-\omega_2\cdot x_{2\tau}) \tag{7-54}$$

再定义 D 点处切向摩擦系数：

$$\mu=\frac{P_\tau}{P_n}=\frac{\text{切向冲力}}{\text{法向冲力}}$$

引入式(7-47)～式(7-50)得到：

$$\mu=\frac{m_1(v_{1\tau}-v_{10\tau})}{m_1(v_{1n}-v_{10n})}=\frac{m_2(v_{2\tau}-v_{20\tau})}{m_2(v_{2n}-v_{20n})}$$

或者：

$$\mu(v_{10n}+v_{20n})-(v_{10\tau}+v_{20\tau})=\mu(v_{1n}+v_{2n})-(v_{1\tau}+v_{2\tau}) \tag{7-55}$$

再将式(7-47)～式(7-52)6个式子中消去 P_n 和 P_T，并用矩阵表示为：

$$[A_0]\{X_0\}=[A]\{X\} \tag{7-56}$$

式中速度分量列阵为：

$$\{X_0\}=[v_{10n}\quad v_{10\tau}\quad v_{20n}\quad v_{20\tau}\quad \omega_{10}\quad \omega_{20}]^T$$

$$\{X\}=[v_{1n}\quad v_{1\tau}\quad v_{2n}\quad v_{2\tau}\quad \omega_1\quad \omega_2]^T$$

六阶矩阵 $[A_0]$ 和 $[A]$ 为：

$$[A_0]=\begin{bmatrix} m_1 & 0 & m_2 & 0 & 0 & 0 \\ 0 & m_1 & 0 & m_2 & 0 & 0 \\ \frac{m_1x_{1\tau}}{2} & -\frac{m_1x_{1n}}{2} & \frac{m_2x_{1\tau}}{2} & \frac{m_2x_{1n}}{2} & J_1 & 0 \\ -\frac{m_1x_{2\tau}}{2} & \frac{m_1x_{2n}}{2} & \frac{m_2x_{2\tau}}{2} & -\frac{m_2x_{2n}}{2} & 0 & J_2 \\ \mu & -1 & \mu & -1 & 0 & 0 \\ k & 0 & -k & 0 & -kx_{1\tau} & kx_{2\tau} \end{bmatrix} \tag{7-57}$$

$$[A]=\begin{bmatrix} m_1 & 0 & m_2 & 0 & 0 & 0 \\ 0 & m_1 & 0 & m_2 & 0 & 0 \\ \frac{m_1x_{1\tau}}{2} & -\frac{m_1x_{1n}}{2} & -\frac{m_2x_{1\tau}}{2} & \frac{m_2x_{1n}}{2} & J_1 & 0 \\ -\frac{m_1x_{2\tau}}{2} & \frac{m_1x_{2n}}{2} & \frac{m_2x_{2\tau}}{2} & -\frac{m_2x_{2n}}{2} & 0 & J_2 \\ \mu & -1 & \mu & -1 & 0 & 0 \\ -1 & 0 & 1 & 0 & x_{1\tau} & -x_{2\tau} \end{bmatrix} \tag{7-58}$$

3）二维非对心面碰撞转化为点碰撞

遇到重大道路交通事故时，事故车损坏比较严重，碰撞部位不是一个点，而是一个面（称为二维非对心面碰撞），有的甚至车辆整个头部都撞坏，那时碰撞冲力作用点怎么决定呢？根据力线平移定理，可在碰撞面上任选一点 O，作为碰撞力作用点，同时还有一个碰撞力偶 M。这就是说除了作用在 O 点的 P_n 和 P_τ 外，还有一个 M。建立动力方程时，除了弹性恢复系数 k、切向摩擦系数 μ 之外，还有一个力矩恢复系数 k_m。多了这第三个参数，对矩阵的求解带来很大的困难，好在可以将法向冲力的作用线平移一段距离 e，把碰撞力偶 M 吸收进去（图7-11）。这样就把本来是面碰撞的问题转化为点碰撞来处理。

通过力线平移把力偶吸收之后，多了一个距离 e，还是存在第三个参数。不过这个参数 e 不必选取，可以通过碰撞点坐标的优化过程得到体现。

3. 两车二维点碰撞反推法求解的两种选择

对于矩阵方程(7-56)，可以已知碰撞前速度分量 $\{X_0\}$，求碰撞后速度分量 $\{X\}$——称为正推法。也可先根据碰撞后滑行距离先求出碰撞后速度分量 $\{X\}$，再求碰撞前速度分量 $\{X_0\}$——称为反推法。对于反推法还可以有以下两种选择。

①矩阵 $[A_0]$ 和 $[A]$ 中两个参数 k 和 μ 凭经验选定作为已知量，而且 $\{X\}$ 已知，就可按矩阵方程(7-56)求解碰撞前速度 $\{X_0\}$。

②将参数 k 和 μ 作为未知量，而将碰撞前两车的角速度 ω_{10} 和 ω_{20} 作为已知量，此时只要将式(7-56)中的矩阵进行分块处理即可。

四、汽车与两轮车的碰撞事故

汽车与两轮车碰撞时只考虑平动不考虑转动，因为汽车质量大，碰撞过程中基本上不发生转动，即使有一点转动，也不予考虑。两轮车及行人虽有转动，甚至转动很大，但因为质量小，

转动惯量小,转动部分的能量可以忽略不计。这样汽车和两轮车都不考虑转动,都按对心碰撞处理。

1. 汽车与摩托车的碰撞

汽车与摩托车的碰撞多数发生在交叉路口,碰撞的形式主要分两种情况:一种是摩托车的正面撞击汽车的侧面,另一种是汽车的正面撞击摩托车。

1)摩托车正面撞击汽车的侧面

根据摩托车正面撞击汽车后,汽车行驶的方向有没有明显的变化又可分两种情况。

①摩托车正面撞击后使汽车的行驶方向发生明显变化。这种情况往往发生在摩托车速度比较高,而汽车的质量又比较小的时候。假设:

m_1、v_{10}、v_1 为汽车的质量和碰撞前、后的速度;

m_2、v_{20}、v_2 为摩托车的质量和碰撞前、后的速度;

m_p、v_p 为摩托车驾驶员的质量和碰撞后的速度。

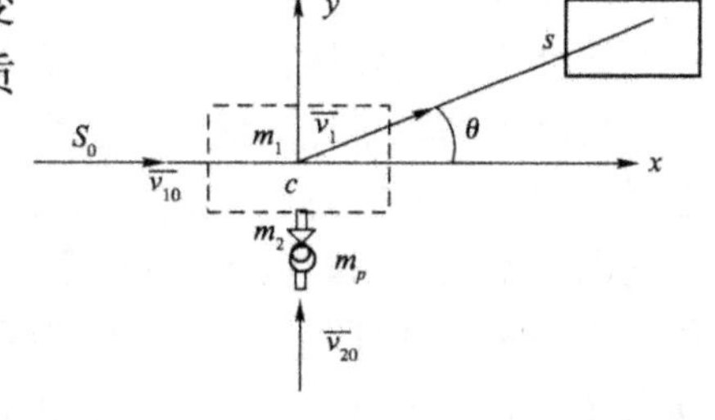

图 7-12　摩托车正面撞击汽车侧面示意图

如图 7-12 所示,虚线长方形表示汽车被撞击的位置,实线长方形为汽车被撞后制动停止的位置,S 为碰撞后制动拖印的长度,因碰撞而引起的汽车滑行方向的偏角为 θ。如果摩托车连人撞击汽车侧面后倒地不反弹,这是因为汽车侧面蒙皮刚性不大,即使反弹,速度也不大。同时不考虑切向摩擦力对摩托车和人体的影响。这样就可假定碰撞后摩托车和驾驶员的速度为零,即:

$$v_2 = v_p = 0 \tag{7-59}$$

而汽车碰撞后的速度可由制动拖印长度计算:

$$v_1 = \sqrt{2g\varphi S}$$

于是就可应用动量守恒定理:

$$m_1 \overrightarrow{v_{10}} + (m_2 + m_p)\overrightarrow{v_{20}} = m_1 \overrightarrow{v_1} + m_2 \overrightarrow{v_2} + m_p \overrightarrow{v_p} = m_1 \overrightarrow{v_1} \tag{7-60}$$

将它分别投影在 x 轴和 y 轴上得到:

$$m_1 v_{10} = m_1 v_{1x} = m_1 v_1 \cos\theta$$

$$(m_2 + m_p) v_{20} = m_1 v_{1y} = m_1 v_1 \sin\theta$$

所以:

$$v_{10} = v_1 \cos\theta \tag{7-61}$$

$$v_{20} = \frac{m_1}{m_2 + m_p} v_1 \sin\theta \tag{7-62}$$

对于这两个公式有两点需要说明:

a. 式 (7-61)、式(7-62)是根据式 (7-59)和式(7-60)得来的,也就是假定摩托车和人碰撞后速度为零。如果认为摩托车和人与汽车侧面是完全塑性碰撞,碰撞后这三者一起滑行具有共同速度,即假定:

$$v_2 = v_p = v_1 \tag{7-63}$$

那么,式 (7-61)、式(7-62)变为:

$$v_{10} = \left(1 + \frac{m_2 + m_p}{m_1}\right) v_1 \cos\theta \tag{7-64}$$

$$v_{20} = \left(1 + \frac{m_1}{m_2 + m_p}\right) v_1 \sin\theta \tag{7-65}$$

当汽车质量(m_1)远远大于摩托车和人的质量($m_2 + m_p$)时,两套公式差别不大,采用前一套也可以。

b. 如果汽车车顶比较矮,摩托车速度又比较高,碰撞时驾驶员可能越过汽车车顶,落到另一侧,此时假定摩托车驾驶员没有与汽车碰撞,上述各公式中令 $m_p = 0$ 即可。

②摩托车正面撞击汽车的侧面后,汽车的行驶方向没有明显的变化。

当汽车的质量比较大,或者摩托车的速度不太大时,虽然汽车的侧面受到摩托车正面的撞击,但汽车的行驶方向不会有明显的变化,也就是偏斜角 θ 很小,很难准确测定。有时连碰撞位置也很难确定,因为制动拖印没有明显的转折点。在这种情况下,汽车的行驶速度只要根据制动拖印长度计算就是了,也不用区分碰撞前和碰撞后。但是摩托车碰撞前的速度无法应用动量守恒方程进行求解。为了解决这类问题,国外的研究者做了大量的模拟试验,得到经验公式为:

$$v = 1.5D + 12 \tag{7-66}$$

式中:v——摩托车的碰撞速度(km/h);

D——摩托车因碰撞造成的前后轴间距离的减少量(cm)。

公式中没有摩托车的质量,也就是与摩托车的型号无关,但是与被撞汽车的质量有关。可以想象,当汽车的质量越大,摩托车撞击它时摩托车轴距减少量就越大。取得经验公式(7-66)所做碰撞实验用的标准汽车的质量为 1 950kg。用于其他质量的汽车就需要进行如下质量换算。

假设事故汽车的质量为 m_1,摩托车(包括驾驶员)的质量为 m_2,摩托车的轴距减少量为 D,那么先按式(7-66)计算碰撞标准车时的速度 v,再按下式换算成碰撞事故车时,摩托车碰撞前的速度:

$$v_{20} = \frac{1 + \frac{m_2}{m_1}}{1 + \frac{m_2}{1\,950}} v = \frac{1 + \frac{m_2}{m_1}}{1 + \frac{m_2}{1\,950}} (1.5D + 12) \tag{7-67}$$

2)汽车的正面碰撞摩托车

在汽车与摩托车碰撞的交通事故中,绝大部分属于这种类型。汽车是主撞车,所以碰撞发生在汽车的头部。可以在头部的中央,也可以在左前角或右前角。对被撞的摩托车而言,可以撞在它的侧面中央,也可以撞在它的头部或尾部。不仅如此,摩托车行驶的方向与汽车行驶的方向不一定正好垂直(正交),也可以斜交任何角度,甚至正面碰撞或追尾碰撞都可以,这是因为不考虑汽车和摩托车的转动,属于对心碰撞,不管碰撞冲力作用在哪里,如同作用在质心一样。

我们仍然假设:m_1、v_{10}、v_1 分别为汽车的质量和碰撞前、后的速度;m_2、v_{20}、v_2 分别为摩托车的质量和碰撞前、后的速度;m_p、v_p 分别为摩托车驾驶员的质量和碰撞后的速度。

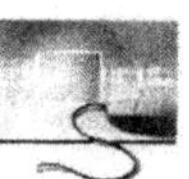

如图7-13所示，虚线长方形表示碰撞时汽车的位置，实线槽形为碰撞后制动停止的汽车头部的位置。

再假设：S_1、S_2、S_p 分别为碰撞后汽车、摩托车及其驾驶员滑行的距离，θ_1、θ_2、θ_p 分别为碰撞后汽车、摩托车及其驾驶员滑行方向的偏角。

于是根据动量守恒定理有：

$$m_1 \overrightarrow{v_{10}} + (m_2 + m_p)\overrightarrow{v_{20}} = m_1 \overrightarrow{v_1} + m_2 \overrightarrow{v_2} + m_p \overrightarrow{v_p} \tag{7-68}$$

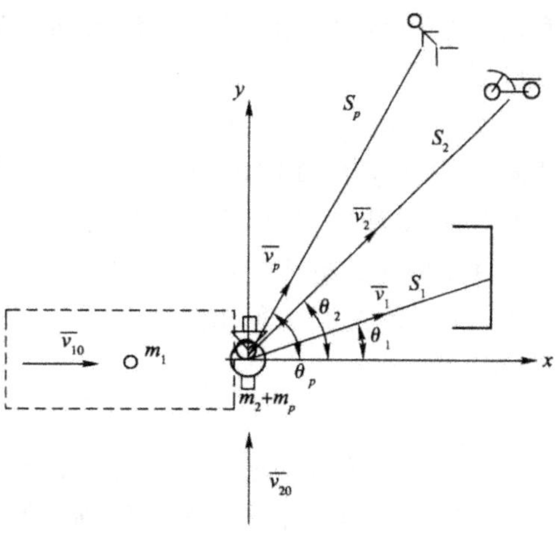

图7-13　汽车正面撞击摩托车示意图

假定摩托车行驶方向与汽车行驶方向垂直（正交）如图7-12所示，那么将方程（7-68）分别投影到 x 轴和 y 轴上得到：

$$m_1 v_{10} = m_1 v_1 \cos\theta_1 + m_2 v_2 \cos\theta_2 + m_p v_p \cos\theta_p$$

$$(m_2 + m_p) v_{20} = m_1 v_1 \sin\theta_1 + m_2 v_2 \sin\theta_2 + m_p v_p \sin\theta_p$$

还是采用反推法，碰撞前汽车的速度为：

$$v_{10} = \frac{m_1 v_1 \cos\theta_1 + m_2 v_2 \cos\theta_2 + m_p v_p \cos\theta_p}{m_1} \tag{7-69}$$

碰撞前摩托车的速度为：

$$v_{20} = \frac{m_1 v_1 \sin\theta_1 + m_2 v_2 \sin\theta_2 + m_p v_p \sin\theta_p}{m_2 + m_p} \tag{7-70}$$

式中，碰撞后汽车的速度 v_1 由制动拖印长度 S_1 求得：

$$v_1 = \sqrt{2g\varphi_1 S_1}$$

对于沥青路面，汽车轮胎与路面的滑动附着系数 φ_1，通常取0.5～0.7。

碰撞后摩托车的速度 v_2 也由路面留下的划痕长度 S_2 求得：

$$v_2 = \sqrt{2g\varphi_2 S_2}$$

摩托车倒地后在沥青路面上滑动摩擦系数 φ_2，通常取0.45～0.65。碰撞后摩托车驾驶员被抛出的速度 v_p 可按水平抛物（或单车坠崖）公式（7-17）计算：

$$v_p = \mu\sqrt{2g}\left(\sqrt{h + \frac{S_p}{\mu}} - \sqrt{h}\right) \tag{7-71}$$

式中：h——人被抛出时重心的高度（m）；

μ——人体落到地面后与路面间的滑动摩擦系数，通常取0.4～0.6。

式（7-69）和式（7-70）是正交对心碰撞条件下，由动量守恒导出的通用公式，在道路交通事故实际应用中可以进行简化。

2. 汽车与自行车的碰撞

汽车与自行车的碰撞与上一节汽车与摩托车的碰撞在理论上是完全一样的，上一节中各计算公式对汽车与自行车的碰撞也都是成立的。但是，结合自行车的特点，又可有一些简化。首先，自行车没有车速限制，不需要计算自行车速度 v_{20}，只需要计算汽车速度 v_{10}。其次，自行车质量不过10～20kg，与汽车相比微乎其微，即使连同骑车人与汽车碰撞时，对汽车动量的影响也可忽略不计,也就是认为碰撞前后车速没有变化:$v_{10}=v_1$。因此,动量守恒方程在这里已经自动满足。对于汽车行驶速度的计算,有三种方法可供选择。

①用制动拖印总长度直接计算汽车的行驶速度。不管在碰撞前开始制动,还是碰撞后才开始制动,只要已知制动拖印总的长度,即可直接计算汽车的行驶速度,而不必先计算碰撞前后的车速 v_{10} 和 v_1,再反推行驶速度。

②用骑车人被抛出的速度推算汽车的行驶速度。如果事故现场图中能已知骑车人被抛出的距离 S_p 和方向 θ_p,便可按式(7-71)计算碰撞后人体的抛出速度 v_p,并计算汽车碰撞前后的速度:

$$v_{10}=v_1=v_p\cos\theta_p$$

如果汽车碰撞前还有制动拖印,当然还要在 v_{10} 的基础上反推行驶速度。

③用自行车在路面上留下的划印推算汽车的行驶速度。与假定人体与汽车的碰撞属于完全塑性碰撞相类似,也可假定自行车与汽车的碰撞为完全塑性碰撞,也有相似的公式:

$$v_{10}=v_1=v_2\cos\theta_2$$

并且进一步作相似的计算。当然这种方法可靠性要差一些,仅供参考。

五、汽车与行人的碰撞事故

汽车与行人的交通事故中,汽车行驶速度的计算有以下三种途径。

1. 根据汽车制动拖印长度直接计算其行驶速度

若在碰撞行人的前后,汽车采取了紧急制动措施,路面上留下了明显的制动拖印,则汽车行驶速度 v 为:

$$v=\sqrt{2g\varphi S} \tag{7-72}$$

式中:φ——路面附着系数,通常取0.5~0.7;

S——汽车制动拖印长度(m)。

这里的 S 包括碰撞行人前后总的制动拖印长度。

2. 根据行人被抛出的距离计算汽车撞人时的速度

首先假定汽车和行人间的碰撞是完全的塑性碰撞(即没有弹性恢复),碰撞后人和车具有相同的速度。行人被撞后,往往先倒向发动机罩,之后从发动机罩或前风窗玻璃上大致沿水平方向抛出,呈抛物线轨迹落在地面上,落地后在路面上滑行,最后停止。

与单车坠崖公式(7-17)完全一样推导得图7-14。

$$v=\mu\cdot\sqrt{2g}\left(\sqrt{h+\frac{x}{\mu}}-\sqrt{h}\right) \tag{7-73}$$

式中:v——汽车的碰撞速度(m/s);

h——行人撞飞高度(飞出时人的重心高度)(m);

x——抛距(m),包括飞行距离和滑行距离;

μ——人体在路面上滑行的摩擦系数,通常取0.4~0.6。

3. 按车头变形估算

据国外资料介绍,轿车前围板或发动机盖上因撞人留下的凹陷深度与车速呈线性关系,如图7-15所示。其范围用公式表示为:

$$\text{最小值：}\quad v_{min}(\mathrm{km/h}) = 3.92x(\mathrm{cm}) + 13.6 \tag{7-74}$$

$$\text{最大值：}\quad v_{max}(\mathrm{km/h}) = 2.55x(\mathrm{cm}) + 33.0 \tag{7-75}$$

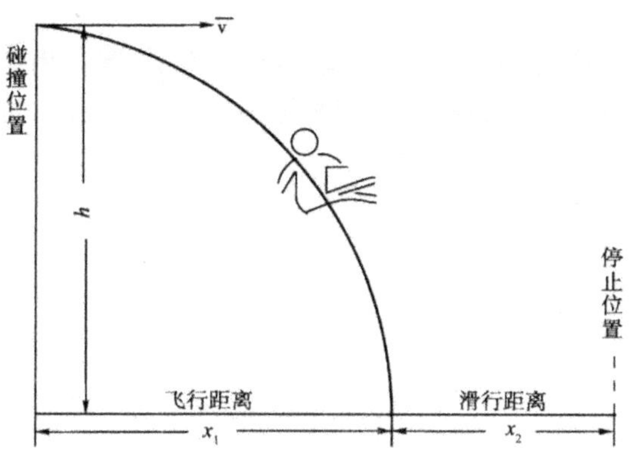

图 7-14　人体被车辆撞飞后的滑行轨迹示意图

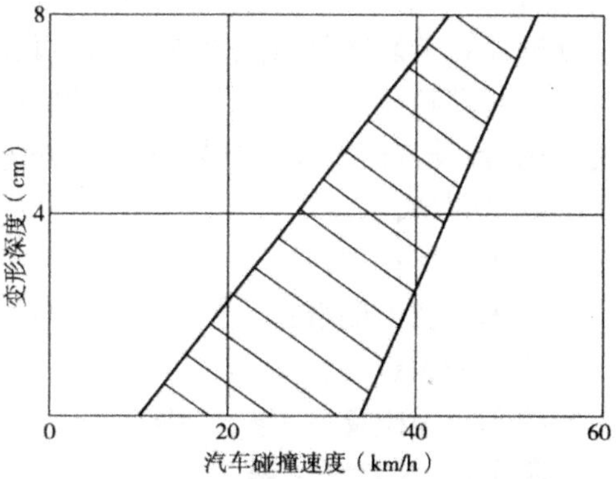

图 7-15　行人撞车前脸凹陷深度与车速的关系

第四节　道路交通事故仿真

如前所述，运用计算机编程的方法，将事故再现的内容，在计算机上进行动态模拟，形象地显示道路交通事故的真实过程，称为道路交通事故计算机仿真。或者简单地说，道路交通事故仿真就是编制事故再现的计算机软件。

一、道路交通事故仿真软件的构成

道路交通事故仿真软件除主程序模块外，主要包含以下三个子系统。

①数据输入子系统（前处理系统）；

②分析计算子系统；

③动画模拟子系统（后处理系统）。

另外，还必须备有各种数据库，例如车型数据库、系数数据库、计算参数和结果数据库等，需要三维动画的话还需要有动画库等。

二、道路交通事故仿真计算子系统

1．数据输入子系统

数据输入子系统是为了计算分析和用户事后查询取证提供服务的，分为两个模块。

1）事故基本信息输入模块

主要包括事故发生的基本信息，如事故发生的时间、地点、当事人信息（包括姓名、年龄、性别、职业、心理生理状态指标等）、车辆信息（包括车辆类型、车牌号、出厂日期、技术参数、装载情况等）、路面信息（包括路面材料、磨损等）、天气情况（包括雨、雪、雾及能见度等）、交通流状态、交通管理与控制信息（包括信号灯控制、交通标志和标线等）。

2）事故计算参数输入模块

根据计算需要输入肇事车的质量、轴距、轮距、碰撞点坐标、行驶方向、滑行方向、滑行距离、路面附着系数、摩擦系数等。这些数据有的取自事故现场照相测量或人工绘制的现场图，有的取自各种数据库。

2. 分析计算子系统

分析计算子系统是道路交通事故仿真的核心内容，它针对各种事故碰撞形态建立相应的数学模型并求解车辆速度矢量。求解过程包括各种优化过程，例如碰撞点坐标优化、停车位置距离优化、行驶方向优化、参数优化等，分为如下12个计算模块。

①单车制动；

②单车坠车；

③单车侧翻与侧滑；

④单车撞固定物；

⑤两车正面碰撞（一维、二维）；

⑥两车追尾碰撞（一维、二维）；

⑦两车侧面碰撞（二维）；

⑧两车同向与对向刮擦（一维、二维）；

⑨汽车与摩托车相撞（三种撞击形式）；

⑩汽车与自行车相撞（三种撞击形式）；

⑪汽车撞人（四种撞击形式）；

⑫其他。

3. 动画模拟子系统

根据分析计算子系统得到的碰撞前后车辆行驶的方向和轨迹，动画模拟子系统可以通过动画（二维和三维）把整个碰撞过程形象地显示出来，包括如下5个模块。

①车辆模块：分为大货车、小货车、大客车、小客车、拖拉机、挂车、三轮车、摩托车；

②道路模块：分为交叉口、直线道路、弯道、隧道、桥梁、地下通道；

③环境模块：分为建筑物、绿化带、障碍物；

④散落物模块：分为单散落物和多散落物；

⑤模拟模块：包括模拟比例设置、载入事故现场图、设置碰撞点、车辆瞬时运行速度和角速度显示以及模拟的开始、暂停和重放等。

三、仿真技术难点

进行事故再现可以有两种途径，一种叫“反推法”，另一种叫“正推法”，鉴于它是仿真技术的难点，有必要进一步加以说明。所谓“反推法”就是根据碰撞后速度求碰撞前速度，而“正推法”是根据碰撞前速度求碰撞后速度。一般只有对二维非对心碰撞外，才会用到“正推法”。二维非对心碰撞数学公式为：

$$[A_0]\{X_0\} = [A]\{X\}$$

式中：$\{X_0\}$——碰撞前两车六个速度和角速度分量矩阵；

$\{X\}$——碰撞后两车六个速度和角速度分量矩阵；

$[A_0]$、$[A]$——六阶系数矩阵。

要用“反推法”求碰撞前两车六个速度和角速度分量$\{X_0\}$，需要解决两个问题：一个是碰

撞后两车六个速度和角速度分量{X}求解方法的问题;另一个是六阶系数矩阵$[A_0]$、$[A]$中还可能出现力矩恢复系数k_m的问题。目前"反推法"常用的解决方法如下。

①假定碰撞后两车平动和转动都是等减速的,而且同时开始、同时停止,从而可以根据碰撞后留下的制动拖印,求解碰撞后两车六个速度和角速度分量{X}。

②将二维面碰撞转化为点碰撞,将力矩恢复系数k_m转换为冲力分布系数e,并通过碰撞点坐标的优化自动地解决e的确定问题。

此外,考虑到参数μ和k的选取有很大的主观随意性,在"反推法"求解时可以把它们作为未知量,而把较容易确定的碰撞前两车角速度作为已知量。

四、道路交通事故仿真软件的应用

由于道路交通事故仿真软件能够分析计算各种道路交通事故,并将整个事故过程动画模拟,所以它的应用广泛,主要有以下几个方面。

1. 为道路交通事故处理提供技术支持

道路交通事故的处理首先需要明确事故发生的原因、事故发生前后车辆的运动状态、事故车辆行驶速度、事故碰撞点平面位置等要素,进而才能认定肇事人应负的责任。道路交通事故仿真软件就能够快速准确地分析计算上述要素,为公安交通管理机关和法院的事故处理工作提供依据。

2. 为道路交通管理提供理论依据

交通管理的基本目标是要保障交通畅通和安全,通过道路交通事故仿真,可以发现道路交通事故发生的规律和原因,为道路交通安全管理和安全改善提供技术依据。

3. 为车辆被动安全设计提供参考

道路交通事故仿真过程中需要输入大量与车辆相关的技术参数。这些参数会影响事故的发生和事故的严重程度,通过对这些参数的分析,可以为车辆安全设计提供很多参考意见。

4. 为道路交通安全教育提供技术支持

可以说,对驾驶员、行人和乘客等的安全教育至关重要,通过道路交通事故仿真可以发现交通参与者在事故发生过程中的作用和行为特性,有利于交通管理部门开展有针对性的道路交通安全教育;同时还可以提供技术数据说明,纠正人们的一些错误观念。例如,驾驶员往往认为车速很低的情况下能够及时制动,对行人威胁不大;但是通过仿真分析可知,车辆只要以30km/h的速度撞向行人就足可以导致行人死亡。又如,过街行人看两侧的机动车距离自己一二百米时以为自己有足够的时间穿过马路;但通过仿真分析可知,实际上行人对车速的判断往往有误,而且车辆以100km/h左右的速度行驶时,走过100m的距离只需要3秒钟,因而此时行人过街是非常危险的。

第五节　道路交通事故案例分析

一、单车事故案例:小面包车正撞快速路下道口桥头端墙

简要案情:2003年11月15日21时25分,沈阳市快速干道北海街下道口处发生车辆碰撞

固定物事故。一金杯小面包车沿东西快速干道由西向东行驶至北海街下道口时，撞在下道口桥头端墙处，驾驶员当场死亡。

现场勘查：北海街快速路为东西走向，面包车正对桥头端墙头东尾西停着，距离桥头端墙0.9m（指回弹距离）。车头塑性变形深度为0.6m。事故车辆右前轮和右后轮离下道口东侧分别为5.4m和5.3m。接触点离东侧灯柱6.7m。驾驶员已在座位上死亡。当晚天气晴朗，道路为弯道。

车速鉴定：本案例中回弹距离比较短，塑性变形比较大，应采用塑性变形的经验公式（7-16）计算碰撞前速度为：

$$v_0 = 86x + 4.8 = 86 \times 0.6 + 4.8 = 56.4(\text{km/h})$$

二、一维碰撞事故案例：吉普车追尾大货车

简要案情：2007年3月3日20时，黑龙江省依兰县某公路K298+832处发生车辆追尾碰撞事故。王某驾驶无限牌吉普车，沿该公路由西向东行驶至K298+832处，车辆右前部与同方向行驶的，由张某驾驶的解放牌大货车左后尾部相撞，吉普车当场起火，造成5人死亡的特大交通事故。

现场勘查：本起交通事故发生时，发生事故路段行车道为沥青路面，道路线形平直，无积雪。根据相关专业技术标准和经验数据，确定东侧路面与事故车辆轮胎之间的附着系数φ为0.7。吉普车自重为2 560kg，驾驶员及乘客共计5人，车内人员总质量约为350kg，因此吉普车总质量为$m_1 = 2\,910$kg；大货车自重为27 480kg（含货物质量），驾驶员及乘客共3人，车内成员总质量约为180kg，因此大货车总质量为$m_2 = 27\,660$kg。本起事故中事故车辆破损情况如图7-16所示。

图7-16　吉普车与大货车的破损情况

鉴定事项：①吉普车碰撞前行驶车速；

②大货车碰撞前行驶车速。

碰撞过程分析与车速计算：

1）采用数理模型计算

根据委托方提供数据可知，碰撞后吉普车的滑移距离$L_1 = 3.5$m；大货车的制动距离$L_2 = 18.5$m。此外，通过查阅该公路的设计文件，事故地点的纵坡为$i = 4.5\%$。

碰撞后吉普车的速度为$V_1 = \sqrt{2g(\delta + i)L_1} \times 3.6 = 25.7$km/h，大货车的速度为$V_2 = \sqrt{2g(\delta + i)L_2} \times 3.6 = 59.2$km/h。根据实际观测，吉普车的前部塑性变形量$x = \frac{1}{4}(2.375 +$

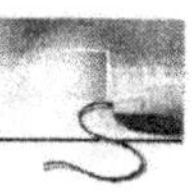

0.705) = 0.77m。根据塑性变形与有效碰撞速度的经验公式，计算得到吉普车的有效碰撞速度为：$V_{1e} = 105.3x = 81.1\text{km/h}$。设吉普车和大货车碰撞时的车速分别为 V_{10} 和 V_{20}。根据动量守恒原理，即：

$$\begin{cases} V_{1e} = \dfrac{m_2}{m_1 + m_2}(V_{10} - V_{20}) \\ m_1 V_{10} + m_2 V_{20} = m_1 V_1 + m_2 V_2 \end{cases}$$

对上述方程组联立求解，得出吉普车与大货车碰撞时的车速分别为：$V_{10} = 137.1\text{km/h}$，$V_{20} = 47.5\ \text{km/h}$。

2）应用道路交通事故再现软件计算

通过道路交通事故软件的分析，可以再现该起道路交通事故的全过程。吉普车以128.7km/h的速度由西向东行驶至该公路 K298 + 832 处时，与前方车速为 59.8km/h 的大货车追尾。随后，吉普车头向西南停于同向公路上。大货车停于吉普车前约 26.5m 处。图 7-17 为本起事故车辆轨迹平面图。图 7-18 ~ 图 7-20 分别为本起事故过程中两车相对位置图。

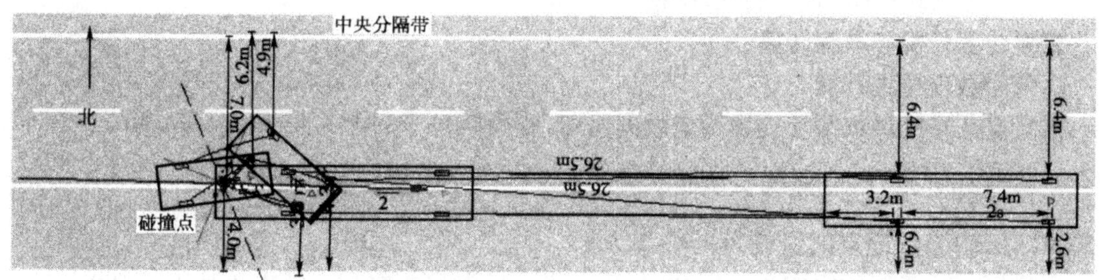

图 7-17　某公路 K298 + 832 处"3.3"特大交通事故车辆轨迹平面图

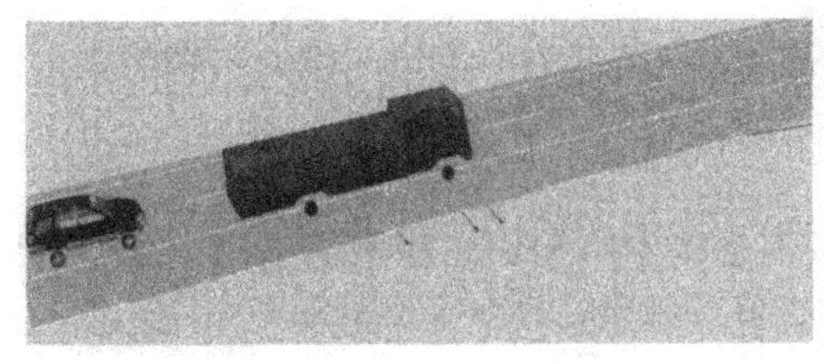

图 7-18　碰撞前两车相对位置图

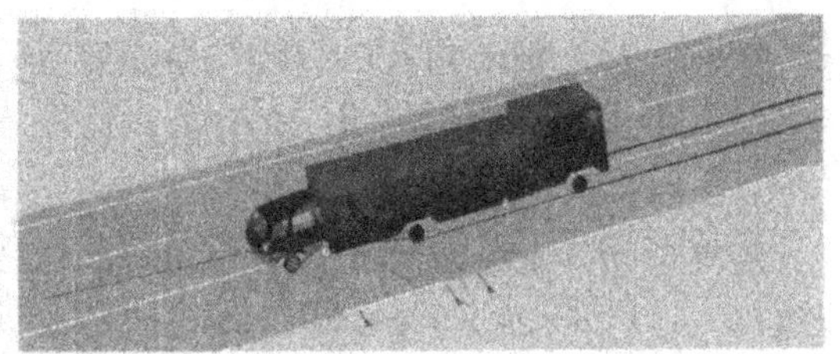

图 7-19　碰撞时两车相对位置图

鉴定结论：吉普车碰撞前的行驶车速为 128.7 ~ 137.1km/h；

大货车碰撞前行驶车速为 47.5 ~ 59.8km/h。

三、两车二维对心碰撞事故案例：吉普车与轿车碰撞后吉普车下道

简要案情：2007 年 3 月 1 日 15 时许，黑龙江省大兴安岭地区某公路 K215 + 450 处，陈某驾驶三菱 V73 吉普车，沿该公路由北向南行驶至上述地点时，与相向行驶的张某驾驶的桑塔纳轿车相撞，造成 3 人死亡、2 人受伤的特大交通事故。

现场勘查：事故现场状况如图 7-21 所示。本起交通事故发生时，正在下雪，发生事故路段为水泥路面，有积雪，根据相关专业技术标准，确定路面与轮胎之间的附着系数 φ 取 0.25。轿

车自重 1 470kg，驾驶员及乘客共 4 人，其总质量约为 250kg，故轿车总质量 $m_1 = 1\ 720\text{kg}$；吉普车自重 2 650kg，驾驶员及乘客共 2 人，其总质量约为 150kg，故吉普车总质量 $m_2 = 2\ 800\text{kg}$。

图 7-20 碰撞后两车相对位置图

图 7-21 事故现场概况图

鉴定事项：①吉普车碰撞前行驶车速；

②轿车碰撞前行驶车速。

碰撞过程分析与车速计算：

1）采用数理模型计算

根据委托方提供数据及现场调查数据可知，碰撞后轿车的滑移距离 $L_1 = 27.3\text{m}$；吉普车的滑移距离为 $L_2 = 19.75\text{m}$，碰撞后事故车辆停止处的路堤边坡位置高度为：$h = \dfrac{1.36 + 2.85/2}{4} \times 1.59 = 1.1\text{m}$。事故地点的纵坡为 $i = -2.5\%$。

以碰撞前轿车行驶方向为 x 轴方向，轿车碰撞后滑移方向与 x 轴夹角为 $\alpha_1 = 180° + \arcsin\dfrac{2.3 - 1.35}{27.3} = 181.99°$。根据道路交通事故再现软件 PC-Crash 再现结果，可以得到吉普车碰撞前行驶方向与 x 轴夹角 $\alpha_{20} = 180° - 5.44° = 174.56°$，吉普车碰撞后滑移方向与 x 轴的夹角为 $\alpha_2 = 180° - \arcsin\dfrac{1.98 + 3.2}{19.75} = 164.8°$。

碰撞后轿车的速度为 $V_1 = \sqrt{2g(\delta - i)L_1} \times 3.6 = 39.5\text{km/h}$，吉普车的速度为 $V_2 = \sqrt{2g(\delta - i)L_2 - 2gh} \times 3.6 = 29.1\text{km/h}$。设轿车和吉普车碰撞时的车速分别为 V_{10} 和 V_{20}。

根据动量守恒原理，即：

$$\begin{cases} V_{10} = \dfrac{m_1 V_1 \cos\alpha_1 + m_2 V_2 \cos\alpha_2 - m_2 V_{20} \cos\alpha_{20}}{m_1} \\ V_{20} = \dfrac{m_1 V_1 \sin\alpha_1 + m_2 V_2 \sin\alpha_2}{m_2 \sin\alpha_{20}} \end{cases}$$

对上述方程组联立求解，得出轿车和吉普车碰撞时的车速分别为：$V_{10} = 45.4\text{km/h}$，$V_{20} = 73.0\text{km/h}$。

2）应用道路交通事故再现软件计算

通过道路交通事故软件的分析，可以再现该起道路交通事故的全过程。吉普车以79.1km/h 的速度由北向南行驶至该公路 K215 +450 处时，与前方行驶车速为 50.2km/h 由南向北行驶的轿车相撞。随后，吉普车头向东北停于西侧边坡上，轿车头向东南停于东侧道路上。图

7-22 为本起事故车辆轨迹平面图。图 7-23 ~ 图 7-25 分别为本起事故过程中两车相对位置图。

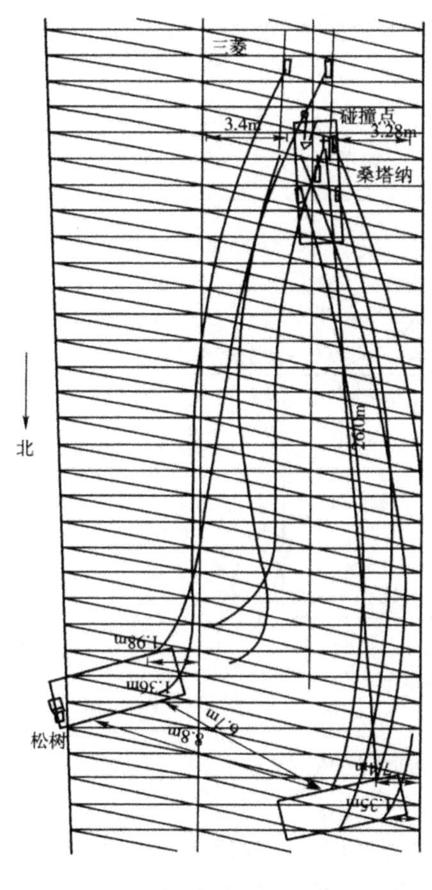

图 7-22 事故车辆轨迹平面图

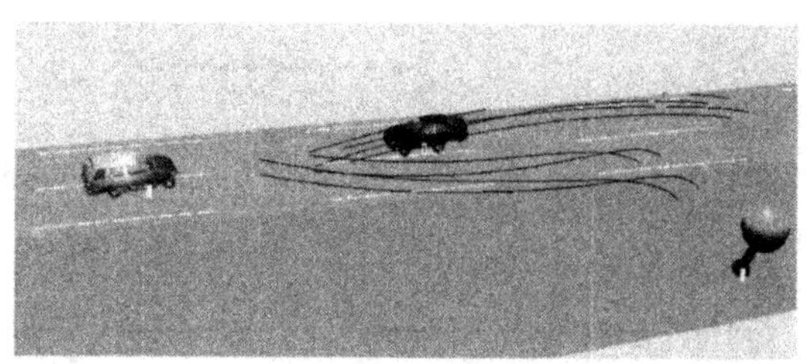

图 7-23 碰撞前两车相对位置图

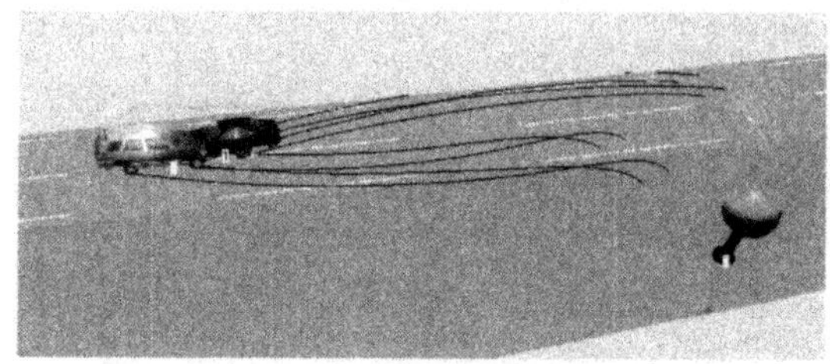

图 7-24 碰撞时两车相对位置图

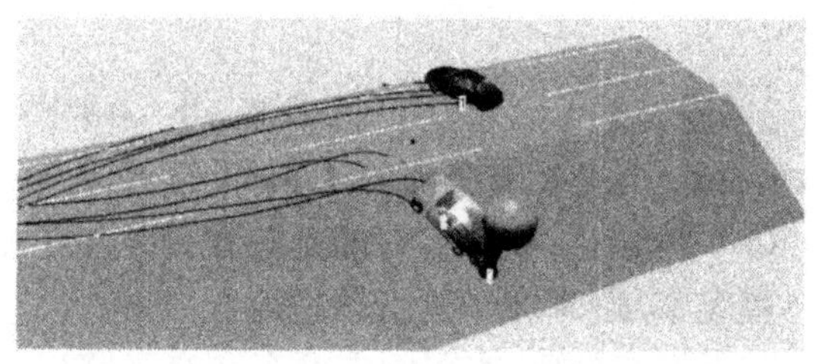

图 7-25 碰撞后两车相对位置图

四、两车二维非对心碰撞事故案例:两车在交叉路口相撞

简要案情:2004 年 4 月 16 日 14 时 45 分,长春市浦东路与苏州北街交叉口处,甲某驾驶吉普车沿浦东路由东向西行驶至上述地点时,与乙某驾驶的由南向北行驶的小货车相撞,造成两车损坏。

现场勘查(图 7-26):

①现场道路状况:苏州北街为南北走向,路面宽 9.0m,双车道各宽 4.5m,中间有中心单虚线。浦东路为东西走向,路面宽 16.0m,双向 4 车道,各宽 4.0m,中间有中心单实线。道路平直,视线良好,沥青路面,天气晴朗,此路口没有信号灯。

②路面痕迹:小货车(乙)头东南尾西北停在路口西北角,左后轮距苏州北街西侧路缘石(*A* 线)为 3.5m。吉普车(甲)头西北尾东南停在路口西北角的边石上面,右前轮距 *A* 线5.8m,右后轮距 *A* 线 4.8m,距 *B* 线 12.2m。两车碰撞点距浦东路中心线南 2.0m,距苏州北街中心线东 1.3m。碰撞前乙车左右轮有制动拖痕长均为 6.0m,甲车左、右轮制动拖痕长分别为 13.0m

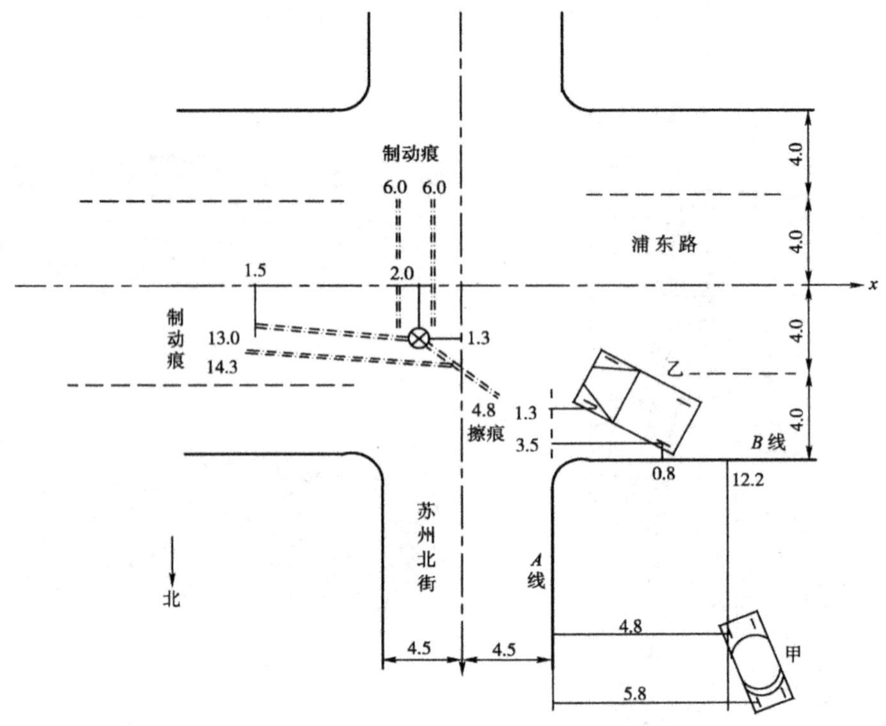

图 7-26 两车交叉口相撞事故现场图

和 14.3m。碰撞后有擦痕长 4.8m。

③车辆痕迹：小货车右前角与吉普车左前侧相撞，两车损坏严重。

鉴定事项：事故车辆行驶速度。

碰撞形态分析：本案例中两车在交叉路口相撞，而且都撞在角上，产生很大的转动，甲车顺时针转了六十多度，乙车顺时针转了一百多度，这种情况不能按二维对心碰撞处理，而应按一般的二维点碰撞处理，用反推法计算机程序进行车速计算。

车速计算：

1）计算参数输入

以浦东路由东向西为 x 轴，以吉普车（甲）为 1 车，小货车（乙）为 2 车，本案例所用计算参数如图 7-27 中所列。

图 7-27 前三行物理参数可通过查阅事故车型得到。第 4、5 行碰撞点车体坐标，从事故车照片中确定（若能直接从事故车上量取更好）。第 6 ~ 9 行几何参数由事故现场图得来。

在上表参数输入之前，还要选定两车的等效附着系数 φ。2 车停止前一直在沥青路面上滑行，取 $\varphi_2 = 0.7$。1 车滑行长度 22.7m 的等效附着系数应分三段计算：前一段 4.8m 为侧滑擦痕取 0.75，中间段 7.8m 为沥青路面取 0.7，后一段 10.1m 为土和碎石地面取 0.4，把三者加权平均得 $\varphi_1 = \frac{4.8}{22.7} \times 0.75 + \frac{7.8}{22.7} \times 0.7 + \frac{10.1}{22.7} \times 0.4 = 0.58$。

2）计算结果输出

经过反复试算，碰撞前车速计算结果输出如图 7-28 中所列。

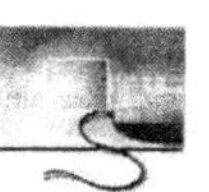

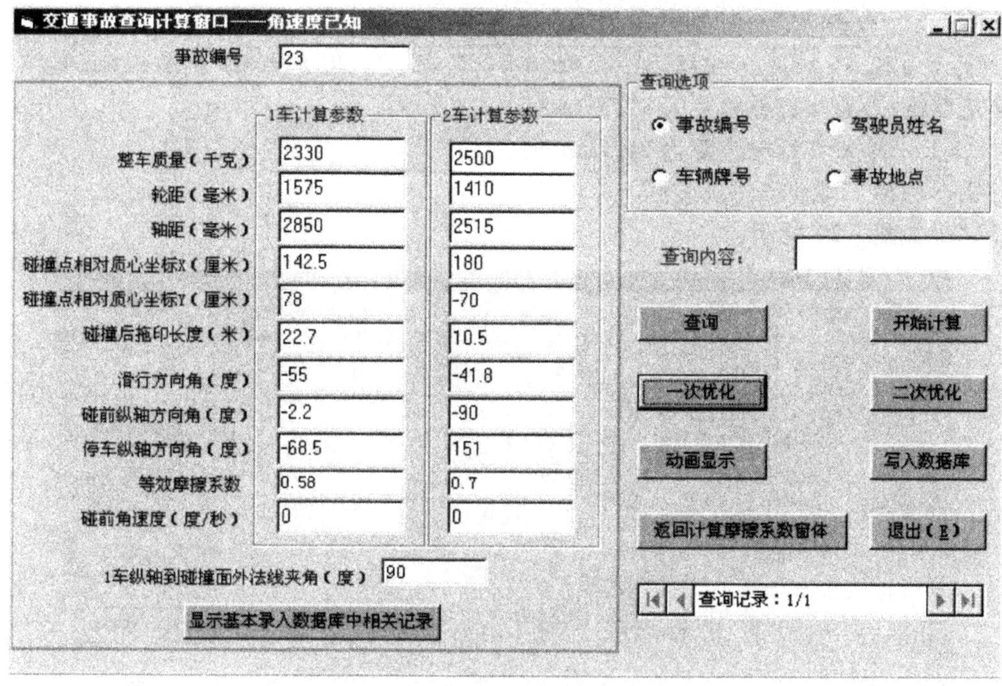

图 7-27　两车交叉口相撞案例的计算参数

3）行驶速度计算

图 7-28 中所列两车速度是碰撞开始时的速度，还不是制动前的行驶速度，因为碰撞前两车都有制动，还需根据制动拖印长度反推制动前两车的行驶速度。

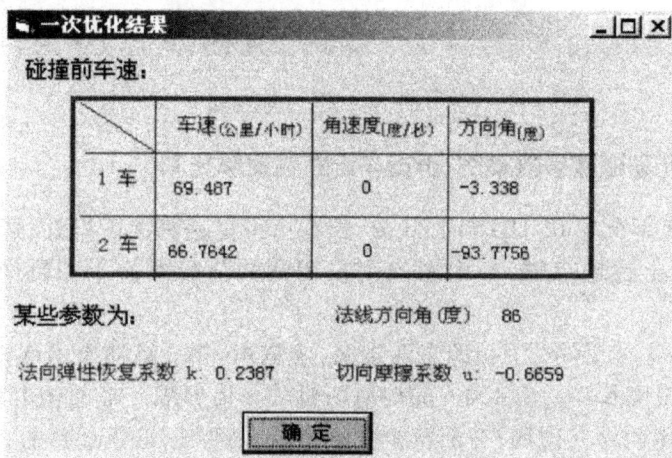

一次优化结果

碰撞前车速：

	车速(公里/小时)	角速度(度/秒)	方向角(度)
1 车	69.487	0	-3.338
2 车	66.7642	0	-93.7756

某些参数为：　　法线方向角（度）　86

法向弹性恢复系数 k：0.2387　　切向摩擦系数 u：-0.6659

确定

图 7-28　两车交叉口相撞案例撞前车速计算结果

吉普车 1 碰撞前左右轮制动拖痕长度分别为 13.0m 和 14.3m（以长的为准），碰撞前车速从图7-28中查得为 $v_{10}=69.5(\mathrm{km/h})=19.3(\mathrm{m/s})$，由此反推制动前行驶速度 v_1 为：

$$v_1=\sqrt{v_{10}^2+2g\varphi_1S_1}=\sqrt{19.3^2+2\times9.8\times0.7\times14.3}=23.9(\mathrm{m/s})=85.7(\mathrm{km/h})$$

小货车 2 碰撞前左右轮制动拖痕长度都为 6.0m，碰撞前车速从图 7-28 中查得为 $v_{20}=$

66.8(km/h) = 18.5(m/s),由此反推制动前行驶速度 v_2 为:

$$v_2 = \sqrt{v_{20}^2 + 2g\varphi_2 S_2} = \sqrt{18.5^2 + 2 \times 9.8 \times 0.7 \times 6.0} = 20.6(\text{m/s}) = 74.3(\text{km/h})$$

鉴定结论:吉普车行驶速度为 85.7km/h;

小货车行驶速度为 74.3km/h。

4)两车碰撞二维动态仿真过程

该过程如图 7-29 所示。

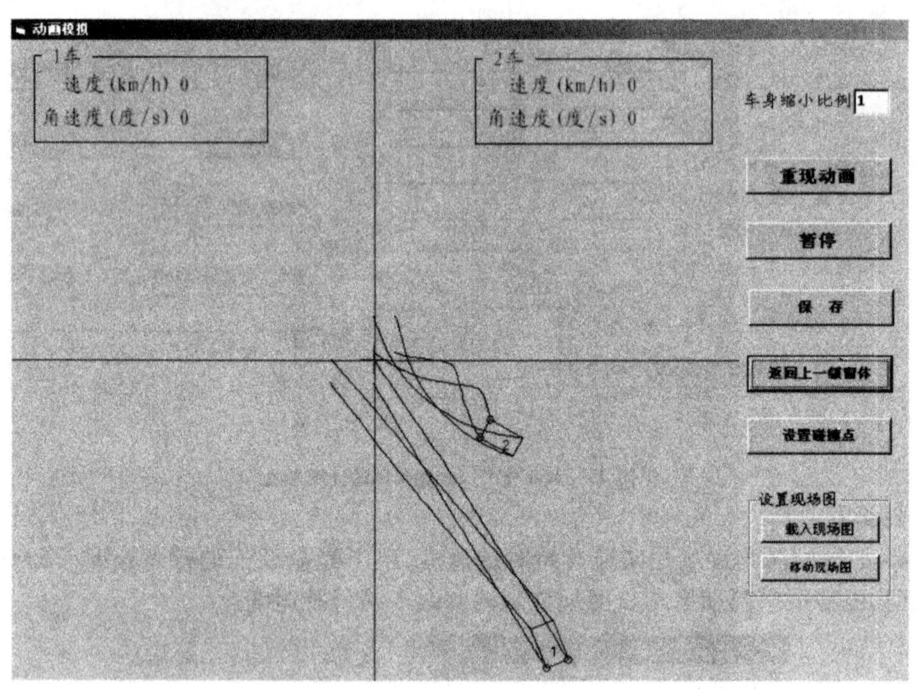

图 7-29 两车动态过程仿真

五、汽车与摩托车碰撞事故案例:小货车正面碰撞摩托车

简要案情:2003 年 4 月 12 日 16 时 20 分,长春市卫星路临河街口处,解放牌小货车沿卫星路由西向东行驶至上述地点时,与由东向南左转弯的两轮摩托车相碰撞,摩托车驾驶员受重伤。

现场勘查:如图 7-30 所示,卫星路东西走向,全宽 46.0m,机动车道双向 6 车道,中央分隔带 2.0m,非机动车道宽 6.0m,由 4.0m 的树池与机动车道分隔。临河街全宽 24.0m,中央有双实线。小货车头东尾西停在现场,右前轮距分隔带端头连线 12.0m,右前、后轮距树池边线分别为 4.1m、3.6m,右、左后轮制动拖印分别长 17.0m、13.5m。摩托车被卡在小货车的右前角下。路面上留下划痕长 6.4m,其起点距树池边线 4.2m,这个起点也就是两车碰撞点。事故车右前方有一摊血迹 0.3m × 0.3m,位于树池边线上,距事故车右前轮 8.1m,距分隔带端线 5.0m,风窗玻璃全部破碎。

鉴定事项:事故车行驶速度。

碰撞过程分析与车速计算:小货车驾驶员驾车由西向东行驶到临河街路口时,发现逆

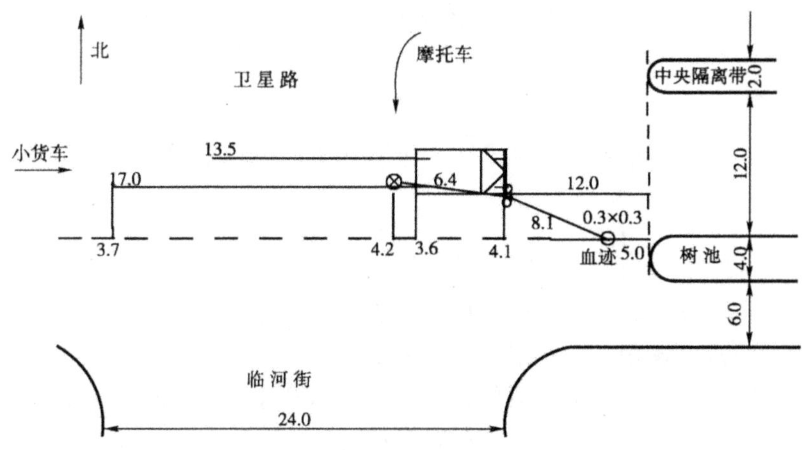

图 7-30　小货车正面碰撞摩托车事故现场图(尺寸单位:m)

向驶来的摩托车正准备左转向南,所以他提前制动并向左打转向盘,使前轮向左偏,企图躲过摩托车,但因制动后方向失控,最终还是车头前脸的右半部分撞上了摩托车。摩托车倒地后被小货车车头下部和右前轮卡着向前滑行 6.4m 后停住,摩托车驾驶员碰撞后被抛向右前方。

对于式(7-69)、式(7-70)的应用,分以下几步进行。

①首先要确定碰撞前两车行驶的方向。小货车在碰撞前有制动拖印,拖印方向就是其行驶方向(速度$\overrightarrow{v_{10}}$的方向)。摩托车碰撞前没有制动拖印,摩托车正在左转弯,行驶方向是不断变化的。我们假定刚要碰撞时,摩托车速度$\overrightarrow{v_{20}}$的方向正好与$\overrightarrow{v_{10}}$垂直(正交)。

②选定 x 轴和 y 轴。本案例中小货车碰撞前有制动拖印,就以它为 x 轴,以碰撞点为原点。通常将 x 轴逆时针转 90°为 y 轴。但在本案例中,摩托车从左侧过来,驾驶员被抛向右前方,所以应将 x 轴顺时针转 90°作为 y 轴比较好,也就是以摩托车行驶方向为 y 轴(图7-31)。

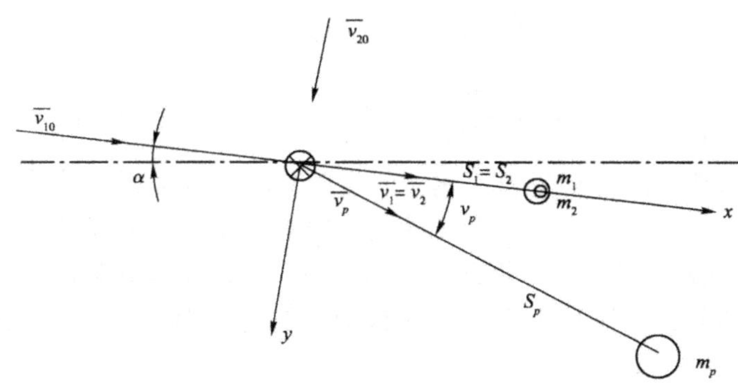

图 7-31　小货车正面碰撞摩托车速度计算图

③计算碰撞后汽车、摩托车和人体滑行的距离和方向角。本案例中,小货车制动拖印没有明显转折,假定碰撞后其滑行方向没有变化,即令 $\theta_1=0$。摩托车卡在小货车车头下面一起滑行,所以有:

$$\theta_1 = \theta_2 = 0$$
$$S_1 = S_2 = 6.4(\mathrm{m})$$

人体滑行距离：

$$S_p = \sqrt{(6.4 + 12 - 5)^2 + 4.1^2} = 14.0(\mathrm{m})$$

其方向角：

$$\theta_p = \arctan\left(\frac{4.2}{6.4 + 12 - 5}\right) - \arctan\left(\frac{3.7 - 3.6}{17}\right) = 17.4° - 0.34° = 17.1°$$

上式中后一项是制动拖印(即 x 轴)相对道路纵轴的夹角 α,由于反正切函数是相对道路纵轴计算的,所以要减去 α 角,才是相对于 x 轴的夹角。

④计算汽车、摩托车和人体碰撞后的速度。小货车和摩托车碰撞后一起滑行的速度为：

$$v_1 = v_2 = \sqrt{2g\varphi_1 S_1} = \sqrt{2 \times 9.8 \times 0.7 \times 6.4} = 9.37(\mathrm{m/s}) \tag{7-76}$$

人体碰撞后抛出的速度 v_p 按式(7-66)计算为：

$$v_p = \mu\sqrt{2g}\left(\sqrt{h + \frac{S_p}{\mu}} - \sqrt{h}\right)$$
$$= 0.5 \times \sqrt{2 \times 9.8}\left(\sqrt{1.1 + \frac{14.0}{0.5}} - \sqrt{1.1}\right) = 9.62(\mathrm{m/s})$$

它的方向与 x 轴的夹角为 $\theta_p = 17.1°$。将它向 x 轴和 y 轴投影得到：

$$v_1 = v_p\cos\theta_p = 9.62 \times \cos 17.1° = 9.19(\mathrm{m/s}) \tag{7-77}$$

$$v_{20} = v_p\sin\theta_p = 9.62 \times \sin 17.1° = 2.83(\mathrm{m/s}) = 10.2(\mathrm{km/h}) \tag{7-78}$$

这里的 v_1 与式(7-76)中 v_1 相比差0.18,误差不到2%,表明两者都可靠,它们既可以作为速度变动的范围,也可以取其中的大者,即式(7-76)的结果,因为本案例的计算结果偏于保守。

⑤计算碰撞前两车行驶的速度。

在应用式(7-69)之前,查得小货车质量 $m_1 = 1\,700(\mathrm{kg})$,摩托车质量 $m_2 = 140(\mathrm{kg})$,驾驶员质量 $m_p = 70(\mathrm{kg})$,于是小货车碰撞前的速度为：

$$v_{10} = \frac{m_1 v_1\cos\theta_1 + m_1 v_1\cos\theta_1 + m_p v_p\cos\theta_p}{m_1} = \frac{m_1 + m_2}{m_1}v_1 + \frac{m_p}{m_1}v_p\cos\theta_p$$
$$= \frac{1\,700 + 140}{1\,700} \times 9.37 + \frac{70}{1\,700} \times 9.62 \times \cos 17.1° = 10.5(\mathrm{m/s}) = 37.9(\mathrm{km/h})$$

若用式(7-70)计算摩托车碰撞前的速度 v_{20},将要比人体抛距计算式(7-78)的结果小得多,因为本案例中令 $\theta_1 = \theta_2 = 0$,使得传递给小货车横向的摩托车原有的动量被忽略了,只剩下人体的那一点动量,误差必然很大。因此宜采用式(7-78)的计算结果。

最后小货车制动前的行驶速度,还要在碰撞前速度 v_{10} 的基础上加上碰撞前制动拖印长度 $S_0 = 17.0 - 6.4 = 10.6(\mathrm{m})$ 进行反推：

$$v = \sqrt{v_{10}^2 + 2g\varphi_0 S_0} = \sqrt{9.37^2 + 2 \times 9.8 \times 0.7 \times 10.6}$$
$$= 15.3(\mathrm{m/s}) = 55.0(\mathrm{km/h})$$

鉴定结论：小货车行驶速度为55km/h；

摩托车碰撞速度为10km/h。

复习思考题

1. 简述道路交通事故分析的内容与主要方法。

2. 什么是道路交通事故再现？试述道路交通事故再现的过程。

3. 请简述汽车碰撞事故的力学特点。

4. 汽车碰撞事故分为哪几类？试概括各类碰撞事故的特点。

5. A、B 两辆轿车发生正面碰撞后，沿 A 车的前进方向滑移，A 车滑移 6.2m，B 车滑移 7.8m。在碰撞过程中，事故车辆均采取了制动措施，四个车轮均有制动力。经过事故现场勘查发现，事故现场无道路纵坡，路面为潮湿的沥青混凝土路面，滑动附着系数为 0.5。A 车的变形量为 0.52m，B 车的变形量为 0.60m。A、B 两车均为发动机前置的轿车，质量分别为1 430kg 和 1 230kg。求 A、B 两车碰撞前瞬间的碰撞速度。

6. 质量为 1 670kg 的轿车 A，追尾碰撞质量为 1 350kg 的轿车 B。A 车的驾驶员紧急制动，四个车轮均有制动力，碰撞后滑行 9.2m。B 车没有制动，但在碰撞瞬间，其后轴即遭破坏而不能滚动，B 车静止于 A 车前 6.8m。变形主要发生在 B 车尾部，变形深度为 0.68m。道路平坦，路面为沥青混凝土路面，路面附着系数为 0.6，试推算两车碰撞前的瞬时车速。

7. 沿道路纵轴（x 轴）方向行驶的 A 车（质量为 2 840kg）与斜向行驶的，与 x 轴正方向成 120°角的 B 车（质量为 2 100kg）发生碰撞，现场勘查结果表明，两车回转运动程度均很小。碰撞后，A 车滑行 8.9m 后停止，滑行方向与 x 轴的夹角为 37°，轮胎与路面的附着系数为 0.55；B 车滑移 14.6m 后停止，滑行方向与 x 轴的夹角为 81°，轮胎与路面的附着系数为 0.63。试推算碰撞前，两事故车辆的行驶速度 V_{10} 和 V_{20}。

第八章　道路交通事故统计分析

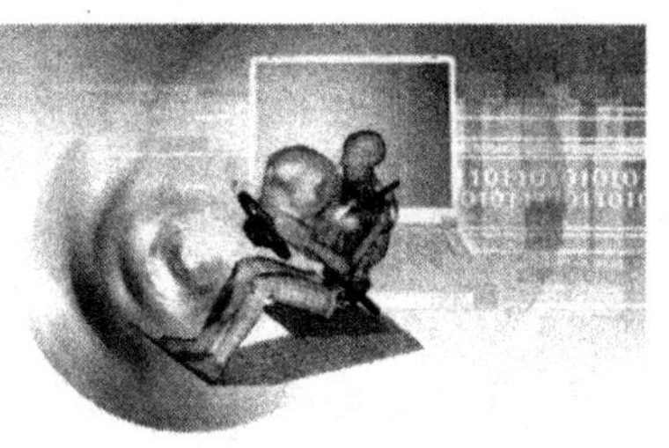

道路交通事故统计分析是对交通事故总体进行的调查研究活动，目的是查明交通事故总体的分布状况、发展动向及各种影响因素对交通事故总体的作用和相互关系，以便从宏观上定量地认识交通事故的本质和内在的规律性。道路交通事故的统计与分析必须是总体性的，而且需要有明确的数量概念。

第一节　道路交通事故统计分析方法

一、道路交通事故统计调查

道路交通事故统计调查是收集事故及相关资料的过程，对整个统计分析具有重要意义。如果调查获得的资料不准确、不全面，即使后面的工作做得再好，也不可能得出正确结论。因此，在进行交通事故统计调查时，一定要确保资料的准确、安全和及时。

在我国，交通事故统计分析资料必须由国家交通管理部门登记和汇总，交通事故的统计采用基层初步统计和逐步汇总的方式进行。

初级统计资料的一般形式是交通管理部门基层单位所填写的交通事故统计报表，统计报表的格式和项目一般由上级管理机关统一设计。我国交通事故统计报表的格式见第二章第四节。由于采用逐级汇总方式，项目过多不便于人工汇总，故我国事故报表格式比较简单，项目也不够详尽。近十年来，随着计算机网络技术、信息技术的发展，我国各省、市的公安交通管理部门已经统一采用了公安部交管局与十一局联合开发的“道路交通事故信息系统”。该系统利用先进的科技手段，不仅详细地记录了交通事故各方面的信息，而且具有强大的统计分析和报表功能，已成为交通事故统计调查的重要手段。有关“道路交通事故信息系统”的内容详见本章第四节。

交通事故统计资料的汇总广泛应用的是分类统计方法，其方法有四种常见的形式。

1. 按地区分类

按交通事故的发生地区进行分组统计和汇总。全国性的统计资料多按省、市分组；省一级按市(地)、县分组；国际性统计资料则按国别分组。

2. 按时间分类

按交通事故的发生时间进行分组统计和汇总。从按时间分类的统计结果中，可明显看到交通事故随时间而变化的情况，所以统计结果具有动态性。

3. 按质别分类

按交通事故统计对象的属性不同进行分组统计和汇总，如按车辆类型、事故原因、伤亡人

员类型、道路状况、天气条件、事故形态等分组统计和汇总。

4．按量别分类

按统计对象的数值大小进行分组统计和汇总，如按交通事故直接经济损失的数额、肇事驾驶员的年龄、车速以及道路坡度等分组。

除上述四种分类统计汇总方法外，在实际应用中还经常采用复合分类汇总方法。常见的形式有：时间与地区的复合（如各地不同月份的事故统计）、质别与地区的复合（如各地不同路面上的事故统计）、量别与地区的复合（如各地不同年龄驾驶员事故统计）等。

另外，为了更全面地反映交通事故的本质和规律，揭示各种影响因素对交通事故的作用及其相互关系，还应从相关部门（如统计部门和交通部门等）收集人口、交通工具拥有状况、道路交通状况等的大量相关资料。

二、统计分析指标

为了反映交通事故总体的数量特征，必须建立相应的统计分析指标。而且，由于交通事故的复杂性，需要用一系列的指标才能反映出交通事故总体各方面的数量特征，揭示出其内在规律性。

统计分析指标应具有实用性、相对性和可比性，能明确反映出交通事故发生的频率和严重程度。另外，所建立的指标与计算模式应简单、明了，便于使用时收集数据资料，计算也应简单、方便。

1．绝对指标

绝对指标是用来反映交通事故的总体规模和水平的绝对数量。根据所反映的时间状况不同，绝对指标可分为时点指标和时期指标。前者反映某一时刻上的规模和水平，例如某一年的汽车拥有量、人口总数等；后者反映某一时间间隔的累积数量，例如某一年内或某一月份内的事故次数、事故伤亡人数等。

绝对指标既是认识交通事故总体的起点，又是计算其他相对指标的基础，在事故统计分析中具有重要意义。我国目前在交通安全管理上常采用的绝对指标有交通事故次数、受伤人数、死亡人数和直接经济损失，即交通安全四项指标。

2．相对指标

相对指标是通过对交通事故总体中的有关指标进行对比而得到的。利用相对指标可深入地认识交通事故的发展变化程度、内部构成、对比情况以及事故强度等。此外，还可把一些不能直接对比的绝对指标放在共同基础上进行分析比较。

相对指标可分为结构相对数、比较相对数和强度相对数。

1）结构相对数

结构相对数即部分数与总数的比，通常用在事故质别分组中，用以表明各类构成占总数量的比值，说明各构成的比例。例如，交通事故的总数为208起，其中机动车事故131起、非机动车事故52起、行人事故25起，那么它们的结构相对数分别为63%、25%和12%。我国2005年全国交通事故死亡人数的构成情况如表8-1所示。

2）比较相对数

比较相对数即同一交通事故现象在同一时期内的指标数在不同地区之间的比较值或同一

2005年全国道路交通事故死亡人数构成　　表8-1

地区	占总数的百分比（%）	地区	占总数的百分比（%）	地区	占总数的百分比（%）	地区	占总数的百分比（%）
北京	1.41	上海	2.05	云南	1.53	河南	5.28
天津	0.98	湖北	2.13	西藏	0.19	陕西	2.67
河北	2.48	湖南	3.33	江苏	6.15	甘肃	1.20
山西	2.96	广东	15.05	浙江	9.61	青海	0.21
内蒙古	1.88	广西	2.38	安徽	3.88	宁夏	0.84
辽宁	2.30	海南	0.33	福建	5.82	新疆	2.12
吉林	2.15	四川	6.58	江西	1.91	重庆	2.36
黑龙江	1.67	贵州	0.74	山东	7.83	总计	100

总体中有联系的两个指标值的相对比。例如，1996年中国交通事故的死亡人数为73 655人，美国为41 907人，二者的比较相对数是：中国是美国的1.76倍。再比如1995年美国交通事故受伤人数与死亡人数的相对比（比较相对数，常用来反映事故的严重程度）为81∶1，英国为82∶1，法国为21∶1，德国为59∶1，中国为2∶1，显然中国交通事故的严重程度明显高于国外一些经济发达国家。

3）强度相对数

强度相对数即两个性质不同但有密切联系的绝对指标间的相互对比值，用以表现交通事故总体中某一方面的严重程度。例如交通事故死亡人数与机动车保有量之比、交通事故死亡人数与人口数之比等。后面将要介绍的亿车公里事故率（次/亿车公里）、百万辆车事故率（次/百万辆车）等即为强度相对数指标。强度相对数指标的计算方法为：

$$\text{强度相对数}=\frac{\text{某一绝对指标数}}{\text{另一有联系而性质不同的绝对指标数}} \tag{8-1}$$

3. 平均指标

平均指标，即平均数，是说明交通事故总体一般水平的统计指标，通常用以表明某地或某一时间段内的平均事故状况。其计算形式有算术平均数、调和平均数、中位数和几何平均数等，在实际工作中多采用算术平均数。

4. 动态指标

为进一步认识交通事故在时间上的变化规律，需要一些动态分析指标。在交通事故统计分析中，常采用的动态分析指标有动态绝对数、动态相对数和动态平均数。

1）动态绝对数

（1）动态绝对数列

动态绝对数列就是将反映交通事故的某一绝对指标在不同时间上的不同数值，按时间先后顺序排列起来形成的数列，如表8-2中第二行和第九行中的数值。

1990～2003年中国道路交通事故动态统计表

表8-2

年　份	1990	1991	1992	1993	1994	1995	1996	1997	1998	1999	2000	2001	2002	2003
事故次数	250 297	264 817	228 278	242 342	253 537	271 843	287 685	300 000	346 192	412 860	616 974	760 000	773 137	667 507
定基增减量	—	14 520	-22 019	-7 955	3 240	21 546	37 388	49 703	95 895	162 563	366 677	509 703	522 840	417 210
环比增减量	—	14 520	-36 539	14 064	11 195	18 306	15 842	12 315	46 192	66 668	204 114	143 026	13 137	-105 630
定基发展率(%)	100	105.8	91.2	96.8	101.3	108.6	114.9	119.9	138.3	164.9	246.5	303.6	308.9	266.7
环比发展率(%)	—	105.8	86.2	106.2	104.6	107.2	105.8	104.3	115.4	119.3	149.4	123.2	101.7	86.3
定基增长率(%)	—	5.8	-8.8	-3.2	1.3	8.6	14.9	19.9	38.3	64.9	146.5	203.6	208.9	166.7
环比增长率(%)	—	5.8	-13.8	6.2	4.6	7.2	5.8	4.3	15.4	19.3	49.4	23.2	1.7	-13.7
死亡人数	49 371	53 292	58 729	63 508	66 362	71 494	73 655	73 861	78 068	83 529	93 493	106 000	98 502	104 372
定基增减量	—	3 921	9 358	14 137	16 991	22 123	24 284	24 490	28 697	34 158	44 122	56 629	49 131	55 001
环比增减量	—	3 921	5 437	4 779	2 854	5 132	2 161	206	4 207	5 461	9 964	12 507	-7 498	5 870
定基发展率(%)	100	107.9	119.0	128.6	134.4	144.8	149.2	149.6	158.1	169.2	189.4	214.7	199.5	211.4
环比发展率(%)	—	107.9	110.2	108.1	104.5	107.7	103.0	100.3	105.7	107.0	111.9	113.4	92.9	106.0
定基增长率(%)	—	7.9	19.0	28.6	34.4	44.8	49.2	49.6	58.1	69.2	89.4	114.7	99.5	111.4
环比增长率(%)	—	7.9	10.2	8.1	4.5	7.7	3.0	0.3	5.7	7.0	11.9	13.4	-7.1	6.0

(2)增减量

是指交通事故指标在一定时期内增加或减少的绝对数量。由于使用的基准期不同,增减量可分为定基增减量和环比增减量。前者在每次计算时,都以计算期前的某一特定时期为固定的基准期(一般取动态绝对数列的最初时期作为固定基准期),用以表明一段时间内累积增减的数量;后者在计算时,都以计算期的前一期为基准期,用以表明单位时间内的增减量。

2)动态相对数

动态相对数是同一事故现象在不同时期的两个数值之比,动态相对数指标主要有事故发展率和事故增长率。

(1)事故发展率

事故发展率是本期数值与基期数值之比值,用以表明同类型事故统计数在不同时期发展变化的程度。事故发展率又可分为定基发展率和环比发展率两种。

①定基发展率是本期的统计数与基期统计数的比率,即:

$$K_g = \frac{F_C}{F_E} \times 100\% \tag{8-2}$$

式中:F_C——本期统计数;

F_E——基期统计数。

②环比发展率是本期统计数与前期统计数的比率,即:

$$K_b = \frac{F_C}{F_B} \times 100\% \tag{8-3}$$

式中:F_B——前期统计数。

(2)事故增长率

事故增长率表明事故统计数以基期或前期为基础净增长的比率,分为定基增长率和环比增长率。

①定基增长率是定基增减量与基期统计数的比率,即:

$$j_g = \frac{F_C - F_E}{F_E} \times 100\% \tag{8-4}$$

②环比增长率是环比增减量与前期统计数的比率,即:

$$j_b = \frac{F_C - F_B}{F_B} \times 100\% \tag{8-5}$$

表8-2为我国1990~2003年全国道路交通事故次数与死亡人数的绝对动态数列、增减量、发展率及增长率等动态指标计算结果。

3)动态平均数

动态平均数包括平均增减量、平均发展率和平均增长率。

平均增减量是环比增减量时间序列的序时平均数,可用简单算术平均数计算。

平均发展率是环比发展率时间序列的序时平均数,采用几何平均算法。

平均增长率可视作环比增长率的序时平均数,但它是根据平均发展率计算的,而不是直接根据环比增长率计算。

5. 事故率

交通事故率是表示一定时期内,一个国家、某一地区或某一具体道路地点的事故次数、伤

亡人数与其人口数、登记机动车辆数、运行里程的相对关系。交通事故率作为重要的强度相对指标,既可说明综合治理交通的水平,又是交通安全评价的基础指标,因此其应用广泛。根据计算方法和用途的不同,可分为亿车公里事故率、人口事故率、车辆事故率和综合事故率等,具体算法如下。

1)亿车公里事故率

$$R_V = \frac{D}{V} \times 10^8 \tag{8-6}$$

式中:R_V——1 年间亿车公里事故次数或伤、亡人数;

D——全年交通事故次数或伤、亡人数;

V——全年总计运行车公里数。

亿车公里事故率是国际上广泛应用的一种事故率指标,其值越小,说明交通安全状况越好。据 1995 年的统计结果,美国全国交通事故的亿车公里事故率为 58 次/亿车公里、英国为 55 次/亿车公里、法国为 27 次/亿车公里、德国为 64 次/亿车公里、中国为 41 次/亿车公里。同年度,上述国家的亿车公里死亡率分别为美国 1.1 人/亿车公里、英国 0.9 人/亿车公里、法国 1.7 人/亿车公里、德国 1.6 人/亿车公里、中国 10.7 人/亿车公里。

关于车公里数,可采用以下几种计算方法:以每辆车的年平均运行公里数乘以运行车辆数;用道路长度乘以道路上的年交通量(或由年平均日交通量推算出年交通量);以所辖区全年总的燃料消耗量(升)除以单车每公里平均燃料消耗量(升/车公里)。

【例 8-1】 某高速公路一年间共发生交通事故 80 次、伤 50 人、死亡 20 人,其长度为 60km,全程年平均日交通量为 6 000 辆/日,试计算其事故率。

解:根据式(8-6),该高速公路的事故率(R_{V1})受伤率(R_{V2})和死亡率(R_{V3})分别为:

$$R_{V1} = \frac{80 \times 10^8}{60 \times 6\ 000 \times 365} = 60.9(\text{次/亿车公里})$$

$$R_{V2} = \frac{50 \times 10^8}{60 \times 6\ 000 \times 365} = 38.1(\text{人/亿车公里})$$

$$R_{V3} = \frac{20 \times 10^8}{60 \times 6\ 000 \times 365} = 15.2(\text{人/亿车公里})$$

2)百万辆车事故率

$$R_M = \frac{D}{M} \times 10^6 \tag{8-7}$$

式中:R_M——1 年间百万辆车事故次数或伤、亡人数;

D——全年交通事故次数或伤、亡人数;

M——全年交通量或某一交叉口进入车辆总数。

一般用百万辆车事故率计算交叉口的交通事故率。

【例 8-2】 某交叉口一年间共发生交通事故 12 起,伤亡 7 人,每天进入该交叉口的平均日交通量为 5 000 辆,试计算其事故率。

解:根据式(8-7),该交叉路口的事故率(R_{M1})和伤亡率(R_{M2})分别为:

$$R_{M1} = \frac{12 \times 10^6}{5\ 000 \times 365} = 6.6(\text{次/百万辆车})$$

$$R_{M2}=\frac{7\times10^6}{5\ 000\times365}=3.8(\text{人/百万辆车})$$

3)人口事故率

$$R_P=\frac{D}{P}\times10^6 \tag{8-8}$$

式中：R_P——每100万人的事故死亡率；

D——全年或一定时期内的事故死亡人数；

P——统计区域人口数。

每100万人事故死亡率多用于国家或国际地区级的统计区域。若应用于某一城市，则多采用10万人口为单位，即每10万人事故死亡率。

4)车辆事故率

$$R_V=\frac{D}{V}\times10^5 \tag{8-9}$$

式中：R_V——每10万辆机动车的事故死亡率；

D——全年或一定期间内事故死亡人数；

V——机动车保有辆。

1995年每10万辆车交通事故死亡人数：美国为21，法国为28，德国为22；中国2005年为75.7。

上述事故率计算公式中，亿车公里事故率基本上包括了交通安全的人、车、路三要素，作为国际上的指标是合理的，应用于不同地区间也有较好的可比性。式(8-8)的人口事故率和式(8-9)的车辆事故率，在人口少、机动化程度高的发达国家和人口多、机动化程度低的发展中国家之间可能会出现较大差距。显然，采用这两个指标进行国际间的事故对比是不切实际和不客观的。因此，国内外有时也采用综合指标计算事故死亡率。

5)综合事故率

$$R=\frac{D}{\sqrt{VP}}\times10^4 \tag{8-10}$$

式中：R——综合事故率，也称死亡系数，即一年间或一定时期内交通事故死亡率；

D——全年或一定时期内事故死亡人数；

V——机动车拥有量；

P——人口数。

综合事故率是万车事故率与万人事故率的几何平均值，综合考虑了人与车两个方面的因素，但未考虑车辆的行驶里程。

交通事故死亡率是交通安全评价的重要指标。但是，仅根据死亡人数确定的事故死亡率还不能全面地表明事故的伤害程度。因此，有时还必须采用事故当量死亡率这一指标。在当量死亡率中，事故死亡数除了实际死亡人数外，还应再加上按轻伤、重伤折算的当量死亡人数。当量死亡人数按下式计算：

$$D_S=D+K_1D_1+K_2D_2 \tag{8-11}$$

式中：D_S——当量死亡人数；

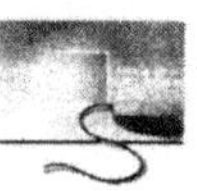

D——死亡人数；

D_1、D_2——分别为轻伤和重伤人数；

K_1、K_2——分别为轻伤和重伤换算为死亡的换算系数。

系数 K_1 和 K_2 应遵循统一的折算原则制定，这样，该指标就能比较全面地对交通的安全度作出评估。

三、统计分析方法

交通事故统计分析的方法主要有统计表法和统计图法。

1. 统计表法

根据不同的分析目的，将统计分析的结果编成各种表格，即为统计表，其内容包括各种必要的绝对指标和相对指标，是交通事故统计中常用的一种方式。按照统计数字或统计指标的不同特点，统计表可分为静态统计表和动态统计表。

仅列出同一时期事故统计数的表格称为静态统计表。从时间状态上看，表上的统计数是静止的，从而便于对不同地区或不同性质条件的事故现象进行相互对比。静态表中可同时列出相对数和绝对数。

将不同时间事故统计数字列成表格，就成为动态统计表，可用于反映交通事故随时间变化或分布的情况。

2. 统计图法

利用一些几何图形或象形图形等，将统计数字或计算出的统计指标形象化，从而反映事故现象的数量关系和发展变化趋势。统计图法的主要作用是：表明现象之间的对比关系；反映事故现象的发展变化趋势；表明事故总体的内部结构；表明事故的分布情况；揭示事故现象之间的相互依存关系等。作为数字的语言，统计图比统计表更鲜明、更直观、更生动有力。但图形只能起示意作用，数量之间的差距往往又被抽象化了。因此，在实际工作中，统计图常常与统计表、文字分析结合应用。

常用的统计图有条形图（直方图）、圆形图（扇形图）、散布图和排列图等。

第二节　事故的分布规律

研究交通事故的分布特点是交通管理工作的重要内容之一。它依靠客观反映交通事故情况的数据资料进行统计分析，作出科学推理和判断，把包含在数据中的规律揭示出来，为宏观和微观管理、决策提供可靠的依据，从而达到预防和减少交通事故的目的。同时对制定交通法规、城市建设规划和道路建设方案等方面都有重要的参考价值。

一、事故的时间分布

交通事故的时间分布是指事故随时间而变化的统计特征。

交通事故与交通活动和交通环境都有着密切的相关关系。交通活动，如交通流量大小、速度特性等在一年内的不同月份上、一周内的每一天及一天的不同时段上一般具有其固定的规律性。交通活动所处的自然环境，如季节、天气情况等，其时间变化规律更加明显。显然，交通事故具有随时间而变化的特征,宏观的统计分析可揭示出其变化的规律性。

图8-1是我国2005年全国道路交通事故按月份统计的结果。从图中可清楚地看出,下半年交通事故多于上半年,其中11、12月份交通事故最多,2、3月份交通事故最少。当然,若能统计出各个月份上的交通流量,从而计算出交通事故的相对指标,则统计结果将能更加全面地反映出一年中交通事故的月份分布规律。

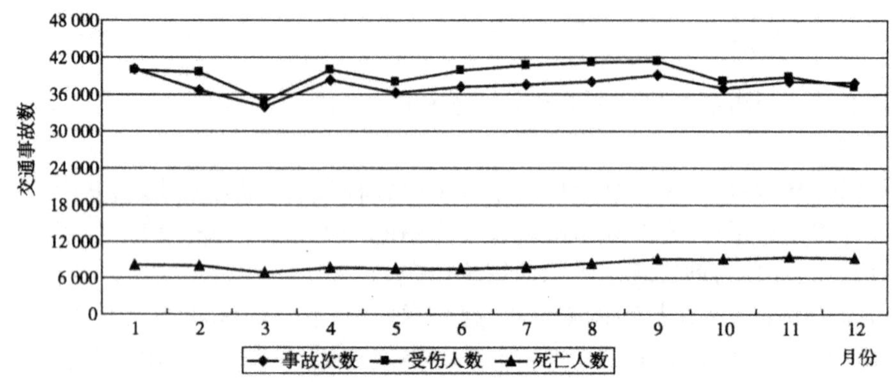

图8-1 2005年全国道路交通事故月份分布

图8-2是日本1991年度交通事故在一周内每一天的分布结果。从图中可知,周一至周五平均每天发生死亡事故27.7起,周六、周日平均为31.8起,故存在周末死亡事故多的趋势。

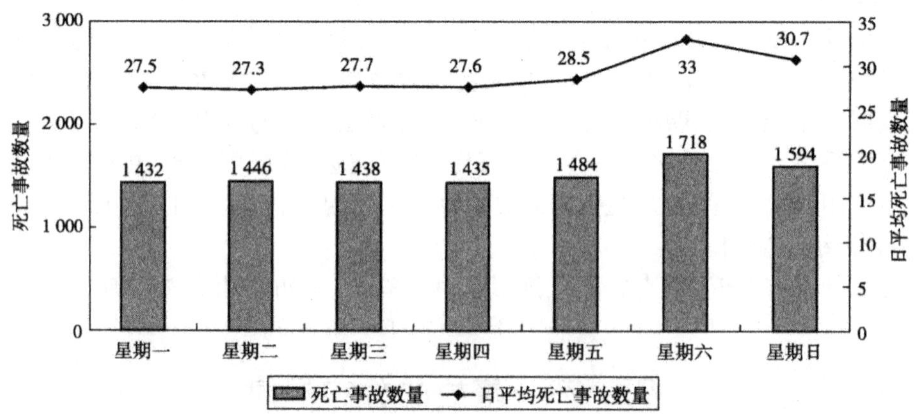

图8-2 1991年日本交通事故(死亡事故)周日分布

图8-3是我国某高速公路1994年度交通事故的小时分布直方图。从图中可以看出两个事故发生时间峰值:4:00~10:00及16:00~20:00,即黎明和黄昏时分事故次数及死亡人数明显偏高。

二、事故的空间分布

交通事故的空间分布是指交通事故在城市、农村、各种类型的道路上(见表8-3)以及具体路段、交叉口上的分布情况。由于交通环境不同、交通组成不同、交通分布不同等原因,交通事故在空间上有不同的分布特征。关于我国交通事故的分布情况,可参看公安部交通管理局每年公布的《中华人民共和国道路交通事故统计年报》。

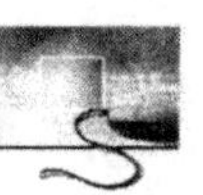

对具体道路、交叉口等进行交通事故空间分布研究,也是判断、鉴别事故多发地点的重要依据。

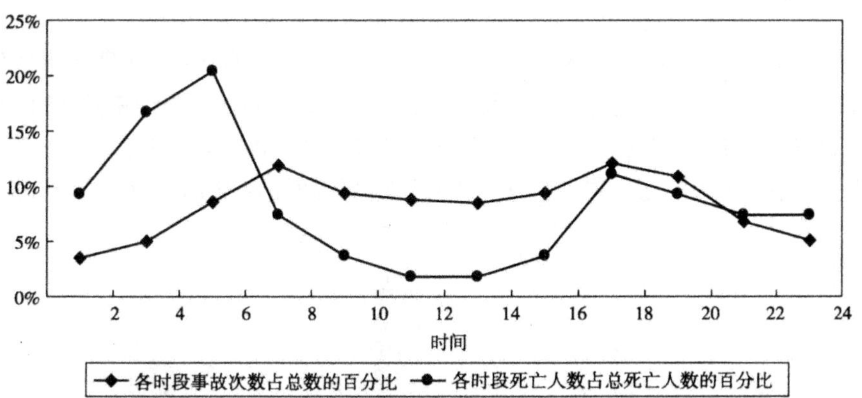

图 8-3　某高速公路交通事故小时分布

我国各种类型道路上的交通事故分布　　表 8-3

道路类型	次数	百分比(%)	死亡人数	百分比(%)	受伤人数	百分比(%)	直接经济损失	百分比(%)
高速公路	18 168	4.04	6 407	6.49	15 681	3.34	508 928 269	27.01
一级公路	34 009	7.55	9 335	9.45	35 384	7.53	145 691 125	7.73
二级公路	93 065	20.67	27 749	28.10	99 964	21.27	367 482 142	19.51
三级公路	70 684	15.70	19 699	19.95	77 959	16.59	228 981 629	12.16
四级公路	27 154	6.03	6 967	7.06	31 182	6.64	65 931 574	3.50
等外公路	29 760	6.61	6 532	6.62	33 301	7.09	58 643 124	3.11
快速路	11 730	2.61	1 900	1.92	12 388	2.63	58 862 251	3.13
城市主干路	98 228	21.82	11 895	12.05	95 693	20.36	272 626 307	14.47
城市次干路	26 268	5.83	2 930	2.97	25 786	5.49	75 240 139	3.99
支路	12 810	2.84	1 510	1.53	12 583	2.68	31 496 071	1.67
单位小区自建道路	1 893	0.42	217	0.22	1 898	0.40	4 322 099	0.23
其他城市道路	26 485	5.88	3 597	3.64	28 092	5.98	65 806 956	3.49
合计	450 254	100.0	98 738	100.0	469 911	100.0	1 884 011 686	100.0

三、事故的形态分布

交通事故的形态分布是指在某一区域的交通系统上或某一条具体的道路上,正面碰撞、侧

面碰撞、追尾相撞、撞固定物、对向刮擦、同向刮擦、碾压、翻车、坠车、失火等交通事故现象的构成情况。找出突出的事故现象,提出相应的预防措施,是分析交通事故形态分布的主要目的。

图 8-4 是我国某省 1995 年公路交通事故的形态分布统计结果。由图可知,对于除高速公外的其他各级公路,正面碰撞、侧面碰撞及追尾碰撞三种事故的累计频率达到了 80% 以上,是其交通事故的主要形式。在高速公路上,撞固定物及追尾相撞两种事故形态分列第一位和第二位。显然,上述统计结果与不同类型的道路所提供的道路和交通条件是一致的。

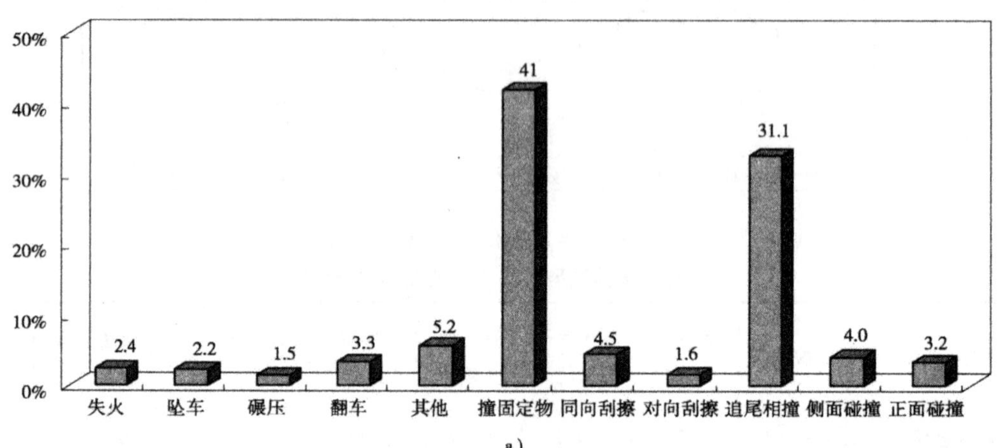

a)

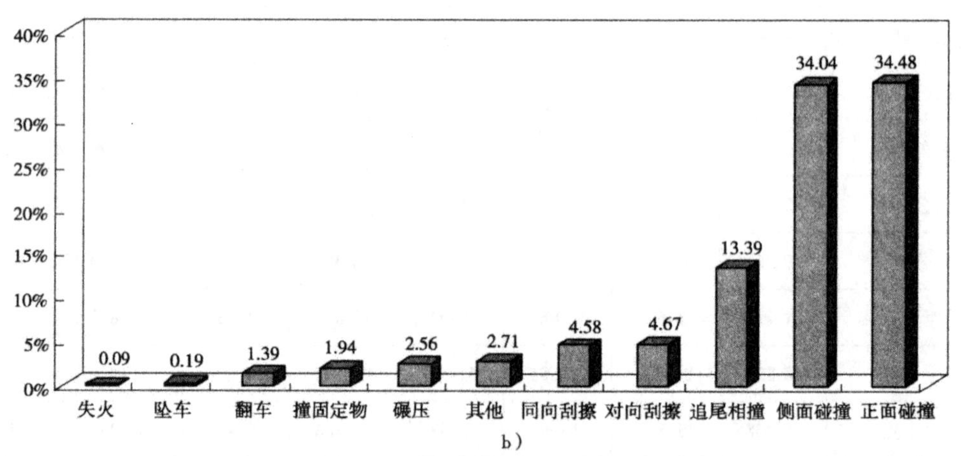

b)

图 8-4 某省公路事故形态分布图
a)高速公路;b)其他各级公路

四、事故的成因分布特征

表 8-4 为某省 2005 年各等级公路交通事故成因统计资料。从统计数据中可以看出,该省 2005 年由于超速行驶、违章超车和不按规定让行所导致的交通事故次数较高,其中由于超速行驶导致的交通事故次数为 754 起,占到了全年交通事故总数的 25.6%,由于违章超车导致的交通事故次数为 277 起,占到了全年交通事故总数的 9.4%,由于不按规定让行导致的交通事故次数为 211 起,占到了全年交通事故总数的 7.2%。

某省 2005 年各等级公路事故成因统计表　　表 8-4

事故原因	高速公路	一级路	二级路	三级路	四级路	等外路	合　计
爆胎	3	1	6	2	0	1	13
不按规定让行	14	13	91	46	15	32	211
超速行驶	84	79	251	183	60	97	754
货车超载	3	0	1	2	1	0	7
机件故障	1	4	10	12	5	5	37
酒后驾车	9	5	62	47	19	32	174
客车超员	0	0	2	0	0	1	3
逆向行驶	20	9	47	37	16	35	164
疲劳驾车	41	6	18	9	4	0	78
违反交通信号	0	2	2	1	1	0	6
违章超车	29	21	97	78	23	29	277
违章变更车道	16	3	8	3	0	2	32
违章穿行机动车道	7	1	7	3	1	0	19
违章倒车	1	0	11	5	1	9	27
违章掉头	9	7	13	9	2	8	48
违章会车	16	8	47	34	15	35	155
违章停车	2	0	4	3	4	0	13
违章占道行驶	4	1	18	19	13	18	73
违章转弯	15	14	53	34	22	27	165
违章装载	5	2	11	12	8	8	46
未保持安全距离	23	5	52	14	9	7	110
加速踏板控制不当	6	6	13	9	4	8	46
制动不当	24	3	29	9	4	6	75
自然灾害	0	1	10	2	1	1	15
其他	47	25	152	76	32	63	395

第三节　事故影响因素分析

交通事故是在特定的交通环境下，由于人、车、路、环境诸要素的配合失调而发生的。因此，分析交通事故的成因最主要的就是分析人、车、路、环境等因素对交通事故的影响程度。

国外大量的事故统计分析结果表明：在所有的交通事故中，直接由于人的原因而引发的交通事故约占事故总数的90%；因道路和车辆原因引发的交通事故约占10%。我国各地的交通事故统计分析的结果也表明了这一点。

一、单因素诱发事故的统计与分析

1. 人的原因

交通活动中的行为人主要有机动车驾驶员、骑车人、行人和车上乘员。2005年我国交通死亡事故中因各种行为人引发的交通事故分布情况示于图8-5。

据1988～1992年全国交通死亡事故的统计分析可知，因驾驶员过错造成的死亡人数占全部死亡人数的60%以上，加上无证驾驶的约达到70%。从造成事故的违章行为来看，由大到小依次是超速行驶、违章操作、违章超车、逆道行驶、违章装载和酒后驾车。每年非驾驶员开车肇事，约占驾驶人员肇事的10%。

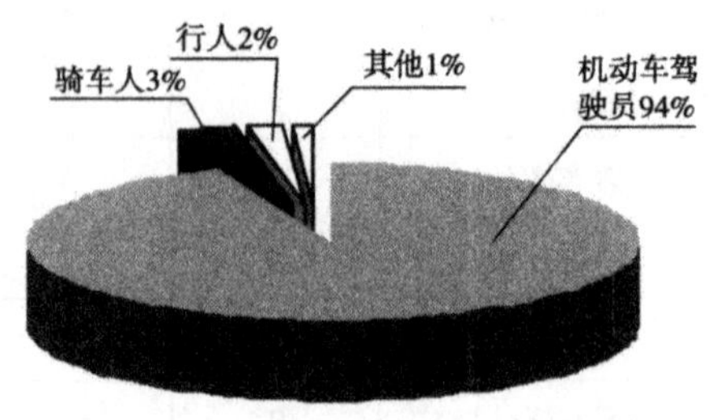

图8-5　2005年我国交通事故中人的原因分布

自行车交通是我国道路交通的特色。据统计，我国现有非机动车大约6亿辆，在交通死亡事故中，因骑车人原因造成的死亡人数占全部死亡人数的13%。骑车人引发交通事故的主要原因是在机动车道内违章行驶、猛拐和抢行。

据全国交通死亡事故情况分析显示，因行人过失造成的死亡人数约占全部死亡人数的12%。行人违章发生交通事故主要表现在不走人行道、无视交通信号和交警指挥而横穿道路。

乘车人违章导致交通事故主要表现：将身体部位伸到车外以及在车辆还没有停稳时就上、下车。

另外，还可对事故责任者的年龄、驾龄、职业分布以及事故受害者的年龄、职业等进行更详细的统计研究。

2. 车辆的原因

车辆作为现代交通的主要运载工具，其性能的好坏是影响交通安全的重要因素。虽然因车辆技术性能不良引起的交通事故比例并不大，但这类事故一旦发生，其后果一般是比较严重的。

由车辆原因造成的交通事故通常是制动失灵、灯光失效、机件损坏和车辆装载超高、超宽、超载以及货物绑扎不牢等原因所致。另外，由于车辆在行驶过程中，各种机件承受着反复交变荷载，当超过一定数量后也会突然发生疲劳而酿成交通事故。除此以外，一些单位维修制度不完善、不落实，车辆检验方法落后，致使一些车辆常常因带病行驶而肇事。

上述因车辆原因引发的交通事故，在排除责任事故后，其他的可统称为车辆机械事故。根据2005年我国交通事故的统计资料(图8-6)可知，车辆机械事故主要发生在车辆制动系统和转向系统，其中因制动方面故障而引发的交通事故约占机械故障事故总数的70%。

随着汽车技术的不断发展，因车辆机械故障导致的交通事故比例越来越小。据近年来统计，发达国家这类事故占事故总数的比例在0.5%以下。我国目前这类事故还比较多，占事故总数的5%左右。

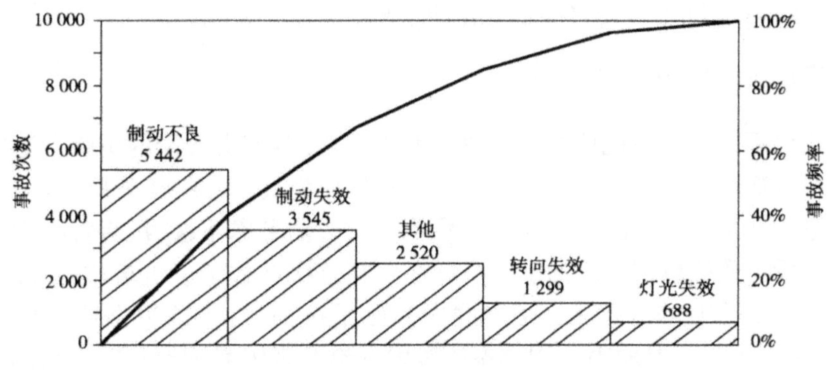

图 8-6　我国交通机械故障事故排列图

3. 道路的原因

我国每年因道路原因造成的交通事故占事故总数的3% ~5%。2005 年我国交通死亡事故的地点分布如图 8-7 所示。

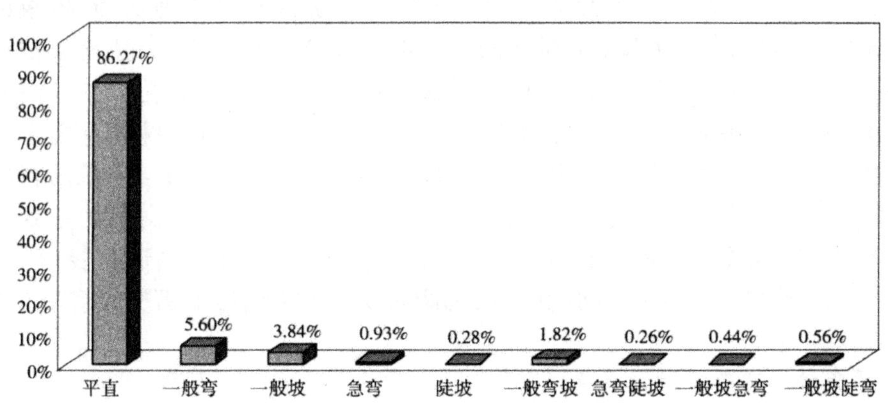

图 8-7　我国交通死亡事故的地点分布

从道路线形上看,死亡事故多发生在平直道路上,这与道路里程中平直路段所占比重大有关。另外,平直路上车速快,也是事故多发的重要原因。急弯陡坡路段事故虽然不多,但是损失严重的群死群伤事故多发生在此类路段。

4. 环境因素

道路周围的环境对交通事故有较大影响。一般来说,城市交通干道两侧商业化程度高的路段和公路通过村镇、街道化程度高的路段事故率高于其他路段。据美国加利福尼亚州交通事故死亡率调查发现,不同地区交通事故率的分布有较大差别,市区和野外的高速公路亿车公里事故率分别为 2.43 人/亿车公里和 1.35 人/亿车公里,后者仅为前者的 50%。城市不同区域内道路上的事故率也有较大差异,一般市区商业中心道路上的事故率最高,因此应加强交通复杂地区的交通管理和事故预防工作。

风、雨、雾和冰雪等恶劣天气,严重影响了驾驶员正常驾驶的条件,导致事故多发。尽管不良天气在一年当中所占比例不大,但在此期间的事故率却明显高于正常天气。根据 1988 ~ 1992 年全国事故统计资料,不良天气的死亡事故次数占总死亡事故次数的 23.5%,死亡人数占24.3%，因此，应重视不良天气的事故预防工作。

二、多因素诱发事故的统计与分析

单因素理论不能全面系统地揭示事故发生的规律，多因素理论的贡献主要在于使人们改变了对交通事故成因的单向性、局部性思维，开始从社会整体的角度来考虑交通安全问题。然而多因素理论的不足在于对因素之间的关系及互相影响考虑不够，没有对因素之间的逻辑关系进行深入分析。系统致因理论的重大贡献在于它首次把数学引进事故研究之中，从而将致因理论建立在定量研究的基础上。但就我国实际情况而言，事故数据往往只记录一种原因（有时该原因甚至不是主要原因），因此系统致因理论及多因素理论目前在全国范围内还不能进行实际应用。

1. 人为因素与道路条件的关系

在“人—车—路—环境”组成的动态交通系统中，“人”是中心，“路”是基础，“车”是纽带，三者在交通系统中的作用都很重要。但是在交通事故分析中经常将事故归咎于“人为造成”。许多国家的公众舆论与交通管理机构的官方统计都简单地认为，事故的根本原因是驾驶员的粗心和错误以及汽车的机械问题。但最新研究结果表明：所有事故中完全应由驾驶员负责的为73.6%，道路条件的原因所占比例约为17%。这说明在以往的交通事故原因中，“路”在交通事故中的作用被忽视了。事实上，除部分事故纯粹是由于驾驶员粗心驾驶汽车等主观原因引起的外，有相当一部分事故是人为操作不当与困难的行驶条件共同引起的，而困难的行驶条件则与道路设计和养护有关。因此，作为交通的基础设施和车辆行驶的根本条件，道路对交通安全的影响不可忽视。下面主要讨论道路线形设计要素（包括平面、纵断面、横断面及平纵线形组合）、视距及交叉口（包括平面交叉和立体交叉）与交通事故的关系。

2. 交通条件与道路条件的关系

混合交通的存在，致使交通流运行复杂化。尤其在道路几何条件不佳、路基路面破损严重的路段，当车辆运行与复杂交通流状态时，车辆很难以最佳状态行驶，交通事故时有发生。

大量调查数据显示，当车辆行驶于凸曲线顶端时，由于行车视距的不足，加之当时的交通流运行状态复杂多变，极容易与对向来车发生正碰或刮擦等事故。在黑龙江省高等级公路事故卷宗中，在当时的道路条件与交通条件共同作用下而发生的交通事故占有一定的比重。

3. 道路条件与气候条件的关系

道路表面与轮胎之间的摩擦系数通常用来衡量道路表面的抗滑能力。行车时道路表面的抗滑能力对交通安全有着重要影响。同样一条路，如果表面干燥、清洁，抗滑能力就高；若是表面潮湿或覆盖冰雪，路面抗滑能力就会很低，容易发生交通事故。因此，决定道路表面性能的客观条件主要是气候条件。比如，黑龙江省高等级公路都处于北方寒冷地段，冰冻与降雪对路面的状况影响很大，对交通安全构成很大的威胁。

对于交通事故的影响因素之间的关系，除上述分析的结果外，还有很多影响因素两两组合的影响，以及三因素以上的共同作用，但为了明确事故成因的主要因素，在这里不做深入讨论。

第四节　事故多发地点的辨识与改造

一、事故多发地点的含义

事故多发地点，也称为危险路段或危险路口。在统计周期内，如果某个路段（路口）的事故指标明显高于其他相似路段（路口），或超过某一规定的数值时，则该地点即为事故多发地点。

事故多发地点是客观存在的。广义上，交通事故的发生具有随机性，但大量的统计结果和事实表明：在一条道路的多个路段上或某一区域的多个路口上，交通事故发生的频率是不同的，确实存在着事故频率突出的路段或路口，即事故多发点。

事故多发点处频繁发生性质类似的交通事故，这说明除了人和车辆的原因外，必然在道路条件或景观环境上存在着安全隐患，是它们直接促成或间接诱导了交通事故的发生。判断出事故多发地点，找出其中的道路条件或交通环境上的影响因素，进而有针对性地提出改造措施，才能从本质上改善事故多发点处的交通安全状况。

交通安全分析研究工作可分为两类，一类是宏观分析，它是以一个区域为单元将所有事故汇总分类，分析事故指标与事故情况，从而掌握交通安全状况和趋势；另一类是微观分析，通过事故记录发现事故突出的某些路段、路口、桥头等，针对这些具体地点，进而作出深入的分析研究，找出提高安全水平的办法。显然，事故多发地点的鉴别是微观分析的重要内容，准确及时地掌握事故多发点分布及其成因，对于进一步开展交通安全整治工作，具有重要指导作用。

二、事故多发地点的辨识

1. *基本的事故多发地点辨识方法*

1）事故次数法

事故次数法即按一定时期内的事故次数进行筛选。首先选取一临界的事故次数作为鉴别标准，如果某一地点的事故次数大于临界值，则被认为是事故多发地点。

该方法的优点是简单、直接、容易应用。但是仅以事故次数作为鉴别的单一标准时，由于没有考虑交通量和路段长度等影响因素，可能导致将非危险路段当作危险路段进行改善。因此，该方法适用于鉴别较小的交叉口或街道等。

2）事故率法

事故率法即按事故率的大小进行评定。对于道路路段，常以每年亿车公里或百万车公里的事故次数作为评价标准；对于交叉口，常以百万辆车的事故次数作为评价标准。当路段或交叉口的事故超过某一可接受的临界值时，即认为其是事故多发路段或交叉口。

由于同时考虑了交通量与路段长度，这种方法优于事故次数法。但是，该方法也容易导致以下情况出现：具有较低交通量的短路段拥有高事故率，而具有高事故次数、高交通量的路段拥有低事故率；具有低百万辆车、低事故次数的交叉口拥有高事故率，而具有高百万辆车、高事故数的交叉口拥有低事故率。因此，当以它作为唯一标准进行危险路段或交叉口鉴别时，同样也可能导致将非危险路段当作危险路段进行改善，或滤掉了更为严重的危险路段，导致改善投资上的失误。

3）事故次数与事故率综合

该法也称矩阵法，是把事故次数和事故率联合起来作为鉴别标准的方法。如图8-8所示，以事故次数作为横坐标，以事故率作为纵坐标，按事故次数和事故率的一定值，将图中划出不同的危险度区域（矩阵单元），如处于危险级别I的区域内的评价对象比危险级别II的区域内的更危险。图中右上角的矩阵单元是最危险区域，亦是交通事故次数和事故率均很高的事故多发地点。

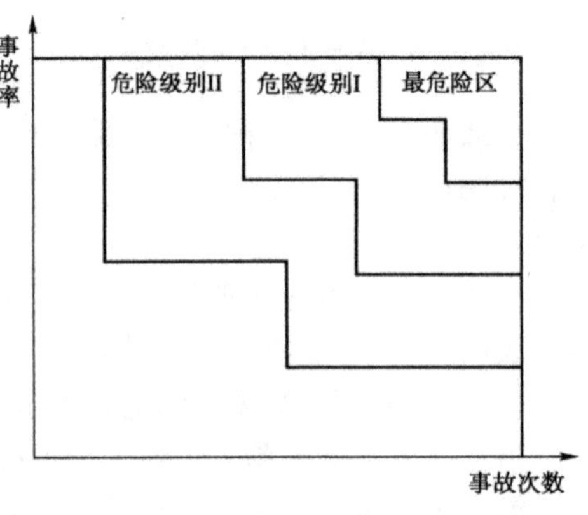

图8-8　事故次数与事故率综合法示意图

该方法的优点是：兼顾了事故次数法和事故率法；可直观地判断不同评价地点的安全程度；矩阵的大小可根据使用者的需要来确定。但是，该方法只表示了评价地点的危险程度，而不能对低事故次数高事故率的地点与高事故次数低事故率的地点作出本质区别，只是简单地将其作为非危险路段对待。

4）质量控制法

该法是将特定地点的事故率与所有相似特征地点的平均事故率作比较，并根据显著性水平建立评价危险路段的事故率的上限和下限，具体计算公式如下：

$$\begin{cases} R_c^+ = A + K\sqrt{\dfrac{A}{M}} + \dfrac{1}{2M} \\ R_c^- = A - K\sqrt{\dfrac{A}{M}} - \dfrac{1}{2M} \end{cases} \tag{8-12}$$

式中：R_c——临界事故率，R_c^+ 为上限值，R_c^- 为下限值；

A——相似类型交叉口或路段的平均事故率；

K——统计常数，取1.96（95%置信度）；

M——评价地点在调查期内的平均车辆数（交叉口以百万辆车计，路段以亿辆计）。

如果评价地点的事故率大于上限值，则认为是危险地段；如果小于下限值，则认为是非危险地段；处于上下限之间的则需经更为详细的考查后再进行确定。

质量控制法是一种基于假设的理论方法。实际应用表明，该法要比上述统计方法更合理，但它没有表明危险路段改善的优先次序。

【例8-3】 某条道路的多数路段，年平均事故率为45次/亿辆，其中某一路段每年有54次事故，交通量为30 000辆/日。试评定该路段的安全状况。

解： $A = 45$

$K = 1.96$（取95%置信度）

$M = \dfrac{30\ 000 \times 365}{10^8} = 0.11$（亿辆）

$R = \dfrac{54}{M} = \dfrac{54}{0.11} = 491$（次/亿辆）

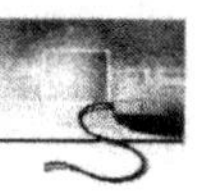

$$R_c^+ = A + K\sqrt{\frac{A}{M}} + \frac{1}{2M} = 45 + 1.96\sqrt{\frac{45}{0.11}} + \frac{1}{2\times 0.11} = 89.28(\text{次/亿辆})$$

$$R_c^- = A - K\sqrt{\frac{A}{M}} - \frac{1}{2M} = 45 - 1.96\sqrt{\frac{45}{0.11}} - \frac{1}{2\times 0.11} = 0.72(\text{次/亿辆})$$

该路段事故率 $R=491$ 次/亿辆 > 上限 89.28 次/亿辆，交通安全状况很差，属危险路段。

5）速度比判断法

交通心理研究表明，驾驶员在行车过程中会产生一种心理惰性。在高速行驶状态下，驶入危险路段时，仍不减速或减速幅度不够。当驾驶员由行车条件好的路段进入条件差的路段时，由于惰性原因，使得实际车速大于道路条件允许的车速，这就有可能导致交通事故。因此，可从相邻路段的行车条件来确定危险路段。车辆从路段 L_1 驶入路段 L_2，L_1 能保证的车速为 v_1，L_2 能保证的车速为 v_2，则有：

$$R = \frac{v_1}{v_2} \tag{8-13}$$

式中：R——相邻两路段的车速比。

当 $R \geqslant 0.8$ 时，路段 L_2 为安全路段；当 $R = 0.5 \sim 0.8$ 时，L_2 为稍有危险路段；当 $R < 0.5$ 时，L_2 为危险路段。

车速可通过实测，或根据道路、交通条件来推测。通常危险路段有以下几种情况：道路上有坑洼或阻挡物；连接不良；视距不够；线形急转弯；坡度突变；超高不足或反超高；行人、非机动车设施不足或质量差；交通工程设施等不足或设置不当。

对于交叉口，可用通过交叉口的机动车行驶速度与相应路段上的区间速度之比来判定，即：

$$R = \frac{v_J}{v_H} \tag{8-14}$$

式中：v_J——交叉口车速（km/h）；

v_H——交叉口间路段的区间车速（km/h）。

速度比是一项综合性指标，当它与事故率结合使用时，使事故多发点的评定更加可靠。

2. 用事故影响系数线性图判定事故多发路段

交通条件与交通事故之间存在密切的关系。交通条件包括：交通量，道路平面线形指标、纵断面线形指标、横断面各组成部分的尺寸，行车视距，路表状况，路侧构造物或建筑物的类型与分布等。根据大量的、大范围的以及长期的统计结果，可得出上述条件与交通事故之间稳定的相关关系，即每一因素对交通事故的影响程度。这些影响程度，可用影响系数 K_i 来表示。表 8-5 为国外某一类型道路经过大量统计分析后得出的事故影响系数表。

对某一具体路段，根据交通条件得出各影响系数后，将这些系数相乘，即得到交通条件对交通事故的综合影响系数 K，即：

$$K = K_1 K_2 \cdots K_n \tag{8-15}$$

对某一道路上的所有路段，分别计算综合影响系数，并沿道路方向绘制成坐标图，这就是事故影响系数线性图。按照一定原则，确定综合影响系数的上限和下限，由此即可对每一路段评定其交通安全状况。

不同交通条件下事故率系数 K_i 值　表 8-5

交通量(辆/天)	500	1 000	2 000	3 000	5 000	6 000	7 000	9 000	11 000	13 000	15 000	20 000
K_1	0.50	0.50	0.60	0.75	1.0	1.15	1.3	1.7	1.8	1.5	1.0	0.6
行车道宽度(m)	4.5	5.5	6.0	7.5	9.0	10.5						
加固路肩时的 K_2	2.2	1.5	1.35	1.0	0.8	0.7						
未加固路肩时的 K_2	4.0	2.75	2.5	1.5	1.0	0.9						
路肩宽度(m)	0.5	1	1.5	2	2.5	3						
K_3	2.2	1.7	1.4	1.2	1.1	1.0						
纵坡(%)	2	3	5	7	8							
K_4	1.0	1.25	2.5	2.8	3.0							
平曲线半径(m)	50	100	150	200～300	400～600	600～1 000	1 000～2 000	>2 000				
K_5	10	5.4	4.0	2.25	1.6	1.4	1.25	1.0				
视距(m)	50	100	150	200	250	350	400	500				
平面上的 K_6	3.6	3.0	2.7	2.25	2.0	1.45	1.2	1.0				
纵断面上的 K_6	5.0	4.0	3.4	2.5	2.4	2.0	1.4	1.0				
桥面与道路行车道宽度的差别	窄 1m	相等	宽 1m	宽 2m								
K_7	6.0	3.0	2.0	1.5								
直线段长度(km)	3	5	10	15	20	52						
K_8	1.0	1.1	1.4	1.6	1.9	2.0						
交叉口类型	立体交叉	环形交叉	平面交叉									
横道的交通量占两条道路总交通量的百分数(%)	—	—	<10	10～20	>20							
K_9	0.35	0.70	1.5	3.0	4.0							
与次要道路交叉的主要道路的交通量(辆/天)	<1 600	1 600～3 500	3 500～5 000	>5 000								
K_{10}	1.5	2	3	4								
从叉路上看平面交叉口的视距(m)	>60	60～40	40～30	30～20	<20							
K_{11}	1.0	1.1	1.65	2.5	10.0							
行车部分的车道数	2（无路面画线）	3（无路面画线）	3（有路面画线）	4（无分隔带）	4（有分隔带）	4（立交）						
K_{12}	1.0	1.5	0.9	0.8	0.65	0.35						
路旁建筑物至行车道边缘的距离(m)	15～20（有地方行车道）	5～10（有人行道）	5 以下（没有地方行车道）	5 以下（没有人行道及地方行车道）								
K_{13}	2.5	5.0	7.5	10.0								

续上表

集镇段的长度(km)	0.5	1	2	3	5	6
K_{14}	1	1.2	1.7	2.2	2.7	3.0
临近集镇的直线路段长度(km)		<0.2		0.2~0.6	>0.6	
K_{15}		2.0		1.5	1.2	
路面特性	(光滑、被泥土覆盖的)		(光滑的)	(干净、干燥)	(粗糙)	(很粗糙)
附着系数	0.2~0.3		0.4	0.6	0.7	0.75
K_{16}	2.5		2.0	1.3	1.0	0.75
分隔带宽度(m)	1	2	3	5	10	15
K_{17}	2.5	2.0	1.5	1	0.5	0.4

在绘制综合影响系数图时,经常发生相邻路段上的系数差别较小的情况。在改善整条道路的可能性受到限制的情况下,正确确定改建危险路段的次序也是很重要的。为了确定出最危险的路段,可在个别影响系数中引入一个反映事故严重程度的修正系数,即事故严重性系数 m_i,根据考虑的因素不同,可按表 8-6 取值(对于我国仅供参考)。

不同交通条件下的事故严重性系数　　表 8-6

考虑因素		事故严重性系数
车道宽度(m)	4.5	0.7
	6	1.2
	7	1.1
	7.5	1.0
	9	1.4
	10.5	1.2
行车道数	1	0.9
	2	1.1
	3	1.3
	4	0.9
平曲线半径(m)	< 350	0.75
	>350	1.00

考虑因素		事故严重性系数
平纵断面上的视距(m)	<250	0.7
	>250	1.0
桥梁与高架桥的路缘石高度(cm)	<30	2.30
	>30	1.40
平面交叉口		0.70
立体交叉口		0.90
居民区		1.20
路肩宽度(m)	<2.5	0.85
	>2.5	1.0
纵坡(%)	<3	1.4
	>3	1.0
在路肩与分隔带上有树木、高架桥支座等		1.5

3. *交叉口危险度的判定*

平面交叉口的交通安全状况取决于交叉口中冲突点、分流点、合流点等交通特征点(图 8-9)的数目以及通过这些特征点的交通流量大小、交通流线相交角度等因素,其中冲突点至关重要。另外,交通特征点的分布(如密集或分散程度等)对交叉口交通事故的发生也有十分重要的影响。

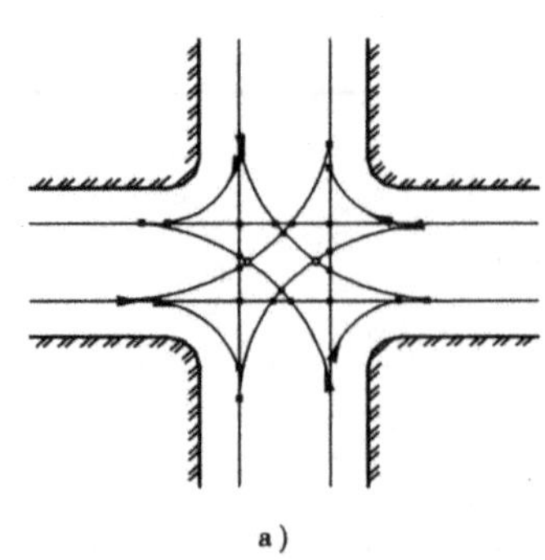

a)

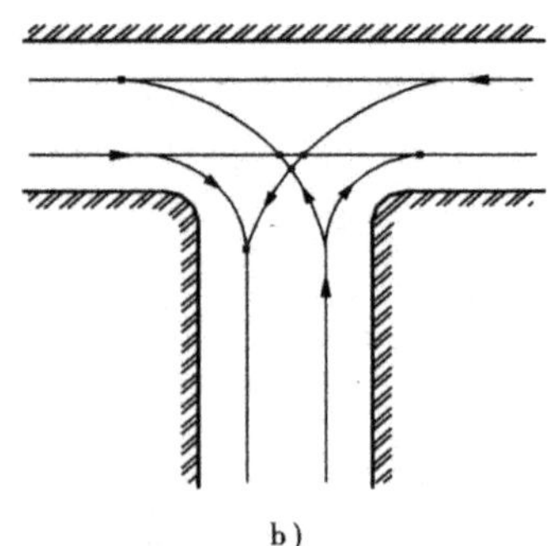

b)

•— 冲突点； ▪— 合流点； ►— 分流点

图 8-9 平面交叉口与交叉道口上的交通特征点

a)四路平面交叉口；b)三路平面交叉口

根据上述原理，前联邦德国的 T. 拉波波尔特提出了交叉口的危险度计算方法：

$$G = \sum_{i=1}^{n} \frac{\alpha_i \beta_i}{10} \tag{8-16}$$

式中：G——某一类型平面交叉口的事故危险度；

α_i——交叉口中某一类型特征点的危险度，参见表 8-7；

β_i——通过每一特征点的累计交通量。

对于同一类型的多个平面交叉口，分别计算出危险度后，按照一定原则确定危险度的上限和下限，即可判定事故多发路口。

交叉口不同相交角度车流的 α 值　　表 8-7

交叉口的交通特征点	交通特征点的分布状况		交叉口的交通特征点	交通特征点的分布状况	
	分散的	密集的		分散的	密集的
分流点	2	1	锐角 60°	8	4
合流点	4	2	直角 90°	12	6
在下列交通条件下的			钝角 120°	14	7
车流冲突点锐角 30°	6	3	钝角 150°	18	9

前苏联 E. M. 洛巴诺夫在分析本国平面交叉口交通事故资料的基础上，提出了交叉口上交通特征点处可能发生交通事故数量的计算公式，特征点上每通过 1 千万辆汽车时可能发生的交通事故数量为：

$$g_i = K_i M_i N_i \frac{25}{K_{月}} \times 10^{-7} \tag{8-17}$$

式中：g_i——特征点 i 上每通过 1 千万辆汽车时可能发生的交通事故次数；

K_i——特征点 i 的相对事故率，参见表 8-8；

M_i——特征点 i 上通过的次要道路上的日车流量；

N_i——特征点 i 上通过的主要道路上的日车流量；

$K_{月}$——年交通量月不均匀系数。

公式中的系数 25 代表一个月的平均工作天数。对于新设计的平面交叉口，$25/K_{月}$ 可取 365。

不同交通条件下的 K_i 值　　表 8-8

交通条件	行车方向	交叉口的几何特征	交叉口的 K_i 值	
			无设施	有渠化交通设施
合流	右转弯	$R<15$m	0.025 0	0.020 0
		$R\geqslant15$m	0.004 0	0.002 0
	左转弯	$R\leqslant10$m	0.032 0	0.002 0
		$10<R<25$m	0.002 5	0.001 7
车流冲突	交叉	$\alpha\leqslant30°$	0.008 0	0.004 0
		$50°\leqslant\alpha\leqslant75°$	0.003 6	0.001 8
		$90°\leqslant\alpha<120°$	0.012 0	0.006 0
		$150°<\alpha<180°$	0.035 0	0.017 5
车流分流	右转弯	$R<15$m	0.020 0	0.020 0
		$R\geqslant15$m	0.006 0	0.006 0
	左转弯	$R\leqslant10$m	0.030 0	0.030 0
		$10<R<25$m	0.004 0	0.002 5
两种转弯的车流	车流向两个方向分流	—	0.001 5	0.001 0
	转弯车流的合流点	—	0.002 5	0.001 2

交叉口的危险度 K_α 按下式计算：

$$K_\alpha=\frac{\sum_{i=1}^{n}10^7 g_i K_{月}}{25(M+N)}=\frac{\sum_{i=1}^{n}K_i M_i N_i}{M+N} \tag{8-18}$$

式中：M、N——分别为次要道路和主要道路上的日交通量。

根据 K_α 值，将平面交叉口分为以下几个安全等级：$K_\alpha<3$，不危险；$3.1<K_\alpha<8$，稍有危险；$8.1<K_\alpha<12$，危险；$K_\alpha>12$，很危险。

三、事故多发地点的成因分析

鉴别出事故多发地点并确定其主要的事故诱导因素，从而提出切实可行的交通治理措施，以改善交通安全状况，这是交通管理工作中的重要工作内容。

1. 基于"突出性"原理的高速公路事故多发点成因分析方法

1）基本假设

这里介绍的高速公路事故多发点成因分析方法是基于"突出性"概念而建立起来的，即：高速公路上的某一事故多发点，其某些事故诱导因素或综合因素所引发的事故数量与上述因素在所有与事故多发点具有相似道路、交通及气候条件的路段上所引发的平均事故数量相比时很突出，并假设这些突出的事故诱导因素或综合因素即为该事故多发点的主导因素。事故成因分析模型应用离散的多变量算法，包括变量选择和建立模型两个步骤。

2）变量选择

对于平原区的高速公路可考虑采用以下 10 个潜在的事故诱导因素，即 10 个潜在的变量，变量的分类及等级划分如表 8-9 所示。

变量的分类及等级标准值　　表 8-9

变量分类	序号	变量名称	等级标准值
一类变量	1	平曲线半径(m)	$R \leq 2\,000$
			$2\,000 < R \leq 5\,500$
			$R > 5\,500$
	2	道路纵坡(%)	$i_{纵} \geq 3$
			$i_{纵} < 3$
	3	事故类型	追尾
			撞固定物
			翻车
			其他事故类型
	4	天气与路面状况	恶劣
			不恶劣
	5	视距条件	良好
			不良
二类变量	6	超速行驶	是
			否
	7	肇事驾驶员驾龄	3 年以下
			3～6 年
			6 年以上
	8	酒后驾驶	是
			否
	9	疏忽大意	是
			否
	10	驾驶员使用本道路的次数	初次
			多次

一类变量是与道路条件及交通条件有关的变量,可用于从道路工程及交通工程方面提出事故预防措施;二类变量是与驾驶员有关的因素,可用于交通执法、交通法规的制定。

变量选择的目的就是将上述 10 个潜在的变量缩减到只剩下对某一事故多发点有突出影响的那些变量,即显著性变量。显著性变量在建模时加以分析,不显著性变量则从进一步的研究中删除。

变量选择采用如下算法:

①每个变量与因变量(事故数)是交叉分类的(即事故多发点的事故数对所有相似路段上的平均事故次数),从而形成一个以事故次数为基础的偶然事件二元表。对每个表计算 Pearson χ^2 统计值,并从中选择 P 值最低(即显著性水平最高)的变量作为主要变量,不显著的变量则被淘汰。

②对于剩下来的每个变量,在这个变量本身与因变量及第一步中确定的主要变量三者之

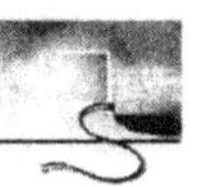

间形成一个偶然事件三元表。对每一个表计算统计值,并从中选择显著性水平最高的变量作为次要变量,同样淘汰掉不显著的变量。

③对剩下来的每个变量重复第二步的过程,再在每一步中加入一个未被淘汰的变量。上述过程重复进行,直到所有变量被选择完成或被删除完,或者数据用完为止。

④如果因数据过少以至于在偶然事件中许多单元的样本量不足以进行正常的分析,此时还尚有既未被选择又未被删除的变量时,这些变量即作为稀有变量。此时去掉最后一个已选变量,用每个稀有变量来重复前述计算过程。如果某个稀有变量还是显著的,则在建模时还应包括这个稀有变量。

上述变量选择的算法保证了所选变量对评价点(事故多发点)事故的发生具有显著的影响,但变量间的内部组合情况还须由模型来查明和分离。

3)模型的建立

①列出整条高速公路交通事故次数的偶然因素表,包括已查明的所有显著的一、二类变量,但不包括显著的稀有变量。计算偶然因素表中所有单元概率。模型采用了如下的算法:第$(i,j,\cdots,k)$单元的事故概率$P_{i,j,\cdots,k}$,由单元事故总数$\sum Y_{i,j,\cdots,k}$得出,即:

$$P_{i,j,\cdots,k}=Y_{i,j,\cdots,k}/\sum Y_{i,j,\cdots,k} \tag{8-19}$$

式中:$i,j,\cdots,k$——所选显著性变量的坐标。

②计算确定评价点预测事故次数的偶然因素表,$E_{i,j,\cdots,k}$按式(8-19)确定的单元概率来计算,即:

$$E_{i,j,\cdots,k}=NP_{i,j,\cdots,k} \tag{8-20}$$

式中:N——评价点在统计年度内实际发生的事故总数。

③将评价点的实际事故次数$X_{i,j,\cdots,k}$与式(8-20)得出的预测事故数$E_{i,j,\cdots,K}$进行比较,按下式计算单元残差$E_{i,j,\cdots,k}$,即:

$$E_{i,j,\cdots,k}=(X_{i,j,\cdots,k})^{1/2}+(X_{i,j,\cdots,k})^{1/2}-(4E_{i,j,\cdots,k}+1)^{1/2} \tag{8-21}$$

$E_{i,j,\cdots,k}$值大于1.5的单元即作为明显突出的单元。

④逐一用每个显著的稀有变量取代最后一个显著性变量,重复上述三个步骤。

某平原区高速公路的某一事故多发路段,按照上述方法进行成因分析,其结果如表8-10和表8-11所示。

变量选择结果　　表8-10

	显著性变量	显著的稀有变量	被淘汰的变量
一类变量	平曲线半径 道路纵坡 视距条件	天气与路面状况	事故类型
二类变量	超速行驶	驾驶员使用 本道路的次数	追尾 肇事驾驶员驾龄 疏忽大意

模型计算结果　　表 8-11

平曲线半径(m)	道路纵坡(%)	视距条件	超速行驶		天气与路面状况		驾驶员使用本道路的次数	
			是	否	恶劣	不恶劣	初次	多次
$R \leqslant 2\ 000$	$R \leqslant 2\ 000$	良好	☆					
		不良	☆			☆		
	$i_{纵}<3$	良好						
		不良						
$2\ 000<R \leqslant 5\ 500$	$i_{纵} \geqslant 3$	良好						
		不良						
	$i_{纵}<3$	良好						
		不良						

注:"☆"为事故突出的单元。

基于"突出性"原理的高速公路事故多发点成因分析方法,经过变量的重新选择和等级标准的调整后,可应用于其他等级公路或城市道路路段上的事故多发点成因分析。

2. 以"事故机会"为基础的信号控制平面交叉口事故多发点成因分析方法

信号控制平面交叉口事故形态主要有单车事故、追尾事故、对撞事故、直角碰撞及侧刮事故等。显然,在一定的道路、交通和信号控制条件下,上述事故形态的发生机会是不同的,各种事故形态的事故率也是不同的。因而,找出事故率突出的事故类型并分析其形成机理,是一种行之有效的平面交叉口事故成因分析方法。

1)基本假设

以事故机会为基础的事故率公式是以一个假想的四入口平面交叉口来产生的,如图 8-10 所示。对每个入口 $i(i=A,B,C,D)$,要确定入口流率 f_i 和入口车速 v_i,同时还要记录下各条入口的宽度 W_a、W_b、W_c、W_d。假设对向入口的宽度相等,即:$W_a=W_c$ 和 $W_b=W_d$,交叉口的影响范围为 L。

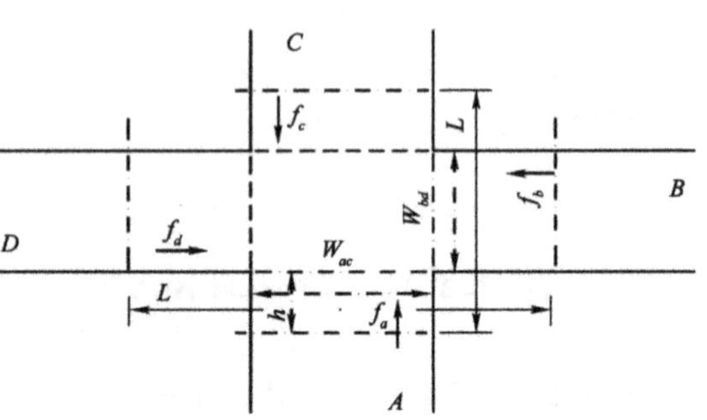

图 8-10　典型十字平面交叉口

2)发生各种事故形态的机会

自行车事故是指单一车辆驶出路面、撞到固定物或两者同时发生的事故。发生这类事故的前提条件是必须有一辆车出现在交叉口范围内。在某一时间段内,自行车事故的机会等于进入交叉口的车辆总数,即:

$$O_{sv}=T(f_a+f_b+f_c+f_d) \tag{8-22}$$

式中:O_{sv}——单车事故的机会数;

T——统计时间段;

f_i——单位时间内进入入口 i 的总交通量($i=a,b,c,d$)。

追尾事故是指某一辆车从后面撞上另一辆停驶或慢驶车辆的尾部。发生这类事故有两个前提条件:两车的行驶方向相同和两车都在交叉口的范围内。这类事故的机会是利用概率分

布函数来预测给定时间段 T 内成对车辆的数量。分布函数要求车头间距小于交叉口范围 L。在给定时间段 T 内，入口 i 发生这类事故的机会数计算公式为：

$$O_R^i = Tf_i[1 - e^{-(f_i/\bar{v}_i)L}] \tag{8-23}$$

式中：O_R^i——入口 i 发生追尾事故的机会数；

$\bar{v}_i$——车辆通过入口 i 的平均车速，可按式(8-24)确定。

$$\bar{v}_i = v_i L/(L + v_i d_i) \tag{8-24}$$

式中：d_i——入口 i 因信号而产生的延误；

v_i——入口 i 前路段上的车速。

对撞事故是指车辆撞上一辆停驶或正在行驶的对向来车(包括左转车辆)。发生这类事故有两个前提条件：两车对向行驶和两车都在交叉口的范围内。这类事故的机会数等于在一个指定入口，正常的一辆车在一个信号周期内遇到的对向行驶的车辆数。对两对入口都可相应地确定出机会数计算公式。

直角侧面碰撞事故是指在每个入口的停车线以内的交叉口范围内，相互成直角行驶的车辆间发生的碰撞事故。发生这类事故的前提条件是：两车以相互成直角的方向行驶以及两车同时处于停车线以内。相互垂直的入口的交通量乘积($f_a \cdot f_b, f_b \cdot f_c$ 等)，被用来计算可能发生直角碰撞的车辆对数。这些流量乘积的总和代表整个交叉口的评价值，将其乘以在每个入口能在一个绿灯或者红灯时间内同时通过交叉口的车辆的百分比值，再与还剩留在交叉口范围内的车队长度相乘，即为该交叉口直角碰撞机会数。计算时，用平均车速计算在绿灯或黄灯时通过交叉口的车辆以及从停车开始加速的车辆。车辆通过可能发生直角碰撞事故区域的时间越长，发生直角碰撞事故的机会也就越多。

侧刮事故是指在同一方向相邻车道上行驶的两辆汽车，其中一辆车驶入另一车道而发生侧面碰撞事故。这种侧刮事故发生的前提条件是：相邻车道上的两车同时处于 L 所规定的交叉口范围内，两辆车的一部分正好并排。对这类事故，在每个入口要分别计算绿灯相位和红灯相位通过交叉口的车辆对数，然后再将其相加。

3)各种事故形态的事故率

利用事故机会数，可计算出每种事故类型的事故率，其公式为：

$$R_i = D_i/O_i \tag{8-25}$$

式中：R_i——事故类型 i 的事故率；

D_i——实际发生第 i 种事故的数量；

O_i——发生第 i 种事故的机会数。

事故率突出的事故形态，其事故成因即可作为该交叉口事故多发的主要原因之一。

四、事故多发地点的改造措施

对交通事故多发地点进行辨识，主要目的在于对所发现的交通事故多发路段、交叉口进行工程或者管理等可行措施改造，提高交通安全，改善交通条件。

1. 路段事故多发地点的改造措施

根据一些主要高速公路及国省干道上的事故多发点的道路条件及交通环境特点，针对一些急弯、陡坡、高填方、视距不良路段可采取以下一些措施对其进行整治。

1)单个急弯路段

单个急弯路段存在的主要安全隐患一般是视距不良或车速过快,易造成两车相撞、单车碰撞山体或车辆驶出路外。可单独或综合采用以下措施。

①设置向左(右)弯路或事故多发路段等警告标志;

②设置限速标志,并根据需要设置限速解除标志;

③设置禁止超车标志,并根据需要设置解除禁止超车标志;

④路侧设置线形诱导标、轮廓标;

⑤设置中心实线或物理硬分隔设施,减少因视距不良车辆越过中心线发生对撞事故。

⑥根据路侧危险程度和历史事故数据资料在弯道外侧设置护栏。

单个急弯治理实例见图8-11,直线段部分画中心虚线,弯道部分画中心实线,弯道外侧边坡较缓,不设置护栏,只设置向左转警告标志。

图8-11 单个急弯路段治理前后对照

2)连续急弯路段

连续急弯存在的安全隐患与单个急弯路段类似,但交通事故的发生率一般更高。因此,除可选择单个急弯采取的处置措施外,还可以综合采用以下措施。

①设置“连续弯道,超速危险”警告标志,还可以加设辅助标志说明前方连续弯路的长度,或使用告示牌,说明前方××连续弯道;

②设置限速标志,设置限速解除或使用一块辅助标志说明限速路段长度;

③修剪、处置弯道内侧树木,使弯道内侧通视。

连续急弯治理实例见图8-12,此处为连续弯道末端,易发生对撞事故。采取的措施为连续弯道中心线画实线;在山石上设置线形诱导标;修整路侧边沟;设置减速设施。

图8-12 连续急弯路段治理前后对照

3)急弯陡坡路段

由于下陡坡路段的车速比较快,因此急弯陡坡路段除具有单个急弯的安全隐患外,还容易产生因车速过快、视距不良等综合因素造成的车辆侧翻、对撞或冲出路外事故。方案设计时,除可选择单个急弯采取的处置措施外,还可单独综合采用以下措施。

①在急弯前的直线路段就设置限速标志,宜结合设置其他减速设施,逐步控制车速,使车辆能以较安全的车速通过小半径曲线;

②如果路侧较危险且事故较多,可考虑设置护栏。

急弯陡坡路段示例如图8-13所示,施画标线,弯道路段中心线为黄实线;设置限速标志;由于弯道内侧视距不良,设置线形诱导标;设置“急弯下坡,减速”警告标志。

图8-13　急弯陡坡路段治理前后对照

4)下坡路段

下坡路段存在的主要安全隐患一般是车速过快或连续制动导致车辆制动失效,易造成追尾或对撞事故。方案设计时,可单独或综合采用以下措施。

①设置下坡警告标志或其他文字型警告标志;

②设置限速标志、减速设施和视线诱导设施;

③根据路侧危险程度和历史事故资料设置护栏。

如果设置了避险车道,应在坡道起点处设置避险车道的告示牌,在避险车道前至少设置两处预告标志。

5)上坡路段

上坡路段存在的主要安全隐患一般是占道行驶或违章超车,这容易造成与下坡车辆发生对撞事故。方案设计时应重点以标志和标线为主要措施进行处治,提醒驾驶员禁止超车。

6)连续下坡路段

连续下坡路段主要安全隐患与陡坡路段类似,但是由于下坡长度较长,因此交通事故发生率较高且事故较严重。方案设计时可采用以下措施之一或综合采用以下措施:

①设置连续下坡告示牌标志,根据情况可以用辅助标志标明连续下坡长度,或使用告示牌,说明“前方连续下坡××米,超速危险”;

②设置限速标志、禁止超车标线以及减速设施;

③在因制动失灵造成事故频发的路段,可根据地形条件设置避险车道,如果设置了避险车

道，应在坡道起点处设置避险车道告示牌；

④根据路侧危险程度和历史事故资料设置护栏。

连续下坡治理实例见图8-14，设置下坡警告标志；弯道部分中心线画实线；路侧设置示警桩；急弯处适当修剪路侧植被，提高通视距离。

7）车道宽度不足

如果事故频发是由行车道宽度的设计不合理所致，应对车道宽度进行治理。若车道宽度不足，尤其是弯道处，如图8-15所示，可拓宽车道；若车道宽度过宽，可通过加宽分隔带或路肩宽度来减小车行道宽度。

图8-14　连续下坡路段治理

图8-15　横断面加宽治理

8）路基宽度变化路段

路基宽度变化路段是指路基突然变窄，其主要安全隐患是车辆碰撞障碍物导致单车事故，但是若存在违章超车，也可能造成对撞、追尾等多车事故。方案设计时，可根据实际情况采用以下措施进行治理。

①设置窄路、窄桥警告标志；

②设置限速和禁止（解除禁止）超车标志；

③在窄桥两端宜设置护栏或设置诱导设施。

2. 交叉口事故多发地点的改造措施

交叉口包括平面交叉、互通立体交叉和分离式立体交叉等类型。据资料统计，道路上有1/3的事故发生在交叉口。因此，做好交叉口事故多发地点的改造设计，对交通安全来说是非常有意义的一项工作。

1）平面交叉口

在交通网络中，平面交叉口是最易发生交通事故的部分。我国以前修建的很多道路交叉口不甚合理，存在的主要问题是：路线与机动车车流方向呈锐角交叉连接，特别是有大量左转车的情况下，行车很不方便。交叉口的改造主要应注意以下几点。

①平面交叉路线尽量为直线正交，必须斜交时，其交角不宜小于45°；各相交道路距交叉口前后停车距范围内，应保持通视，受条件限制时视距可减小30%，但必须在醒目的位置处设置减速标志。

②平面交叉地点应设在水平路段，且紧接水平路段的纵坡一般坡度不大于3%，困难地段不得大于5%。

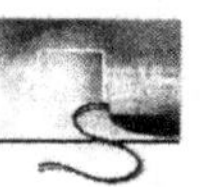

③一、二级公路的平面交叉，根据需要应设置转弯车道、变速车道、交通岛。转弯车道宽度不小于3m，并根据道路等级设置适当的缓和段，有时还要进行不同程度的渠化。

④改造不合适的道路连接，这需要认真考虑车流方向，在某些情况下还要利用视觉原理，使驾驶员在心理上受其影响而降低车速。

⑤减少冲突点。交叉口的冲突点减少后，其事故数相应地会减少。

⑥控制相对速度。对于交叉口，可采取物理隔离或交通信号控制等措施，降低交叉口交通流的相对速度。

2）互通立体交叉

①基本情况。互通立体交叉与平面交叉形式的路口相比，其安全性更高。但立交形式也会带来另一些不安全的因素，如立交类型与布局、交通控制和立交间距等。反映其特征的主要是匝道、集散匝道的布局。而匝道和连接道的交通事故主要随交通量的增加和其半径的减小而增加。立交的交通控制主要体现在进入立交区的各种分离设施、引导标志标线、警告和禁令标志。这些设施、标志标线设置的位置、尺寸、颜色，直接关系到交通安全。

②立交的处理。立交的均衡性，主要是要考虑驾驶员对道路变化的预估问题。一般来说，驾驶员都愿从右侧进入（或驶出），如果左侧出口靠近右侧，因交通流方向不同而不可避免地需横穿所有车道去下一出口，会严重影响交通安全。

3）分离式立体交叉

分离式立体交叉口的处理也要依照一定的路线设计规范。

①跨线桥应满足桥下道路的净空规定，跨线桥交角最好大于45°；当位于平曲线内时，视距要满足停车视距。

②主干路跨越次干路时，要保证其桥墩不影响次干路的视线，同时桥墩的设置位于次干路中央分隔带时，前后位置需加设防撞护栏。桥墩不得设在双车道中间，桥梁上部应设防撞护栏。

③主干路下穿时，上跨桥应保证一孔跨越，同时尽量避免中央有桥墩。若不可避免，应在桥墩前后加防撞护栏或防护网，并与车道相协调。

④在铁路与公路的分离式立交中，道路上跨时保证铁路净空要求即可；下穿时，其要求与主干路下穿时一致。

复习思考题

1. 道路交通事故统计分析的目的及其意义是什么？进行道路交通事故统计分析时有哪些注意事项？

2. 试述辨识道路交通事故多发地点的方法及其适用条件。

3. 甲乙两地2000～2005年道路交通事故及机动车拥有量资料如表8-12所示。

（1）试分别计算甲、乙两地道路交通事故的动态分析指标，比较两地的事故率；

（2）采用回归分析的方法，分析道路交通事故次数、机动车拥有量和年份这三个变量之间的关系，建立合理的模型，确定模型参数，并对模型进行合理的解释说明。

2000~2005年道路交通事故及机动车拥有量　　表8-12

项　目	年　份	2000	2001	2002	2003	2004	2005
事故次数（次）	甲	8 135	7 712	7 336	7 519	8 257	6 122
	乙	10 078	8 397	7 500	7 622	7 524	4 518
机动车拥有量（万辆）	甲	317 805	360 833	404 157	439 406	472 580	512 820
	乙	176 159	203 907	195 865	211 930	228 841	267 154

4．某地区主干道道路网，年平均事故率为40次/亿车公里，其中某路段长12km，每年有55次事故，年平均日交通量为3 900辆/d。试分析该路段是否为事故多发地点。

5．以表8-4为基础，分析不同等级公路的事故原因分布规律，找出各等级公路中的主要事故原因，针对其主要事故原因提出改造措施。

第九章　道路交通安全评价与事故预测

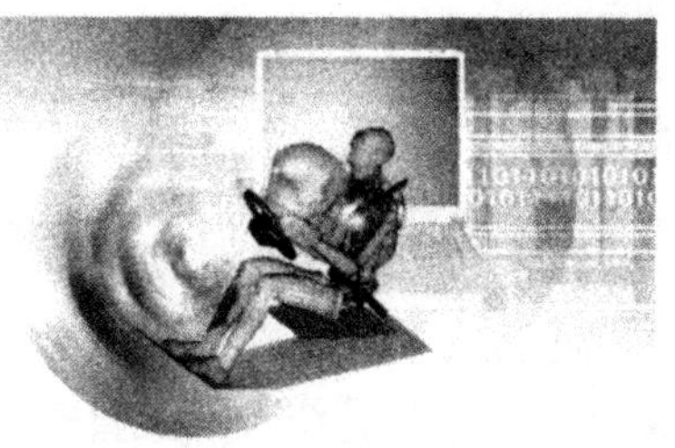

道路交通安全评价与事故预测在道路交通安全方面起着越来越重要的作用，认识并利用道路交通事故的客观发展规律，对道路交通事故的发展变化进行客观评价与科学预测，对于预防和控制道路交通事故具有重要意义。

第一节　概　　述

道路交通安全问题已经成为困扰我国道路交通发展的一个突出问题，而如何衡量道路安全水平，构建合理的道路交通安全评价指标体系，为相关安全评价决策提供技术支持就显得尤其重要。

一、道路交通安全评价及事故预测的概念

1. 道路交通安全评价

道路交通安全可以通过主观的安全感受和客观的安全程度进行评价。交通参与者在参与交通过程中，可以随时产生不同的心理感受，即安全感，如反应从容或紧张、反应突然、注意范围急剧缩小等。这是交通安全情况在人们头脑中的反映，是一种心理现象。而安全程度则可以通过各种量化方式，用以客观反映发生道路交通事故的情况，它是改进道路交通安全、评价交通安全管理水平的重要指标。

2. 道路交通事故预测

道路交通事故预测的特点主要有：

1）预测的自负效应

道路交通事故预测属于警告性预测，它能引起社会、团体及某些人的自适应响应，及时采取相应对策，从而对预测结果施加影响。根据这种自负效应的特点，可用事故预测来唤醒人们的交通安全意识，取得预防事故的效果。

2）预测的反复性

道路交通事故的初次预测有“起点”，但没有“终点”。初次预测模型需要随时间的推移，根据最新的信息不断地修改。特别是道路交通事故正处在不稳定的时期，更需要反复预测。初次预测应按全部预测程序进行，以后的各次预测，则只是对初次预测的修改或完善。

3）预测的组合性

道路交通事故预测的组合性特点是指建立多个模型进行预测；或者使用多种预测技术组合，建立一个组合模型进行预测。例如，时间序列回归组合模型、加法型组合模型等。使用组

合预测技术的目的是保证预测方法尽可能灵活，避免片面性，使预测模型能适应时间序列变化。

二、道路安全评价及事故预测的发展

道路安全评价在交通安全方面起着越来越重要的作用。其发展较晚，最初只采用事故次数、死亡人数、受伤人数及直接经济损失等绝对指标进行安全度的评价，因为其比较直观，所以在一定的历史时期也起到了评价的作用。随着交通事业的不断发展，交通学科的不断成熟，与国外交流的不断深入，我国交通领域的专家开始对国际上其他国家的安全状况进行对比研究，逐步采用了事故率等相对指标。但由于该方法也存在一定的局限性，我国和国际上的专家开始探寻新的衡量指标，分别采用了事故强度、概率数理统计、四项指标相对数等方法进行对比研究。

道路交通安全预测是为了掌握未来的交通安全状况和发展趋势，对相关部门采取相应的措施及评价安全改善水平有着重要意义。最初，多采用线性预测，把安全状况与某一或某些因素直观地认定为线性关系。但由于自身的明显缺点，该方法很快就被取代了。后来随着数学学科与交通学科的相互渗透，人们发现安全状况的发展是有一定规律的，于是开始采用增长曲线法和对数抛物线预测法，但这些方法很难对已知数据进行准确的定位。而且实际应用中数据往往是局部的、不全面的，因此这些方法的应用都受到了很大局限。后来灰色系统预测法开始被采用，使得应用较少的数据也能对未来得出较可靠的预测结果。

第二节　道路交通安全评价指标及方法

道路交通安全可用交通安全度来表征。交通安全度即交通安全的程度，是使用各种统计指标，通过一定的运算方式来评价客观的交通安全情况。交通安全度是改进道路交通安全、考察交通管理部门水平的一个重要评价依据。

一、评价指标

1. 绝对指标

交通安全度评价绝对指标有四项，即事故次数、死亡人数、受伤人数、直接经济损失。这四项指标是安全评价的基础资料，它们可用于同一地区或同一城市交通安全状况的考核与分析，也可用于同一地区或同一城市不同时期交通安全状况的比较，但无法对不同地区或不同城市的交通安全状况进行横向比较，更无法与国外交通安全状况进行对比，即缺乏可比性。此外，这四项指标也不能对事故量、事故后果和发生事故的可能性作出全面的评价，缺乏系统性。

2. 相对指标

除这四项绝对指标外，根据交通安全度评价方法不同，可采用适当的相对指标来评价道路交通安全状况。

1）万车交通事故死亡率

万车交通事故死亡率是指一定时期内交通事故死亡人数与机动车保有量的比值，是反映交通事故死亡人数的相对指标，侧重于评价机动车数量对交通事故死亡人数的影响。

2）万人交通事故死亡率

万人交通事故死亡率是指一定时期内交通事故死亡人数与人口数量的比值，也是反映交通事故死亡人数的相对指标，侧重于评价人口数量对交通事故死亡人数的影响。但若用于不同的地区或国家，因交通环境相差较大，其可比性较差，不适用于像我国这样人口多、机动车少、路网密度低的国家。

3）交通事故致死率

交通事故致死率是一定时期内交通事故死亡人数与交通事故伤亡总人数的比值。它可以综合反映车辆性能、安全防护设施、道路状况、救护水平等因素的影响，是衡量交通管理现代化及交通工具先进性的一个重要指标。

4）亿车公里事故指标

亿车公里事故指标包括亿车公里事故率、亿车公里受伤率、亿车公里死亡率，侧重于评价交通量和路段长度对交通事故的影响。这一组评价指标，可综合反映交通工具的先进性、道路状况及交通管理的现代化水平，也是国外评价交通安全的常用指标之一。

5）综合事故率

综合事故率是万车死亡率和万人死亡率的几何平均值（或亿车公里死亡率的几何平均值），它同时考虑了这两个参数对交通安全的影响。

6）道路交通事故预测指标

道路交通事故预测指标一般是对交通事故死亡人数或事故次数进行的预测。它是根据历史资料统计分析得出回归方程，然后将所求年度的参数代入，进而求出此年度道路交通事故死亡人数或事故次数的预计值。将此预计值与当年实际值进行比较，可以对安全状况的改善程度进行评价。在这些回归方程中，最著名的是英国斯密德（R. J. Smeed）模型，此外还有特里波罗斯模型、奥尔加模型和北海道模型等。这些回归方程考虑的影响因素各不相同，往往对同一地区具有较高准确性。

3. 评价指标体系

1）道路交通安全评价指标体系的功能

在对我国道路交通安全状况进行评价时，仅使用绝对指标表示是不够的，必须在应用绝对指标的基础上应用相对指标；仅使用单项指标也是不够的，必须选择一系列的评价指标组成一个评价指标体系，综合考虑人、车、路和环境诸方面因素的作用和影响，对我国道路交通安全状况作出全面和准确的评价，为安全决策和事故控制提供可靠的依据，以利于我国道路交通安全水平的提高，进而达到为国民经济建设服务的目标。

道路交通安全评价指标体系应具有两种功能：

（1）认识功能

认识功能是该指标体系应能使管理部门认识到辖区内交通事故的总体规模和危害程度。

（2）激励功能

激励功能是管理部门可以根据指标判断辖区内交通事故的发展趋势、本辖区与其他区域之间管理水平上的差距，从而激励自己寻求改善管理水平的途径。

2）评价指标体系的结构

根据评价指标的功能分析和交通因素的系统分析，道路交通安全综合评价指标体系应包括三类指标:事故总量指标,也称事故绝对指标;事故率指标,通常称为相对指标;管理水平指标。前两类指标是向管理部门提供认识功能,而第三类指标则主要是提供激励功能。三类指标是一个相互联系的整体,是进行事故宏观分析和宏观管理的依据。其中,总量指标虽然是比较粗略的指标,但它是一切其他指标的数据基础。事故率指标是比较通用的指标,管理水平指标则是从管理角度进行深入分析的工具。综合评价指标体系的结构如图 9-1 所示。

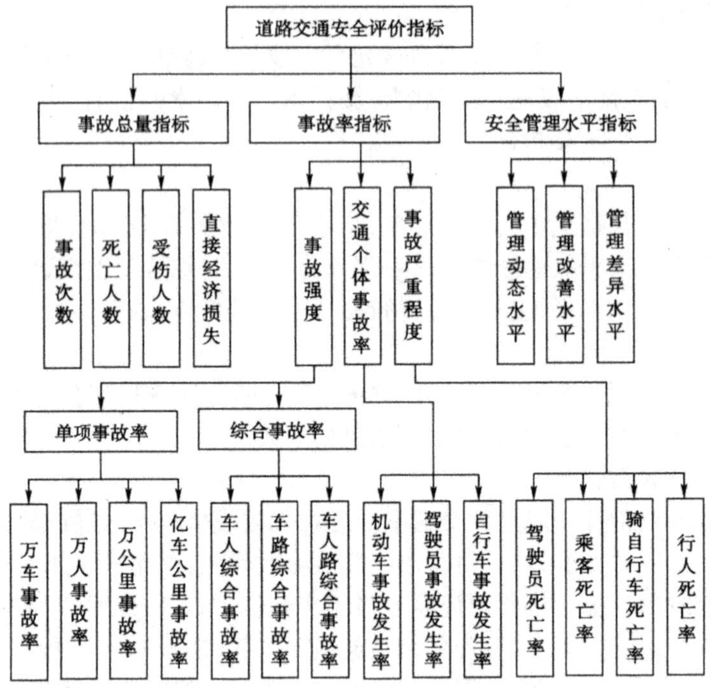

图 9-1　道路交通安全综合评价指标体系

二、评价方法

1. *评价方法分类*

目前国内外道路交通安全度评价方法,可以从两种不同的角度进行分类。

①一种是按评价的对象分类,可分为宏观评价和微观评价。宏观评价主要是研究较大范围的问题,往往是以国家或省、市为对象;微观评价法主要是研究局部的具体问题,如一条或一段道路、一个交叉口等。

②另一种是按评价的目的分类,一类用于评价道路交通安全水平,一类用于评价道路交通安全管理水平。国内外现行的评价方法如图 9-2 所示。

2. *宏观评价方法*

1)绝对数法

用事故次数、死亡人数、受伤人数及直接经济损失四项绝对指标评价安全度,是目前我国最普遍采用的方法。该方法比较简单直观,但由于不涉及影响交通事故发生的主要因素,因而不能揭示交通安全的实质。

2)事故率法

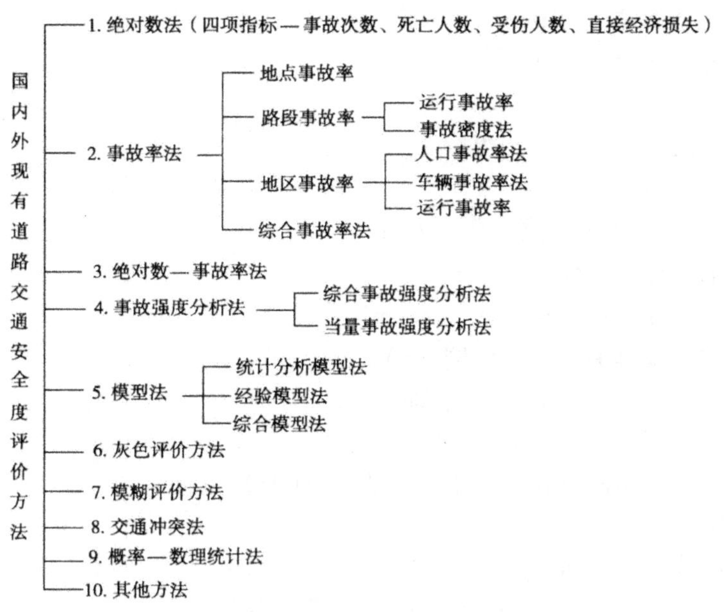

图 9-2　现有道路交通安全度评价方法示意图

作为交通安全度的宏观评价方法，常用的有三种事故率法：人口事故率、车辆事故率和运行事故率。其中，人口事故率法和车辆事故率法能够反映道路交通安全的不同侧面，运行事故率法较为科学，但目前交通运营量难以及时掌握，一般只能采用估算值。

（1）人口事故率

$$R_p = (F/P) \times 10^5 \tag{9-1}$$

式中：R_p——道路交通事故 10 万人口死亡率（人/10 万人口）；

F——道路交通事故死亡人数（人）；

P——统计区域的常住人口数（人）。

（2）车辆事故率

$$R_v = (F/V) \times 10^4 \tag{9-2}$$

式中：R_v——道路交通事故万车死亡率（人/万车）；

V——统计区域机动车保有量（辆）。

（3）运行事故率

$$R_t = (F/T) \times 10^8 \tag{9-3}$$

式中：R_t——道路交通事故亿车公里死亡率（人/亿车公里）；

T——统计区域内总运行车公里数。

3）模型法

现行模型法有两类：一类是统计分析模型，利用多元回归法建模；另一类是经验法建模。前者国外用得多，后者国内用得多。

（1）统计分析模型法

①斯密德（R. J. Smeed）模型。

$$D = 0.0003\sqrt[3]{NP^2} \tag{9-4}$$

式中：D——交通事故死亡人数；

N——机动车登记数（辆）；

P——人口数（人）。

②意大利特里波罗斯多元回归模型。

$$y = 58.770 + 30.322x_1 + 4.278x_2 - 0.107x_3 - 0.776x_4 - 2.87x_5 + 0.147x_6 \tag{9-5}$$

式中：y——人口事故率（死亡人数/10 万人）；

x_1——交通工具机动化程度（%）；

x_2——平均每平方公里道路长度（km/km^2）；

x_3——居住在大城市中的人口比例（%）；

x_4——19 岁以下青少年所占人口比例（%）；

x_5——65 岁以上的老年人口比例（%）；

x_6——小客车与出租汽车在车辆中所占的比例（%）。

（2）经验模型法

经验法常用的安全度评价模式：

$$R = D_d/(365 \times K_1 \times 10^3) \tag{9-6}$$

$$D_d = D_1 + a_1D_2 + a_2D_3 + a_3D_4$$

式中：D_1——交通事故直接死亡人数；

D_2——交通事故轻伤人数；

D_3——交通事故重伤人数；

D_4——交通事故直接经济损失（万元）；

K_1——经换算后的辖区道路长度内车辆运行公里数；

a_1、a_2、a_3——轻伤人、重伤人、经济损失与死亡的当量系数。

4）事故强度分析法

（1）综合事故强度分析法

$$K = \frac{M \times 10^4}{\sqrt{RCL}} \tag{9-7}$$

式中：K——死亡强度指标，K 越小，安全度越高；

M——当量死亡人数，M = 死亡人数 +0.33 重伤人数 +0.10 轻伤人数 +2 直接经济损失（万元）；

C——当量汽车数，C = 汽车 +0.4 摩托车和三轮车 +0.3 自行车 +0.2 畜力车；

R——人口数，$R = 0.7P$（P 为人口总数）；

L——不同道路条件下的修正系数，如表 9-1 所示。

（2）当量事故强度分析法

当量综合死亡率指标结构为：

$$K_d = 10^3 \times \frac{D_d}{\sqrt[3]{P \cdot N_d \cdot L}} \tag{9-8}$$

式中：K_d——当量综合死亡率；

D_d——当量死亡人数；

N_d——当量车辆数；

P——人口数（人）；

L——公路里程（km）。

不同道路条件下的修正系数 L　　表 9-1

公路等级 \ 里程（km）	<50	50～500	500～2 000	2 000～10 000	10 000
一	0.8	0.9	1.0	1.1	1.2
二	0.9	1.0	1.1	1.2	1.3
三	1.0	1.1	1.2	1.3	1.4
四	0.9	1.0	1.1	1.2	1.3
等外	0.8	0.9	1.0	1.1	1.2

K_d 采用了当量值，且考虑的因素全面，基本概括了人、车、路对交通事故的影响。但当量死亡人数、当量车辆数、道路里程的标准化问题尚需研究。

5）概率—数理统计法

$$Z=\frac{Y-\widetilde{Y}}{\sqrt{\overline{Y}}} \tag{9-9}$$

式中：Y——事故的数目；

$\widetilde{Y}$——事故理论允许值；

$\overline{Y}$——事故发生次数的估计值。

正常事故数：$-1.96 \leqslant Z \leqslant 1.96$；异常事故数：$Z < -1.96$ 或 $Z > 1.96$；Z 值越小表明越安全。

6）四项指标相对数法

（1）四项指标相对数法模型

四项指标相对数法是把不同类型道路交通事故的四项指标的绝对数占总数的百分比作为一个相对指标，利用此相对指标可深入地认识各种道路类型交通事故的对比情况，判断各种道路类型交通事故发生的比例。其计算公式为：

$$\eta=\frac{A_i}{\sum A_i}\times 100\% \tag{9-10}$$

式中：η——指标的相对数；

A_i——不同道路类型的交通事故各项指标的绝对数；

$\sum A_i$——各种道路类型的交通事故各项指标总数。

应用四项指标相对数法可以从总体上对各种类型道路的交通事故情况进行分析，确定不同类型道路的交通事故分布比例。

（2）四项指标相对数法应用

应用四项指标相对数法，分别对全国 1997 年至 1998 年、东北某省 1999 年和 2000 年、南方某市 1997 年至 1998 年（图 9-3）、东北某市 1999 年至 2000 年（图 9-4）不同类型公路和城市道路的事故情况进行统计分析，确定了各种道路类型的事故次数和死亡人数分布比例范围，如

表 9-2 所示。

各种道路类型的事故次数和死亡人数分布比例范围　　表 9-2

道路类型	事故次数(%)	死亡人数(%)	道路类型	事故次数(%)	死亡人数(%)
高速公路	0～2	0～2	快速路	0～2	0～3
一级公路	3～16	5～22	主干路	21～40	12～34
二级公路	8～28	11～35	次干路	5～22	3～18
三级公路	2～21	3～27	支路	2～6	1～4
四级公路	0～7	1～10	其他城市道路	3～11	4～12
等外公路	0～4	0～5			

从表 9-2 与图 9-3、图 9-4 可以看出：

①从总体来看，二、三级公路和城市主干路上四项指标的相对数较大，事故次数和事故的严重程度较高。

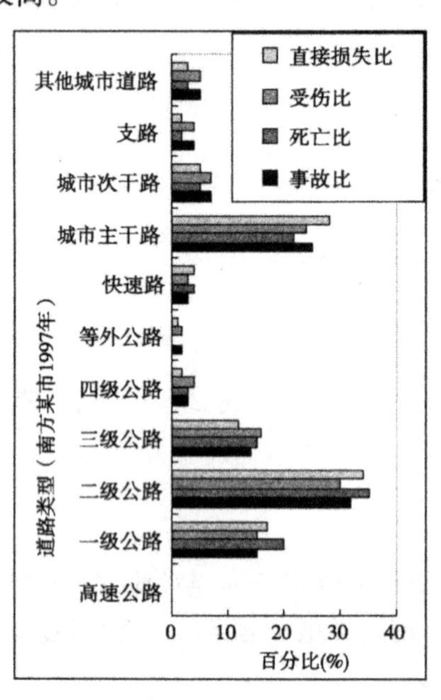

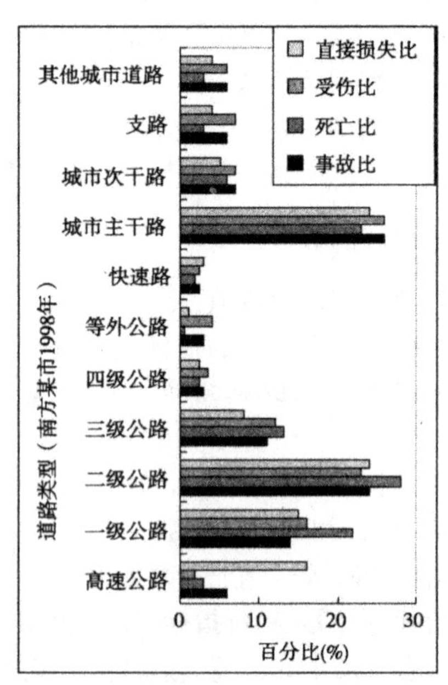

图 9-3　某市各种道路类型四项指标相对数

②从全国、东北某省和南方某市公路的事故情况来看，二级公路上发生的事故在公路中的事故比例最大，其次是三级公路和一级公路。

③在城市道路中，城市主干路交通事故所占百分比最大，其次是次干路。

④全国和南方某市的各指标中，发生事故次数最多的是城市主干路和二级公路，二者的指标比较接近。

7）灰色评价法

在评价道路交通安全水平时，有时不可能也没有必要在获得全部指标的统计信息后再进行评价。针对交通安全信息不完全的特点，可通过对少量已知信息的筛选、加工、延伸和扩展，运用灰色理论评价方法，将道路交通安全水平确定在某一区域内，对道路交通安全进行宏观和微观评价。

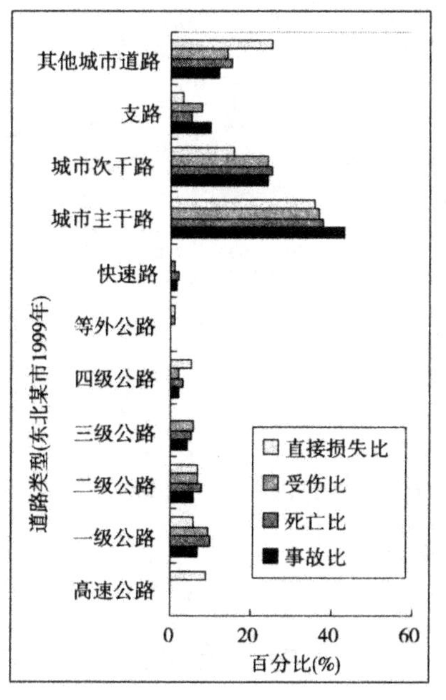

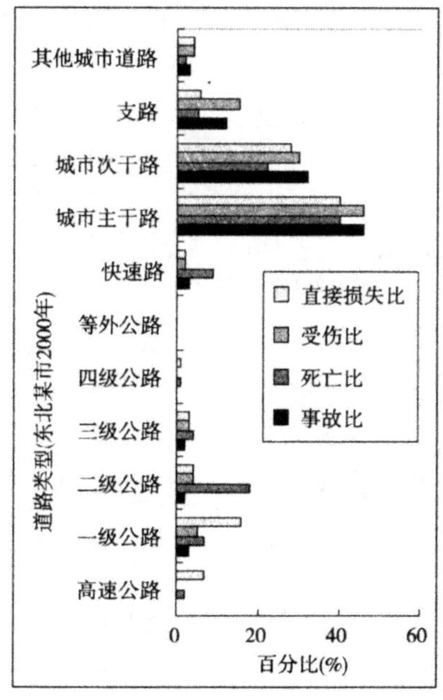

图 9-4　某市各种道路类型四项指标相对数

3. 微观评价方法

我们将交通安全微观评价分为路段评价与交叉口评价两个方面介绍。

1)路段评价

(1)绝对数—事故率法

绝对数—事故率法是将绝对数法和事故率法结合起来评价交通安全度的方法。以事故绝对数为横坐标,以每公里事故率为纵坐标,按事故绝对数和事故率的一定值,将绝对数—事故率分析图划出不同的危险级别区,I 区、II 区、III 区分别代表不同的危险级别,I 区为最危险区,亦即是道路交通事故数和事故率均为最高的事故多发道路类型。据此,可以直观地判断不同路段的安全度,如图 9-5 所示。

依据东北甲市和东北乙市 2000 年的事故统计数据、交通量调查数据和道路里程的统计数据,按照式(9-3)计算亿车公里事故率。表 9-3 为不同类型道路事故率分布,从表中可以看出,在城市道路中,亿车公里事故率最高的是主干路和次干路,支路由于日平均交通量较低,也具有较高的事故率。因此,改善城市交通安全应考虑加强对主干路和次干路的管理,在主干路和次干路的道路设计和道路设施的设置上,应加强安全保护和注重预防工作。

不同类型城市道路的事故率分布　　表 9-3

道路类型	事故率(次/亿车公里)		道路类型	事故率(次/亿车公里)	
	东北城市甲	东北城市乙		东北城市甲	东北城市乙
快速路	6.51	—	次干路	32.74	50.32
主干路	37.88	51.51	支路	26.89	46.57

图 9-5 是东北城市甲和东北城市乙事故绝对数—事故率分析图。从图中可以看出,城市道路中最危险的道路类型为主干路。

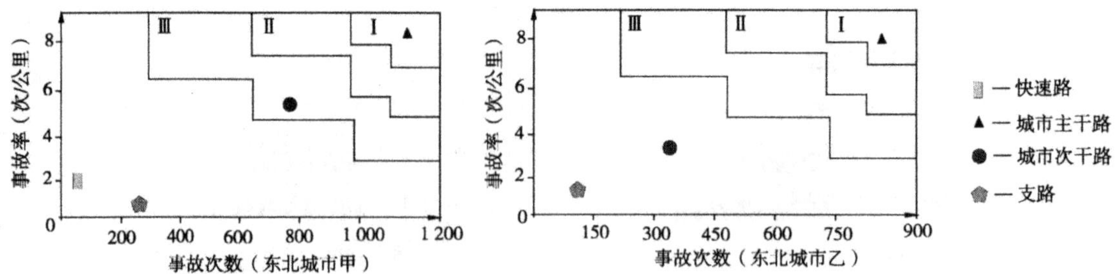

图 9-5　城市道路事故绝对数—事故率

(2)交通事故率法

①交通事故率法简介。

路段交通事故率指标，以每亿车公里交通事故次数表示，即：

$$AH = \frac{N}{Q \cdot L} \times 10^8 \tag{9-11}$$

式中：AH——事故率（次/亿车公里）；

Q——路段年交通量，$Q = 365 \times$ AADT（AADT——年平均日交通量）；

L——路段长度(km)；

N——路段内发生的交通事故次数。

交通事故率表征了某一路段发生交通事故的危险程度。它与交通参与者遵章行驶的状态有关，与交通流量紧密相连，故而是较为科学的路段安全评价指标，值得推荐。

②交通事故率法应用。

公路亿车公里事故率的计算方法与城市道路相同，全国不同类型公路事故率 1998 年的分布情况如表 9-4 所示。图 9-6 为公路事故绝对数—事故率分析图。

全国不同类型公路事故率分布(1998 年)　　表 9-4

道路类型	高速公路	一级公路	二级公路	三级公路	四级公路
事故率(次/亿车公里)	8.29 ~ 13.27	23.72 ~ 59.29	12.71 ~ 44.49	15.96 ~ 31.91	21.84 ~ 43.68

从表和图中可以看出：

a. 一级公路和二级公路的亿车公里事故率最高，一级公路总体水平略高于二级公路。

b. 一级公路和二级公路处于 III 级危险区，应加强事故预防措施。

(3)模糊评价法

当被评价的路段的道路条件、交通条件相差较大时，采用原有的评价方法就难以保证鉴别精度。鉴于交通安全概念的模糊性、评价者思维方式的多样性以及评价结果常以口语化词汇表达的特点，可以考虑使用模糊评价方法。

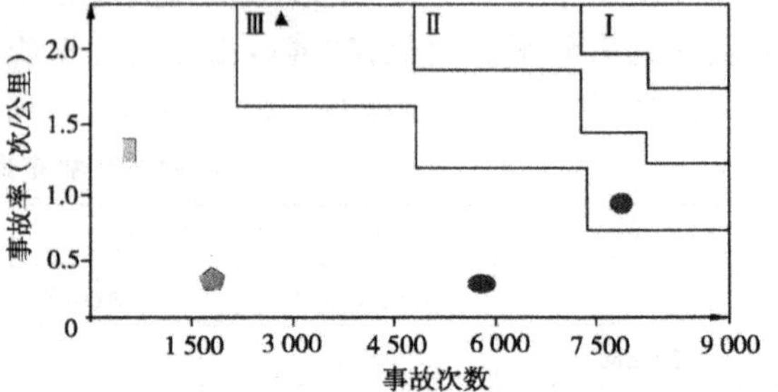

图 9-6　公路事故绝对数—事故率分析

2)路口评价

(1)交通事故率法

交叉口事故率是评价路口安全的综合指标。交叉口事故率用每百万台车发生交通事

故的次数表示，即：

$$A_I = \frac{N}{M} \times 10^7 \quad (9\text{-}12)$$

式中：A_I——交叉口事故率（次/100 万台车）；

N——交叉口范围内发生的事故次数；

M——通过交叉口的车辆数。

（2）速度比辅助法

速度比以通过交叉路口的机动车行驶速度与相应路段上的区间车速的比值表示，即：

$$R_I = v_I / v_H \quad (9\text{-}13)$$

式中：R_I——速度比；

v_I——路口速度（km/h）；

v_H——区间车速（km/h）。

一般在交叉路口冲突点多，行车干扰大，车速低，甚至往往造成行车阻滞。因此，速度比能够表征交叉口的行车秩序和交通管理状况。速度比是一项综合指标，并是一个无量纲的值，它与交通事故率法结合使用，使之更具有可比性。

（3）冲突点法

该法用于分析交叉口车流潜在的冲突点多少，进行微观的安全度估计。

第三节　道路交通安全经济分析

一、经济分析的目的及作用

1. 经济分析的目的

经济分析的目的在于分析道路交通事故给社会带来的直接经济损失和间接经济损失，以便分析交通事故的严重程度，提高全社会对道路交通安全的关注程度，完善道路交通安全措施，改善道路交通安全状况，减少交通事故，达到提高交通安全度的目的。

2. 经济分析的作用

经济分析的主要作用有：

①采用量化的方式考虑道路交通事故，给予道路交通事故以定量的分析。

②分析导致道路交通事故经济损失的主要原因，为制定针对性防范措施和交通法规提供依据。

二、成本分析

在道路交通事故损失研究方面，各国根据各自的情况采取不同的成本分析归类，使费用的组成形式更加简单明了，有助于道路交通事故的成本分析。

1. 按直接损失与间接损失的成本划分

以美国为代表的一些国家采用按直接与间接损失来对费用进行归类的方法。

①直接损失：是由事故后果所产生的物质损失和必要的服务所产生的费用，包括财产损

失、急救和交通紧急服务费用、医疗费用(急诊、住院、护理、疗养等)、法律诉讼与裁判费用。

②间接损失:包括事故所涉及的人和社会所体验到的不可弥补的损失,包括生活中不可见的部分(如痛苦和承受)、可见的部分(如服务性机构所完成行政工作)及由事故导致的个人不能生产产品或提供服务的损失。

美国联邦交通局(FHWA)提出的间接费用包括4部分:社会机构所支出的费用、人力资本损失、社会性和心理性的损失以及生命和安全的价值。

2. 按损失的来源划分

日本在研究交通事故造成的经济损失时将损失分成:当事人的直接损失;警察、裁判等社会公共支出的费用;因交通事故阻塞等对第三者造成的损失等。

①当事人的直接损失:收入损失(因死亡、致残及治疗中的停工所造成的损失)、医疗费用、物损(车辆、货物、房屋、衣服等)和律师辩护费用。

②社会公共支出的费用:警察及道路管理者处理事故的费用、道路设施的修缮费用、消防及急救服务费用、法庭裁决费用、保险业务费用等。

③第三者的损失:因交通事故阻塞使第三者造成的时间及燃料的损失、第三者看望病人花费的时间和交通费用。

3. 按资源损失费用和恢复费用的成本划分

德国采用这种分类划分。该方法认为,一方面,由于道路交通事故的结果,致使人力或物力的资源遭到破坏或损伤(资源损失);另一方面,为了使遭到破坏的资源尽可能地恢复原状以及清除事故的后果,必须使用的人力和物力资源,即产生恢复性费用。这两种费用共同组成事故的经济损失。

①资源损失费用:人力资源的损失、物力资源的损失。

②恢复性费用:直接恢复性费用、间接恢复性费用。

4. 我国事故损失费用的组成和划分

目前,我国统计的交通事故经济损失包括人员伤亡和物质损失两类,又分别包括直接损失和间接损失,其范围和内容均较狭窄,不宜用于事故经济损失的研究。

①人员伤亡的损失:这部分损失是由于道路交通事故导致人员伤亡而对社会或国民经济造成的损失。主要包括两个部分:生命价值的损失和医疗、丧葬等费用。

②物质财物的损失:这里的物质财物损失仅指直接损失,即财物、车辆、公共设施的折款额。

③社会公共支出的费用:这部分费用包括所有处理事故后果的公共机构所花费的工作量及事务处理费用等。这些机构包括警察、消防、保险、福利机构等。

④交通延误等造成的损失。

三、事故费用

各国在交通事故费用研究方面,由于对于人的生命及安全价值的不同认识,决定了对事故费用计量方法的不同。

国际上主要有6种不同的方法确定事故费用。根据数据条件及目标选择的不同,每种方法都可能是“最优的”。这6种评价法是:

①总产量法(或人力资本法):死亡1人的交通事故费用是实际资源损失(如车辆、财物的损毁、医疗费用、社会的公共支出费用等)加牺牲者若达到期望寿命的产量的现值之和。如果要反映事故牺牲及其照顾者的"痛苦、不幸"等精神损失,则可将一定的量加到总产量损失和资源损失中。

②净产量法:此法与总产量法的不同之处仅在于牺牲者将来的消费(现值)要从总产量中减去。

③人身保险法:事故的费用定义为实际的资源损失加"特定"个人对生命(或四肢)的投保之和。

④法院裁决法:法院裁决给犯罪或过失而造成的死亡人员的赡养者的数额,代表了与死亡有关的社会损失,实际资源加上此数,就形成事故费用。

⑤公共部门的不明确估算法:此法试图确定用于公共部门事故预防方面的不明确的事故费用和价值,决定、支持或反对影响安全的投资计划。

⑥愿付费用法:事故损失的费用定义为实际的资源费用加上人们为降低事故的数量或严重程度而愿意支付的费用(包括金钱、时间、自由及其他)。

这些方法中,较常用的方法是总产量法和愿付费用法,它们分别与我们所寻求的国民生产总值目标和社会福利最大化目标直接相关。

第四节　道路交通事故预测的内容

道路交通事故是随机事件,它不仅受到道路交通系统中各要素状态的制约,还受到社会的、自然的多种偶然因素的影响,使交通事故发生的时间、空间和特征等呈现出偶然性。从表面上看,事故发生似乎没有规律可循,其实,道路交通事故偶然性的表象是始终受其内部的规律所支配的。这种规律已被大量的道路交通事故的研究结果所证实,它是客观存在的。它揭示了交通事故相关要素之间的必然联系。这种联系不断重复出现,在一定条件下经常起作用,并决定着道路交通事故的发展变化。由此可见,认识并利用道路交通事故的客观发展规律,对道路交通事故的发展变化进行科学预测是可行的。

一、道路交通事故预测的目的和意义

1. 预测的目的

道路交通事故预测的目的是为了掌握道路交通事故的未来状况和发展趋势,以便及时采取相应的对策。避免工作中的盲目性和被动性,有效地控制各影响因素,达到减少道路交通事故的目的。

2. 预测的作用

道路交通事故预测的作用主要有:

①预测道路交通事故的发展趋势,为制定预防道路交通事故对策和交通安全宣传教育提供依据。

②预测道路交通事故的变化特点,为制定针对性防范措施和交通法规提供依据。

③预测道路交通事故的近期状态特征,为制定合理的交通安全管理目标提供依据。

3. 预测的意义

预测是科学决策的重要前提,交通安全决策也不例外。我国的道路交通事故目前正处在多发的关键时期,交通事故在一段时间内,还将随着车辆保有量的迅速增加,呈增长的趋势。在道路交通规划、设计、管理、法规和教育等方面,交通安全的科学决策显得越来越重要,不仅在数量上越来越多,而且在时间和质量的要求上也越来越高。因此,做好道路交通事故预测工作,对提高交通安全管理工作水平,具有十分重要的意义。

二、道路交通事故预测程序

道路交通事故预测一般分为三个阶段。

第一阶段是设计过程,从确定预测目标开始,经过收集、分析有关信息,到初步选定预测技术。

第二阶段是建模过程,建立预测模型并验证模型的合理性。

第三阶段是评价过程,进行预测并对预测值进行检验、评价。在此过程中,要综合分析各种因素的影响,采用多种方法研究和修正。通过科学的判断后,得到最后的预测结果。此后,要对预测结果继续跟踪检测,以证实它是否适用,并在必要时建议修正预测值。

道路交通事故预测的程序框图如图9-7所示。

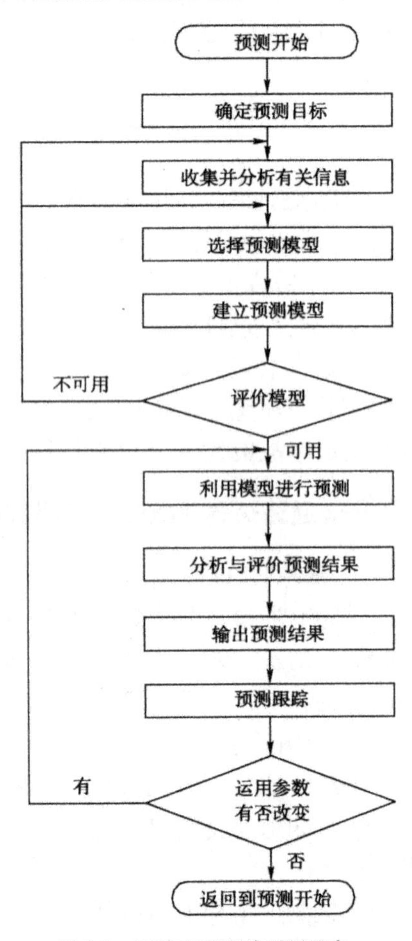

图9-7 道路交通事故预测程序

1. 确定预测目标

交通事故预测目标是指预测的项目、类型、范围以及预测精度要求等。预测目标应根据决策的要求确定。预测目标直接影响预测过程的具体要求和做法。

2. 收集并分析有关信息

有关信息是指与道路交通事故预测相关的各种数据和资料,这是进行预测的基础。因此,应根据预测目标的具体要求,收集预测所需的各种数据和资料。同时,对收集来的各种信息进行分析、处理,整理出真实而可用的信息。道路交通事故预测的内在变量资料,主要通过道路交通事故档案和统计报表获得;其外在影响因素资料,主要从国家及有关管理部门统计资料或信息中心数据库获得。

3. 选择预测模型

每项预测虽然可以使用多种预测技术。但是,由于预测目标的要求,预测条件和环境的限制,实际预测中,只能选择一种或几种预测技术。在选择预测技术过程中,包括选择的原则和比较分析。

4. 建立预测模型

选定了预测模型后,就要估计预测模型的参数,建立预测模型。然后,通过检查和评价,确定预测模型能否反映道路交通事故未来的发展规律。如果能,则说明

该模型可用；如果不能或相差较大，则应舍弃该模型，重新建立模型。

5. 进行预测

根据收集并分析、处理的与预测相关的数据和资料，利用预测模型，进行预测计算或推测出预测结果。

6. 分析与评价预测结果

未来绝不会与过去完全一样，利用预测模型预测的结果，不一定与实际完全相符，因此，有必要对预测结果加以分析和评价。通常的做法是：

①根据经验检查、判断预测结果的合理性和真实性，并对预测结果加以修正；

②可以采用多种方法进行预测，然后经过比较或综合，确定出最佳预测结果；

③通过对政策、重大事件及突变因素对交通事故产生影响的分析，对预测结果进行合理修正。

7. 预测结果跟踪

输出预测结果后，还需要对可能得到的实际数据进行跟踪，以便解释预测结果或必要时进行修正，并在预测过程中不断地修改完善预测模型，使之继续适用。预测跟踪的另一个作用是可以分析预测误差的主要原因。

第五节　道路交通事故预测模型和方法

一、国内外道路交通事故预测模型

1. 线性回归预测法

影响道路交通事故的因素往往不只是一个，而是多个，线性回归预测多数是利用多元线性回归方程，通过寻找与因变量具有较强关联关系的因素作为自变量，计算回归系数，并经过相关分析和显著性检验后，最终确定回归预测方程。

2. 增长曲线预测法

道路交通事故的发展规律往往类似于生物的自然增殖过程，可以用一条近乎 S 形的曲线来描述：预测对象数值随时间推移而逐步增长，发展初期增长速度较慢，一段时间后，增长速度会逐渐加快，到接近于某一增长极限时，增长速度又会放慢。常用作预测的 S 形增长曲线模型有戈伯兹曲线和逻辑曲线。

1）戈伯兹曲线预测模型（图 9-8）

戈伯兹曲线的数学模型为：

$$y = ka^{b^t} \tag{9-14}$$

式中：y——预测函数值；

t——时间变量；

a、b——模型参数。

图 9-8　戈伯兹曲线

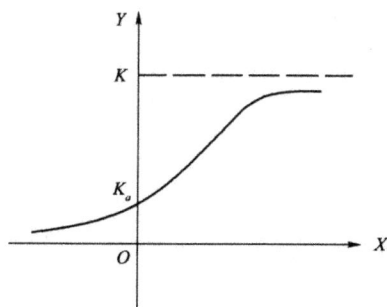

如果通过对时间序列数据的观察分析，认为可以用戈伯兹曲线拟合，可按如下步骤计算 k、a、b 三个待求参数。

①进行时间序列，第一年 $t=0$，第二年 $t=1$，以此类推。

②将时间序列数据分为三段，每段 n 年，计算各时间段内实际数据之对数和。

$$\begin{cases}\sum_1 \lg y = \sum_{t=0}^{n-1} \lg y_t \\ \sum_2 \lg y = \sum_{t=n}^{2n-1} \lg y_t \\ \sum_3 \lg y = \sum_{t=2n}^{3n-1} \lg y_t\end{cases} \tag{9-15}$$

式中：y_t——第 t 年的实际数据。

③计算 k、a、b。

$$b_n = \frac{\sum_3 \lg y - \sum_2 \lg y}{\sum_2 \lg y - \sum_1 \lg y} \tag{9-16}$$

$$\lg a = \left(\sum_2 \lg y - \sum_1 \lg y\right) \cdot \frac{b-1}{(b^n-1)^2} \tag{9-17}$$

$$\lg k = \frac{1}{n}\left(\sum_1 \lg y - \frac{b^n-1}{b-1}\lg a\right) \tag{9-18}$$

2）逻辑曲线预测模型（图 9-9）

逻辑曲线的数学模型为：

$$y = \frac{k}{1-be^{-at}} \tag{9-19}$$

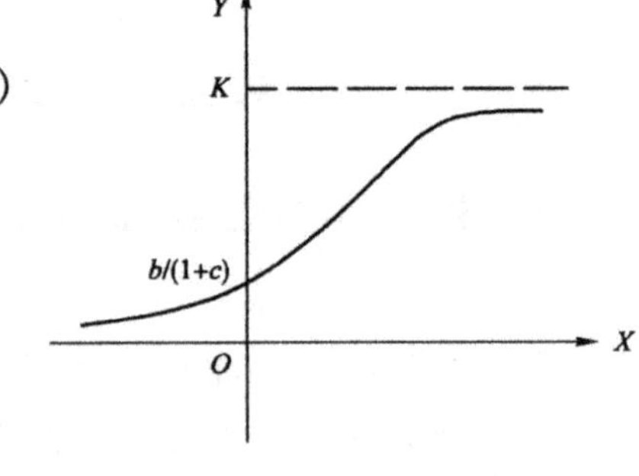

图 9-9　逻辑曲线

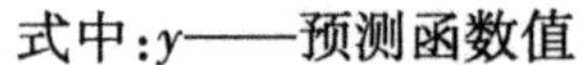
式中：y——预测函数值；

t——时间变量；

k——渐近线值；

a、b——模型参数；

e——自然对数的底。

可按如下步骤计算 k、a、b 三个待定参数。

①将时间编序，第一年 $t=1$，第二年 $t=2$，以此类推。

②将时间序列数据分为三段，每段 n 年，计算各时间段内实际数据的倒数之和，分别记作 s_1、s_2、s_3，设：

$$\begin{cases}s_1 = \sum_{i=1}^{n} \frac{1}{y_t} \\ s_2 = \sum_{i=n+1}^{2n} \frac{1}{y_t} \\ s_3 = \sum_{i=2n+1}^{3n} \frac{1}{y_t}\end{cases} \tag{9-20}$$

$$\begin{cases}D_1 = s_1 - s_2 \\ D_2 = s_2 - s_3\end{cases} \tag{9-21}$$

③计算 k、a、b。

$$k = \frac{n}{s_1 - \dfrac{D_2}{D_1 - D_2}} \tag{9-22}$$

$$a=\frac{1}{n}(\ln D_1-\ln D_2) \tag{9-23}$$

$$b=\frac{kD_1}{C(D_1-D_2)} \tag{9-24}$$

式中：$C=\frac{e^{-a}(1-e^{-na})}{1-e^{-a}}$。

将求得的 k、a、b 代入式(9-19)，即可得逻辑曲线预测模型。

3. 对数抛物线预测模型

对数抛物线是一种特殊的增长曲线，与 S 形增长曲线不同的是，戈伯兹曲线与逻辑曲线预测对象数值随时间推移而逐步增长，而对数抛物线的预测对象在增长到一定程度后，数值会逐渐下降。数学模型为：

$$y=ae^{bt+ct^2} \tag{9-25}$$

式中：y——预测函数值；

t——时间变量；

a、b、c——模型参数；

e——自然对数的底。

将式(9-25)两边取对数，得到：

$$\ln y=\ln a+bt+ct^2 \tag{9-26}$$

令 $y'=\ln y$、$a_0=\ln a$、$x_1=t$、$x_2=t^2$，则得到二元线性回归方程：

$$y'=a_0+bx_1+cx_2 \tag{9-27}$$

运用二元线性回归的方法，可求出 a_0、b、c 三个参数，在经变换后即可求得对数抛物线预测模型。

4. 多元逐步回归预测模型

多元逐步回归预测是按照自变量对因变量作用程度的大小，来决定该变量是否引入或剔除，自动地从大量可供选择的变量中，选择重要的变量，以建立回归方程的预测方法。

逐步回归预测法是由自变量对因变量作用程度的大小来决定该变量是否引入或剔除的。为了衡量一个自变量对因变量作用的大小，定义 D_i 为"贡献"系数，来表示自变量对因变量的"贡献"。

$$D_i=\frac{r_{iy}^2}{r_{ij}} \tag{9-28}$$

式中：r_{iy}——相关系数；

r_{ij}——系数矩阵的逆矩阵主对角线上的第 i 个元素。

$$r_{ij}^{s+1}=\begin{cases} r_{ij}^{(s)}-r_{ik}^{(s)}r_{kj}^{(s)}/r_{kk}^{(s)} & (i\neq k,j\neq k)\\ \dfrac{r_{kj}^{(s)}}{r_{kk}^{(s)}} & (i=k,j\neq k)\\ \dfrac{r_{ik}^{(s)}}{r_{kk}^{(s)}} & (i\neq k,j=k)\\ \dfrac{1}{r_{kk}^{(s)}} & (i=j=k)\end{cases} \tag{9-29}$$

由于逐步回归预测是对自变量逐步进行的,每次计算中的“贡献”系数记为:

$$p_i^{(t)}=\frac{(r_{iy}^{(t)})^2}{r_{ij}^{(l)}} \tag{9-30}$$

式中:l——第 l 次计算。

在逐步回归预测中,一方面要引入贡献最大的自变量,另一方面要剔除贡献最小的自变量,其标准用 F 检验值来确定。假定显著性水平 a,然后查 F 检验表得到 F 检验临界 F_a,F_a 亦可人为确定。

在第 l 步计算中,如果有第 k 个自变量的“贡献”:$p_k^{(l)}=\max\{p_i^{(l)}\}$,$i$ 为未被引入的变量序号,则要用 F 检验来判断该自变量是否被引入,即计算该变量第 l 步的 F_{in}。

$$F_{in}=\frac{[n-(l+1)-1]\cdot p_k^{(l)}}{r_{yy}^{(l-1)}-p_k^{(l)}} \tag{9-31}$$

式中:n——样本数;

$p_k^{(i)}$——第 k 个变量第 l 步的“贡献”系数;

r_{yy}——按为因变量自相关系数。

如果 $F_{in}>F_a$,则在显著性水平 a 意义下,该自变量可以被引入,否则不能被引入。

如果在 l 计算中,对第 k 个自变量有 $D_k^{(l)}=\min\{D_i^{(l)}\}$,$i$ 为已引入的自变量序号,也要用 F 检验来判断该自变量是否应该剔除,即计算该变量的 F_{out}:

$$F_{\text{out}}=\frac{(n-l-1)\cdot D_k^{(l)}}{r_{yy}^{(l-1)}-D_k^{(l)}} \tag{9-32}$$

当 $F_{\text{out}}\leqslant F_a$ 时,即在显著性水平 a 意义下,该自变量应该被剔除,否则应该保留。

所以,逐步回归分析中,每计算一步都要用自变量的“贡献”系数选择引入或剔除的自变量,并用 F 检验来判断是否引入或剔除。

5. 灰色系统理论的预测模型

应用灰色系统理论,在数据处理上提出累加或累减生成的方法,通过生成使数据列的随机性弱化,从而转化为比较有规律的数据列,将随机过程转化为便于建模的灰色过程。

如给定数据列:

$$[x^{(0)}(t_i)]=[x^{(0)}(t_1),x^{(0)}(t_2),\cdots] \tag{9-33}$$

是随机过程,不稳定。若作数据累加生成处理,令:

$$[x^{(1)}(t_1)]=\sum_{k=1}^{i}x^{(0)}(t_i) \tag{9-34}$$

得到新的数据列:

$$[x^{(1)}(t_i)]=[x^{(1)}(t_1),x^{(1)}(t_2),\cdots] \tag{9-35}$$

新数据列随机性将被弱化(可进行 n 次处理),新数据列绘制曲线多逼近指数式曲线。

灰色动态模型 GM(n,h),n 为微分方程阶数,h 为变量的个数。一般采用 GM(1,1)模型形式:

$$\frac{dx^{(1)}}{dt}+ax^{(1)}=\mu \tag{9-36}$$

式中:a、μ——建模过程中待辨识的参数和内部变量;

$x^{(1)}$——原始数据 $x^{(0)}(t_i)$经过累加生成处理得到的新数据列。

GM(1,n)模型计算程序框图如图9-10所示。

参数辨识过程如下。

1)构造数据矩阵 B

$$b=\begin{Bmatrix} -\frac{1}{2}[x^{(1)}(1)+x^{(1)}(2)] & 1 \\ -\frac{1}{2}[x^{(1)}(2)+x^{(1)}(3)] & 1 \\ \cdots & \vdots \\ -\frac{1}{2}[x^{(1)}(n-1)+x^{(1)}(n)] & 1 \end{Bmatrix} \tag{9-37}$$

2)构造数阵向量 y_n

$$y_n=[x^{(0)}(2),x^{(0)}(3),\cdots,x^{(0)}(n)]^T \tag{9-38}$$

3)作最小二乘法计算,求参数 a,μ

$$\hat{c}=\begin{bmatrix} a \\ \mu \end{bmatrix}=(B^TB)^{-1}B^Ty_n \tag{9-39}$$

4)建立时间响应函数

方程式(9-37)的时间响应函数为:

$$\hat{x}^{(1)}(t)=\left[x^{(1)}(0)-\frac{\mu}{a}\right]e^{-ak}+\frac{\mu}{a} \tag{9-40}$$

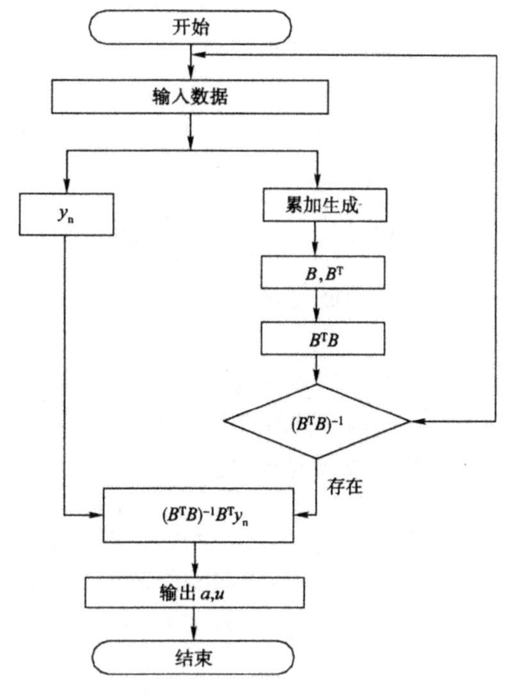

图9-10　GM(1,n)模型计算程序框图

下面通过一个例子来说明灰色系统模型的求解方法。

【例9-1】　某城市1993～1998年交通事故发生次数的数据列见表9-5,使用灰色系统理论建立交通事故预测模型。

某城市交通事故次数历年数据列　　表9-5

序号(k)	0	1	2	3	4	5
年份	1993	1994	1995	1996	1997	1998
事故发生次数 $x^{(0)}(k)$/百次	11.28	12.86	8.65	8.7	13.75	15.55
累加次数 $x^{(1)}(k)$/百次	11.28	24.14	32.79	41.49	52.24	70.79

解:本题 $y_n=[12.86,8.65,8.7,13.75,15.55]^T$。

$$b=\begin{Bmatrix} -\frac{1}{2}[11.28+24.14] & 1 \\ -\frac{1}{2}[24.14+32.79] & 1 \\ -\frac{1}{2}[32.79+41.49] & 1 \\ -\frac{1}{2}[41.49+52.24] & 1 \\ -\frac{1}{2}[52.24+70.79] & 1 \end{Bmatrix}=\begin{bmatrix} -17.71 & 1 \\ -28.47 & 1 \\ -37.14 & 1 \\ -47.87 & 1 \\ -61.52 & 1 \end{bmatrix}$$

可得:

$$a = -0.1012$$
$$\mu = 7.9601$$

时间响应函数为：

$$\hat{x}^{(1)}(t) = \left[x^{(1)}(0) - \frac{\mu}{a}\right]e^{-ak} + \frac{\mu}{a}$$

令 $x^{(1)}(0) = x^{(0)}(0) = 11.28$。

$$\hat{x}^{(1)}(t) = \left[11.28 - \left(\frac{7.9601}{-0.1012}\right)\right]e^{-(-0.1012)t} + \left(\frac{7.9601}{-0.1012}\right) = 89.9371e^{-(-0.1012)t} - 78.6571$$

将上式离散化，得

$$\hat{x}^{(1)}(k) = 89.9371e^{-0.1012k} - 78.6571$$

上式为交通事故发生次数预测模型，可由上式求得 $x^{(1)}(k)$ 值后，累减还原可得到预测数据 $x^{(0)}(k)$，由于计算误差较大，还需要进行修正，建立生成数据残差模型。

计算生成数据残差数据列：

$$q^{(0)}(k) = x^{(1)}(k) - \hat{x}^{(1)}(k)$$

式中：$x^{(1)}(k)$——实际原始数据累加值；

$\hat{x}^{(1)}(k)$——由时间响应函数计算得到的数据列预测值。

计算得到的残差数据如表 9-6 所示，在表中进行残差数累加生成处理，得到数据结果。

残差数据列 表 9-6

序号(k)	0	1	2	3	4	5
年份	1993	1994	1995	1996	1997	1998
实际事故次数累加值 $x^{(1)}(k)$	11.28	24.14	32.79	41.49	52.24	70.79
预测值 $\hat{x}^{(1)}(k)$	11.28	20.858 1	31.456 2	43.138 1	56.158 1	70.516 4
残差 $q^{(1)}(k) = x^{(1)}(k) - \hat{x}^{(1)}(k)$	0	3.281 9	1.333 8	-1.648 1	-0.918 1	0.273 6
第一次累加 $q^{(1)}(k)$	0	3.281 9	4.615 7	2.967 6	2.049 5	2.323 1
第一次累加 $q^{(2)}(k)$	0	3.281 9	7.897 6	10.865 2	12.914 7	15.237 8

将 $q^{(2)}(k)$ 输入计算即得到输出结果为：

$$a = 0.2927$$
$$\mu = 5.9848$$

时间响应函数为：

$$\hat{q}^{(2)}(t) = \left[q^{(2)}(0) - \frac{\mu}{a}\right]e^{-at} + \frac{\mu}{a} = \left[3.2819 - \frac{5.9848}{0.2927}\right]e^{-0.2927t} + \frac{5.9848}{0.2927} = 20.4469 - 17.1649e^{-0.2927t}$$

将上式离散化得：

$$\hat{q}^{(2)}(k) = 20.4469 - 17.1649e^{-0.2927(k-1)}$$

将 $\hat{q}^{(2)}(t)$ 求灰导数，与 $\hat{x}^{(1)}(k)$ 相加可得到该城市用灰色系统理论建立的交通事故预测模型（累加值）：

$$x^{(1)}(k) = 89.9371e^{-0.1012k} - 78.6571 + 5.0242(-e^{-0.2927(k-1)} - e^{0.2927(k-2)})$$

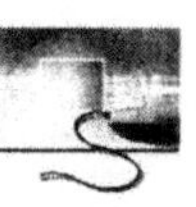

修正后模型经过精度检验、残差大小检验和后验差检验，均得到较好的结果。

如对该城市2012年交通事故进行预测，可按如下步骤进行。

①由$\hat{x}^{(1)}(k)$的计算式求得：

2011年$k=112-98=13$；2012年$k=112-98=14$。

$$\hat{x}^{(1)}(13)=89.9371e^{-0.1012\times13}-78.6571=256.537$$

$$\hat{x}^{(1)}(14)=89.9371e^{-0.1012\times14}-78.6571=292.235$$

$$\hat{x}^{(0)}(14)=\hat{x}^{(1)}(14)-\hat{x}^{(1)}(13)=292.235-256.537=35.698(\text{百起})$$

②由$\hat{q}^{(2)}(t)$的计算式得：

2010年$k=12$；2011年$k=13$；2012年$k=14$

$$\hat{q}^{(2)}(12)=20.4469-17.1649e^{-0.2927(12-1)}=19.761$$

$$\hat{q}^{(2)}(13)=20.4469-17.1649e^{-0.2927(13-1)}=19.935$$

$$\hat{q}^{(2)}(14)=20.4469-17.1649e^{-0.2927(14-1)}=20.065$$

第一次累减：

$$\hat{q}^{(1)}(13)=\hat{q}^{(2)}(13)-\hat{q}^{(2)}(12)=19.935-19.761=0.174$$

$$\hat{q}^{(1)}(14)=\hat{q}^{(2)}(14)-\hat{q}^{(2)}(13)=20.065-19.935=0.130$$

第二次累减：

$$\hat{q}^{(0)}(14)=\hat{q}^{(1)}(14)-\hat{q}^{(1)}(13)=0.130-0.174=-0.044$$

所以，2012年交通事故次数为：

$$x=\hat{x}^{(0)}(14)+q^{(0)}(14)=35.698-0.044=35.654(\text{百起})$$

或直接代入$\hat{x}^{(1)}(k)$式计算：

$$\hat{x}^{(1)}(13)=89.9371e^{-0.1012\times13}-78.6571+5.0242(-e^{-0.2927(13-1)}-e^{0.2927(13-2)})=256.486$$

$$\hat{x}^{(1)}(14)=89.9371e^{-0.1012\times14}-78.6571+5.0242(-e^{-0.2927(14-1)}-e^{0.2927(14-2)})=292.197$$

$$x=\hat{x}^{(0)}(14)=\hat{x}^{(1)}(14)-\hat{x}^{(1)}(13)=292.197-256.486=35.711(\text{百起})$$

6. 生成数列回归分析法

生成数列回归分析法运用灰色系统的基本理论，对影响因素进行关联分析，定量地找出主要影响因素，并建立因变量、自变量的生成数列，据此进行一元或多元回归分析，得到生成数列回归预测模型。其主要步骤如下。

1）关联度分析

关联度分析的基本思想，是根据曲线间的相似程度来判断关联度，两曲线几何形状越相似，其关联程度越大，因素间的关系越密切。关联度分析的目的是为了找出影响预测对象的主要因素。

设参考数列（预测对象的原始数据列）为x_0，被比较数列（影响因素的原始数据列）为x_i

$(i=1,2\cdots,m)$，且

$$x_0=\{x_0(1),x_0(1),\cdots,x_0(n)\}$$
$$x_i=\{x_i(1),x_i(1),\cdots,x_i(n)\}$$
$$i=1,2,\cdots,m$$

则称 $\zeta_i(t)$ 为曲线 x_0 与 x_i 在第 t 点的关联系数。

$$\zeta_i(t)=\frac{\min\ \min tt|x_0(t)-x_i(t)|+\max\ \max\rho it|x_0(t)-x_i(t)|}{|x_0(t)-x_i(t)|+\max\ \max\rho it|x_0(t)-x_i(t)|} \tag{9-41}$$

式中，$|x_0(t)-x_i(t)|=\Delta_i(t)$，称为第 t 点 x_0 与 x_i 的绝对差；$\min\ \min tt|x_0(t)-x_i(t)|$ 称为两极最小差；$\min t|x_0(t)-x_i(t)|$ 是第一级最小差；$\max\ \max\rho it|x_0(t)-x_i(t)|$ 是两极最大差；ρ 为分辨系数，在 0～1 之间取值，一般取 $\rho=0.5$。

曲线 x_i 与曲线 x_0 的关联度为 r_i，其值为：

$$r_i=\frac{1}{n}\sum_{i=1}^{n}\zeta_i(t) \tag{9-42}$$

对于单位不同，或初值不同的数列作关联度分析时，一般要作处理，使之无量纲化，即用 $x_0(1)$ 去除 $x_0(t)$，用 $x_i(1)$ 去除 $x_i(t)$。

关联系数大的因素 $x_i(t)$，对预测对象 $x_0(t)$ 的影响大，一般应作为主要影响因素。根据实际情况，可选择 1～3 个关联度大的因素作为自变量进行回归分析。

2）生成数列回归模型

设因变量的原始数列为 $y^{(0)}(t)$，其一次累加生成数列为 $y^{(1)}(t)$，即：

$$y^{(0)}(t)=\{y^{(0)}(1),y^{(0)}(2),\cdots,y^{(0)}(n)\}$$
$$y^{(1)}(t)=\{y^{(1)}(1),y^{(1)}(2),\cdots,y^{(1)}(n)\}$$

应当注意，原始数列 $x_i^{(0)}$ 和 $y^{(0)}(t)$ 应是连续若干年份的数据，若某一年的数据缺乏，应进行数据修补。

对生成数列进行常规的回归分析，建立生成数列的回归预测模型，用相关系数等进行回归模型的精度检验，根据回归模型逐年计算出预测年限内的生成预测值。

对生成预测值进行累减还原，即得所求预测对象的预测值，可用预测值的离差等反映预测精度。

3）生成数列回归分析法示例

【例 9-2】 已知预测变量、自变量的原始数据如表 9-7 所示，用生成数列回归分析方法进行预测。

原 始 数 据 表　　表 9-7

t	1	2	3	4	5	6	7	8	9	10
$y^{(0)}(t)$	2.88	2.67	4.73	5.44	5.97	6.37	6.06	6.99	8.02	7.77
x_1	5.729	7.364	8.649	9.865	11.461	11.019	13.303	15.692	17.155	19.518
x_2	18.978	20.976 6	23.586 2	26.551	28.761	31.378 9	34.743 1	39.651 8	42.551 8	47.681 8
x_3	101.777 5	104.700 8	106.354	105.394	107.251 9	107.393 5	112.269 6	118.506 8	121.682 8	123.353 5

解：自变量对因变量的关联度分别为：

$$r_1=0.791\ 89$$

$$r_2 = 0.720\ 43$$

$$r_3 = 0.535\ 17$$

根据关联度的大小，可知 x_1、x_2 对 y 的影响是主要的，可以建立二元线性回归方程。如采用三元线性回归，对表 9-7 中的数据进行一次累加生成处理，再进行多元线性回归，得到以下预测模型：

$$y^{(1)} = -2.233\ 9 - 0.555\ 5x_1^{(1)} + 0.415\ 2x_2^{(2)} - 0.004\ 7x_3^{(1)}$$

$$R = 0.999\ 59$$

为了进一步检验精度，表 9-8 中列出了预测计算结果，并与一般的回归方法进行了比较。比较结果是，生成数列回归预测法的离差为 4.610 2，一般回归方法的预测离差为 5.543，前者较后者减少了 16.8%，显然提高了预测精度。

预 测 结 果　　表 9-8

$y^{(0)}(t)$	2.88	2.67	4.37	5.44	5.97	6.37	6.06	6.99	8.02	7.77
$\hat{y}^{(1)}(t)$	2.04	6.17	10.66	15.72	20.80	27.20	33.71	40.91	48.48	56.86
$\hat{y}^{(0)}(t)$	2.04	4.13	4.49	5.06	5.08	6.40	6.51	7.20	7.57	8.38
一般回归 $y^{(0)}$	2.32	2.96	3.76	5.08	5.91	6.07	6.00	7.21	8.12	9.89

二、道路交通事故预测方法

道路交通事故预测方法可分为定性预测和定量预测两大类。

定性预测是在数据资料掌握不多，或需要短时间内作出预测的情况下，运用专家的经验和判断能力，用逻辑思维方法，把有关资料予以加工。对交通事故的发展趋势和特点作出定性的描述。常用的定性预测技术有专家会议法、德尔菲法（专家调查法）、主观概率法、趋势判断法、类推法和相互影响分析法等。

定量预测是在历史数据和统计资料的基础上，运用数学或其他分析技术，建立可以表达的数量关系模型，并利用它来预测交通事故在未来可能出现的数量。常用的定量预测技术有时间序列趋势外推法、回归分析法、灰色预测法和组合预测法等。

预测技术的选择与预测的目的、精度要求、预测的时间和费用有关，也与预测建模所需的信息资料有密切的关系，在具体选择预测技术时应综合考虑以上各方面的关系。

1．判断法

判断法预测属于定性预测，因此常用于较大区域（国家或省）的道路交通事故总体发展趋势预测。

1）专家会议法

用这种方法预测道路交通事故简便易行，有助于互相启发与补充，容易产生一致意见。但在实施过程中容易受社会压力、多数人的观点和权威人物意见的影响。因此，预测结果不一定能反映各位专家的真实想法。

2）德尔菲法

德尔菲法融合了专家个人判断法和专家会议法的优点，同时又避免了二者的缺陷，它具有匿名性、反馈性和收敛性等特点。因此，采用德尔菲法可能比其他判断方法的预测精度要高一些，但毕竟还是专家的主观臆断。

2. 时间序列分析法

时间序列分析法也称时间序列趋势外推法，是根据时间数列简单地外延类推，它属于定量预测方法。在道路交通事故预测中，常用的时间序列分析法有移动平均数法、加权移动平均数法、指数平滑法和趋势调整指数平滑法等。

1）移动平均数法

这是一种初级的定量预测方法。方法简单实用，但是预测精度不高。对趋势变化反应迟钝，考虑以上不足对其进行加权修正后，便得到加权移动平均数法。该方法认为越靠近预测期的数据对预测值的影响越大，因而对不同时期数据应采用不同权数进行预测。

2）指数平滑法

指数平滑法是采用递推预测的方法，即仅用本期的实际值与本期的预测值来预测下一期的值。原始数据经过平滑处理后，数据便呈现出内在的变化趋势。在实际预测中，对平滑值进行适当计算，构成相应的线性或非线性趋势预测模型。指数平滑实际上包含了所有的历史信息，通过权系数 α 的大小来反映新旧数据对趋势变化的影响，权系数 α 对数据变化的速率响应仍然是滞后的，为减小其对预测结果的影响，可以采用趋势调整指数平滑法来修正。

时间序列分析法适用于县、区小范围的、微观的短期道路交通事故预测。

3. 回归分析法

回归分析法是道路交通事故预测的常规方法。回归分析能较好地反映交通事故与各种影响因素的因果关系，并且能较容易地建立模型和检验预测结果。因而，回归分析技术在交通事故预测中应用得最普遍。但是，回归分析要求样本量大、数据波动不大、规律性强等条件，否则其预测精度便会受到影响；另外，由于回归分析对新旧数据同等对待，只注重对过去数据的拟合，因此其外推性能较差，对变化趋势反应迟钝。在交通事故预测实践中常用的回归分析技术有一元回归、多元回归和逐步回归等。

4. 灰色预测法

道路交通系统作为一个抽象系统，它没有物理原型，很难确定影响系统的全部因素，更不可能确定因素之间的映射关系。因此，可将城市道路交通系统视为本征性灰色系统。道路交通事故存在于道路交通系统中，事故的发生与众多因素相互关联和制约，但又很难找出影响事故发生的全部因素。也就是说，影响事故发生的信息不明确、不完全。同时，在多种因素中必然有的对事故影响大些，有的影响小些。经过对大量交通事故的调查研究发现，各种因素都与道路交通事故间存在一定的关系，对事故影响大的因素支配着交通事故次数的变化。灰色理论所研究的正是这种外延明确、内涵不明确的对象。灰色系统理论认为，尽管客观系统表象复杂，但总是有整体功能的，总是有序的，在离散的数据中必然蕴含着某种内在规律。灰色关联理论提出了系统的关联度分析方法，它是根据因素之间发展态势的相似或相异程度来衡量因素间关联程度的方法。

根据灰色理论的 GM(1,1)模型的预测，称为灰色预测。在预测中，可将一个地区的道路交通系统视为灰色系统，把交通事故当作灰色量。对影响本次交通事故的有关因素进行关联分析，找出主要的影响因素，建立生成数列和灰色预测模型。交通事故灰色预测的特点是在数据量少、资料不完全的情况下采用。但是预测结果的后验差表明，交通事故灰色预测的精度不高。在实际预测中，可运用定性与定量相结合或灰色预测与其他方法相结合的组合预测法构

造预测模型,这样预测精度会有很大的提高。

如生成数列与回归分析组合预测模型要比单独灰色预测模型的预测精度提高近50%,主要是生成数列回归分析模型综合了生成数列技术和回归分析技术的优点,生成数列技术揭示数列的内在规律性;而回归分析技术能深刻反映交通事故受主要因素影响的量化关系。因此能够有效地提高交通事故预测精度,当原始数据分布波动大、样本少时,效果更加明显。

道路交通事故是一种十分复杂的随机现象,它不仅与交通管理水平及车辆有关,而且受道路条件、交通组成、人的交通行为、社会经济及政治等各种因素的影响。因此交通事故的变化规律也呈现出复杂多样的特点,选择交通事故预测技术,一定要根据具体的预测目标、数据性质、预测精度要求等条件综合考虑,确定合理有效的预测方法。

第六节　交通冲突分析方法

一、交通冲突的定义与采集方法

1. 交通冲突的定义

1977年在瑞典奥斯陆市召开了首届国际交通冲突学术年会,会上正式提出了交通冲突的基本定义,即:两个或多个道路使用者在一定的时间和空间上彼此接近到一定程度,此时若不改变其运动状态,就有发生碰撞的危险,这种现象称为交通冲突。交通冲突具体可以分为交叉口交通冲突和路段交通冲突。

交叉口交通冲突是指两个或两个以上道路使用者在同一时间,空间上相互接近,如果其中一方采取非正常交通行为,如转换方向、改变车速、突然停车、交通违章等,除非另一方也相应地采取避险行为,否则,会处于碰撞的境地。

路段交通冲突是指两个或多个道路使用者之间或道路使用者与道路构造物之间,在同一时间,空间上相互逼近,其中一个道路使用者进行了某种不规范或不恰当的操作,如转换车道、改变车速、突然停车等,导致一方至少一个或多个道路使用者必须采取回避措施(改变行车状态),否则会处于碰撞或危险的境地。

路段交通冲突与交叉口交通冲突的差别在于,前者强调了(单方)道路使用者与构造物之间的冲突问题,突破了传统意义上仅仅局限于交通行为主体的冲突定义。

2. 交通冲突的采集方法

1)录像观测法

录像观测法指采用现场录像、室内放映进行交通冲突记录的方法,该观测方法具有一些明显的优点,表现在:

①录像可以反复倒带放映,并可以随时定格研究,对于交通冲突观测具有重要意义;

②录像可以供多人同时在同一条件下观察同一事件,并进行讨论分析,以确定交通冲突的发生、成因及类型;

③录像观测可以对交通冲突发生瞬间及整个过程进行全面跟踪记录,便于对交通冲突的进一步研究。

但是该方法也存在一些应用上的缺陷:

①在录像过程中，对拍摄位置有严格要求，必须选择高处且与被拍摄现场保持一定距离，方可能观察记录到整个冲突现场；

②由于被拍摄对象一般都存在不同程度的遮挡物（如交叉口往往会受到道路两侧树木或其他建筑物的遮挡），因此，往往需要几部摄像机才能观测全貌；

③摄像机必须保持固定与平稳，摄像过程中不能有突然移动，而且还会出现大型车的遮挡干扰等现象；

④由于摄像机录下的是整个冲突现场的远景环境，不能突出交通冲突的真实情况，道路使用者在冲突中的声音反应（如车辆制动声、行人惊呼声等）很难从录像中分辨清楚。

2）人工观测法

人工观测法指通过人工观测员对现场的交通冲突状况进行记录的方法。该观测方法具有以下优点：

①具有较大的灵活性，观测工作的组织和实施，以及记录形式和内容的变化调整比较容易；

②观测员可以亲身接近交通现场，观察冲突发生的全过程，真实地反映现场冲突状况；

③观测方法简单，可以根据观测的需要来移动调整自己的位置和角度。

在实际应用中，也有一些不利因素：

①要求观测员具有较高的冲突辨别及数据统计和记录能力；

②恶劣的天气环境会对人工观测员造成不利影响，可能限制这一记录技术的应用；

③由于交通流量等因素影响，冲突频次过低将使观测周期延长，从而增大人工费用开支和时间的耗损。

二、交通冲突严重程度的判别及分级标准

1. 交通冲突严重程度的判别方法

交通冲突作为未产生损害后果的“准事故”，对其严重程度的判别可以选择以下测量参数。

①冲突距离（TS）：指冲突当事者避险行为生效的瞬间位置距事故接触点的距离（m）。

②冲突速度（CS）：指冲突当事者避险行为生效时的瞬间速度（m/s）。

③冲突时间（TA）：指冲突当事者避险行为生效的瞬间至事故接触点的时间过程（s）。

根据对部分国家的交通冲突技术研究表明，如果选用现场人工观测，则应选择 TS 、CS 作为测量参数，并以 TS 、CS 观测值导出 TA 值作为冲突严重性判别参数较为合理。目前对冲突严重性的判别方法主要有两类：

方法 1：选择距离作为度量参数，即空间距离法。该方法在实际应用中十分直观，且合乎逻辑，冲突双方之间的距离越小，则相撞的可能性越大。

方法 2：选择时间作为度量参数，即时间距离法，这种方法由道路使用者逼近相撞点的实际速度和距离的时间矢量对事故点的投影。它在一定程度上综合反映了道路使用者避让事故所需要的空间距离、速度、加速度以及转向能力。时间距离小可以反映出距相撞点距离很短或速度很高，或两者都有。这也正是部分国家建议采用时间距离作为严重冲突度量参数的原因。

2. 交通冲突的分级标准

交通冲突根据其严重程度的不同可以分为四个等级(图9-11),其描述如下。

①无干扰通过:一个道路使用者在通行于某交叉口时,未遭到其他道路使用者的干扰影响。

②可能冲突:两个道路使用者以危险的方式相互逼近,除非其中一方采取避险行为,否则冲突即将发生,但在采取避险行为之前存在充分的反应时间。

③轻微冲突:两个道路使用者以一种明显将要导致严重冲突危险的方式互相逼近,而且仅有极短的时间供其引起警惕并采取准确无误的避险行为来避免事故的发生。

④严重冲突:在这种情况下,两个道路使用者只能通过快速判断和紧急避险行为方能避免事故的发生。

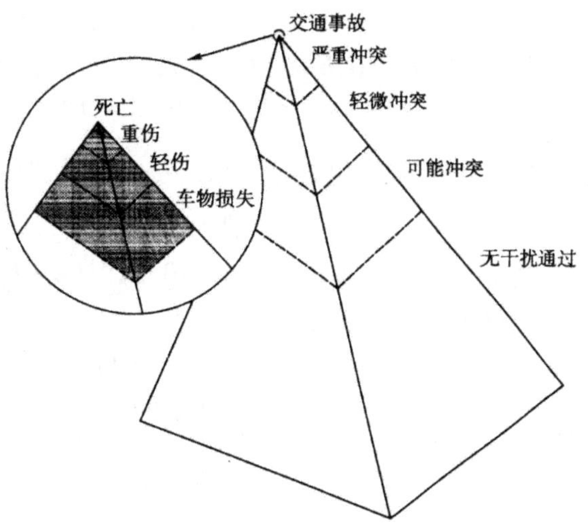

图9-11　交通冲突分级标准示意图

三、交通冲突的预测理论与方法

1. 交通冲突预测的相关理论

在进行交通冲突观测时,人们要花费大量的时间来确定观测地点的冲突数。这就要求寻找其他有效方法,既能减少交通冲突观测时间,又能达到实际的测量效果。为实现这一目的,可以在获取部分信息的基础上,通过预测的方法实现。

交通冲突是一个随机事件,其本身具有偶然性和模糊性,交通冲突的具体发生时间、发生场合、发生规律是无法事先预计的。如果把某地区的道路安全状况作为一个系统,则此系统中存在一些确定因素(白色信息),如道路状况、信号设计等,同时也存在一些不确定因素,如车辆状况、气候条件、驾驶员心理状态等,具有明显的灰色特征。因此,可以应用灰色系统的理论进行研究处理。灰色系统着重研究的是"贫信息"不确定问题,并通过信息覆盖,构造生成序列的手段寻求现实现象中存在的规律,其特点是"少数据建模"。

交通冲突灰色预测的原理、方法及所具有的特点表现在以下方面。

①建立的数学模型是一阶单变量微分方程,这与以往的概率统计方法利用离散数据所建立的按时间作逐段分析、递推、离散的模型有本质区别。

②灰色预测方法认为,某地区或某地点在某一时间区间内的交通冲突指标值是在一定范围内变化的与时间坐标有关的灰色量。该方法将原始数据整理成较有规律的生成数列后,再进行研究、处理,从而避免了不理想的状况的出现。

③用灰色预测方法建立数学模型不是交通冲突原始的数学模型,而是生成数据的模型,即它通过生成数列的处理,使杂乱无章的原始数据呈现出一定的规律性。

2. 交通冲突的灰色预测

交通冲突灰色预测实质是数列预测,它是指用GM(1,1)模型对系统行为特征值的发展变化进行的预测。其数学描述为：

设 X^0 为非负序列：

$$X^0 = \{x^0(1), x^0(2), \cdots, x^0(n)\} \tag{9-43}$$

其中，$x^0(k) \geqslant 0, k = 1,2,\cdots,n$；$X^1$ 为 X^0 的 1 - AGO 序列。

$$X^{(1)} = \{x^1(1), x^1(2), \cdots, x^1(n)\} \tag{9-44}$$

其中，$x^{(1)} = \sum_{i=1}^{k} x^0(i), k = 1,2,\cdots,n$；$Z^{(1)}$ 为 $X^{(1)}$ 的紧邻值生成序列。

$$Z^{(1)} = \{z^{(1)}(2), z^{(2)}(3), \cdots, z^{(2)}(n)\} \tag{9-45}$$

其中，$z^{(1)}(k) = 0.5x^{(1)}(k) + 0.5x^{(1)}(k-1)$；$k = 2,3\cdots,n$。

$\hat{a} = (a,b)^T$ 为参数列，且：

$$Y = \begin{bmatrix} x^{(0)}(2) \\ x^{(0)}(3) \\ \vdots \\ x^{(0)}(n) \end{bmatrix} \qquad B = \begin{bmatrix} -z^{(1)}(2) & 1 \\ -z^{(1)}(3) & 1 \\ \vdots & \vdots \\ -z^{(1)}(n) & 1 \end{bmatrix}$$

则灰色微分方程的 $x^{(0)}(k) + az^{(1)}(k) = b$ 最小二乘估计参数列满足：

$$\hat{a} = (B^T B)^{-1} B^T Y \tag{9-46}$$

GM(1,1)灰色微分方程 $x^{(0)}(k) + az^{(1)}(k) = b$ 的时间响应序列为：

$$\hat{x}^{(1)}(k+1) = \left[x^{(1)}(0) - \frac{b}{a}\right]e^{-ak} + \frac{b}{a}(k = 1,2,\cdots,n) \tag{9-47}$$

取 $x^{(1)}(0) = x^{(0)}(1)$，则：

$$\hat{x}^{(1)}(k+1) = \left[x^1(0) - \frac{b}{a}\right]e^{ak} + \frac{b}{a}(k = 1,2,\cdots,n) \tag{9-48}$$

还原值为：

$$\hat{x}^{(0)}(k+1) = \alpha^{(1)}; \hat{x}(k+1) = \hat{x}^{(1)}(k+1) - \hat{x}^{(1)}(k) \qquad (k = 1,2,\cdots,n) \tag{9-49}$$

上述模型只是个初始模型，还不能肯定它就能反映序列的客观规律，因此需要对它进行诊断性检验。精度检验为：

1)残差检验

$$残差：E(k) = x^{(0)}(k) - \hat{x}^{(0)}(k) \tag{9-50}$$

$$相对残差：e(k) = \frac{E(k)}{x^{(0)}(k)} \tag{9-51}$$

2)后验残差检验

设原始数列 x 与残差数列 E 的平均值分别为 $\bar{x}$ 和 $\bar{E}$，则：

$$\bar{x} = \frac{1}{n}\sum_{k=1}^{n} x^{(0)}(k) \tag{9-52}$$

$$\bar{E} = \frac{1}{n}\sum_{k=1}^{n} E(k) \tag{9-53}$$

设原始数列和残差数列的均方差分别为 s_1 和 s_2，则有：

$$S_1^2 = \frac{1}{n}\sum_{k=1}^{n}[x^{(0)}(k) - \bar{x}]^2 \tag{9-54}$$

$$S_2^2 = \frac{1}{n}\sum_{k=1}^{n}(E(k) - \overline{E})^2 \qquad (9\text{-}55)$$

定义后验差比值 C、小误差频率 p 以及其计算结果分别为：

$$C = \frac{S_2}{S_1} \qquad (9\text{-}56)$$

$$p = p\{|E(k) - \overline{E}| < 0.6745S_1\} \qquad (9\text{-}57)$$

按 C 与 p 计算的结果，综合评定模型精度。

GM(1,1)模型计算程序如图 9-12 所示。

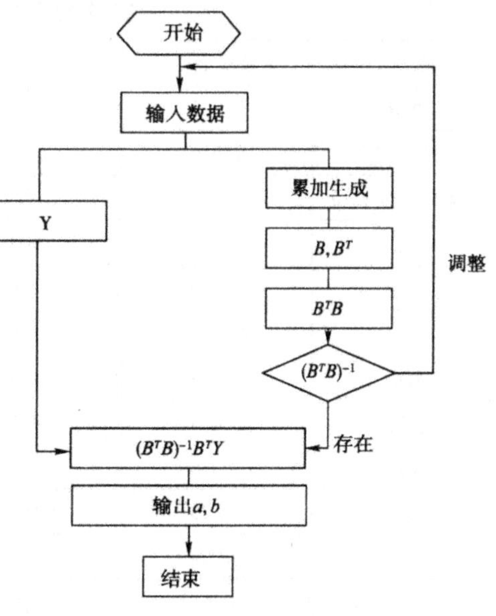

图 9-12　GM(1,1)模型计算程序框图

四、交通冲突的评价理论与方法

1. 交叉口交通冲突的评价

在交叉口的安全度分类中，传统的划分依据是交通事故的有关特征指标。然而，鉴于事故资料的欠缺或不完备，有必要通过交叉口交通冲突调查，得出交通冲突类型以及冲突量，建立以交通冲突率为依据的交叉口安全评价方法。

1)评价因子的确定

交通冲突是两个交通行为者在空间运动时相互作用的结果。应用交通冲突技术，引入交通冲突与混合当量交通量的比值（TC/MPCU），定义其为交通安全评价因子，指标评价标准如表 9-9 所示。其中，交通冲突（TC）包括轻微冲突和严重冲突，混合当量交通量（MPCU）是在常规的小汽车当量交通量中融入了自行车和行人流量。混合当量交通量的换算值如表 9-10 所示。

"交通安全城市"分级评价标准　　表 9-9

分　级	交通安全城市	TC/MPCU	分　级	交通安全城市	TC/MPCU
1	特别安全	<0.01	3	安全边缘	0.02 ~ 0.03
2	安全	0.01 ~ 0.02	4	不安全	>0.03

混合当量交通量(MPCU)换算值　　表 9-10

道路使用者	大货车	大客车	中客车	小货车	小客车	摩托车	自行车	行人
MPCU	1.5	1.5	1.5	1.0	1.0	0.3	0.2	0.1

2)交叉口的灰色聚类评价

基于交通冲突技术的交叉口安全状况灰色聚类评价过程如下。

①以城市交叉口为评价对象，以分时段的 TC/MPCU 为评价指标。选取研究地区不同交叉口交通安全指标的均值数据，通过分析数据的累积百分频率，绘制累积百分频率曲线，确定各灰类的白化值。以 33 个城市 295 个交叉口的 TC/MPCU 值为例（如表 9-11）确定的灰类白化值为：$\lambda_1 = 0.015, \lambda_2 = 0.025, \lambda_3 = 0.029, \lambda_4 = 0.036$。

33 个城市交通安全指标(TC/MPCU)统计　　表 9-11

城　市	交通安全指标	城　市	交通安全指标	城　市	交通安全指标
香港	0.006	成都	0.03	扬州	0.029
新加坡	0.016	昆明	0.041	金华	0.041
马来西亚加央市	0.024	贵阳	0.051	镇江	0.022
曼谷	0.009	重庆	0.035	宁波	0.022
澳门	0.016	长春	0.033	常州	0.023
北京	0.026	广州	0.036	韶关	0.029
南京	0.028	南宁	0.022	蛇口	0.026
合肥	0.013	深圳	0.006	南山	0.025
长沙	0.036	珠海	0.029	玉溪	0.024
杭州	0.023	厦门	0.031	汕头	0.03
西安	0.029	中山	0.027	苏州	0.024

②由于只有 TC/MPCU 一个评价指标，故聚类权 $\eta_{jt}=1$。

③根据白化权函数求出对应灰类的白化权函数值。

④聚类评估值按下式计算，即可求出第 i 个聚类对象对于第 t 个灰类的聚类评估值 σ_{it}。

$$\sigma_{it}=\sum_{j=1^{\#}}^{m^{\#}}f_{it}(d_{ij}) \tag{9-58}$$

式中：$j\in\{1^{\#},2^{\#},\cdots,m^{\#}\}$，$m^{\#}$为交通冲突和交通量记录的时段总数。

⑤评价对象所属灰类为 k^{*}，满足 $\sigma_{ik}^{*}=\max\{\sigma_{i1},\sigma_{i2},\cdots,\sigma_{ik}\}$，从而确定聚类评价交叉口的安全状况等级。

2. 路段交通冲突的评价

路段交通冲突的评价是以判别严重冲突为基础的，这是因为严重冲突与事故之间有良好的相关性，严重冲突间接反映了路段安全度的好坏；严重冲突的严重性可以反映交通参与者的安全感的好坏；严重冲突能较好地反映路段安全状况的变化趋势；路段每天严重冲突的发生规律较好地服从泊松分布。所以，对某时段 t 内的预测(期望)冲突构成的样本总体，可以从式(9-52)得到冲突值 x 出现的概率。

时段 t 内的预测冲突值 λ，根据极大似然估计，近似认为 $\lambda=x$，x 由长期观测的冲突数据得出。根据质量控制法的原理，在确定安全状况好坏时，需要确立一个临界值。因此，在对单个路段进行安全判定时，引入冲突概率分布的 α 分位点，选择一个恰当的分位点的冲突值 ξ 作为判定正常与异常的标准，ξ 称为“临界冲突值”。

显然，当某一路段的预测冲突值 λ 大于临界冲突值 ξ 的概率超过显著水平 α 时，那么该路段就可以认为是一个“事故危险点”，即：

$$P\{m\geqslant\zeta|\lambda\}=\sum_{\zeta}^{\infty}\frac{\lambda^{m}e^{-\lambda}}{m!}>\alpha \tag{9-59}$$

可见，判定某路段是否为“事故危险点”的过程，就是求解冲突水平 λ 在显著水平 α 下的临界值 ξ 的过程，对式(9-59)进行迭代求解可以得到。

但是，当期望冲突值 λ 很大时，代入概率方程，其计算量很大，计算过程很复杂。为此，有

必要寻求一种更为一般的结论。

中心极限定理认为，如果一个随机变量 X 可以表示为任意 n 个独立随机变量的和，则当 n 充分大时，这个和具有渐进正态分布。一般情况，路段的严重冲突次数 X 还是比较大的，根据拉普拉斯定理，随机变量 Z 满足下式。

$$Z=\frac{X-np}{\sqrt{np(1-p)}}\approx\frac{X-\lambda}{\sqrt{\lambda(1-P)}} \tag{9-60}$$

它近似服从标准正态分布 $N(0,1)$（当 $X\to\infty$ 时），由于 p 是充分小的数，故随机变量

$$Z\approx\frac{X-\lambda}{\sqrt{\lambda}} \tag{9-61}$$

基于以上的假定和推理，所以，可以用式(9-62)来近似求解临界冲突值 ξ，即：

$$\zeta=X\approx\lambda+z_{\alpha/2}\sqrt{\lambda} \tag{9-62}$$

根据一般工程可靠性的要求，90% 以上的可信度完全能够满足精度要求，因此选择概率分布函数的 90% 分位值 C_{90} 作为冲突是否异常的判定标准。也就是说，观测到的每天冲突值小于 ξ 的概率为 90%。如果某天观测的冲突数大于该值，那么就有理由认为该路段在安全性方面发生了显著的变化，出现了不安全因素，应当作为一个事故危险点来进行治理。

复习思考题

1. 试述用于道路交通安全宏观评价与微观评价的方法及其适用条件。

2. 道路交通安全经济分析的目的是什么？不同的成本分析归类方法对分析结果有何重要影响？

3. 道路交通事故的预测方法主要包括哪些？试分析各预测方法的优缺点及其适用条件。

4. 试述用于事故预测与评价的交通冲突分析法的优点及不足。

第十章　道路交通安全审计

道路交通安全审计是在现有或未来的道路上，分析事故发生的可能性和道路的安全能力。其过程是应用一种规定的方式，由具有道路交通安全审计资格的审计人员独立进行，并作出审计报告。道路交通安全审计可以有针对性地消除安全隐患，更全面地分析安全影响因素，从而有效地扩展道路的安全空间。

第一节　概　　述

一、道路交通安全审计的起源与发展

道路交通安全审计是指客观审计现有道路、规划道路、交通工程及与道路使用者相关的工程。在审计工作中，具有道路安全审计资格的审计人员独立调查工程中潜在的安全隐患，提出消除或减轻安全隐患的保证措施，并给出审计报告，使规划、设计、施工不仅技术合理、经济可行，而且安全可靠。还有一些概念与道路交通安全审计相似，例如"道路或交通安全审查（或称检核、核查、预审等）"，它们在外延与内涵上均与道路交通安全审计一致，在此统一使用"道路交通安全审计"这一名称。

道路交通安全审计起源于英国，先后传播到澳大利亚、新西兰、美国、德国和西班牙等国家。英国的公路与运输研究所（简称 IHT）在 1980 年编制了对主干道进行安全检查的《事故率降低与防治指标书》，引进了"安全审查"（Checking）的概念，开始重视对道路安全性能的考察。1988 年英国政府的"道路交通计划"建议对道路实施有效的、强制性的安全评价。1989 年，苏格兰发表技术通报（报第 23/1989 号），公布了道路安全评价方法。1991 年 IHT 在英国较广泛地开展了道路安全评价，制订了详细的安全评价指标书，英国版的《公路安全审计指南》（Guideline for the Safety Audit of Highways）问世，并于 1996 年得到进一步修正。这标志着道路交通安全审计有了完整的体系、方法与程序的支持。从 1991 年 4 月起，道路交通安全审计成为英国全境主干道、高速公路建设与养护工程项目必须进行的程序，道路交通安全审计的功能与作用在立法层次上得以确认，使英国成为道路交通安全审计重要的发起与发展国。

2002 年 8 月，德国制订了道路交通安全审计规范和程序，并在全国范围内推广。澳大利亚的许多州在不同层次上开展了道路交通安全审计工作，国家交通机构（Austroads）成立了一个专门的组织，致力于制订国家的道路交通安全审计指南。在新西兰，国家道路与公共交通机构（Transit New Zealand）已经认可道路交通安全审计的作用，到 1993 年，有 20% 的州级公路项目被要求必须进行道路交通安全审计。

美国在进行正式的道路交通安全审计之前，已开展了包括微观安全评价模型、危险区段识别与改造、各种交通设施安全性能分析等相关性研究。美国联邦公路局(FHWA)2000年推出了辅助进行相关工作的“交互式公路安全设计模型”(Interactive Highway Safety Design Model)的测试版，可以作为实施道路交通安全审计的辅助决策平台。该模型集成了美国迄今为止最核心的交通安全微观数学模型，推动了《道路安全手册》(Highway Safety Manual，HSM)的研究与编制。

20世纪90年代中期，道路交通安全审计通过两种平行的方式引入我国。第一种方式，以高等院校为主，从理论体系角度引入道路交通安全审计的理念，并着手开展理论与应用研究。研究的重心是支持道路交通安全审计的各种技术方法与定量指标，获得了一系列符合我国道路状况的道路几何线形设计、交通工程设施设置与使用、交叉口设计等的道路安全微观模型。第二种方式，通过世界银行贷款项目的配套科研项目，在工程领域开展道路交通安全审计实践。其中，比较有代表性的文献包括：2000年湖南省交通工程学会冯桂炎教授主编的《公路设计交通安全审查手册》；由交通部主持，于2004年正式发表的《公路项目安全性评价指南》。这两个文献从不同侧面建立了辅助安全评价及安全审计的体系。

二、道路交通安全审计的目的和意义

传统的道路工程规范与道路路线技术标准是建立在汽车动力学基础上的，遵照传统的设计与建造规程。道路作为行车的载体，能够保障汽车运动的力学稳定性与行驶的基本支撑条件，具有基本的安全性能。为了提高整个交通系统的道路交通安全水平，需要将“道路交通安全审计”引入道路网的规划设计中，在规划设计阶段就重视安全因素，使道路设计能有效地控制潜在或可能事故的发生。其目的和意义在于以下几个方面。

1. 有针对性地消除安全隐患

现有的道路除极少数路段，绝大多数都符合规范与技术标准的要求，但在运营一段时间后，往往出现事故明显集中的事故多发段和事故多发点。事故多发点(段)的存在，说明道路规范或技术标准不能解决道路交通系统所有的安全问题，只有进行安全的专项分析，才能最大限度消除路段可能出现的安全隐患。

2. 更全面地分析安全影响因素

在传统的设计规程之外附加道路交通安全审计，可以专门针对道路交通安全进行深入的探讨和研究，能够设想各种车辆运营中可能的安全隐患，并且考虑道路各种设施之间的适配性及其在运营中呈现的动态特性。

3. 有效地扩展道路的安全空间和“宽容度”

道路交通安全审计通过对道路技术指标的回溯，能够发现碰撞风险较高的区段，然后有针对性地采取一些补救措施，从而降低碰撞发生的概率，或者减轻碰撞的严重程度。

三、道路交通安全审计的实施与监督机制

道路交通安全审计的定义指出，道路交通安全审计的实施者必须是一个独立小组。这是因为在传统的道路设计规程中，虽然已经包含了一些安全的考察指标，但道路交通安全审计的实施是专项的安全研究，因此它必须脱离常规的道路设计规程，设置一个专门的小组加以实

施。道路交通安全审计在小组成员选择、组织机构、业务运作方面有如下的必要条件。

1. 道路交通安全审计必须保持独立性

道路交通安全审计小组的成员，应该是独立的、训练有素的安全专家，他们通常是具有多年道路工程与道路交通安全实践经验的资深人士。尽管许多国家规定道路交通安全审计应该作为一个制度化的步骤，写入道路设计的合同中，但道路交通安全审计小组必须是脱离道路设计或施工单位的独立机构，这样才能全面地、客观地开展道路交通安全审计工作。

2. 对审计人员必须实行严格的认定制度

长期和制度化实行道路交通安全审计工作需要有一个正规的运行机制，其中对道路交通安全审计员的遴选机制是保障道路交通安全审计质量与成效的基础。因此，道路交通安全审计员应该处在国家机构的监督和管理之下。例如，澳大利亚联邦交通机构认定道路交通安全审计员的注册应该以州为单位进行，并且注册的管理机构由州议会负责。澳大利亚政府要求各州在道路交通安全审计进行一段时间后，建立道路交通安全审计员的认定机制。

需要强调的是，道路交通安全审计的注册与认定对象一定是审计员个人，而不是实施审计的单位或机构。

3. 审计小组必须保持“多专业”的结构

道路交通安全审计的一个特有功能，就是对多方式、多层次道路交通系统中的安全问题进行集成化处理。这是传统的设计规程所不具备的。例如，从公路和铁路两种方式的路线优化中寻求公路、铁路交叉的安全；在道路网络中协调联络线与不同等级道路由于车速与现行标准差异所造成的冲突等。

上述任务的完成，要求道路审计员必须来自不同交通方式机构，具备多重专业背景，这样才可以协同考虑安全问题。通常情况下，道路交通安全审计员应包含道路规划、道路设计、交通组织与管理等不同部门。同时，道路交通安全审计的成员又要来自不同层次，能够协调微观和宏观的安全需求，将各不同层次衔接理顺。

4. 审计人员的培训

在国际通行的培训计划中，培训的核心内容都是训练有关人员对道路交通安全审计程序和技术的认知、领悟与掌握，并进行大量的案例分析，包括：

①道路安全工程；

②道路交通事故多发点(段)的鉴别与勘查技术；

③路侧安全分析技术；

④施工区的安全评估、组织与管理；

⑤道路交通事故风险评估与管理技术；

⑥道路交通安全审计报告的编制办法。

四、道路交通安全审计的流程

道路交通安全审计的实施，一般是由拟建项目(或现有项目)的主管部门(或业主)将项目的设计成果委托给一支审计队伍进行的。委托方和项目的设计方将审计项目的相关资料提交给审计人员，审计人员通过对图纸资料审查和现场考察，利用安全检查表逐项鉴别设计中存在的不安全因素，提出修改建议，写成审计报告。通过和设计人员及委托方交换意见、讨论修改

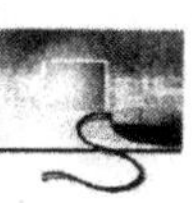

意见后，将审计报告提交给委托方。委托方对审计提出的修改意见做出裁决，将裁决意见反馈给审计人员和设计者，设计者按裁决意见对设计进行修改。

表 10-1 列出了道路交通安全审计工作八个步骤的工作内容以及相应的参与者，每个步骤中的细节内容必须与具体审计项目的性质和规模相适应。审计组提交的书面报告应当尽可能简洁，对于规模较小、道路交通安全问题较清楚的项目，有的步骤可以简化，但不能省略。在审计过程中，总的流程次序不能改变，整个安全审计实施流程如表 10-1 所示。

道路交通安全审计实施流程表　　表 10-1

步　骤	内　容	责任人
1. 选择审计人员(单位)	选择审计人员或审计单位，他们应具备合格的资质，并与设计无关，对设计审查能达到公正、公平、可靠、客观的要求	委托方或设计者
2. 提供背景材料	为审计人员提供相关的报告、说明书、图纸和有关部门勘测资料，不同的审计阶段，要求的背景资料也不相同	委托方和设计者
3. 召开审查开始会议	三方责任人会见，商议审计事项和交接资料	委托方、审查人员和设计者
4. 审计设计文件、图纸、资料	利用安全核查表审计设计图纸或现有道路上是否存在不安全因素	审计人员 (此两步骤同时交叉进行)
5. 现场考察调查	考虑各种类型的道路使用者和各种可能发生的情况，辨别不安全因素	
6. 编写审计报告	逐项阐明鉴定的不安全因素，提出修改建议	审计人员
7. 召开审查完工会议	交换审计情况，提交审计报告，讨论修改建议	委托方、审计人员和设计者
8. 裁决与实施安全审计建议	委托人考虑每一项审计建议和意见，对采纳和不采纳的建议提出确认理由，将报告副本反馈给审计人员和设计者；设计者按裁决意见对设计进行修改	委托方、设计者

五、道路交通安全审计的各阶段及其主要内容

由于道路交通安全审计所要解决的问题广泛分布在道路生命周期的各个阶段，因此，世界各国一致认为道路交通安全审计可以在道路规划、设计、建造与运营的各个环节上介入。通常按照进程的不同，道路交通安全审计可以划分为规划与可行性研究阶段、初步设计阶段、详细设计(施工图设计)阶段、施工阶段、运营前的验收和运营后的审计 5 个阶段。当然，各个阶段具有不同的研究内容和核心问题，也有不同的审计模式和技术。

1. 规划与可行性研究阶段

在规划阶段，从安全的角度，考察道路网络的功能适配性、不同层次路网衔接的顺适性以及多方式交通系统转换的平滑性。在可行性研究阶段，重点评析项目的控制点、路线方案、设计标准等是否可能导致安全问题，以及备选方案的路线连续与平顺性，立体交叉、平面交叉、道路出入口分布(针对交通安全)的合理性等。

2. 初步设计阶段

该阶段进行安全性能评估的对象包括：平纵线形、视距特征、平面交叉口、立交设计方案、

车道与路肩宽度、路面横坡与超高值、超车道特性、停车设施、非机动车与行人设施。其他评估对象包括：设计方案与设计规范的偏差所带来的影响、预测施工中可能发生的安全问题等。这阶段的安全审计值得特别重视，因为一旦道路征地拆迁完成后，再进行大规模的修改将变得比较困难。

3. 详细设计阶段

该阶段进行安全性能审计的要素包括：标志、标线、信号控制、照明、交叉口细节设计与交通组织方案、护栏设计方案、路侧设计、路侧净距、路侧景观、施工中的交通管制方案等。

4. 施工阶段

该阶段安全性能审计的重点包括施工区、施工组织与管理、施工准备与实施方案，以及与施工过程密切相关的交通疏导方案、临时交通控制设施等。另外，在该阶段应特别关注施工相关人员与车辆、施工区域道路使用者的安全保障问题。

5. 运营前的验收和运营后的审计阶段

运营前的测试项目包括在路上驾车、骑自行车及步行进行现场试验，以确保所有用路者的安全需求都得到满足。这些现场测试应该分别在白天与夜间、晴天与雨天进行。在道路通车后，对其安全状况进行系统的监视与评估，找出存在的安全缺陷点，并进行改进。

第二节　道路规划及可行性研究阶段的交通安全审计

道路规划及可行性研究环节是道路交通安全审计介入的第一个阶段，此时安全审计的实施是在宏观层面，其对象是道路网络、路线与网络的适配性、路线技术标准的选取、新建或改建项目对现有路网的安全影响、路线连接、起终点与进出口设置，以及道路建设对环境等的宏观影响。

一、道路规划阶段的交通安全审计

路网规划阶段的交通安全审计是所有安全审计中的“顶层任务”，主要是对规划方案进行宏观的、战略性的把握。在这个层次上开展的审计，跨越了工程的局限，目的在于从交通系统整体出发，为区域经济发展提供安全保障。

路网规划所追求的目标，除了被动的项目安全评估与弥补外，应使规划方案达到“认知安全规划”(Safety Conscious Planning)的程度。这是一种主动型的道路交通安全审计，即在规划之前就建立一个路网安全效能目标，并将其渗透到规划各环节的安全维护与保障进程中，确保道路具备更高的宏观安全性能。

1. 路网规划中的安全要点

1)采取“安全性能指标”优先的原则

路网规划中，如果仅以通行能力、饱和度等作为预测指标，则没有达到“认知安全规划”的程度，必须使道路系统安全性能作为未来预测的一个关键指标，并判定这一规划项目是否促进和提高了系统的道路交通安全性，而不只是在个别点与线上实施局部的安全改造。

2)系统考察与其他方式交通网络的节点安全

国内外广泛存在着道路网络与铁路网络交叉的问题。随着我国铁路的提速，公路铁路交

叉道口，尤其是城市道路与铁路交叉道口的安全问题日益突出。在路网规划中应系统地考虑与铁路的交叉节点，使立体交叉道口、平面交叉道口服从系统的布局方案，并在道路、铁路各自系统内部新建路线的规划中相互协调与合作，以消除安全隐患。

3）各层次道路网络间保持安全衔接

现阶段我国在道路网规划中存在着一个突出的安全问题，即公路与城市道路衔接的不适配性。集中体现在公路与城市道路执行独立的技术标准，从而造成公路与城市道路的衔接区段行车不顺畅，产生了"速度梯度"。这就要求对路网规划实施层次衔接的安全审计，保持平滑过渡。

4）避免路网规划与区域开发间的安全冲突

路网规划一般服从并服务于区域的社会经济开发计划，过去只是从可达性的指标来进行路网规划，以满足其区域发展的需求。在路网规划的安全审计中，要求从安全角度考察这两方面的协调性。其中的重要指标是保证道路服务功能与其相连通区域的活动和开发性质相一致，不造成潜在的冲突。例如，社会服务型的道路应该避开军事区、高危物质的研究与生产区域等。高等级公路应尽量避免穿越动物保护区或动物频繁活动区域，如果需要穿越，则要有相应的动物通道规划与建设项目。

5）应急道路交通系统规划

应急道路交通系统的基本性能是能够保障在紧急状态时实施快速反应与应用，这个安全性能需要在网络规划层面上加以考虑，并作为路网规划的重要环节。

例如，对于有重要意义的干线道路，必须在规划阶段考虑其替代道路，当主线道路由于交通事故、自然灾害或紧急状态而不能实施其功能时，可用替代道路作为临时疏散交通的通道。

2. 道路交通安全审计的实施过程

在国际上，将安全集成到道路规划阶段的实践存在两种方式：第一种方式是从现有道路交通系统的安全问题及未来可能的安全隐患出发，制订相应的道路规划项目，从而有目的地解决这些交通安全问题；第二种是将与安全性能相关的道路技术指标，提前纳入到规划过程中，使之成为规划的控制性指标，以防止产生安全隐患。这两种方式的实施，都遵循如下步骤。

①在道路规划方案制订之初，即采取措施，使道路规划的管理、投资、实施机构充分认识到安全的重要性；

②鉴别、收集并分析事故数据，以便明确有突出安全隐患的地点或区域；

③召集道路规划的管理、投资与实施机构，讨论系统中的安全隐患，并探讨可能解决方案的成本效益特性；

④规划并实施特定的道路建设项目或发展计划，以落实安全目标；

⑤评估项目的成效，并公布规划项目实施的结果，进一步拓展道路规划环节实施安全审计的共识。

3. 道路交通安全审计的实施案例

表10-2所列为一项在英国实施的针对城市道路网络规划阶段的安全审计清单，以说明路网规划阶段安全审计的主要内容。

道路网络规划的安全审计清单　表10-2

道路交通安全审计清单:道路网络规划	是	否
1. 该道路网是否具有完整层次,包括了主干道路、集散道路、地区集散道路、进出支路		
2. 主干道路能否真正形成整个城市的首要道路网络,并承担绝大多数的过境交通		
3. 当主干道路每一个行车方向具有两个或更多的车道时,其双向交通是否总有中央分隔带进行划分		
4. 地区集散道路是否只服务于一个社区、村庄或相似地区的交通		
5. 是否所有的道路都只与其相同等级的道路相交,或只与其上一级或下一级的道路交叉		
6. 地方的进出支路是否已经设计成不适用于过境交通		
7. 是否所有的地方的进出支路都不长于200m		
8. 是否所有的主干道路与主干道路的交叉口都已经渠化,或有信号灯控制,或者有环岛(当交通量很多时,它已经建立了立交)		
9. 是否所有的主干道路与集散道路的交叉口都设置了主路优先的T形交叉,或信号控制,或者设置了环岛		
10. 是否所有的集散道路与进出支路的交叉口,都设置了集散道路优先的控制方式		
11. 主干道路与集散道路的交叉口,是否都已经在主干道路上设置了“港湾式”的转弯车道		
12. 主干道路上的交叉口间距是否至少250m(交叉点的期望最大密度是3个/km)		
13. 地方停车场是否只能从地方的进出支路进入(当停车场为医院、购物中心、加油站以及其他吸引较大车流的情况下,可以例外地由集散道路进入)		
14. 设施的进出口是否都开在了距离交叉口至少50m的地方		
15. 交叉口的标志是否可以让用路者明确地区分哪条道路具有优先通行权,并且这个标志没有视线障碍		
16. 交通量大的主干道路上是否禁止停车,或有严格的控制		
17. 公交站点的位置是否设置在安全区域		

二、工程可行性研究阶段的道路交通安全审计

道路网络规划阶段的安全审计,其视角是“面上”的整体安全性能审查,而对于建设项目的工程可行性研究阶段,安全审计的视角则是“线上”的安全性能考察。

现阶段我国实施建设项目的可行性研究,主要是确认项目建设的必要性,探讨路线可能的走向,明确技术标准及建设规模,并初步制订项目的技术方案。包括确认起终点、确定道路各区段的技术参数、选择主要控制点、制订与节点的衔接方案等内容。因此,这个阶段的道路交通安全审计,伴随工程可行性研究的框架而进行,审计的主要内容包括以下几个方面。

1. 技术标准

1)公路等级

根据项目沿线城镇及人口分布情况,预测交通量、交通组成、项目功能以及在路网中的地位等,对拟定的公路等级从适应行车安全要求方面进行评价。

2)设计速度

根据拟建公路项目等级,结合预测交通量及其组成、沿线地形情况等对设计速度进行安全性评价。不同设计速度的相邻路段设计速度差不宜大于20km/h,设计速度差大于20km/h的相邻路段间,宜设置过渡路段。过渡路段的长度应能够保证线形指标的过渡需要,并设置交通

设施引导驾驶员调整运行速度。

3)路基横断面宽度

新建项目应根据预测交通量及其组成,从行车安全角度评价新建项目路基横断面形式及其行车道、硬路肩、中央分隔带、路缘带等宽度的适应情况;分期实施项目应根据远景规划评价前期实施工程与后期预留工程对行车安全性的影响;改扩建项目应根据路基宽度和设施变化的协调性等情况,评价其对行车安全性的影响。

2. 技术方案

1)技术指标

平、纵面线形指标应与设计速度相适应。以大、中型货车通行为主的项目应尽量提高纵断面、横断面及平面设计指标值。分期建设的项目应注意近期工程对行车安全性的影响,改建项目应注意改建前后技术指标的协调性以及对行车安全的影响。

2)起讫点

根据预测交通量对路线起讫点与接续道路的连接方式、交通组织等进行评价。

3)平面交叉

根据地形条件、主线技术标准、相交道路状况、预测交通量等情况,对平面交叉口设置的必要性、形式、交通组织及交叉口间距等进行评价,其评价标准为尽量减少行车冲突点的数量。

4)互通式立交

根据路网条件、出入交通量及沿线城镇布局等情况,对互通式立交设置的必要性、形式、与被交道路连接方式,相邻互通立交、互通立交与隧道等大型构造物以及其他管理服务设施的间距等进行评价。当最小间距不满足现行规范要求时,应增设辅助车道及标志标线等安全设施。

5)跨线桥及通道

对未能设置平面交叉或互通立交的其他路线交叉口,应评价跨线桥或通道设置的必要性及设置间距的合理性。

6)施工期间的交通组织

公路改建项目在施工期间不中断交通或将主线交通量分流到相关道路时,应对施工组织方案的行车安全性影响及其采取的相应安全措施进行评价。

3. 环境影响

1)气候

根据降雨、冰冻、积雪、雾、侧风等自然气候条件,对工程方案中不利自然气候条件下采取的安全措施进行评价。

2)不良地质

根据不良地质情况,对工程方案中不良地质条件下所采取的安全性措施进行评价。

3)动物

根据动物活动区域及动物迁徙路线,对设置隔离栅或动物通道的必要性进行评价。

第三节　道路设计阶段的交通安全审计

道路设计一般可分为路线设计、路基设计、路面设计、道路构造物设计和平面交叉口设计。

因此,道路设计阶段的交通安全审计可根据不同的设计内容分开进行。

一、路线设计的交通安全审计

道路路线设计(即几何线形设计)的交通安全审计,是国内外道路交通安全审计的核心环节,绝大多数的数量化模型及应用程序都针对这一阶段展开。

这个阶段交通安全审计的基本思路是根据路线设计方案,预测车辆在方案实施后的动态运行状况。根据多年的统计研究、机理研究、实验研究的成果,对道路几何线形的安全性能进行预测与评估,指出安全隐患的位置与形式,然后有针对性的消除隐患或推荐出更好的方案。

本阶段的安全审计,是根据传统设计规程初步确定道路线形方案后,再利用相关技术对这个方案进行安全性专项分析,因此它不能替代传统的设计规程,只是嵌入其中的一个增补环节。

1. 技术标准回顾与评析

理论上,所有的路线设计方案在进行安全审计前都应该满足技术标准的要求,或者说至少没有违反技术标准所规定的指标。但就实践而言,以上要求难以完全保证。在路线设计的安全审计中,会发现若干违反技术标准的要素或方案,还会发现在一些技术标准中虽然没有明确条款,但却被经验或研究成果证明是不安全的设计方式。这是进行路线设计方案技术标准回顾的第一个目的。第二个目的是,如果没有出现上述情况,那么就分析路线方案中指标的取值与技术标准阈值之间的关系,它在规范允许区间内所处的位置,以及这一位置所代表的安全取向特性等。这是进行技术标准回顾的关键作用所在,并且可以在此基础上探索改变某些设计指标,评估由于方案在规范区间内的调整所产生的安全性能的波动,及其相关的成本效益分析,从而寻求更优的方案。

2. 路线设计一致性审计

设计一致性是指道路几何线形设计既不违背驾驶员的期望,又不超越驾驶员安全操作车辆能力极限的特性。研究表明,如果道路的线形设计符合驾驶员的期望,驾驶员就很少发生驾驶错误。不一致的设计,可以被描述为道路的几何线形指标、或指标的组合方式对驾驶员的工作负荷或驾驶工作量要求异常偏高,超过了正常驾驶能力界限,致使驾驶操作紊乱失序,最终导致道路交通事故的发生。

道路的设计一致性评价指标采用相邻路段运行速度的差值 Δv_{85},运行车速的预测方法参考《公路项目安全性评价指南》,评价标准如下。

$|\Delta v_{85}| < 10$km/h,运行速度协调性好;

$|\Delta v_{85}| = 10 \sim 20$km/h,运行速度协调性较好,条件允许时宜适当调整相邻路段技术指标,使运行车速的差值小于或等于 10km/h;

$|\Delta v_{85}| > 20$km/h,运行速度协调性不良,相邻路段需要重新调整平、纵面设计。

3. 横断面设计安全性审计

横断面设计方案中的安全审计项目有:行车道宽度(包括直线段以及带有加宽的平曲线段的行车道宽度)、辅助车道宽度(包括爬坡车道、超车车道、左转车道、右转车道、加速车道、减速车道、匝道等)、路肩宽度、路肩类型、标准行车道横坡坡度(审计对象为直线段的行车道

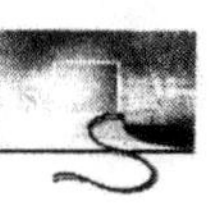

横坡坡度)、标准路肩横坡坡度等。

各等级道路在横断面设计方案的安全审计在具体实践时具有不同的侧重。

①根据我国公路的特点,高速公路的审计重点应当放在中间带的宽度、中央分隔带的形式选择上,以及是否设置连续的紧急停车带。山区高速公路应重点审计爬坡车道设置的必要性。

②一级公路的审计重点是进出口区段。针对横断面设计的审计项目是转弯车道的必要性,转弯车道是否需要设置为港湾形式并设置交通岛。

③双车道公路横断面设计的审计重点为路肩宽度和路肩形式的选择,是否存在安全隐患。山区双车道公路的审计重点为平曲线段的加宽是否设置充分。

④城市道路的横断面的安全审计必须根据道路的性能加以区分。城市主干路的审计内容与高等级公路相似。针对生活性的道路,如穿越社区的道路,需要根据机动车、非机动车、行人的共同安全利益进行审计,审计的重点是对混合交通安全的考虑。

道路横断面宽度发生改变的区段,对于各等级道路都是安全审计的重点。

4. 平面线形设计安全审计

平面线形指标的审计项目包括:直线长度、平曲线半径、偏角、超高、超高渐变段、平曲线长度以及合成坡度等。

平面线形的审计重点是直线长度和平曲线参数。《公路工程技术标准》(JTG B01—2003)对直线长度没有规定量化指标,但在其说明中建议对设计速度大于或等于 60km/h 的公路,最大直线长度以汽车设计速度行驶 70s 左右的距离加以控制,如以 m 计,则是控制在 $20V$(V 的单位是 km/h)左右的距离为宜。同向曲线间的直线最小长度不小于 $6V$,反向曲线的直线最小长度以不小于 $2V$ 为宜。对于城市道路,直线长度的安全审计应以相邻交叉口间距是否过小为准。

高等级公路和城市快速干道,以前后区段的平曲线半径的顺适性作为审计重点,另外注意审计其超高渐变段的设置,尤其是存在突变点的位置需重点分析,看其是否存在安全隐患。高速公路应加强对过长曲线段和小偏角的安全审计。山区公路除审计曲线半径外,还要注意审计未设超高或超高不足的区段,是否存在安全隐患。山区公路的另一个审计重点是合成坡度。深挖方公路路段、建筑物密集区域的城市道路,重点审计平曲线段有无视距障碍。

5. 纵断面线形设计安全审计

纵断面线形的审计项目包括纵坡坡度、纵坡坡长和竖曲线设计。审计重点是山区公路连续下坡的长度,专项评估重载车辆的行车特性。注意纵坡坡长与坡度的联合作用,避免出现坡度与坡长均未超标,但组合后形成“超级”坡道的现象。城市道路的纵坡坡度评估应考虑非机动车的行车需要。凸形竖曲线除传统的视距审计外,对于变坡点之外有支路汇入的,须重点审计其决策视距是否满足安全标准。

6. 线形组合设计安全审计

除规范中建议的线形组合设计的注意事项外,对于组合设计进行分析的直接手段是对道路方案实施三维仿真。目前的道路勘测设计一体化软件,如德国的 CARD/1 已经可以实现互动的、实时的三维模型展现,在此基础上可以进行道路三维场景、视野、景观等的分析。

二、路基设计阶段的交通安全审计

1. 审计项目

路基设计的审计项目为路基边坡、路侧净空区、路侧类型等。

2. 审计重点

此处提及的路基，特指行车道之外的路基部分，即路肩边缘之外的区域，其中最主要的是路侧区域。路基安全审计的重点为：在求取特定路段的路侧净空区的需求宽度后，对比该路段在相应的路侧宽度范围内是否有障碍物。如果有，则应清除，避免车辆驶入净空区后，与坚硬的物体碰撞而发生交通事故。

除此之外，路段的车辆越出行车道界线之外的风险程度，也是审计的重点，因其是路侧碰撞的根源。

3. 审计方法与规程

1）新建项目路基设计的交通安全审计

计算路侧净空区宽度需要考虑的影响因素有运行速度、单向道路的 AADT、路基形式（填方与挖方）。如果道路为平面曲线段，还应附加调整系数。填方直线段的路侧净空区的测算如图 10-1 所示，挖方直线段的标准参见图 10-2，而平曲线段的路侧净空区宽度调整系数（FC）参见图 10-3，曲线的净空带宽度采用直线段净空带宽度乘以曲线调整系数 FC 而获得。

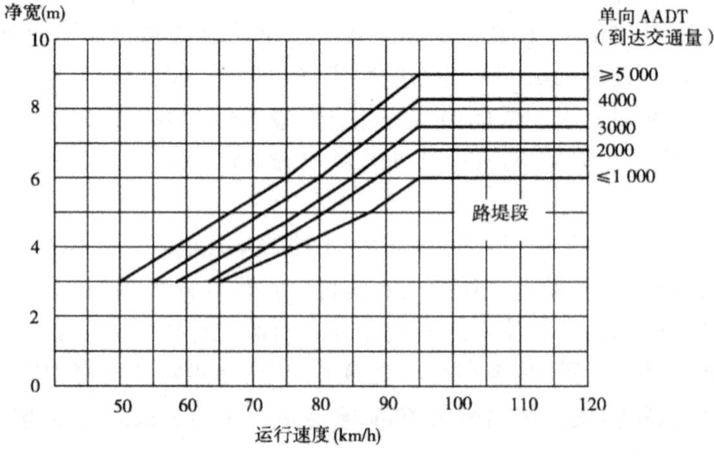

图 10-1　填方直线路段路侧净空区宽度

路侧净空区的宽度还受到路基边坡坡度的影响。填方坡度陡于 1∶3.5 的边坡上不能行车，故该段路侧区域不能作为有效的净空区；当填方边坡在 1∶3.5 和 1∶5.5 之间时，驾驶员就有较多的机会控制车辆下坡，故可以利用 1/2 宽度的边坡作为净空区；当边坡坡度为 1∶6或更缓时，整个坡面宽度均可作为净空区。

路侧区域在设计环节的安全特性评估，由于没有道路实体，只有依赖设计图纸和方案进行分析，因此不可能包含实地勘察，这就需要对设计要素进行分类、分层次进行逐个排查。

（1）路缘带

路肩缘石，甚至是连续的路缘带设计，曾广泛应用于我国高等级公路的设计实践中。但国内外的安全研究结果表明，该设计类型是引起越界车辆翻覆的重要诱因，对行车安全构成比较

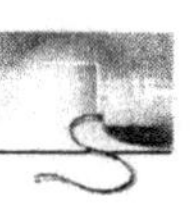

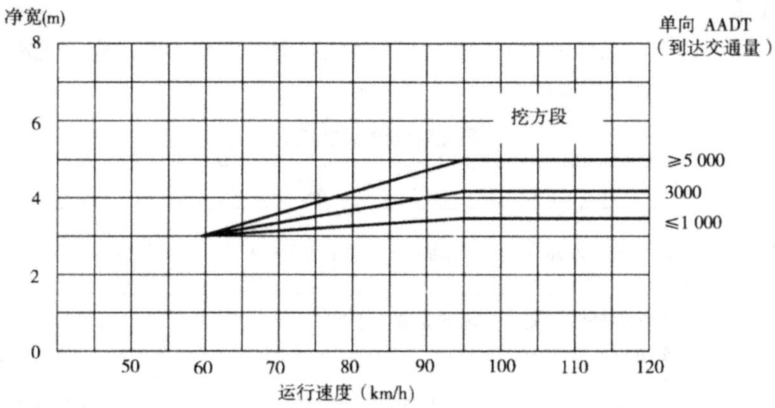

图 10-2　挖方直线路段路侧净空区宽度

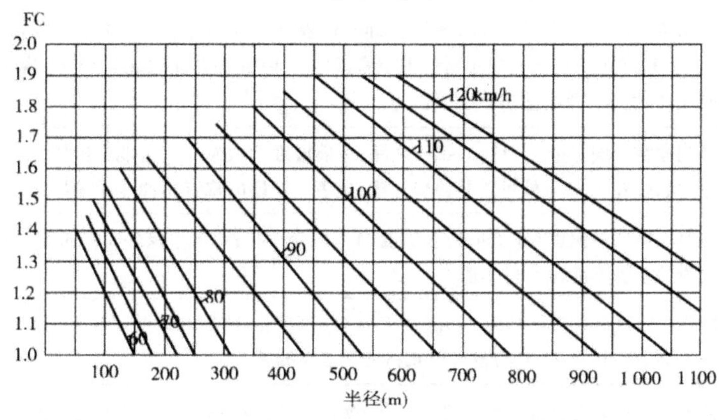

图 10-3　平曲线段路侧净空区宽度调整系数(FC)

明显的威胁,并且阻断了横向排水,严重影响了雨天的行车安全。因此路缘带的设计并不适用于公路。

(2)路边护栏

路边护栏的审计原则是,如果证明路侧区域(如高陡边坡、桥梁或陡崖地段)是产生危险的重点,应以防护为主,重点测试设计方案中所采用护栏的强度和消能特性,并且以大型载重车辆为实验对象。如果证明路侧区域没有较高的碰撞风险,则应以开放设计为原则。

路边护栏的端部设计是安全审计的关键部位。应避免尖锐的端头设计,必要时增加消能设施的设计,并且考虑护栏渐变段是否存在翻车的风险。

(3)路基边坡

针对我国的工程实践,审计的重点是预防高陡边坡的频繁使用。我国形成的高等级公路采用高路堤的设计惯例,不但增加了工程数量,而且也是行车安全的隐患。在平原地区,应着重纠正这种设计趋势。

(4)边沟

铺砌的边沟,如果是矩形横断面,可能成为车辆卡塞或翻车的危险点,因此在安全审计中要以重型货车为对象,考察上述现象的可能风险。

(5)路侧区域

根据路线设计方案与地形、地物特征，应用路侧区域危险分级标准，对路侧设计方案进行预测性的安全分级，如表10-3所示。

路侧危险分级标准表　　表10-3

危险等级	分级标准
1级危险	自路面边缘线以外拥有≥9m的路侧净空区；边坡坡度缓于1:4；路侧表面可复原（有草本植被）
2级危险	路面边缘线以外的路侧净空区的宽度介于6~7.5m之间；边坡坡度大约为1:4；冲入路侧的车辆能够返回行车道
3级危险	路侧净空区宽度约为3m；边坡坡度大约为1:3或1:4；路侧表面粗糙（土质表面）；路侧边界构造物允许冲入路侧的车辆返回行车道
4级危险	路侧净空区的宽度介于1.5~3m之间；边坡坡度大约为1:3或1:4；可能有护栏（距离路面边缘1.5~2m）；净区间可能有树木、柱杆，或者其他物体（距离路面边缘1~3m）；路侧边界构造物不会与车辆碰撞，但增加了车辆翻覆的几率
5级危险	路侧净空区的宽度介于1.5~3m之间；边坡坡度大约为1:3；可能有护栏（距离路面边缘0~1.5m）；路面边缘线外2~3m处可能是路堤边缘，或者有坚硬的障碍物；冲入路侧的车辆不能返回行车道
6级危险	路侧净空区的宽度≤1.5m；边坡坡度为1:2；无护栏；路面边缘外0~2m范围内有坚硬的障碍物；冲入路侧的车辆不能返回行车道
7级危险	路侧净空区的宽度≤1.5m；边坡坡度为1:2或更陡；路侧有峭壁或陡直的悬崖；无护栏；冲入路侧的车辆不能返回行车道，且有发生严重碰撞的高危险性

对于危险等级为4、5的路侧方案，重点考虑路侧交通标志的柱杆是否应该外移，路边护栏是否必要，以及改变路侧绿化的方案，将大型树木外移，并且在路侧区域的表面增加草本植被。

对于危险等级为6的路侧方案，考虑改变边坡坡度，或增加护栏的强度与高度，或改变护栏的材料。

对于危险等级为7的路侧方案，重点从路线与路侧联合设计的思路解决问题，减少车辆越界的概率。对于路堑区段，应增加警告标志和防撞设施。对于高陡路堤区段，如果路外是山崖或河湖水体，应考虑增设防护墙的必要性。

2)改建项目路基设计的安全审计

(1)路基高度的调整

旧路路线经过稻田、沼泽地、塔头地等潮湿地带，如果路基高度不够，路基会长期受地表水和地下水的影响。这时应提高路基高度，使路槽底80cm范围距水位尽量远一些，以保证路基的强度和稳定性，必要时还应因地制宜，采取疏通措施或增加排水设施，以降低地下水的高度和防止地表水的渗透。

(2)沿河路基的调整

对于水害严重的沿河路基路段，除采取提高线位的措施外，必要时需考虑改变横断面设计，使道路中线内移，以消除水毁威胁。

(3)边坡处理

旧路路基的边坡，由于受自然因素及人为因素的影响，常产生变形、塌方，既直接危及路基的稳定，又使其边沟阻塞。改建时，根据路段的实际情况，采用刷坡、护面、放缓边坡、增设截水沟等措施。如边沟经常出现碎落、塌方等现象，致使边沟阻塞时，应增设碎落台或放缓、加固边坡等措施。

(4)路基加宽

公路如需加宽路基时，加宽方式有单侧加宽和双侧加宽两种，各有优劣，适用于不同场合。若为山区公路路基，地表横坡不大，为保证路基稳定性，通常将设计中线移向山坡上方，使用挖方地带加宽路基。

三、路面设计阶段的交通安全审计

1. 审计项目

路面设计阶段的审计项目包括路面类型、路面等级、路面排水、路面性能等指标的预测与评估。

当路面类型改变时，过渡段是安全审计的重点；旧路改建时，路面病害是安全审计的重点。

2. 审计内容、原则与方法

1)路面等级的选用

路面等级的选用遵循表10-4的原则，在审计中须将路面设计方案与该原则进行比较。

路面等级选用原则　　表10-4

公路等级	高速公路	一级	二级	三级	四级
路面等级	高级	高级	高级或次高级	次高级	中级或低级

2)路面面层类型的选用

路面面层类型的选用遵循表10-5的原则，在审计过程中，须将路面设计方案与该原则进行对比。

路面面层类型选用原则　　表10-5

面层类型	适用范围
沥青混凝土	高速、一级、二级、三级、四级公路
水泥混凝土	高速、一级、二级、三级、四级公路
沥青灌入式、沥青碎石、沥青表面处理	三级、四级公路
碎石路面	四级公路

3)预测特殊状态下的路面制动性能

路面设计阶段，除按规范要求对路面材料和面层结构进行取样和实验室分析之外，在安全审计环节中，还应重点对特殊状态下路面制动性的改变加以分析。

采用货车作为分析对象，路面的制动距离由下式计算。

$$S=\frac{(V_0/3.6)^2}{2g(f+i)} \tag{10-1}$$

式中：S——大货车的制动距离(m)；

V_0——制动起始速度(km/h)；

g——重力加速度(m/s^2);

f——轮胎与路面的纵向摩擦系数;

i——路线纵坡度(%)(上坡为正,下坡为负)。

在极限情况下,采取紧急制动时,纵向摩擦系数可采取路面的滑动摩擦系数。在安全审计中,重点考虑有附着物路面及有冰雪路面的制动特性。这时的摩擦系数采用表10-6、表10-7中的标准。

有附着物路面的滑动摩擦系数 表10-6

附着物	干细砂	湿细砂	砂土	粉煤灰	稀泥
混凝土	0.61	0.64	0.65	0.50	0.42
沥青	0.58	0.66	0.63	0.48	0.40

有冰雪路面的滑动摩擦系数 表10-7

铺撒物	不铺撒	铺撒碎石(粒径1.0~0.5mm)	铺撒细砂(粒径0.04~0.02mm)
冰面	0.15	0.28	0.43
压实积雪	0.20	0.36	0.31

以大型货车为对象计算其制动距离,根据制动距离判路面在有附着物和有冰雪的情况下,是否存在追尾危险,并检测道路是否因此而存在视距障碍。

4)审计平曲线段路面的横向抗滑特性

汽车在平曲线上所受的离心力按下式计算。

$$F=\frac{Gv^2}{gR} \tag{10-2}$$

式中:F——离心力(N);

R——平曲线半径(m);

v——汽车行驶速度(m/s)。

经X、Y轴分解,可得到横向力系数公式:

$$\mu=\frac{V^2}{127R}-i_b \tag{10-3}$$

式中:R——平曲线半径(m);

μ——横向力系数;

V——行车速度(km/h);

i_b——横向超高坡度(%)。

μ值的大小反映了车辆行驶的稳定性。μ值越大,汽车在平曲线上的稳定性越差。汽车在平曲线上行驶,如果要避免产生横向滑移现象,需满足:

$$\mu\leqslant\varphi_h \tag{10-4}$$

式中:φ_h——横向附着系数。

由式(10-4)可知,在相同的速度下,曲线的半径越小,其横向力系数越大,越接近路面的横向摩擦系数,行车的横向稳定性越得不到保证。尤其在路面状况不好的情况下,横向摩擦系数降低,车辆容易产生横向滑移现象,引发交通事故。

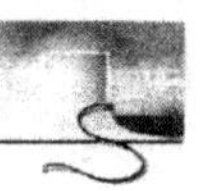

因此，在路面设计的安全审计中，应当结合平曲线的线形设计，考虑特定路段是否存在车辆横向滑移的危险，并且在积水、积雪的情况下，这种危险会增加到何种程度。如果必要，则需要调整几何线形指标，或改变路面面层的材料与结构，增大横向附着系数。

5）路面过渡段

对于路面类型发生变化的区段，如由公路的沥青混凝土路面，转变为城市道路的水泥混凝土路面时，应设置路面过渡段。路面设计审计时，应预测过渡段纵向及横向摩擦系数的变化情况，总的审计原则是力求摩擦系数平滑渐变，不应有跳跃。不同类型的路面分段长度不应小于500m。

6）路面排水

城市道路中应当考察平坡的长度及其路拱横坡度，必要时应有意识地设置纵坡起伏，以利于纵向排水，减少雨天的事故隐患。

7）改建项目的路面设计

当车辆内外侧车轮处在不同摩擦系数的路面时，会影响正常的行车方向，从而造成危险。因此，部分路面进行重新铺装时，应当进行安全审计，避免出现路幅横向范围内摩擦系数有梯度的情况。

四、道路构造物的交通安全审计

1. 桥梁

1）审计项目与要点

桥梁的安全审计项目包括桥头跳车、桥面铺装、桥头接线、桥上护栏、桥梁基座的端口设计等。

检查结构物与路基的连接，是否会出现桥头跳车情况。建议搭板长度不小于5m，高速公路为8m，要求台后填料采用透水性较好的材料，采取特殊措施以保证其压实度（如粉喷桩处理）。

低等级公路的桥梁护栏必须在增加防撞强度或改变桥头接线的设计中至少具备一个条件，即改变桥梁护栏的刚度，使其具备物理性的防撞功能，或者消除桥头接线的弯道，将桥梁的前后接线均置于直线段。

桥面铺装的材料与结构在设计阶段需进行试验，评估它与邻接道路路面的摩擦系数特性是否存在显著差异。如果有，则应改变其中之一的路面设计方案，以满足顺适的要求。

考察桥梁基座的碰撞概率，必要时应该在桥梁端头设置防撞措施。

当桥梁由于工程造价或其他技术难题导致不能设置硬路肩时，应根据行车安全的需要，评价设置紧急停车带的必要性及其合理间距。

根据桥梁所处位置与相邻地区的行人交通需求，考察在桥梁上设置人行道的必要性。如果条件允许，均应将人行道作平台式设计，使其与行车道有高差，设置人行道的桥梁护栏，其高度要以行人的安全心理感受为准。

城市跨线桥下如有平面交叉口，应核查该交叉口的视线是否受到了桥墩及其他构造物的遮挡。

桥头或桥头接线段有凸形竖曲线的情况，其桥下接线段不宜设置平面交叉口，尤其是不能

引入支线的进出口。如果受道路网的限制必须设置，则应在变坡点之前加以警告。

2）设计一致性检验

桥梁段设计速度按批准的项目技术标准采用；桥梁两端接线路段运行速度按两端接线路段加无桥梁状态下相同技术指标的等长度路段连续计算。根据运行速度预测方法对接线路段的线形特点（直线起终点、平曲线起终点及中点、竖曲线变坡点）进行双向运行速度预测。

桥梁设计速度与接线路段的运行速度之差大于或等于20km/h，说明桥梁设计的一致性较差，需要重新设计接线路段。桥梁设计速度与接线路段的运行速度之差为10～20km/h，桥梁设计的一致性基本合格。条件允许时，可适当提高接线路段的平面、纵断面、横断面技术指标；条件困难时，应在接线路段设置减速措施。若桥梁设计速度与接线路段的运行速度差小于或等于10km/h，说明桥梁设计一致性较好。

2. 隧道

1）一般审计项目

隧道的审计，首先要实施与桥梁审计相似的项目。具体包括隧道路面、隧道横断面设计中对行人与养护作业必要性的考察、隧道与紧急停车带或路肩的设置、隧道端口的安全防护等。

隧道的设计一致性判定，采用与桥梁设计一致性相似的方法与标准。

2）特殊安全审计

（1）衬砌

隧道壁的衬砌划分为无衬砌、单一衬砌、复杂衬砌三种方式。需要根据隧道的长度、所处道路的等级、隧道设计方案的成本效益指标及景观效果来确定。

在项目投资允许，并且成本效益指标较好（交通量大的隧道，其国民经济效益与财务效益可能较好，因此允许进行更大的投资）的前提下，复杂衬砌的安全性优于单一衬砌。对于特大型隧道，可以对衬砌方案进行三维模拟分析，评估特定方案下驾驶员的工作量及用路者的行车感受，选择优化的方案。

（2）通风及照明

根据隧道的位置、长度和交通量状况，评价设置通风、照明设施的必要性和合理性。其中，隧道照明必须实行亮度过渡设计。

（3）隧道内的交叉

隧道技术比较发达的西方国家，在隧道内设有平面交叉。在此情况下，隧道内的交叉口应相互拓宽，并且加强照明和标志。其中的标志须多层次、多方位、多角度地设置。

隧道内的平面交叉口必须设置信号灯，以时间分隔方式疏导相交车流。

（4）控制与服务设施

除上述隧道内的信号灯控制外，长隧道内必须设置消防与自我救援设施。特长的隧道内，需要设置拓宽的临时停车区。跨海隧道等超级隧道，须设置加油站及休息区，同时，跨海隧道还应设置备用通道。

3. 收费站

收费站的安全性能主要在于它与线形设计的适配性。在设计阶段，要根据初步拟订的收费方案，利用排队论的方法，推算收费站的排队长度，以此评估收费站的进口通道宽度、收费口数量、等候区长度等是否满足需要。

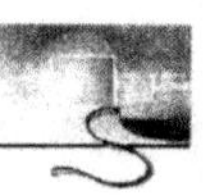

收费站进口与出口区域均需设计速度控制与车距引导方案,需分析标志、标线、速度限制以及减速路面设置的必要性。

收费站交通岛前应设置防撞设施。同时,应核查收费站设计方案中照明设施的充分性。

4. 其他交通服务设施

高速公路服务区、停车区的间距以连续行车的控制性时限为准,具体间距的把握除以规范为准外,还应对车流构成、不同通车年限内的交通流量变化水平及不同的速度区段加以定量化的推算。服务区内的进入区域、停车区域、服务区域、驶出区域,必须在空间上有充分的分离,并且增强标志、标线,以疏导车流。

高等级公路的观景平台必须设置为路外的港湾形式,以预测交通量为基础,以大型货车为对象,分析停车区域的宽度、长度是否合适。

五、平面交叉口的交通安全审计

统计表明,不论是公路还是城市道路,平面交叉口都是碰撞风险较为显著的地点。因此对它的安全审计也是整个审计体系中的一个重点。交叉口安全审计主要对以下项目进行安全审计。

①平面交叉形式(加铺转角、分道转弯、扩宽路口、环行、渠化)所采取的设计原则,是否能适应相交道路的交通量?

安全审计要点:平面交叉设计所采用的形式,其位置是否与地形相适应,相交角度太小时,采取了哪些技术措施,是否适应道路等级要求,以及车流流向能否达到安全畅通等,对这些方面均应作出适当的评价。

②平面交叉范围内的纵坡,受地形限制而采用较大纵坡时,有无安全措施?

安全审计要点:在平面交叉范围内相交道路的纵坡及竖曲线,能否满足规范要求;连接端路拱高程的变化是否平顺及排水是否通畅;紧接该段的纵坡采用较大值时所采取的技术措施是否合适。

③平面交叉点前后,各相交道路的停车视距长度所构成的视距三角形范围内,是否保证通视?

安全审计要点:根据相交道路等级的设计速度计算停车视距绘制视距三角形,在三角形内的障碍物(如土堆、建筑物等)是否清除以达到通视的要求;检查相交道路的平、纵、横三面是否满足各等级道路的设计速度所需求的识别距离。

④平面交叉的圆曲线半径,是否能适应相交道路的设计车速?

安全审计要点:相交道路的等级及所采用的设计速度,与采用的圆曲线半径是否相适应;按渠化设计或扩宽路口设计,车辆变速的加、减速车道长度是否能满足要求。

⑤加铺转角边缘的圆曲线半径,是否能限制车速,达到停让的效果?

安全审计要点:加铺转角的边缘半径(如圆曲线、回旋线与复曲线),对不同路基宽度所构成的圆滑弧形,是否满足设计车辆的行驶轨迹要求;对斜交的处理,是否形成平面交叉的路面过大,是否能有效地约束车辆的行驶轨迹。

⑥交通量大,转弯车辆多,对分道转弯是否采取了相应设计措施?

安全审计要点:了解相交道路等级、交通量大小及相交角度等,是否适合分道转弯。对交通量大、转弯车辆多的交叉口,所采取的设计措施能否适应车流安全出入交叉口。

⑦附加车道的设置条件，是否能适应相交道路等级及相应交通量的需求？各项技术指标是否满足规范要求？

安全审计要点：转弯车道的车速与线形应协调；左转弯需扩展主线的渐变段长度，不致使主线车速发生偏移感；变速车道与相交道路的等级是否相适应。

⑧渠化设计中，所采取的交通岛及分隔带设施，能否达到疏导车流的目的？

安全审计要点：检验导流岛的位置、大小及数量，以使其安全而准确地诱导交通流；导流车道的宽度是否恰当；分隔带设计的原则及效果如何。

⑨导流岛的细部设计和端部处理，是否能安全而准确地引导交通流？

安全审计要点：导流岛的偏移距和内移距，旨在使车辆分流时避免碰撞导流岛，而且在发现错误分流时有返回的余地。如果主干线硬路肩大于偏移距时，也可以取硬路肩作为偏移距。导流岛的尺寸不宜过小，一般不应小于7m^2。

⑩环行交叉处的地形，平、纵面线形及交角等条件，是否能满足环道设计要求？

安全审计要点：环形交叉的交角、平纵线形是影响环道运行及排水的主要因素，可结合地形，使其视距良好、排水通畅、行车顺适及与环境协调，并注意环道外缘的线形变化。

⑪环形交叉中心岛的形状和尺寸、交织长度、交织角及车道数，是否能适应交通量及车速的安全行驶？

安全审计要点：对环道设计的计算，主要取决于环道设计速度，可根据相交道路等级选取；其次还取决于相交角度及相交道路数，依此选定环岛的形状和大小。从而检验进环、出环车辆在环道行驶时，互相交换车道所需的交织距离、交织角及环道车道数和宽度，以期适应交通量及车辆的安全行驶。

⑫平面交叉转弯处的纵坡、横坡和高程，是否与相交道路相适应，保证路面和边沟排水流畅？相交道路路面径流和边沟水会不会流到交叉口路面上？

安全审计要点：平交转弯车道的转变端部，纵、横坡与高程应与主干路协调，否则将会影响主干路的路面平整度，造成行车颠簸的不安全感；其次由于平交处路面面积较大，应做好竖向设计，疏导路表水及径流水。

⑬平面交叉口范围内的路面铺装，其连续性是否一致，是否影响路面整洁？

安全审计要点：当交叉口范围均为水泥混凝土路面时，对交叉口接缝的布置是否恰当；当主干路为水泥混凝土路面，交叉口为沥青路面时，其相接处的处理措施能否满足要求。

⑭道路与铁道相交时，道口两侧的道路水平路段长度、纵坡及其视距，能否满足汽车停放和安全制动、起动的要求？

安全审计要点：道路与铁路平交时，除注意各项技术指标外，还必须设置相应的信号灯、各项标志及防护措施。

第四节　道路施工阶段的交通安全审计

一、道路施工阶段交通安全审计的意义

在公路与城市道路新建、改建、扩建、重建以及维修养护项目中，施工阶段是一个十分重要

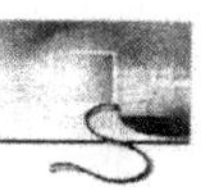

的环节。对于新建道路工程，其施工阶段的交通安全问题主要发生在施工作业区范围以内。对于其他性质的施工项目，在多数情况下，施工过程中不中断原有道路的交通，施工作业区本身即成为该路段的交通障碍和事故隐患危险源。这时，施工阶段的交通安全问题就不能局限于施工作业区内，还需要扩展到周边区域。如图 10-4 所示，由于局部道路养护施工，对通行车辆造成障碍，如果没有完善的交通组织和安全设施，很容易引发交通事故。因此，有必要对道路施工阶段进行安全审计，采取完备的安全防范措施，减少交通事故的发生。

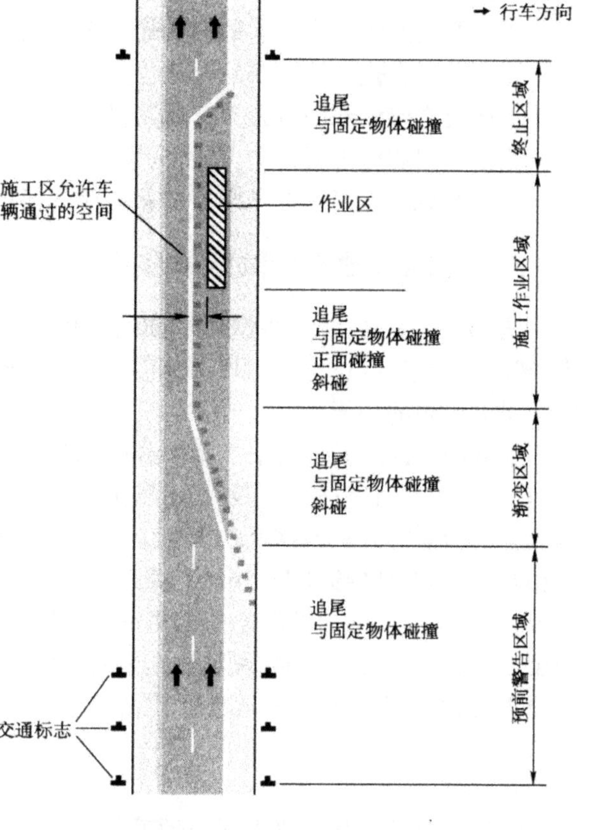

图 10-4　养护施工区的构成及典型的交通事故示意图

二、道路施工阶段交通安全审计的内容

道路施工阶段的交通安全审计分为新建道路时的交通安全审计和养护施工时的交通安全审计。审计的内容主要包括：施工场地安全布置审计、工地运输道路交通安全审计、临时维修养护施工的交通组织设计安全审计。

1. 施工场地安全布置审计

①施工现场的临时设施布置，是否符合防洪、防水、防风、防雷、防泥石流、无崩塌的安全场地条件？

②易燃易爆仓库、炸药库、油库等与其他建筑物是否保持有一定距离？有无安全防护设施？

③生产生活用房、临时锅炉房、发电机房、变电室、铁工房等，是否按防火规定保持安全距离？有无安全预防措施？

④施工现场内的坑、沟、水塘等边缘有无安全护栏？

⑤生产生活用水水质是否经过鉴定符合标准？水源是否有防污措施？

2. 工地运输道路

①各种运输道路的路线技术标准是否符合安全行车标准？

②各种运输道路是否设有安全标志？繁忙路段是否有人指挥交通？

③各种运输道路与铁路交叉处是否有人看管？是否设有信号和落杆？

④夜间施工运输道路是否有照明、防护设施？

⑤临时便桥是否经过设计、牢固可靠？

3. 临时维修养护施工的交通组织设计安全审计

①当道路施工影响范围较大时，交通组织是否利用了报纸、电视等新闻媒体，提前做好宣

传工作？

②是否根据需要设置了道路交通安全设施？

③交通标志是否放置在易见的位置？

④在夜晚或出现恶劣天气时，警告标志和其他设施相应位置是否设置了闪烁警告灯？

⑤在大型的施工项目中，是否考虑了设置雷达测速设施的必要性？

⑥交通导流方案是否考虑了转移道路的通行能力，能否满足需求？

三、施工区交通安全审计支持技术

施工区的安全审计，在比较复杂的案例中，需要借助于一定的数据采集与定量化分析技术、辅助安全审计员对施工组织方案进行评估，确定它的风险程度、对交通流的干扰程度以及安全保障设施的功能等。

根据施工区对安全的主要影响，确定需要进行定量分析的主要指标包括：第一，施工区的车速变化形态。这反映出交通流由于施工所产生的波动，而这个波动正是车辆碰撞的直接诱因，速度波动的形态，能够反映出施工区潜在的风险程度。第二，施工区交通流的冲突及车道占用状况。如果能够借助一定的仪器设备，采用一定的技术，收集施工区周边地区的交通冲突现象，以及在施工区前端车道的占用情况。第三，施工区物体及人员的识认特性。从驾驶员的角度检测施工区内的车辆、设备及人员的可辨识特性。第四，对施工人员的调查分析。从施工人员角度，对施工区安全状况进行评估和分析。

1. 数据采集的方法

1）车速

车速数据的采集主要采用两种手段：雷达枪测速仪和交通流检测器。雷达枪采集的数据，用以确定通过施工区的车辆在自由流状态下的行车速度。利用在施工区不同地点所采集的数据，可以对比自由流状态下车辆的速度变化。交通流检测器用来监测在各种非自由流状态下车流的状况，包括车速及车型。通常使用的检测设备有：气压管式或压电式传感器、微波检测器、激光检测器等。在不同的地点，使用多套检测器同时运作，可以掌握施工区各点的交通流状态。

2）视频数据

视频数据的采集可采用两种不同的方案检测交通流冲突及车道分布数据。第一种是移动的视频采集，即在拖车上设置一个标杆，其上装有摄像头，在车辆运行过程中采集周边的视频信息；第二种是手持式的摄像机，用以获取近距离的影像。

在施工区进行的视频数据采集的目标有两个：第一为冲突现象，这是交通风险的最直接体现。在施工区的安全分析中，所需要关注的冲突行为包括超车冲突和变换车道冲突。第二为车道占用情况，主要是监测封闭车道的上游车道上的车辆比例，以分析需要变换车道车辆的比重及可能造成交通紊乱的程度。

3）识认性检测

以驾驶员为起始点，以施工区的人或物体作为观察目标，评估它们在驾驶员视野中的方位及色彩对比等特点，进而评估施工区人员和设施的可识别性水平。

4）施工人员调查

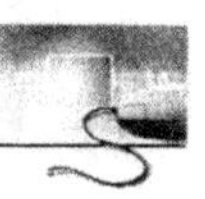

直接访问施工人员，记录他们对特定设施、施工组织方案的评价，从中掌握该施工项目的安全特性。

2. *数据分析*

在现场数据采集的基础上，对数据的分析一般围绕所要评估的目标开展。例如，车速数据常用于对某项限速标志的功能进行评估，首先采集标志"设置前"和"设置后"两种情况下的车速，然后以该设施上下游的"速度落差"为评估指标，对车速进行"前后对比分析"。如果设置后的速度落差显著大于设置前，说明该标志的功效明显。反之，则认为该标志的功效较差，需要对它的设置方案，如设置方位、色彩、文字、其他标志的匹配方案等进行调整。速度分析的过程需要循环进行，直到取得满意的结果。

图 10-5 为对"振动减速带"设置方案而进行的速度分析，速度数据利用压电式检测器获取。图中虚线代表设置振动减速带后的速度曲线，而实线代表设置前的情况。图 10-5 中的分析结果表明，在这个案例中，振动减速带起到了非常显著的效果。在设置前，从施工区上游到标志设置地点时，速度才下降到大约 80km/h；而设置后，在车道封闭点，车速就已经下降到了 48km/h 左右。未设置振动减速带时，在施工标志牌之后，车速才有明显的下降。这种发生在施工作业区的车速大幅度波动正是事故风险提高的征候。因此，可以认为设置了振动减速带后，该施工区的潜在安全特性得到了改善。

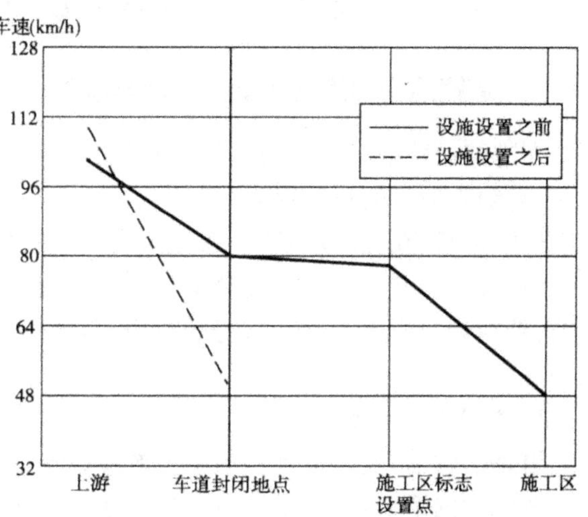

图 10-5　某施工区"振动减速带"设置前后的车速数据对比

对于施工区交通冲突等现象的评估，需要对视频数据进行统计分析。同样采用"前后对比法"，评估某项安全措施应用前后冲突现象有无明显好转，冲突指标采用该项设施上游、下游冲突数目的落差。

对于施工区识认特性的判断，除进行现场检测外，也可借助图像分析技术。将现场的光度检测变为照相取样，然后利用计算机图像分析技术检测不同施工区组织方案，在相同背景下的"视觉对比"效果，以确定方案识认特性的优劣。对于规模较小的施工项目，可以简化定量化的光度检测和计算机图像分析，以人工分析图形的方法，定性地分析不同的施工标志、不同的渠化或不同的人员着装方案，最终选择视觉指标较佳的方案。

四、施工区的施工组织设计

工程开工前，施工单位必须先进行施工组织设计。施工组织设计需考虑到施工地段的地形、地质、水文、气象等情况。在编制施工组织设计时不仅要注意自身的施工安全，而且必须保证其影响范围内的道路交通安全。因此在施工组织设计时需注意以下几点：

①施工单位必须按照规范规定，建立健全各级安全管理机构，设立专职或兼职安全核查

人员。

②参加施工的人员应接受安全技术教育，熟知和遵守本工种的各项安全技术规程。

③施工人员在施工中必须按照规定穿戴防护用品，不遵守规定者不得上岗。

④施工现场必须设置足够的消防设备，施工人员应熟悉消防设备的性能和使用方法，组织起一支经过训练的义务消防队伍。

⑤重要的安全设施必须执行与主体工程同步设计、同步施工、同步验收、同步投入使用的原则。

第五节　道路运营阶段的交通安全审计

一、道路运营前的交通安全审计与验收

在道路运营前，安全审计员需对道路进行认真的现场勘查，并且作为项目验收的必要环节之一，需纳入项目的评审报告。

道路运营前的验收周期一般较短，并且在设计环节中已经对各个安全项目进行了定量分析。因此，在道路运营前的安全审计中，不应该遵循道路设计阶段与道路施工阶段的安全审计思路，否则会造成审计活动本身的重叠，延误使用。道路运营前的安全审计，重点应以现场检验为主。

1. 路线安全检验

道路运营前，安全审计员应该分乘小汽车、大型货车在道路上实地运行，考察路线的一致性。考察的内容包括：在设计阶段经过了重点核查，并被认为可能存在的潜在隐患的路段；记录车速表上显示的车速值，并将前后区段的数值加以对比，分析在实际行车中的车速波动。

在路线勘查过程中，有条件时，安全审计员应自行驾车，完成道路试用全过程。这样，他可以记录自己驾驶工作量产生较大波动的地点，并及时停车，记录此处的驾驶感受，然后与该处的道路条件及环境条件相对照。

对于在设计阶段中没有定量化深入研究的指标，如长直线段的速度是否会上升、长下坡段的制动性能是否会衰减等进行重点体验，并且记录特定地点的车速数值。

视距特征是检验的另一个主要项目。在重点路段，可以采用模拟试验的方式，体会弯道、凸形竖曲线等特定路段是否存在视线障碍，分别体验超车、会车时的视距特征，描述道路视距的实际情况。

2. 路面及路侧净空的安全检验

在重点路段，可使用摩擦系数测量仪，测定路面的抗滑特性。如果条件和时间允许，应当在雨天对路面重新进行重点检验，确定道路在雨天的运行特性。

重点考察路侧净空区的宽度与潜在隐患。对于重点路段，需要进行精确丈量，体会路侧的容错程度，并记录重点路段可能存在的风险。

3. 平面交叉口的安全检验

在平面交叉口未正式投入运营前，仅由审计员的车辆无法体会交叉的冲突，也难以评估设施的供需性能对比。关于这方面的特性，必须在之前的设计环节中，通过定性的方案分析和定

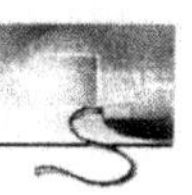

量的模型预测，必要时结合微观仿真手段加以深入研究。而在运营前的检验中，应以体会交叉口的视距特征为主，分别从不同的转弯方向上体会交叉口的视距状况，必要时应丈量行车轨迹线与障碍物的距离。

4. 立交桥的安全检验

立交桥运营前检验重点是分流点、合流点、匝道和辅助车道，体会立交桥主线与匝道的纵坡和平曲线半径是否顺适。在北方地区，应预测其在结冰、积雪环境下的运营特性。

城市跨线桥的进出口和桥下区域的视距是检查的重点。对于进出口，应着重分析其加速车道或减速车道的长度，及其与行车道的分隔方式是否充分安全。

5. 非机动车及行人的安全检验

除驾车检验外，另外一个不可缺少的重要环节是在城市道路及公路的城镇化区段，分别进行自行车、行人的安全检验。其中，行人需要分别考察穿越道路的安全性以及人行横道的安全性能。

对于城市道路，要关注弱势群体的交通需求，考察与此相关的安全隐患。考察交叉口信号灯配时方案，看其能否满足行人过街的通行需要。

6. 景观体验

道路景观与行车安全之间存在着一定的关系。因此，在道路投入运营前，应结合景观分析，考察其安全特性。重要的道路，还应对动态景观进行实验研究。必要时，可采用视频监视器或其他的设备，记录驾驶员的视线和生理、心理波动等，对道路景观中存在的单调、干扰、压抑等隐患进行排查。

二、道路运营阶段交通安全审计的内容

1. 道路技术指标安全性能的监控与审计

1）路面平整度安全审计

检查路面平整度，可以用路面平整度测量仪进行测量，通过计算得到平整度指标 PrI，用以衡量路面平整度的优劣。具体的取值范围与所对应的路面质量如表 10-8 所示。

道路平整度安全监控　　表 10-8

路面平整度指标 PrI(cm/km)	路面平整特性	相应措施
3～16	优质	—
16～85	合格	加强日常维护质量
>85	低劣	采取路面改造措施，或利用限速标志等手段确保行车安全

2）道路横坡安全审计

经过运营后，道路横坡出现下述问题应采取改造措施，保证行车安全。

①道路横坡小于 1%，或大于 3% 时；

②中线产生偏移；

③应设超高而未设，或出现反超高时。

3）沥青混凝土路面的安全缺陷

（1）翻浆

路面、路基湿软出现弹簧、破裂、翻浆等现象，对行车安全危害较大，在冬末春初时应特别注意。

(2)波浪与搓板

路面纵向产生连续起伏，峰谷高差大于1.5cm的变形，将使车辆产生颠簸。这种颠簸随着车辆前行而叠加、加剧，最终可能导致车辆失控。

(3)沉陷

路基、路面的竖向变形，路面下凹深度3cm以上。沉陷是跳车的诱因，严重危及行车安全，在坡底、桥头、雨天等特定情况下的影响更为严重。

(4)车辙

轮迹处沥青层厚度减薄，削弱了面层及其路面结构的整体强度，易于诱发其他病害；雨天车辙内积水易导致车辆出现飘滑，影响行车安全；在冬季车辙槽内聚冰，降低路面的抗滑能力，影响行车安全。

4)水泥混凝土路面的安全缺陷

(1)沉降

软土地基是产生沉降较为严重的地点，可考虑改用沥青混凝土。

(2)裂缝

路面板内长于1m的开裂，不同程度地影响着行车安全。

(3)错台

接缝处相邻两块板垂直高差在8mm以上，造成车辆侧向颠簸。

2. 安全设施的维护

1)设置位置

设置位置指路标志与所指地点间的距离，称为先行距离，其值影响着标志效用的发挥。先行距离必须取值合理，不合理时应予以调整。例如，平面交叉口指示标志一般超前约30m，预告地名一般在300m左右。

安全标志柱位置与行车道横向距离过近，易引发碰撞立柱事故，应将标志位置适当外移。当收费站等处标志杆频繁受撞时，可尝试采用“摆脱式”标志柱(柱体下部铰接，车辆碰撞后标志上部脱离，可减轻事故后果)。

2)支撑类型

标志的支柱种类有单柱、双柱、悬臂式、门式和附着式5种。

采用门式支撑，标志位于行车道上方，识认性较强，适用于重要的指示信息。因此，识认性差的标志，可改用门式支撑。

附着式支撑，即利用支撑物(如灯杆等)作为标志柱，不增加路侧支柱个数，对于行车安全性比较有利。建议在易发生事故处采用适宜的附着式支撑。

3. 交通环境维持

1)街道化公路的处理

运营中的公路出现街道化趋势，将导致过境交通与地方交通、混合交通、横向交通干扰，从而产生安全隐患。

针对已经街道化的公路，如果非机动车交通流发展到混合干扰明显的程度，建议设置条形

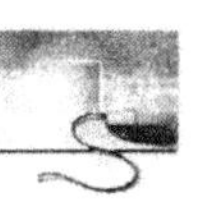

分隔岛或绿化带,将机动车道与非机动车道隔离。当本地交通量达到与过境交通量相近的水平时,建议修建城镇以外的公路绕行线。当公路两边街道化形成城镇规模时,应在镇中的交叉口设置信号灯。交通冲突进一步加剧时,应予以渠化处理。

2)支路管理

公路对区域经济的拉动作用,将促使与公路交叉的支路增多,忽略支路的管理将给公路安全运营带来不利的影响。当支路交通量形成一定规模时,应在支路上强化标志作用,提醒公路出口的位置。

注意监控道路运营期间新增加的交叉支路,以道路设计中的原则逐一对比排查,避免在运营周期内出现新的安全威胁。

3)道路抗滑处理

采用不同类型的沥青表面处治,可提高路面抗滑力,尤其是急弯、陡坡处,每隔一段时间建议用适当粒料重新罩面,以减少事故。

已被磨光的沥青混凝土路面,用压路机适量地压入预涂沥青的石屑,可增强抗滑性;已被磨光的水泥混凝土路面,可用凿毛机横向、纵向拉毛,可提高抗滑效能。降雨、降雪天气对路面造成滑溜,易引发事故。针对一般道路,可简单地采用撒粗砂以增加路面摩擦力;对于高等级公路和重要的路段,降雪时应撒融雪剂,以促使冰雪迅速融化。

4. 事故多发点的辨别与改造

运用事故多发点的鉴别方法,排查出运营道路上的事故多发点,并运用综合措施对事故多发点进行整治,从而消除已有事故多发点,保障交通运营的安全。

三、运营道路的交通安全改造

排查出运营道路的事故多发点后,需采取措施对其进行改造,改造措施分为完善交通工程设施和工程改造措施。

通常情况下,由于完善交通工程设施成本较工程改造低,因此最先考虑采取的安全改造措施是采用交通工程措施或交通控制设施,弥补交通安全缺陷,提高现有道路的安全性能,即利用“修补型”的措施来实现安全目标。在采用交通工程措施后还不能保障道路交通安全的情况下,才运用工程改造措施,通过道路线形的调整来提高安全性能,工程改造措施是道路安全改造最彻底的方法,也是投资最大的方法。工程改造的效益为改造后由于道路交通事故下降所产生的损失的减少。而要确定改造措施的效益,需要比较准确地预测改造后道路交通事故的下降数及各类道路交通事故损失的国民经济计量值。为了对进一步的研究积累基础数据,应当对每一个工程改造项目的效果进行前后对比分析。

第六节　道路交通安全审计效益分析

一、道路交通安全审计的直接效益

道路交通安全审计以提高道路交通安全性能,发现并消除道路交通系统中的安全隐患为宗旨。它所取得的直接成效包括:

①通过在规划阶段的道路交通安全审计，将道路网中特定地点要素或网络特征所引发的事故发生频率与严重程度降至最低。

②能够防患于未然，避免在道路运营之后用生命或鲜血的代价去发现道路的安全性能缺陷。同时，将项目实际运营开始后所进行的安全补救工作降至最低程度。

③通过预期评估与适当的投入，使项目全寿命周期（规划、设计、建设与运营期）的总成本降低。

④增强项目规划、设计、施工、运营、维修各方面参与者的安全设计意识。

⑤将多种交通方式、多层交通系统内的安全事务集成化处理。

⑥在道路设计的各个方面都引进“以人为本”的理念。

二、道路交通安全审计的间接效益

道路交通安全审计的广义成效远远超出上述直接成效，其间接效益主要有：

①通过道路交通安全审计的实践，推动道路交通事故机理与交通安全理论、方法、技术的研究与应用。陆续推出的道路交通安全相关模型，以及逐渐成熟的道路交通安全分析软件，都是道路交通安全审计推广所催生的科技成果。

②在道路交通安全审计的探索与应用过程中所积累的代表性成果，可以丰富和扩充道路工程的设计规范，并提高交通管理水平。其中，对于道路几何线形的组合与动态设计，以及交通工程设施设计规范的改进是最直接的成效。

③道路交通安全审计的实践与研究，能够促进许多新设施、新材料的应用，不仅能够带来明显的社会效益，也能够产生可观的经济效益。

④道路交通安全审计在直接带来安全成效的同时，也提高了道路交通系统的运行效率。由于道路交通事故是导致交通拥堵与系统效率下降的重要原因，道路交通安全审计在避免了一定的交通事故发生的同时，也使得交通系统的运行更加平稳和顺畅。

⑤道路交通安全审计不仅使交通事故的当事人受益，还能够提升所有用路者的安全空间，尤其在传统的道路建造与运营环节中，容易被忽略的非机动车交通和行人。

复习思考题

1. 道路交通安全审计的目的和意义是什么？
2. 简述道路交通安全审计的实施流程及各阶段的主要内容。
3. 试对比分析道路规划阶段和工程可行性研究阶段道路交通安全审计的特点。
4. 如何分析道路交通安全审计的效益？

第十一章　道路交通安全保障技术

道路交通安全保障技术是交通事故预防技术的延续，贯穿于道路交通安全管理的整个过程。主要是通过系统信息管理技术，掌握系统安全需求、运行状态及运行规律，利用系统干预技术及时探测、解决安全矛盾，采用系统设计技术，根治道路交通安全隐患。

第一节　道路交通安全管理法规与宣传教育

一、国家安全计划

党和政府越来越重视全国的道路交通安全工作，并采取了一系列强有力的措施。在“十五”期间，国务院颁布实施了《中华人民共和国道路交通安全法》及其实施条例；建立了由国务院十七个部门组成的全国道路交通安全工作部级联席会议制度；提出了预防道路交通事故“五整顿”、“三加强”实施意见。

在“十一五”期间，制订的国家道路交通安全规划实施纲要，其内容包括：道路交通安全现状与发展趋势、指导思想与目标、主要任务和措施、规划实施的重点项目（工程）、规划实施的保障措施等五个部分。

1. 指导思想

以“三个代表”重要思想为指导，全面落实科学发展观，坚持执政为民、以人为本，把减少道路交通事故死亡人数，提高道路交通安全，保护人民的生命、财产安全作为一项基本国策。按照“政府领导、部门协作、社会联动、齐抓共管、综合治理”的总体要求，指导地方各级政府及道路交通安全相关职能部门科学地规划、安排道路交通事故预防工作，全面推进道路交通安全工作，共同创建“安全、畅通、高效”的道路交通环境，进一步改善道路交通安全状况，减少道路交通事故死亡人数，构建社会主义和谐社会，创造安全畅通的道路交通环境。

2. 总体目标

通过“十一五”期间的努力，力争使道路交通安全工作达到“工作机制健全、道路交通基础设施完善、道路交通有序畅通、管理执法水平提高、交通参与者守法意识增强”的程度，实现预防道路交通事故、减少道路交通事故死伤人数的最终目标。至2010年，道路交通事故死亡人数不超过“十五”期间平均水平，即略低于10万人；“十一五”期间道路交通事故万车死亡率逐年下降，下降幅度大于“十五”期间，到2010年不超过7.0人/万车，致死率下降到10%。

3. 主要任务和措施

加强道路交通安全宣传教育；提高驾驶员的安全素质；改善道路的安全性；改善机动车的

安全性；强化对运输企业的安全监管；严格路面交通执法；初步建成省级道路交通事故急救与救援服务体系；进一步加强道路交通事故预防的科学研究和技术应用。

4. 规范实施的重点工程

公路交通安全工程；农村道路交通安全工程；高速公路交通安全管理示范工程；省级道路交通安全研究中心建设；省级道路交通安全管理业务培训基地建设；市、县级道路交通安全教育中心建设；危险化学品道路运输事故应急救援系统的建设。

5. 规划实施的保障措施

通过机制创新，进一步加强各级政府道路交通安全责任制；健全法律法规，完善技术规范和标准；采取扶持政策，促进农村交通可持续发展；加大道路交通安全资金投人，促进道路交通安全社会化管理；推进道路交通安全技术进步，依靠科技进步保障道路交通安全。

二、道路交通安全管理法规

道路交通法规在法律体系上属于国家行政法，是国家行政管理法规的组成部分，是根据宪法有关规定由国家或地方权力机关依立法程序制定的在管理道路交通方面的单行法规。它包括：车辆及驾驶员的管理、行人的管理、道路的占据和管理、交通违章的处罚、道路交通事故的处理、全民交通安全宣传教育等具体规定。

目前，我国现行的道路交通法规有：2004 年 5 月 1 日正式实施的《中华人民共和国道路交通安全法》、《中华人民共和国道路交通安全法实施条例》及与之相配套的部门规章（《道路交通安全违法行为处理程序规定》、《交通事故处理程序规定》、《机动车驾驶证申领和使用规定》、《机动车登记规定》、《高速公路交通管理暂行规则》），以及地方制定的实施办法、细则。这些交通法规均靠国家强制力来保证贯彻实施。

交通法规具有强制性、规范性、社会性和综合性的特点。其作用是建立、巩固和发展有利于我国人民的政治、经济、文化生活及与国际交往的道路交通秩序，保障人们的交通安全与畅通。主要体现在下面几个方面：保障交通管理任务的实现；保护交通参与者的合法权益；促进交通秩序的建立，防止交通公害，保护交通环境；增强人们的交通法制观念，提高人们的交通道德水平。

三、道路交通安全宣传

道路交通安全宣传，在不同区域、不同时期应当有不同的重点：对于近郊和农村，主要教育对象为农民；老年人的道路交通安全问题应放在重要位置；教育的重点应为青少年；同时应注意对暂住人口的道路交通安全宣传。

道路交通安全宣传教育的主要形式包括：标语、口号、广播、电视、网络和报刊等。标语、口号可充分展现“示范性”作用，广播、电视具有传播迅速、及时、广泛、不受空间限制等优点。各省、市人民政府有义务加强交通广播电台建设，在报纸上设立道路交通安全教育专版，在官方网站上开设道路交通安全教育板块，并力争设立专有电视频道或在某电视频道设立固定道路交通安全教育栏目。在此基础上，通过知识竞赛等形式开展阶段性或季节性的强化教育；充分发挥文艺团体的创造力，将道路交通安全教育的内容以电影、电视、小品、相声等群众喜闻乐见的艺术形式表现出来，将深刻的道理明显化、形象化，使教育对象在轻松、活泼的环境中接受

教育。

四、道路交通安全教育

进行道路交通安全教育,提高全民安全意识是预防道路交通事故发生的根本措施。学习、宣传、贯彻、执行交通法规重在"从我做起",使全民从思想上提高道路交通安全的认识,自觉遵守一切道路交通安全的规章制度,从根本上杜绝人为道路交通事故的发生。

1. 道路交通安全教育对象

道路交通事故主要是由人的原因造成的,其中由于驾驶员违章造成的事故约占事故总数的70%。因此,要加强对交通参与者,特别是对驾驶员的安全教育。

1)对驾驶员的教育

对驾驶员的教育主要是职业道德教育和安全教育。

职业道德教育是指通过学习和教育不断提高驾驶员对行车安全的认识,提高思想道德水平,树立安全第一的思想。同时,增强遵章守法、安全行车的自觉性。

安全教育主要是学习交通规则及安全行车常识,逐步掌握安全驾驶的规律,以提高对紧急交通情况的应变能力,减少判断和操作失误。

还可通过对驾驶员实行再教育制度、驾驶员年审制度和晋级考核制度来加强安全教育;通过违章处罚与事故处理加强对驾驶员的教育与管理。

2)对骑车者的教育

据统计,骑自行车者因交通事故而导致死亡的人数占总死亡人数的40%左右,所以加强对骑自行车者的安全教育非常重要。

对骑自行车者的教育,主要是解决违章行驶的问题,让他们认识到违章的危险性,使他们增强遵章行驶的自觉性并加强交通法制观念。

此外,还要做好对行人的宣传和教育,做好对儿童和学生、农民教育的有关工作。

2. 道路交通安全教育组织建构

在道路交通安全教育的组织建构上,主张借鉴美国的道路交通安全教育模式,建立专职道路交通安全教育机构,并完善该机构的分支部门。该机构应负责全国道路交通安全教育的总体规划、教材编撰和教育指导,监督负有道路交通安全教育义务的机关、单位和其他组织履行道路交通安全教育的义务。

3. 道路交通安全教育形式

道路交通安全教育主要采用学校教育和社会教育两种形式。学校教育是做好交通安全教育工作最根本的途径,要保证所有人都能接受交通安全教育,又离不开全社会的共同参与。这两种教育形式可互相补充,相得益彰。

1)学校教育

交通安全教育是一种意识养成教育,是贯穿人们一生的终生教育。学生时期是一个人意识观念养成的重要阶段,此时受到的教育和熏陶会影响人们的一生。国家有关部门需根据小学、中学、大学相应的侧重点,尽快编撰出版相应层次的教学大纲和专用教材,安排专职教师和固定教学时间,进行正规化教学。如借鉴法国、新加坡等国的做法,在有条件的大中城市建立儿童交通公园,对中小学生进行更为直观、形象的道路交通安全教育。

此外,还可以靠社会力量办学进行道路交通安全教育。1995年,我国第一所社会力量办学性质的道路交通安全教育学校在上海成立。目前,该学校已培训学员达940多万人次。

2)社会教育

充分发挥各相关部门,特别是新闻媒体的主观能动性,保证道路交通安全教育深入千家万户。可以从以下方面来进行社会交通安全教育。

①强化和改进公安机关对驾驶员进行道路交通安全教育的传统方式。一方面,坚持不懈地开展针对老驾驶员的道路交通安全教育;另一方面,把好初考驾驶员的教育培训及初次申领驾驶证的考核关。

②充分发挥各团体的力量,全民动员。公安交管部门负责制订措施,布置任务,督促检查,综合评比;各机关、团体、企事业单位和其他组织把道路交通安全教育作为一项日常工作来抓,使之在各行各业、各个层面得到普及。

第二节 道路交通安全规划

一、开展道路交通安全规划的目的和意义

交通运输是国民经济发展的基础,交通安全是交通运输正常运转的前提条件,而道路交通安全规划则是道路交通安全发展的方向和战略。道路交通安全规划具有保证道路交通安全管理的科学性及避免决策失误的前瞻性作用。欧美国家的经验表明,制订道路交通安全规划对于预防道路交通事故具有重要的战略意义:一方面它能规范道路交通安全管理工作,明确目前及今后的奋斗目标;另一方面它将有力推动政府领导下的道路交通事故预防长效机制,在客流、物流、车流迅速增长的情况下,遏制道路交通事故持续增长的势头。因此,各级人民政府依据法律法规和国家政策制订道路交通安全规划势在必行,具有重大现实意义。

二、国内外道路交通安全规划概述

制订近、中、长期道路交通安全规划是当今世界发达国家的普遍做法。欧盟、日本、美国、加拿大、澳大利亚等国都已制订了具有量化指标的道路交通安全规划或战略目标。

1997年5月在比利时首都布鲁塞尔召开的欧盟15个成员国交通部长会议上,制订了欧盟15国1998~2005年交通安全规划。此规划内容主要有两个方面:一是从宏观上加强交通安全信息建设;二是从微观上采取具体安全技术措施。

2000年,美国运输部出台了针对本国的道路交通安全规划,其公路交通安全主要集中在以下4个方面:努力降低公路交通造成的相对伤亡率;控制与饮酒有关的公路交通事故;增进汽车安全带的使用比例;提高大型载货汽车的交通安全性。

日本早在1970年颁布的交通安全对策基本法中明确规定,中央、都、道、府、县、市、镇、村各交通安全对策会议必须制订道路交通安全规划,并且按照规划实施执行。因此,日本道路交通事故自1970年以来死亡人数逐年下降,2003年仅死亡7 702人,并在第7个道路交通安全规划中提出了到2013年道路交通事故死亡人数降到5 000人以下的目标。

加拿大政府于2001年制订的道路交通安全10年规划,提出到2010年道路交通事故死亡

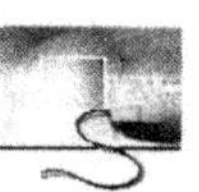

人数下降30%，安全带使用率达到95%以上，乡村公路上的死伤人数下降40%，酒后开车导致的伤亡人数减少40%，超速和交叉口事故中伤亡驾驶员人数减少20%，年轻驾驶员伤亡人数减少20%，货运车辆事故伤亡人数减少20%及行人和自行车伤亡人数减少30%的目标。

1949年以来，我国一直没有道路交通安全方面的宏观政策。所制订的道路交通安全规划是在总结国内外道路交通安全管理工作基本经验的基础上，结合当前国内的交通安全形势及管理现状，为保证交通运输可持续发展与经济社会协调发展而提出的，是一项保障道路交通安全与畅通的工作措施。

三、道路交通安全规划内容

道路交通安全规划是在分析、预测交通安全形势的基础上，根据具体实施目标，制订一系列战略重点及相关政策保障措施的过程。道路交通安全规划的基本框架及主要内容如图11-1所示。

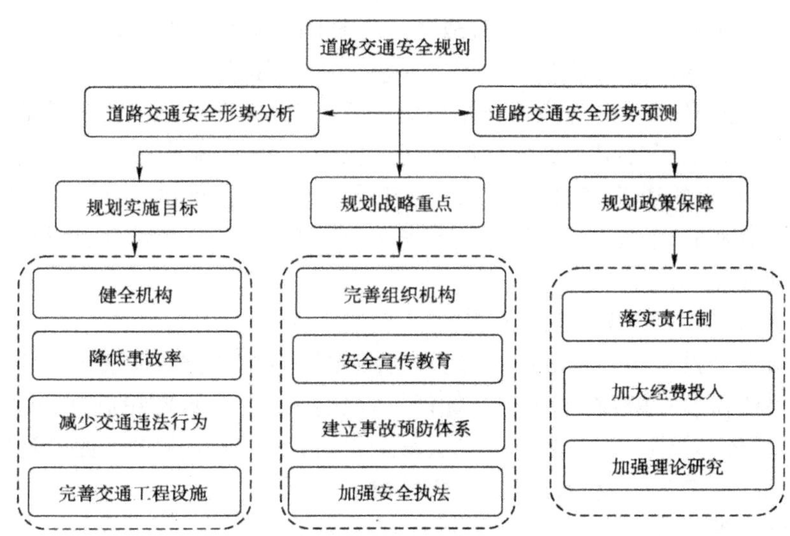

图11-1 道路交通安全规划基本框架及主要内容

1. 道路交通安全规划实施目标

由于我国道路交通安全相关因素发展不协调，各项预防机制刚起步，道路交通事故可控性缺乏一定的客观条件，因此，道路交通安全规划目标不能完全参照国外，仅用道路交通事故死亡人数下降的绝对数来衡量，应统筹影响道路交通安全各因素的改善与提高程度，提出各项工作的实施目标。

首先，工作机制应更加完善，道路交通安全工作联席会议作用更加明显，相关部门间的组织协调得到进一步加强，形成中央、省、市、县、乡五级政府领导下全面的事故预防机制。

其次，交通安全形势得到明显改善，死伤人数从高发到基本遏制到基本平稳，交通安全状况步入良性循环轨道。

从总体上提出分阶段量化的道路交通事故死亡人数、万车死亡率、各种严重交通违法率及农村公路交通事故下降的目标，道路交通环境改善及安全设施完善的目标，交通参与者遵纪守法与交通安全意识提高的程度。

2. 道路交通安全规划战略重点

道路交通安全规划战略重点应建立在教育、工程、执法和紧急救援的基础上，主要包括以下几个方面。

①完善全国道路交通安全工作部级联席会议制度，健全省、市、县、乡、村五级交通安全工作领导（协调）机构；

②提高交通参与者的法律意识和交通安全意识；

③改善道路的安全性，建立完善的事故多发点项目管理制度，建立道路安全审查制度，完善道路交通安全设施；

④严格驾驶员管理，确保安全驾驶。

此外还包括确保车辆安全性、整顿道路交通秩序、完善紧急救援系统及促进交通安全技术进步等。

3. 政策保障措施

在完整的道路交通安全规划体系中，战略重点是确保目标顺利实现的关键步骤，政策保障是实现目标的基础和保证。政策保障措施主要包括以下内容。

1）加强各级政府和相关部门交通安全监管职责，全面落实交通安全责任制

各级政府和有关部门要切实加强对道路交通安全工作的领导，把道路交通安全纳入政府考核体系，建立强有力的道路交通安全工作组织领导和协调管理机制，逐步完善从中央到地方统一、高效运转和协调的监管体系，坚持交通安全负责制，层层落实责任，严格交通事故责任倒查和责任追究制度。

2）加大国家、地方对道路交通安全的投入

将道路交通安全投入纳入政府财政预算，各级政府应把道路交通安全专项经费列入财政预算的正常支出科目，并逐年有所增加。保证一定比例的交通基础设施建设资金用于道路交通安全的研究、评价与改造，建立和完善交通安全投入机制，努力拓宽道路交通安全投入渠道，形成国家、地方政府、各部门及全社会多元化的投入体制。

3）加强道路交通安全的科学研究、国际交流及人员培训

加大政府部门对道路交通安全对策、道路交通安全应用技术研究的支持力度，健全国家级道路交通事故调查研究机构，从组织、资金、人力上予以支持，建立道路交通事故调查研究专项基金；鼓励多渠道资金投入道路交通安全研究，加强道路交通安全应用技术的开发，鼓励研究成果的转化普及。

四、道路交通安全规划的实施与滚动

道路交通安全规划应从治标治本、标本兼治、综合治理的要求出发，立足当前，着眼长远。规划应考虑到以下几个方面。

①规划应当成为当前和今后一段时期预防道路交通事故的纲领性文件，是交通安全管理的近期、中期目标。

②规划编制单位应包括：道路交通安全工作部际联席会议成员单位、道路交通安全研究机构、大专院校、汽车生产、维修企业、汽车检验机构、运输企业、保险行业及道路交通安全协会等。

③规划应该由政府统一发布,统一实施,具体可由全国道路交通安全工作部际联席会议制订、实施、监督和考核。

④各地的道路交通安全规划要始终围绕全国规划进行分级规划、逐步实施,并确保上下各级规划的衔接和执行。

⑤规划时限不宜过长,一般以3~5年最为合适。在执行过程中应根据交通情况的变化及时调整,以确保其可操作性、科学性和可持续性。

第三节　道路交通安全设计

一、道路交通安全设计与交通设计的关系

道路交通安全设计是在道路交通设计与运营的实践中逐步形成的。通过对大量的道路交通事故资料分析,人们发现道路交通安全水平与道路交通设计相关,若在设计阶段考察道路的交通安全性能,发现并纠正其中的安全隐患,可有效地改善道路交通安全状况。

道路交通安全设计内容包括对路线平、纵、横、平交、立交、跨线立交桥位置和基础形式、标志、标线及线外工程等设计内容的审查,并作出交通安全评价,业主根据审查意见要求设计部门作出完全符合道路交通安全标准的设计文件。

道路交通安全设计不仅贯穿于项目的可行性研究、初步设计、施工图设计阶段,而且还要在项目建设阶段、道路试运行阶段进行审查,以确保向使用者提供有安全保障的道路。

二、道路线形安全设计

我国正处在道路建设蓬勃发展期,同时也处于道路交通事故的易发期,道路因素在交通安全中的作用正逐步被人们认识。2004年交通部提出了重要的设计理念:坚持“以人为本”的指导思想,重视道路交通安全问题,加强公路交通安全性评价,以提高公路交通安全水平。目前,我国道路路线安全设计的研究主要从设计指标修正和路线设计安全评价两方面进行,或是以传统的汽车动力学为基础,或是基于调查资料对个别指标进行回归分析。

1. *我国道路线形设计存在的问题*

①我国现行标准、规范根据设计速度确定线形,存在以下不足:第一,根据规定的设计速度所做的设计不一定能保证线形标准一致;第二,根据规定的设计速度所做的设计不一定能保证设计要素之间的相容;第三,设计速度和运行车速之间存在差别,特别是山区公路设计中若未将纵面与平面线形要素结合考虑,同时使用最小值就可能不安全。我国标准中虽提出了一些运行车速的设计概念,如长直线尽头或大半径曲线连续延长之后不宜采用小半径曲线,连续曲线指标应均匀等,但技术指标还是以采用固定设计速度为前提。路线与构造物的适配性较差是设计要素不相容的一个例子。《公路路线设计规范》(JTG D20—2006)指出“调查表明,因桥梁、隧道的设置导致线形不连续的路段,事故多发。”目前,存在一些合法但不合理的设计,如:在进洞口的洞外路段设置较长、较大的下坡;在洞口设置小半径曲线。为了突破目前平面、纵面线形分割设计的传统模式,使路线与其构造物具有良好的一致性,推荐使用线形一致性判定指数进行量化评价。目前已被证明具有相关性的一致性评价指标包括:平均半径、最大半径/

最小半径、平均直线长度、竖曲线平均曲率系数等。

②标准一限到底,呆板执行规范。当前,我国在公路标准及指标运用方面应多考虑地区间的差异,不应一限到底。此外,标准中的路基宽度与车速存在明确的对应关系,从功能上看,两者虽相互联系但各有侧重,并不具有明确的依赖性,要求对应的规定可能限制了更合理的设计,造成设计人员对规范的错误理解,难与地形协调。在规范的执行方面,有些设计人员不能也没有充分理解、探索指标的功能和内在联系,只要是规范中规定的就盲目地照搬照抄,造成了许多合法但不合理的设计。例如平纵组合中较为呆板的"平包竖"做法。实际中由于地形条件的限制,必须满足平竖重合是非常困难的,也是不必要的。此外,"平包竖"考虑了驾驶者的视觉和心理要求,只给出定性的结果,且对平竖曲线组合路段上的视距仍沿用停车视距,而没有专门的规定。这些都是造成平纵组合不良路段事故多发的原因。国外常用的平、纵曲线组合设计的规定中,比较流行的是美国国家公路与运输协会 AASHTO 和加拿大运输联合会 TAC 所提倡的曲线前视距设计法 PVSD(Preview Sight Distance)。PVSD 是指在汽车驶入曲线前必需的视距,它考虑实际行车速度和驾驶员心理、视觉的需要,因此更符合汽车在平纵组合曲线上行驶的实际情况,此法可以补充《公路线形设计规范》方法中的一些不足。

③安全研究与线形设计脱节。目前,我国公路安全问题的研究仍停留在"事后型"阶段,离防患于未然还相去甚远。为了避免事故多发路段的重复出现,应通过对公路历年交通事故统计资料的前、后对比分析,得出各种不同特征的主要线形的安全特性。此外,我国规范是通过规定指标的下限值来确保行车安全,而国外则同时规定指标的上限值和下限值,这样可更大程度地保证线形连续。为了优化线形设计,需明确各指标对功能性、安全性或舒适性的不同影响,对功能性、安全性有较大影响的主要指标应强制执行,对舒适性有较大影响的次要指标可灵活掌握,而对某些超标指标经论证后也可采用。高规格的设计不一定能产生良好的效果,特别是在山区高速公路设计中,某些路段线形指标不应太高,保证线形连续才是安全设计的根本。

2. 道路线形安全设计的发展趋势

公路路线设计中采用运行车速进行设计,其明显的安全效益正逐渐被澳大利亚、法国、德国、波兰、瑞士和英国等国家认同。国外对线形的设计十分灵活,同一条公路的设计速度视地形、地貌分段变化,曲线直线衔接过渡自然,纵坡均匀,很少有大填大挖,并设有醒目的限速标志。例如日本坡长、坡度的运用充分考虑地形、地貌条件,允许超过坡道限制,若超过限制坡长则增设爬坡车道,其纵坡在 5% ~7% 的路段较多,坡长也比我国标准的规定大得多,对纵坡较大的路段,通过分别布设上下行坡度来节省工程量和提高行车速度。目前,我国公路建设已由平原区逐步转到山区,过去采取逢山辟路、遇水架桥的粗放型设计已无法满足复杂地形、地理环境对线形设计的高要求。因此,在公路的设计之初,应依照现行标准规范,以保证路线整体为设计原则。为了能较好地满足道路使用者的要求,可采用运行车速和设计速度对路线进行检验。2004 年《公路建设项目安全性评价指南》已初步提出采用运行车速对我国高速公路和一级公路进行安全评价,直线段与相邻曲线段的运行速度之差不宜超过 20km/h,且设计车速与运行车速的差值也不宜超过 20km/h。我国对路线设计的安全考虑从无到有,并逐步规范化,通过线形安全评价,能使路线更满足道路使用者的期望,以期为道路使用者构筑宽容型的安全道路。

三、道路路侧安全设计

1. 路侧净区简介

20 世纪 60 年代早期，随着美国州际公路开始投入使用，道路上事故特点开始改变，碰撞事故不再是车辆之间的正向碰撞或刮擦，而是车辆驶离道路撞到路侧的树木、桥墩、交通标志立柱、管线、沟渠等路侧设施上。1974 年，AASHTO 出版的《道路设计、建设、管理和运营中的安全问题》中指出："为保证安全，依据具体路段的实际情况设置无障碍的可返回区域是必要的。"研究表明："高速公路直行道路边缘外侧设计 9m 或更宽的无障碍区域，可以为 80% 的失控驶离道路的车辆返回道路提供空间。"

随后，多数道路管理机构开始在道路外侧，特别是交通量较大的道路外侧设置 9m 宽的可返回无障碍路侧区域——路侧净区，并移走、重新设置、重新设计或用护栏或防撞垫来防护路侧净区内的障碍物。然而很快出现了一些新问题：在一些边坡坡度大的位置，车辆会驶离直行道路更远的距离，9m 的可返回区域依然不够安全；而在多数交通量低、车速慢的道路上，9m 的可返回区域则过于浪费，从工程、环境和经济的角度来讲都是不合理的。1997 年的《AASHTO 选择、设置和设计指南》修改了路侧净区的概念，引入依据交通量、车速和路侧地形计算路侧净区宽度的方法。

2. 路侧净区几何设计

如果路侧不平缓，车辆驶离车道后将会遇到前坡（路堤边坡）、后坡（路堑边坡）、可穿越的横坡（从前坡到后坡）或排水渠。

1）前坡

平行于交通流方向的前坡可以分为可返回的前坡、不可返回的前坡和危险的前坡。可返回的前坡是指坡度小于等于 1∶4的边坡，这样的边坡相对平缓，车辆可以穿越。固定的障碍物（例如排水管道的端头）一般不能不加防护设置在路侧净区内。车辆驶入可返回的前坡后一般能停车或减速后驶回到行车道。不可返回的前坡是指坡度介于 1∶3 ~ 1∶4之间的前坡，大多数车辆驶入后都无法停车或者返回行车道。驶入车辆通常会驶达坡脚，所以此类边坡的坡脚不应设置固定的障碍物。理想的设计为在坡脚处为车辆提供足够宽的闪避区域，闪避区域可使大多数冲出车道的车辆在遇到陡峭前坡之前恢复到正常状态。闪避区域宽度的计算方法为：路侧最陡可返回前坡所需设置的净区宽度减去路侧已有可返回前坡的宽度就是期望的闪避区域，闪避区域的最终宽度可以根据已有条件、现场调查情况、路侧安全和经济条件进行调整。危险的前坡是指坡度大于 1∶3的前坡，如果该类前坡距离车道的距离小于建议的路侧净区的宽度，并且边坡无法进行改建，则应设置护栏。美国许多州在车道外侧提供相对平坦的可返回区域，然后再在外侧设计较陡的边坡。这样的断面通常比从车道外侧到地面连续设计的缓坡更经济、安全。在新建和改建工程中，应修建没有明显间断和没有障碍物的平整边坡，且坡顶和坡底要圆滑，以避免车辆倾覆。

2）后坡

当道路处于挖方路段时，后坡的安全程度取决于其平整程度和是否存在障碍物。如果前坡坡度小于等于 1∶3，并且后坡上不存在障碍物，则无论后坡离路远近都不是太危险。另一方面，陡峭的岩壁应该位于净区外或者设有防护。否则，车辆会撞上坚硬的岩壁，会产生严重的道路交通事故。

3)横坡

横坡是指由相交道路造成的路侧边坡,其上的障碍物一般有:中央分隔带、车道、相交道路边坡、排水沟、立交匝道。横坡的危险程度一般大于前坡和后坡,因为驶离行车道的车辆会与其发生正面碰撞。对于高速公路来说,推荐横坡坡度为1:6或者更缓,特别是行车道附近的横坡段更要达到这个标准。这种坡度可以随着与行车道距离的增加过渡到较陡的边坡。横坡的理想坡度值为1:10,但是由于排水设施的宽度限制和养护问题,实际上通常不能满足这一条件。城市道路或低速路段也可以考虑设置坡度小于1:6的横坡。

3. 我国路侧安全设计现状

由于技术标准与用地特征的不同,中国长期以来并没有在规范的层面上沿用路侧净区的概念。2003 年出版的《道路安全项目评价指南》中提出,在条件许可时宜设置路侧净区。我国现有公路的边坡基本属于危险的边坡,具体体现在:我国公路多采用高路基形式,同时由于用地条件限制,边坡坡度较大;我国人口众多,土地资源相对不足,绿化率低,为了提高绿化率,大多数道路边坡上均种植树木,当树木的直径大于 10cm 时,就会给驶离行车道的车辆带来危险;为减少公路用地,我国公路普遍采用梯形或矩形排水沟,车辆进入该形式的排水沟将陷入其内;交通标志的立柱、灯杆位于路侧净区内,基本没有采用解体消能装置,也没有使用护栏进行防护。

四、道路交通安全设施设计

道路交通安全设施作为道路交通的基础设施,对减轻事故的严重程度,排除各种纵、横向干扰,提高道路服务水平,提供视线诱导,增强道路景观等起着重要的作用,特别是对充分发挥高速道路安全、快速、经济、舒适的功能,具有特殊的意义。

世界各国,尤其是西方发达国家,对安全设施的开发研究及应用非常重视,不断推出形式多样、经济美观、性能优良和安全适用的新产品,以满足交通运输发展对安全设施的需求。我国对道路交通安全设施的系统研究始于 20 世纪 80 年代,主要结合我国国情和道路交通特点,对道路交通安全设施的材料、结构形式和设置原则等展开了全面的研究。“七五”国家重点科技攻关项目“高速公路交通安全设施的研究”成果,于 1991 年初通过了国家级鉴定。基于这一研究成果,我国交通部于 1994 年发布实施了《高速公路交通安全设施设计及施工技术规范》,标志着我国道路交通安全设施的应用研究进入了新的发展阶段。

1. 道路照明

在夜间行车时,对向来车的前照灯光线或强烈的路灯光线直射驾驶员眼睛时,会导致驾驶员产生短时间的视觉障碍,以致看不清前方情况,极易引发道路交通事故,也明显降低了行车的舒适性。为此,在道路照明设计中,应合理布局照明灯具,避免眩光现象发生。另外,对高等级道路应设置必要的防眩设施,以保证高速行驶条件下的行车安全和舒适性。

道路照明就是使在夜间行驶的车辆和行人能得到安全和舒适的通行条件,达到提高通行能力、减少交通事故的目的。车辆行驶在道路上,在路面亮度背景的衬托下,无论是中距离的小物体,还是远距离的大物体,首先被驾驶员看到的是物体的轮廓,然后决定是否需要采取适当的措施。因此,需要使道路上的障碍物及路面具有足够的亮度,以保证行车安全。为了保证

道路照明质量，达到辨认可靠和视觉舒适的基本要求，道路照明应满足平均照度、照度均匀度和眩光限制，同时还应提供良好的诱导性。

2. 防眩设施

防眩设施是在夜间行车时，为防止驾驶员受到对向来车前照灯眩目，而在道路上设置的一种保证行车安全并提高行车舒适性的构造物。

防眩设施既要有效地遮挡对向车辆前照灯的眩光，又要满足横向通视好，能看到斜前方，并对驾驶员心理影响小的要求。如采用完全遮光，反而缩小了驾驶员的视野，而且对驾驶产生压迫感。同时，无论白天还是黑夜，对向车道的交通情况是行车的重要参照系，其中很重要的一点是驾驶员在夜间能通过对向车辆前照灯的光线判断两车的纵向距离，使其注意调整行驶状态。另外，防眩设施不需要很大的遮光角也可获得良好的遮光效果。所以，防眩设施不一定要把对向车灯的光线全部遮挡，而采用部分遮光，即允许部分车灯光穿过防眩设施。

道路上设置的防眩设施形式可以说是多种多样的，总地来说有：网格状的或栅栏式的防眩网、扇面式的防眩栅、板条式的防眩板及植树防眩等，现分述如下。

1）植树防眩

中央分隔带的宽度满足植树需要时，可采用植树作为防眩设施，一般有间距型和密集型两种栽植方式。分隔带宽度须大于3m，一般采用间距型栽植，间距6m（种3棵，树冠宽1.2m）或2m（种1株，树冠宽0.6m），树高1.5m。灌木丛亦具有遮光防眩作用。

北京市试验观测结果表明，树距1.7m时遮光效果良好，无眩光感；树距2.5m时树挡间有瞬间眩光。植树间距5m时，应在树间植常青树丛两丛，可起防眩作用。若树种为落地松，树冠直径不小于1.5m，则树间不植树丛亦可有一定防眩效果。

2）防眩栅（网）

防眩栅系以条状板材两端固定于横梁上，排列如百叶窗状，板条面倾斜迎向行车方向。根据有关试验测定，与道路成45°角时遮光效果最好。防眩网系以金属薄板切拉成具有菱形格的网片，四周固定于边框上。

防眩栅（网）设置于分车带中心位置，应油饰为深色，以利于吸收汽车前灯灯光。设于中心带一侧时应考虑保证视距，并考虑两侧车行道的高度、超高的影响等，决定设于某一侧。为防止汽车冲撞，在起止两端的立柱上应贴敷红色或银白色反光标志，中间立柱顶上也需有银白色反光标志。中央分车带很窄时，应防止防眩栅（网）倾倒对行车的影响，故应考虑立柱间隔、采用的形式、柱基构造等，保证稳定安全。必要时应考虑风载的影响。设有防护栏的分车带防眩栅（网）可与护栏结合设计，上部为防眩设施下部为防护栏，护栏部分须油饰为明显的颜色，以引起注意。

3）防眩板

防眩板是以方形型钢作为纵向骨架，把一定厚度、宽度的板条按一定间隔固定在方形型钢上而形成的一种防眩结构。

3. 护栏

护栏是防止车辆驶出路外或闯入对向车道而沿道路边缘或在分隔带上设置的一种安全防护设施，它兼有诱导驾驶员视线、限制行人横穿、使碰撞护栏的车辆恢复到正常行驶方向、吸收碰撞能量从而保护车辆和乘客等功能，是一种重要的道路交通安全设施。

1）护栏的功能

公路上的安全护栏，经正确设计需具备以下几个方面的功能：

①阻止车辆越出路外，保护路外建筑物的安全，确保行人免受重大伤害，同时，阻止失控车辆穿越中央分隔带闯入对向车道。

②使车辆恢复到正常行驶方向。车辆碰撞护栏的运动轨迹应能圆滑过渡，以较小的驶离角和较小的回弹量停留在不影响车辆正常行驶的地方，不致发生二次事故。

③护栏应具有良好的缓冲能力，使汽车在失控与护栏发生碰撞时，对驾驶员和乘客的伤害最小。

④护栏应能诱导驾驶员的视线，能预示有关道路的轮廓及前进方向的线形，增加行车的安全性，使道路更加美观。

⑤能防止汽车与路侧或中央分隔带内的桥墩、标志等结构物碰撞。

从对护栏的功能要求可以看出，为防止车辆越出或冲断护栏，护栏应具有较高的力学强度和较大的刚度，从而可以抵挡车辆的冲撞。但从保护乘员免受伤害或减轻伤害程度考虑，又希望护栏的刚度不要太大，要具有良好的柔性。因此，在设计护栏时应找出两者间矛盾的调和点。

2）护栏的设置

护栏作为道路上的基本安全设施，对保证道路上的交通安全具有重大意义，但护栏本身也是一种障碍物，它的设置是有条件的。

通常将设置护栏前后的相对危险性进行比较作为设置护栏的依据。通过失控车辆越出路外产生的后果与失控车辆碰撞护栏产生的后果进行比较，判断能减少事故严重度的场所，被认为是需要设置护栏的场所。道路上是否设置护栏受许多因素的影响，包括：适用性、安全性、经济性、环境条件及交通管理状况等，需要对所有这些因素进行全面比较分析。护栏的设置原则参见《高速公路交通安全设施设计及施工技术规范》（JTJ 074—94）。

4．视线诱导设施

视线诱导设施是沿车道两侧设置，用以指示道路方向、车行道边界及危险路段位置等设施的总称，包括轮廓标、路钮、分流或合流诱导标、线形诱导标等，可在白天或黑夜诱导驾驶员的视线、表明道路轮廓、保证行车安全。

1）轮廓标

轮廓标是设置于道路边缘，用以指示道路线形轮廓的视线诱导设施。

高速公路及互通立交、服务区、停车场等的进出匝道或连接道，原则上应连续设置轮廓标，但对有道路照明的路段可不设轮廓标。

轮廓标的设置间隔应根据道路线形而定，高速公路的直线段，最大设置间隔不超过50m。轮廓标一般紧靠建筑限界外侧设置，于道路右侧及中央分隔带连续对称布置。分离式断面（无中央分隔带）时，则在右侧路肩上连续设置。

在布设轮廓标时，应特别注意从直线段过渡到曲线段的区段，或由曲线段过渡到直线段的区段，要处理好轮廓标视线诱导的连续性，使其能平顺圆滑地过渡。

另外，在路基宽度、车道数量有变化的路段及竖曲线路段，应适当加大或减小轮廓标的

间隔。

2)路钮

路钮是一种粘贴或锚固在路面上,用来警告、诱导或告知驾驶员道路轮廓或道路前进方向的装置,可分为反光路钮和不反光路钮两大类。

在不良气候和环境下,路钮能有效保证驾驶员的视认性。在国外,路钮被广泛应用于一些冬季不积雪的公路。实践证明,路钮是一种廉价且提高安全能力显著的道路交通安全设施,是驾驶员夜间行车不可缺少的附属设施。

3)分流、合流诱导标

分流、合流诱导标是设置于交通分流或交通汇合区段的诱导设施,目的是唤起驾驶员对进、出口匝道附近车辆交织运行的注意。

分流、合流诱导标是用反射器制作的粘贴在高挂横板上的诱导指示标志,其图案如图11-2所示。高速公路诱导标的底为绿色,其他公路为蓝色,诱导标的符号均为白色。汽车在高速行驶时,在分、合流标志的诱导下,无论白天还是黑夜,驾驶员均可非常清楚地辨认交通流的分、合流情况。

a)

b)

图11-2　分流、合流诱导标图案
a)分流诱导标的图案;b)合流诱导标的图案

4)线形诱导标

线形诱导标是设置于急弯或视距不良路段,用来指示道路改变方向,或设置于施工、维修作业路段,用来警告驾驶员注意改变行驶方向的视线诱导设施。设在急弯或视距不良路段线形诱导标为指示性线形诱导标,设置于施工、维修作业路段为警告性线形诱导标。

5. 隔离设施

隔离设施是为了防止无关人员及牲畜等进入、穿越高速公路或为防止非法侵占道路用地而沿道路两侧设置的进行隔离封闭的人工构造物的统称。

隔离设施按构造形式可分为金属网、钢板网、刺铁丝网和常青绿篱四大类,金属网又可分为编织网、焊接网、拧花网等多种。

隔离设施的形式选择必须考虑各种类型隔离设施的性能、经济性、美观、与道路周围环境的协调,以及施工条件、养护维修条件等因素。

五、道路交通管控设施设计

1. 道路交通标志

道路交通标志是一种用文字与图案传递特定信息,用以管理道路交通的安全设施。道路交通标志给道路使用者以确切的道路交通情报,使道路交通达到安全畅通、低公害和节约能源的目的。

1)道路交通标志种类

我国道路实施经国家标准局批准的中华人民共和国国家标准《道路交通标志和标线》(GB 5768—1999),表11-1为我国道路交通标志的种类。

我国道路交通标志分类 表 11-1

名　称		用　途
主标志	警告标志	警告驾驶员道路前方有危险路段
	禁令标志	禁止某些车辆通行一定的路段或限制行人进入
	指示标志	指示行人或车辆行进或停止
	指路标志	指明道路通往的地点、方向及距离，明确市县辖界
辅助标志		对主标志加以文字说明

以上各种标志牌，牌面内容的表示方法均采用定型图像、符号及文字三种方式。指示、禁令、警告三种标志牌一般用简单明显的象形图案、符号或单字表示标志的内容，并由交通管理部门统一规定。指路标志用方向标及文字表明道路通往的地点及距离。运行路线标志需用不同颜色绘明指示运行路线范围内的道路或立体交叉的布置状况及车辆运行的路线，均需按具体情况绘制。统一规定的牌面图案不足以明确表达标志的目的时，在主标志下面，附加辅助标志，作为对主标志的补充，一般均为简单的文字说明。如禁止停车或禁止通行标志可利用辅助标志表明所禁止的范围、时间、车辆种类等，以明确禁令的具体内容。主标志的安装形式为立柱式时，辅助标志可绘写于标牌柱上，不再另设辅助标志牌面。

2）交通标志的三要素

要充分发挥交通标志的作用，必须使驾驶员在一定的距离内迅速而准确地辨认出标志形状、文字和符号，从而掌握交通信息和管制要求。因此，要求交通标志有最好的视认性。决定视认性好坏的主要因素是标志的颜色、形状和符号。因此，标志的颜色、形状和符号被称为交通标志的三要素。

（1）交通标志的颜色

颜色可分为彩色和非彩色两类。黑、白色系列称为非彩色，黑、白色系列以外的各种颜色均为彩色。不同颜色有不同的光学特性，我国安全色国家标准和国际安全色标准都规定，红、蓝、黄、绿四种颜色为安全色（表 11-2），并规定黑、白两种颜色为对比色。

我国国家标准安全色的含义及用途 表 11-2

颜　色	含　义	用途举例
红色	禁停、禁止	禁止标志；停止信号；机器车辆上的紧急停止手柄或按钮，以及禁止人们触动的部位
	红色也表示防火	
蓝色	指令①，必须遵守的规定	指令标志；必须佩戴的个人防护工具；交通上指引车辆和行人行驶方向②
黄色	警告，注意	警告标志；警戒标志；如厂内危险机器和坑池边周围的警戒线；行车道中线；安全帽；机械上齿轮箱内部
绿色	提示②，安全状态，通行	提示标志；车间内安全信道；行人和车辆通行标志；消防设备和其他安全防护设备的位置

注：①蓝色只有与几何图形同时使用时，才表示指令。

②为了不与道路两旁绿色树木相混淆，交通上用的指示标志为蓝色。

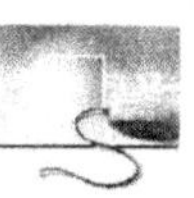

所谓安全色，是表达安全信息及表示禁止、警告、指令、提示等的颜色。在交通标志中，一般是以安全色为主，以对比色为辅按规定配合使用。其中，黑色用于安全标志的图案、文字和符号以及警告标志的几何图形；白色作为安全标志红、蓝、绿色的背景色，也可用于安全标志的文字和图形符号。

(2)道路交通标志的形状

道路交通标志上要记载各种文字和符号，故应选择比较简单的形状。

根据研究，同等面积的几何体其视认性随着几何形状的变化而不同。在一般情况下，具有锐角的物体外形容易辨认。在同等面积、同样距离、同样照明条件下，容易识别的外形顺序是：三角形、长方形、圆形、正方形、五边形、六边形。安全标志的图案及其含义如表11-3所示。交通标志的基本形状就是按此顺序选用的三角形、长方形和圆形。

安全标志的图案及其含义　　表11-3

图　形	含　义	图　形	含　义
圆加斜线	禁止	圆	指令
三角形	警告	方形和矩形	提示

(3)道路交通标志的符号

道路交通标志的具体含义，即规定的具体内容，最终要由图案符号或文字来表达。

图案设计要简单明了，并与客观事物尽可能相似。表示不同客观事物的图案要有明显区别，以便于驾驶员在车速快、辨认时间极短情况下能迅速识别。投影图案具有简单、清晰、逼真的特点，从远处观察视认性好，所以交通标志图案一般使用投影图案。

道路交通标志所用的符号也必须具有简单、易认、意义明确和不受文化程度局限等特点。在规定符号所代表的意义时，要考虑其直观性和符号的单义性，要符合人们在日常生活中的思维习惯。例如用“↑”代表直行，“↰”代表掉头，使人见到符号就能理解其意义。

在同一视觉条件下，图案符号信息比相同大小的文字信息传递更为准确和迅速，易为人们理解和识别，因而交通标志中应尽可能考虑采用图案和符号。但是图案和符号毕竟是抽象的东西，有些内容也不可能用图案和符号来表达，如“停车”只能用一个“停”字来表达，停车的“时间”和“范围”则必须用数字来表达。所以文字和数字在某些交通标志上也是一种必要的表达方式。使用文字表达应尽可能简明扼要，一般不宜超过两个字。使用的单位要符合国家法定计量单位，如高度和距离用米或千米、质量用吨、车速用千米/小时等。

2. 道路交通标线

道路交通标线是道路交通安全设施的重要组成部分。其作用是管制和引导交通，表达指示、警告、禁令及指路等内容，起到保障道路畅通和行人安全的作用。

1)道路交通标线的种类

路面标线是道路交通标线中最主要的一种，用来表示道路的几何中心、车道界限、人行横道位置、停车线及导流等内容。标线有连续实线、间断线、箭头指示线等，路面标线一般为白色或黄色，以白色为主。

除上述外，还有立面标线和路缘石标线及突起路标等。立面标线涂绘于高架桥的桥墩、道牙等垂直面上，或渠化交叉口内安全岛、导向岛的立面上等位置，用以引起驾驶员的注意，立面标线采用黑白、黑黄或黄红相间的条纹。突起路标作为对路面标线的补充,起辅助作用,进一步提高驾驶员的注意。它是固定于路面上的突起标记块,具有定向反射性能,一般路段上采用白色,危险路段采用红色或黄色。

2)道路交通标线的设置原则

设置道路交通标线应考虑交叉口形式、交通量、车行道宽度、转弯车辆的比率、非机动车的混入率等因素,并遵循下列原则。

①平交路口驶入段的机动车车道数,不能少于与其相连路段上的车道数,但驶入段的车道宽可以小于相连路段的宽度,但不得小于3m。

②要积极开辟附加车道,特别是左转弯车道。左转弯附加车道可利用削去中央分隔带的方法,也可利用缩窄车道宽度和偏移车行道中心线的方法开辟。

③导向车道线与停止线连接,其最小长度为30m。导向车道线应画白色单实线,表示不准车辆变更车道。

④平交路口驶入段的车道内,应有导向箭头标明各车道的行驶方向。导向箭头重复设置的次数和距离,应根据平交路口驶入段的具体情况决定。一般计算行车速度大于60km/h的道路,导向箭头重复三次;计算行车速度小于60km/h的道路,导向箭头重复两次。

3. 交通信号

早在19世纪,人们就开始研究交通信号,用信号灯指挥道路上的车辆交通,控制车辆进入交叉口的次序。1868年,在英国伦敦出现了最早的、红绿两种颜色的交通信号灯。1918年,在纽约出现了人工操作的三色信号灯。1926年,英国人在伍尔弗汉普顿(Wolverhampton)安设了第一座自动交通信号机。到20世纪60年代,世界各国开始研究控制范围较大的信号联动协调控制系统。此后,世界各国先后研制了很多信号控制系统。

1)信号灯

信号灯是用手动、电动或电子计算机操作,以信号灯光指挥交通,在道路交叉口分配车辆通行权的设施。其作用是在时间上将互相冲突的交通流进行分离,使车辆能安全迅速地通过。

信号灯以绿、黄、红三色变换,指示车辆行驶或停止。我国一般规定:在两相位条件下,绿灯亮时,准许机动车直行、右转,在不妨碍直行的前提下也允许车辆左转。红灯亮时,禁止车辆通行,但在不妨碍绿灯放行车辆行驶时,准许右转。黄灯亮时,禁止车辆通行,如已越过停车线时可继续前进。三相位或多相位时,则应按车道对应信号灯色行止。

设置信号灯主要依据交叉口交通量大小,以期车流安全、畅通。如果设置不当,可能产生逆效果,因此在安装前应进行论证。

2)种类与组成

随着交通的发展,在交叉口上,各方向的车—车冲突、车—人冲突越来越复杂,对车流、人流需要更为严密的时间分离。为适应这种发展的要求,信号配时技术的研究不断进步,相继出现了各种时间分离的方法。同时,电子技术的发展也促进了适应需要的信号控制机与交通检测器的出现,相应地就产生了符合多种时间分离方法的多样化的现代信号灯。信号灯的种类与组成如表11-4所示。

另外,一种附有随灯色显示时间的倒计时间或光柱显示信号灯,可以提醒驾驶员掌握自己

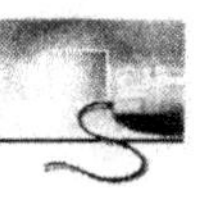

的驾驶动作。

交通信号灯的种类及组成　　表 11-4

序　号	种　　类	组　　成	
1	用途	车辆交通信号灯	
		行人交通信号灯	
		特种交通信号灯	方向交通信号灯 车道交通信号灯 吊桥、窄桥、隧道交通信号灯 道路、铁路平交道口信号灯 闪光警告信号灯
2	操作方式	定周期控制信号灯	
		感应式控制信号灯	半感应式控制 全感应式控制
3	控制范围	单个交叉口的交通控制(点控制)	
		干道交通信号联动控制 (线控制)	有电缆线控 无电缆线控
		区域交通信号控制(面控制)	
4	显示方式	红灯、绿灯、黄灯、箭头信号灯及闪烁灯	

3)信号的基本参数

无论是单点控制、线控制,还是面控制,各交叉口的信号显示均应有下列基本控制参数。

(1)信号相位

信号相位简称为相,它是信号轮流给某些方向的车或人以通行权的次序。例如我国十字路口常用的两相位信号,就是东西方向绿灯亮称为东西相或第一相;南北方向绿灯亮,则称为南北相或第二相。相位用向量表示,其方向与车辆行驶方向一致。相位超过两个的信号统称为多相位信号。

(2)周期

信号灯表示绿、黄、红一个循环所需的时间称为一个周期,以秒为单位表示。一般来说,交叉口的饱和度越高,则周期越长;饱和度越低,则周期越短。

(3)绿信比

在一个周期中,绿灯时间占周期时间的比率称为绿信比,通常用百分数表示。绿信比选择不当会降低交叉口的通行能力。

上述的相位、周期长、绿信比是单点控制的三个参数。在信号系统控制中,除三参数外还有一个重要的参数,即相位差。一条干道上相邻交叉口交通信号的联动控制,简称为线控制,其关键参数是相位差。以某一交叉口的起始绿灯信号为准,与相邻信号交叉口的绿灯启亮的时间之差称为相位差,也称为时差。

我国交通管理现代化已取得初步成绩,今后城市交叉路口应普及单点定周期或单点感应式信号控制。大、中城市应有计划地建立线控制或面控制,以利交通迅速、安全,节省人力与燃料。泰国、曼谷、菲律宾与马尼拉分别于20世纪80年代施行面控制,交通面貌有较大的改观。这说明发展中国家道路交通条件较差的城市,应用现代交通信号系统控制也能获得显著效益。

第四节　事 故 预 警

目前,道路交通安全问题越来越引起社会的广泛关注,采用预测和预警的管理方式将有助于发现道路交通安全管理过程中的问题,以便采取有效措施减少交通危害和损失。预测和预警管理作为一种先进的理念,强调对事物发生过程中的各种状态变量的监测,从而控制事物的发展过程,使之符合人的愿望,使得预测与预警思想在道路交通安全管理过程得以实现。

一、驾驶员疲劳预警

因疲劳驾驶造成的道路交通事故日渐增多,预防疲劳驾驶成为交通管理部门的管理重点。虽然交管部门制定了相应的法规,但是由于种种因素的限制,驾驶员往往不能遵守以上法规,致使交通事故有增无减。因此,针对疲劳驾驶预警系统的研究,可使预防措施更为得当、直接。

1. 驾驶疲劳预警装置

20世纪90年代,疲劳程度预警方法的研究有了很大的进展,许多国家已开始了驾驶疲劳车载电子测量装置的开发研究工作,尤其以美国的研究发展较快。现有的研究成果中具代表性的有以下几种。

1)美国研制的打瞌睡驾驶员侦探系统DDDS(The Drowsy Driver Detection System)

采用多普勒雷达和复杂的信号处理方法,可获取驾驶员烦躁不安的情绪活动、眨眼频率和持续时间等疲劳数据,用以判断驾驶员是否打瞌睡或睡着。该系统可制成体积较小的仪器,安装在驾驶室内驾驶员头顶上方,完全不影响驾驶员正常的驾驶活动。

2)转向盘监视装置S. A. M.(Steering Attention Monitor)

该系统是一种监测转向盘非正常运动的传感器装置,适用于各种车辆。转向盘正常运动时传感器装置不报警,若转向盘4s不运动,S. A. M.就会发出报警声直到转向盘继续正常运动为止。S. A. M.被固定在车内录音机旁,转向盘下面的杆上装有一条磁性带,用以监测转向盘的运动。使用S. A. M.并不意味延长驾驶时间,而是要提醒驾驶员驾车时不要打瞌睡。另外,S. A. M.与录像机配合使用可以为保险公司提供证据。

3)DAS2000型路面警告系统(The DAS 2000 Road Alert System)

这是一种设置在高速公路上用计算机控制红外线监测装置,当行驶车辆摆过道路边缘线或路肩时,向驾驶员发出警告。

4)反应时测试仪PVT(The Psychomotor Vigilance Test)

根据驾驶员对仪器屏幕上随机出现的光点的反应(光点出现时敲击键盘)速度测试驾驶员的反应时,用以判断其疲劳程度。

5)日本成功研制了电子"清醒带"

使用时固定在驾驶员头部,将"清醒带"一端的插头插入车内点烟器的插座,装在带子里的半导体温差电偶使平展在前额部位的铝片变凉,使驾驶员清醒。

2. 驾驶疲劳检测技术

驾驶员疲劳检测技术的研究主要从以下几个方面开展。

1)驾驶疲劳形成机理和模型的研究

从人机工程和行为科学的角度,结合心理学的研究成果,深入研究机动车驾驶员疲劳的形成机理,揭示驾驶疲劳的本质,建立驾驶与疲劳之间关系的数学模型,为实时监控驾驶员疲劳状态提供理论支持。

2)驾驶员疲劳状况检测及评价标准的研究

基于驾驶疲劳形成机理和模型,利用计算机视觉、模式识别等多种技术,研究出驾驶员疲劳状况检测方法。通过生理学、心理学的一些测试手段,测试驾驶员疲劳时的生理指标(如脑电图、心电图等),定量地反映人体的疲劳程度,同时结合驾驶员疲劳时的行为特征,研究出适用于实时检测驾驶员疲劳的指标。

3)融合多种方法提高驾驶员疲劳检测的可靠性

现存的各种检测方法大多数都侧重于驾驶员疲劳时所表现出的某个特征来进行研究。由于驾驶员个体之间都普遍存在差异,且其工作环境也存在差异,为了提高疲劳状态检测的可靠性,有必要综合以往的各种检测方法,研究出一种适合于广大驾驶员疲劳的检测方法,从而进一步提高疲劳预警装置的可靠性。

4)实时、非接触式驾驶疲劳预警装置的研制

应当充分利用计算机图形图像处理技术、高灵敏传感器和智能控制技术等手段,研制实用的驾驶员疲劳预警及探测装置。这些装置能够实时、非接触式地检测驾驶员驾驶疲劳强度的本质参数,以此来预测驾驶员是否处于疲劳状态,同时适时给出预警信号。

5)驾驶员疲劳报警装置的研究及普及应用

利用已研究出的驾驶员疲劳程度评价指标,研究开发出一种车载、非接触式、实时的驾驶员疲劳报警装置。目前,所研制的驾驶员疲劳报警装置,尚未达到实用的程度。因此,应当加大研究力度,早日实现其产品的商品化及普及应用,以达到减少由于驾驶疲劳而导致的交通事故的目的。

二、车辆碰撞预警

1. 汽车弯道前方碰撞报警

汽车前方碰撞报警(Front Collision Warning,FCW)系统是先进车辆控制与安全系统(AVCSS)研究的一个重要应用,也是提高汽车行驶安全性的重要手段。目前,国内外的很多专家和学者都围绕这个课题展开了研究。传统的前方碰撞报警系统一般以雷达为前方道路交通环境信息传感器,系统对于直线行驶的车辆安全性非常高,对于弯道行驶的车辆无能为力,主要原因在于雷达无法分辨弯道上不同车辆所在的车道。为此,一些研究者试图在汽车上加装其他传感器(如横摆角速度传感器)以获得前方弯道的信息,使前方碰撞报警系统在弯道上正常发挥其作用。

前方碰撞报警的作用是警示驾驶员前方道路交通环境中存在的安全性隐患,提醒驾驶员提前采取措施,避免交通事故的发生。

一般情况下,高速公路上本车前方道路上行驶的车辆是构成本车安全性隐患的主要因素。

一个合格的驾驶员其驾驶动作并不是一种无理的、不可捉摸的行为，驾驶员的操纵行为具有“预瞄跟随”特性。驾驶员往往根据道路交通环境的变化和对本车运动的预测决定下一时刻对汽车采取的操纵量。因此，可以利用驾驶员对汽车未来运动的预测建立前方碰撞预警算法。同理，通过预测也可以得到汽车在将来一段时间内行驶的轨迹。在前方碰撞报警算法中，直线路段由于具有规则的几何形状而易于判别前方不同车道上不同汽车的相对位置，找出位于本车道内对本车构成最大危险的障碍物车辆，从而建立前方报警算法。而弯道路段单纯依靠雷达无法实现对不同车道上车辆相对位置关系的判断，难以辨别本车道内对本车构成危险的车辆，往往出现较多的虚警。但是高速公路的弯道在设计过程中也具有一定的几何形体特征，例如高速公路的弯道常常设计成平曲线、缓和曲线、回头曲线等形状，这就为虚拟弯道的建立提供了基础。

2. 安全车距预警技术

安全车距预警的目的是避免本车与同向行驶的前方车辆发生追尾碰撞事故，其中前方车辆的探测是实现预警的前提。对前方车辆探测采用了基于单目视觉的灰度图像处理与分析的方法。由于路面上行驶的车辆往往具有一些与周围环境不一致的特征，如车辆底部的阴影区域与路面其他区域的灰度信息相差明显、车辆具有水平和垂直的边缘特征、车辆区域的纹理特征比较明显、车辆的后部区域具有一定的对称性等。根据以前的研究成果及经验，利用阴影、边缘和纹理三种特征融合的车辆检测方法，采用均值移位的跟踪方法对已识别出的车辆进行跟踪。

在车辆识别的基础上，采用了基于单目视觉的测距方法，通过获得前方车辆在图像中的位置信息，利用 CCD 的相关参数，建立一个基于单帧图像的测距数学模型。该测距模型可将图像中的像素坐标转化为实际空间坐标，从而能较准确地获得本车与前车之间的距离。此外，通过该测距模型可获取两车相对速度。安全车距预警判决准则依据当前获得的本车与前方车辆之间的距离，同时考虑以下两种情况。

①前方车辆静止或两车均匀速行驶，但本车车速高于前车车速且相差较大时，安全车距预警距离计算如下：

$$L_s = L_f + L_0 = v_{rel}t + \frac{v_{rel}^2}{2j_{af}} + L_0 \tag{11-1}$$

式中：v_{rel}——两车相对速度（m/s）；

j_{af}——本车的制动减速度（m/s^2）；

L_0——停车后两车之间的安全距离（m）。

②本车匀速行驶，前车减速时的安全车距预警距离计算如下：

$$L_s = v_s t + \frac{v_s^2}{2j_{af}} + L_0 - \frac{(v_s + v_{rel})^2}{2j_{ap}} \tag{11-2}$$

式中：v_s——本车速度，可利用图像信息进行估计（m/s）；

j_{af}、j_{ap}——本车和前车的制动减速度（m/s^2）。

当两车实际车距小于安全车距预警距离时，系统会及时向驾驶员发出警报。

3. 车道偏离预警技术

车道偏离预警技术的关键是实现不同光照条件下对车道标识线的识别与跟踪，用预处理

技术和双标准可调模板关联技术相结合的车道标识识别方法，能根据光照选择不同的预处理技术对图像进行二值化，对二值化图像采用基于统计的方法得到车道初始化标识线，最后利用双标准可调模板关联技术对得到的车道标识线进行矫正，以实现准确的车道标识线识别。

车道标识线的跟踪主要是利用感兴趣区域技术，通过建立梯形感兴趣区域来提高跟踪实时性。当识别出车道标识线后，利用道路重建技术结合标定技术得到车辆在车道中的横向位置参数 y_0（y_0 表示车辆中心与车道中心的距离）。车道偏离预警准则的选取基于车辆在车道中的当前位置，车辆在车道中的当前位置由车道检测算法得到。假设车辆大致与车道平行，给定车辆宽度 b 时，当前车辆前轮相对于左右车道边界的位置可由下式求出：

$$\text{左车道边界：}\Delta y = b/2 - (y_0 + b_c/2) \tag{11-3}$$

$$\text{右车道边界：}\Delta y = b/2 + (y_0 - b_c/2) \tag{11-4}$$

式中：b——车辆宽度（m）；

b_c——车道宽度，由车道检测算法估计出（m）。

式（11-3）、式（11-4）分别表示左右车轮相对于左右车道边界的位置。当 $\Delta y > 0$ 时，表明车辆在车道内，这时不需要警告。如果车辆前轮中有一个横越车道边界时，表明车辆偏离车道。

三、不良道路条件预警

不良道路条件预警系统包括预警指标体系的构建、预警界限的确定和预警结果的输出三个步骤。

1. 预警指标体系的构建

不良道路条件预警系统的一项重要内容就是选择和构建一套能够全面反映道路交通安全发展状况和趋势的预警指标体系。指标的选择必须遵循科学性、可操作性、灵敏性、整体完备性、稳定性与动态性相结合的原则。指标体系的构建除了选择合适的指标外，还需要确定各个指标对综合预警指数的影响程度，即确定指标的权重。由于各个指标的量纲不同，因而要根据其权重对指标进行标准化，形成一套规范的预警指标体系。

2. 预警界限的确定

预警系统能够发挥作用的一项关键工作就是指标预警界限的确定，即阈值的确定。预警界限确定是否合适，对于准确地监测各项预警指标的变动情况，从而对道路交通安全发展状况和趋势作出正确的判断影响很大。

3. 预警结果的输出

不良道路条件预警系统最后一项工作就是预警结果的输出。预警系统建立的目的就是在警情出现时发出警报，而警报的发出正是借助预警结果的输出来实现的。预警系统运行效果的评价直接由预警结果的输出来体现。若预警结果的输出不能满足决策者的需要，不但会影响决策的制定，甚至会导致决策失误。

四、不良交通环境预警

对高速公路的环境气象进行监测，开展高速公路的灾害性天气预警和预报，为高速公路的运营管理提供科学信息，是我国高速公路发展到一定阶段提出的必然要求，也是世界各国研究、开发智能交通系统(ITS)不可缺少的一个重要组成部分。

美国犹他州在经过盐湖城约旦河的州际公路长3km路段上设置了4套气象检测器,卡罗来纳州在库珀河上11.3km的跨江道路段上设置了5套气象检测器;田纳西州东南部在30.6km的道路上设置了8套气象检测器。通过外场气象监测站的设置,形成道路天气信息系统,进而形成国家级的道路天气信息系统(RWIS),并逐渐成为智能交通系统(ITS)的一个有机组成部分,其应用范围和功能正在随之扩大,并逐步标准化。

以浓雾为例,它对高速公路的影响主要反映在安全、经济效益、社会影响和引起的交通问题等4个方面。一是安全影响。在大雾等低能见度的气候条件下,高速公路很容易引发多车相撞的恶性交通事故,这类交通事故往往造成相当惊人的损失,雾害已成为交通安全的第一杀手。二是经济效益影响。雾引发的交通事故不但造成了重大的人员伤亡,还带来了重大的经济损失。在大雾天气,往往采取关闭高速公路的办法来有效地杜绝交通事故,但关闭带来的直接经济效益损失十分巨大。三是社会影响。由于高速公路重大交通事故比例高,人员伤亡大,人们对高速公路产生了潜在的死亡恐惧。据调查,在同时有方便的铁路交通的出行中,出行者还是宁愿选择铁路交通。四是交通问题。封闭高速公路给周边城镇的交通带来了极大的压力,特别是交通容量小的小城镇,造成严重的大面积交通阻塞和交通瘫痪。我国采用的是由公安和交通两个部门共同管理高速公路的体制,1997年公安部发出《关于加强低能见度气象条件下高速公路交通管理通告》,规定:能见度在200~500m时,车速<80km/h,车距>150m;能见度在100~200m时,车速<60km/h,车距>100m;能见度在50~100m时,车速<40km/h,车距>50m;能见度<50m时,管理部门可采取局部或全部封闭高速公路的交管措施。我国各地方还制订了一些相关的措施,如江苏省制订了《恶劣天气高速公路交通管理值班方案》和《路网交通调试常见情况处理流程》等。

我国有关高速公路雾天通行的管理法规、章程和相关设备的投入情况,存在以下几个特点。

①我国关于高速公路雾天通行的管理发展迅速,指标先进,但因种种原因,保障措施跟不上,致使管理被动、滞后。

②我国几乎每条高速公路建设时,都安装了一些气象站、能见度检测仪,这些气象检测设施大部分为进口设备,价格昂贵,起点指标技术先进,但外场设备数量明显偏少,且管理不善,使用不当,部分设备缺少最起码的维护和必要的检测,不能发挥其应有的功能,这主要与相关专业部门(如气象部门)没有形成密切配合造成的。

③应用水平低,服务意识不足,造成设备闲置,在实际工作中仍采用传统的人工雾情检测报告、人工疏导等全人工化或半人工化的管理技术和措施。

在高速公路的建设与运营管理中,实施高速公路环境气象监测站的建设,是高速公路日常运营管理的基础平台—监控系统的重要组成部分。它可有效地提升高速公路运营管理的整体服务水平,提高在恶劣天气条件下的安全和道路通行能力,为高速公路管理部门提供相关路段的环境气象的实时监控,也为进一步实现恶劣天气条件下高速公路运营决策管理提供科学依据。

对于气象部门来说,这是一个全新的且具有很大发展潜力的领域。积极寻求与交通部门的密切协作,拓展交通气象服务领域,是气象为交通服务向交通气象的根本转变,是树立公共

气象、安全气象、资源环境气象新理念的一项重要实践，也是大力提升气象信息对交通安全的保障能力和气象资源为可持续发展的支撑能力的具体体现。

1. 高速公路气象监测预警服务系统建设的主要内容

根据目前交通运输行业发展的现状和现代交通运输对气象服务的需求特点，应把工作重点放在对高速公路运输的服务上，从而带动对全部公路、城市交通等系统的服务。而填补高速公路气象观测的空白，建立一套集气象观测、气象服务产品加工、通信、服务产品发布为一体的高度专业化的服务系统，又是做好高速公路气象服务的关键所在。首先，高速公路气象监测系统和信息发布系统的建设，应在气象部门提出的建设规划指导下，由交通主管部门统一协调，落实经费，交通运营部门具体负责实施建设，其所有权归交通部门所有。其次，高速公路气象服务产品加工系统的研究和建设，由气象部门负责具体实施，其经费由交通部门和气象部门共同落实解决，其所有权归气象部门所有。整个系统建设完善后，由高速公路监测系统监测到的有关实时气象数据，通过通信系统，及时传递到高速公路气象服务中心；由气象服务中心经过加工处理，同时传递到高速公路交通有关管理和运营部门，通过交通部门的决策后，再将有关决策管理信息通过相关发布系统对外发布。其主要建设内容如下。

1）高速公路气象监测系统的建设

高速公路气象服务监测系统按照不漏测天气、运行维护方便的原则，针对每条高速公路各自的地理环境，通过现场勘测和地区历史资料分析，提出设置合理间距的监测站。每个监测站设自动气象站一套，用以观测任意时次的气压、气温、风向、风速、空气湿度、降水等常规气象要素，并增设能见度（主要用于雾的观测）和路面状态监测仪（主要用于路面积水、结冰和路面温度的观测）。

2）高速公路气象服务通信系统

可灵活采用目前较成熟的多种通信方式（有线、无线）解决观测站、气象服务中心、用户服务终端的数据通信问题。

2. 预测预警服务、决策管理和信息发布系统

1）高速公路气象服务产品加工系统

结合卫星遥感图像、多普勒雷达和已建高速公路气象观测系统等所提供的观测资料，制作出更加适合本省高速公路气象服务的气象预报产品。研制新的高速公路气象预报制作方法和业务流程，针对不同的天气现象，进行定时、定点、定量的预警和预报。主要产品初步设计如下。

①各路段天气实况显示。显示要素为能见度、降水性质及强度、风向、风速、路面温度、气温、路面摩擦系数、行车建议等。

②未来12h各路段逐3h天气状况预测。预测要素为：能见度、降水、风向风速、路面温度、气温及路面摩擦系数，同时给出行车建议。

③全省所有高速公路24～48h天气预测。预测要素为：能见度、降水、风向风速、路面温度及气温，并给出行车建议。

④建立高速公路气象观测数据库。保存历史资料，提供友好的查询界面。

2）高速公路气象服务产品发布系统

①在各自动观测站点沿高速公路左右两侧各设一个电子显示屏，分别显示其下游1～2站

的实时观测实况，1～3h天气、能见度、路面温度等预报。当下游有浓雾、降水、路面高温等危险天气出现时，或未来2～3h下游路段有可能出现影响正常行驶的天气现象时，可发出特别提示。

②在交通、公安等有关高速公路管理部门设立显示终端，随时显示所有的服务产品，以便管理部门能及时了解各高速公路路段的天气实况和预警预报，为高速公路安全运行提供决策依据。

五、ITS在事故预警中的应用

随着现代科学的发展，智能技术已经深入到现代交通的各个方面，ITS成为目前世界各国交通运输领域竞相研究和开发的热点。然而，随着全球经济的高速发展和道路交通的日趋繁忙，因道路交通事故导致严重的人员伤亡和财产损失已经引起世界各国的广泛关注，如何利用以现代信息与通信及自动化控制为主导的智能交通技术解决交通系统中的安全问题，已成为ITS中十分重要的一部分。

交通灾害预警管理不仅要进行道路监测、成因分析、责任认定及损害赔偿，而且要科学地作出反应。它既需要有专门的理论和知识，又需要有实用的技巧和手段。在高速公路领域，该系统将汽车、驾驶员、道路、高速公路经营管理部门及其他相关的服务部门相互连接起来，通过对自然条件和道路交通运营状况的检测，预防和预报道路交通灾害的发生，从而使在路网上运行的交通流处于最佳状态，改善交通拥挤和堵塞，最大限度地提高路网通行能力，提高整个高速公路运输系统的机动性、安全性，提高高速公路的综合经济效益和社会效益。为完成上述任务，ITS事故预警系统应具备下述组成部分。

1. 监视预报系统

根据异常气象等条件估计可能出现的灾害及所采取的信息收集和联络体制，同时设有专人负责监视，做好各项准备工作。

2. 警戒系统

当气象情况更加恶化，引发灾难的危险度增大，或局部地区已发生灾害，从而造成交通混乱时应启动该系统。

3. 紧急系统

在出现严重灾害或发生混乱时应启动的系统，此时应及时、果断地对已发生的灾害予以处理。

4. 通信联络系统

灾害发生时，应用先进的通信设备与手段，快速、可靠地与上级联系，及时有效地处理灾害，确保道路安全畅通。

5. 解释机制

用来回答用户对预警管理系统的提问。解释机制的回答包括两个方面：一是为什么会得出这样的处理结论；二是这种结论是怎样得到的。解释机制对问题的处理结论及过程的详细说明，使用户能了解灾害的处理方法和依据，增加了透明度，同时也为用户了解灾害造成的损失、维护系统提供了方便。

第五节　事故紧急救援

一、事故紧急救援概述

事故紧急救援是指在统一管理下，利用公安内部资源及社会资源，以最快的反应速度进行伤员救治、设施抢修、故障排除、交通恢复等作业。事故紧急救援可减少交通事故产生的影响，实现事故损失的最小化。

目前，我国道路交通事故紧急救护水平比较低，道路交通事故重伤者在事故发生后1h左右（有的甚至超过2h）才可得到救护。调查表明，我国道路交通事故死亡人数中除少数当场立即死亡外，大多数是由于无法得到及时救护而死亡。究其原因，一是事故当事人无法及时报警；二是巡警人员无救护能力，未配备必需的快速救护工具及救治药品等；三是附近服务区与医院急救能力有限。因此，建立事故紧急救援体系，进行紧急救护可以增加重伤者的生存几率，减少死亡数量，降低入院后的治疗难度和康复后的伤残程度，能够大大降低治疗成本和恢复费用。

二、事故紧急救援系统

1. 救援任务

实现紧急救援任务就是保证社会效益最大化的过程，具体内容包括：抢救交通事故受伤者；帮助当事人及乘客脱离困境；转运事故车辆所载乘客和货物；保护事故现场，确保现场勘查顺利进行；及时消除火情，确保现场人员疏散和人员财物完好；实施交通管制，为救援活动提供最优路径；清理事故现场遗留的车辆零部件散落物。

2. 救援支撑条件

救援支撑条件是紧急救援任务高效顺利完成及实现救援要求的保障，主要包括以下几个方面的内容。

①完善的救援机制和救援保障体系，如法律法规、救援制度、保险制度、医疗制度、社会救助基金等。

②高素质的救援队伍，如建设交通专业医院、培养急救人才等。

③广泛的救援网络。交通事故紧急救援应划区（片）管理，实现分级救援，救援中心应达到相当的密度和网络化。具备紧急救援常识与技能的人员应相当普遍，尤其是机动车驾驶员、交通警察、公路沿途群众等。

④良好的救援通信和安全畅通的交通服务。大力宣传交通事故紧急救援，营造良好的社会环境，鼓励发扬救援活动。

3. 救援系统的机构设置

事故救援系统的机构可以省、直辖市为单位，设立省道路交通救援委员会，委员会成员由省公安厅、省交通厅、省卫生厅等部门组成，由分管交通的领导负责；各县市成立相应的委员会，协调各县市的交通救援工作，并由各县市分管领导负责。事故救援系统的机构设置如图11-3所示。

交通事故紧急救援可能涉及医疗、急救、公安、消防、交通、市政、保险等部门，事故救援任务由组成救援队伍的各个部门分工协作完成。

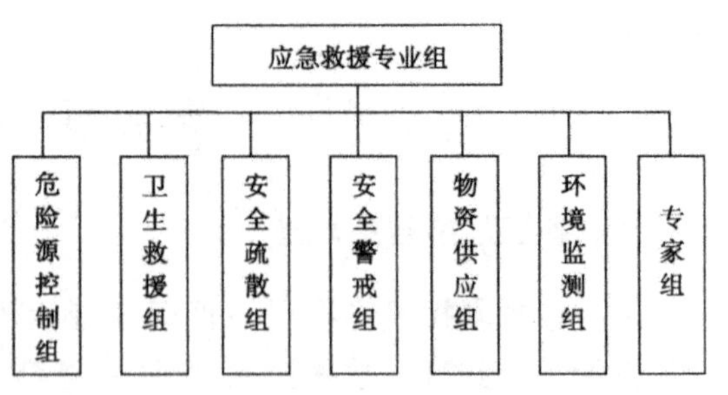

图 11-3　事故救援系统的机构设置

公安交警部门负责事故现场勘查处理、后期事故文书制作、事故调解、车辆疏散、交通流组织、违章行为确认、处罚条款使用及路面情况巡逻等；医疗部门负责伤亡人员抢救和处理、伤残等级鉴定、为交通参与者提供医疗和护理等；路政部门负责道路养护、道路维修、道路损坏程度鉴定等；保险部门负责车辆损坏程度鉴定、驾乘人员伤亡程度鉴定、车辆及驾乘人员保险、伤亡人员医疗费用垫付等；银行部门在全省乃至全国联网的条件下，为道路交通参与者设立全国通用的银行账号，在交通参与者需要救援时从其银行账号中给相关部门进行资金划拨、代收交通违章罚款等。

三、事故紧急救援的工作流程

事故紧急救援系统主要由接案预案子系统与救援子系统组成。交通事故救援工作流程如图 11-4 所示。

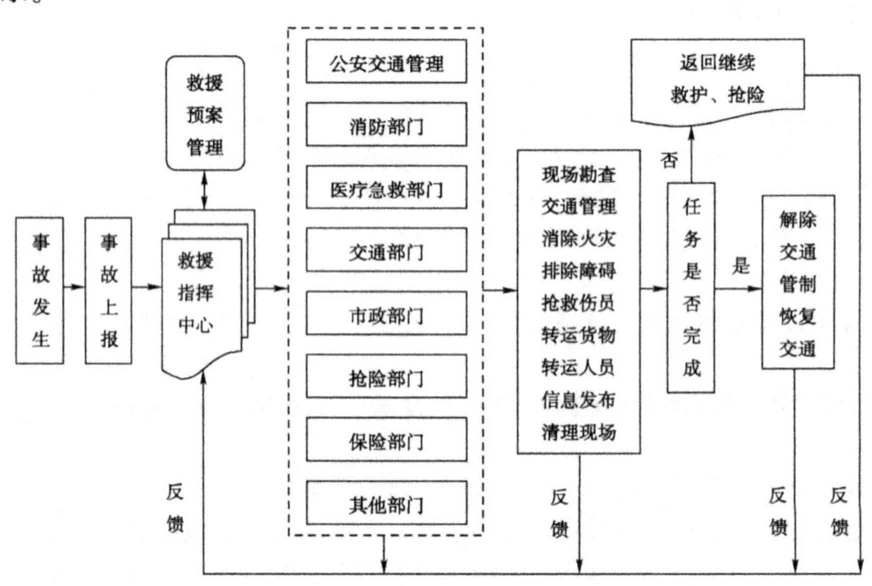

图 11-4　事故紧急救援的工作流程

四、ITS 在事故紧急救援中的应用

城市道路交通事故紧急救援系统处理的是影响道路交通的紧急事件，其处理离不开城市交通管理部门。城市交通管理系统的总体结构中，各个子系统都可以通过综合信息交换平台与紧急救援系统建立关联及给予功能支持。利用综合信息平台可实现紧急救援系统与 ITS 其他子系统的互联结构，如图 11-5 所示。

1）紧急救援系统与交通管理综合信息交换平台的关系

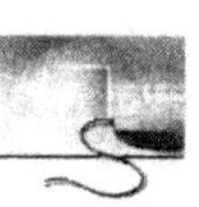

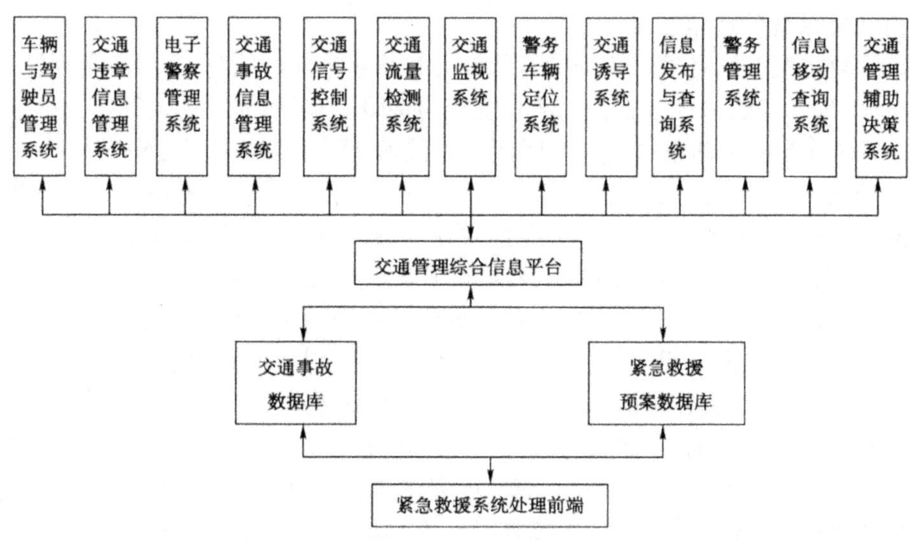

图 11-5　紧急救援系统与 ITS 其他子系统的互联结构

交通管理信息交换平台是采用中间件技术、开放式数据库互联技术等构建而成的中间层软件平台。整个系统软件采用三层/多层结构模型,应建成跨越不同数据库服务器、不同操作系统的应用程序接口,实现交通控制信息的采集,交通管理信息、交通地理信息、交通信息的集成,能为交通管理决策提供可靠准确的科学依据,以开展交通管理综合业务,交通智能化控制,车辆调度、信息查询等。

交通管理综合信息交换平台能接受不同客户端的调用,访问各种异构型数据库系统,将请求访问的数据返回给调用者,也能够接受前端应用程序的控制命令,通过本身既定的格式转换,预制的数学模型处理,传给各个控制系统,达到控制效果。

这个平台的构建是实现交通管理各个信息系统集成化、综合化的关键所在,它能够屏蔽各个子系统不同的数据库结构和数据存储格式,提供一个统一的、可供各个应用前端界面容易调用的接口。新建系统只需按照该平台接口标准扩充进来,这样也有利于统一各个子系统开发的技术线路,对系统开发具有指导性作用。紧急救援系统是 ITS 的一个重要组成部分,由于它处理的是影响道路交通的事件,因此也与交通管理系统内部的各系统有直接联系,提供两者信息交互的渠道,就是交通管理综合信息交换平台。紧急救援系统可以通过交通管理信息交换平台与其他系统交换信息。

2)紧急救援系统与 122 接出警平台及交通控制指挥调度中心的关系

紧急救援系统的核心指挥中心应该是 110 系统,通过 122、120、119 等特服号码与交警、救护和消防部门联动。122 接出警平台是紧急救援系统与交通管理系统衔接的前端接口。122 可以直接接受报警信息,并转送给 110,也可直接从 110 接受报警信息,110 确认事件属于道路交通事故,则自动通过 122 系统与交通调度指挥中心连通,发布指令,交通调度指挥中心根据指令发出处理指令,并调用相应的监控系统。交通诱导系统统筹协调工作,并保持与 110 指挥中心的联络,接收其调度指令并按指令要求工作。

当接到发生事故的报告时,紧急救援系统按照工作流程进行紧急救援反应。同时交通管理以及其他相关系统触发联动,以支援救援工作的顺利进行。

3）紧急救援系统的通信连接

要保证紧急救援系统各部门之间的有效沟通和信息的实时共享，必须有可靠性高、传输速度快、能支持各种方式的事件接出警通信系统作为保障。包括：先进的光纤及卫星数字传输技术、先进的CTI（计算机电话集成）技术、呼叫中心技术、无线集群通信技术等。

整套救援系统可采用局域网作为系统运行的硬件工作环境。首先在系统各职能部门中装备局域网网点，以此来完成信息实时共享，同时在局域网各终端装配专线电话。在启动救援各部门时，由系统按各种救援预案的设置，自动同时完成各联系对象的拨号呼叫，为各部门的快速反应及联动创造条件。根据条件许可，该局域网的覆盖范围可包括社会救援资源中的消防、医院、路政等部门，根据发展需要覆盖范围还可逐步扩大，以更大程度地提高救援工作效率。

城市道路交通紧急救援系统的建立对于保证城市交通安全，降低事故损失，提高道路网络服务水平有重要作用。目前，该系统建立的关键问题不在于技术方面，而在于与其他系统的有机协调以及社会保障体系的建立方面。随着社会进步的不断加快，这些方面的问题还有待于进一步研究和解决，以保证道路交通紧急救援系统能真正发挥最大效益。

复习思考题

1. 试述道路交通安全规划的目的、意义及主要内容。

2. 试分析道路交通安全设计与道路交通设计之间的关系，并简述道路交通安全设计的主要内容。

3. 交通事故预警的技术有哪些？论述各技术的特点和适用条件。

4. 简述道路交通事故紧急救援系统的工作流程及其作用。

参考文献

[1] 中华人民共和国交通部. JTG B01—2003　公路工程技术标准. 北京:人民交通出版社,2004

[2] 中华人民共和国交通部. JTJ 074—94　高速公路交通安全设施设计及施工技术规范. 北京:人民交通出版社,1994

[3] 中华人民共和国交通行业标准. 公路交通安全设施标准汇编. 北京:人民交通出版社,1999

[4] 裴玉龙,王炜. 道路交通事故成因及预防对策. 北京:人民交通出版社,2004

[5] 裴玉龙. 道路交通安全. 北京:人民交通出版社,2004

[6] 李江. 交通事故力学. 北京:机械工业出版社,2000

[7] 过秀成. 道路交通安全学. 南京:东南大学出版社,2001

[8] 许洪国,等. 交通事故分析与处理. 北京:人民交通出版社,2003

[9] 郭忠印,方守恩,等. 道路安全工程. 北京:人民交通出版社,2003

[10] 赵恩棠,刘晞柏. 道路交通安全. 北京:人民交通出版社,1990

[11] 刘运通. 道路交通安全指南. 北京:人民交通出版社,2004

[12] 段里仁,等. 道路安全手册. 北京:档案出版社,1990

[13] 王健. 交通安全心理学. 重庆:科技文献出版社重庆分社,1990

[14] 刘浩学,陈克鹏. 汽车运行安全心理学. 北京:人民交通出版社,1998

[15] 陈永德. 道路交通事故的分析及预防. 北京:人民交通出版社,1999

[16] 张殿业. 道路交通安全管理评价体系. 北京:人民交通出版社,2005

[17] U. S. Department of Transportation. National Highway Traffic Safety Administration. Traffic Safety Facts, 1994

[18] Nancy P. Button, Park M Reilly. Uncertainty in Incident Rates for Trucks Carrying Dangerous Goods. Accident Analysis and Prevention, 2000,32

[19] 裴玉龙,孟祥海,丁建梅. 寒冷地区道路交通事故分布的研究. 中国公路学报. 1998, Vol. 11

[20] Kazumi RENGE. Drivers' Hazard and Risk Perception, Confidence in Safe Driving and Choice of Speed. IATSS Research,1998,22

[21] Zegeer C. V. Highway Accident Analysis Systems. National Cooperative Highway Research Program 91, 1992

[22] 丁建梅,裴玉龙,孟祥海. 沈阳—大连高速公路交通事故规律的研究. 哈尔滨建筑大学学报. 1997, Vol. 30

[23] 邵毅明,等. 高等级公路交通安全管理. 北京:人民交通出版社,1999

[24] 裴玉龙,孟祥海. 高速公路事故多发点成因分析模型及其应用研究. 中国公路学报. 2000, Vol. 13

[25] 裴玉龙,丁建梅. 鉴别道路交通事故多发点的突出因素法. 中国公路学报. 2005, Vol. 18

[26] 中国机械工业教育协会组. 公路运输与安全. 北京:机械工业出版社,2001

[27] 沈斐敏. 道路交通安全. 北京:机械工业出版社,2007

[28] 王文武,李迁生. 高速公路安全管理. 北京:人民交通出版社,2001

[29] 裴玉龙,等. 道路交通安全管理法规概论及案例分析. 北京:人民交通出版社,2006

[30] (苏)巴布可夫著. 景天然译. 道路条件与交通安全. 上海:同济大学出版社,1990

[31] Ruediger Lamm, Basil Psarianos, Theodor Mailaender. Highway Design and Traffic Safety Engineering Handbook. R. R. Donnelley & Sons Company, 1999

[32] 裴玉龙,马骥. 道路交通事故道路条件成因分析及预防对策研究. 中国公路学报, 2003, Vol. 16

[33] 孟祥海,裴玉龙,罗丽君. 黑龙江省道路交通安全状况分析及对策探讨. 公路交通科技, 1999, Vol. 16

[34] 陈凤仁. 汽车安全行车教程. 北京:人民交通出版社,1998

[35] 魏朗,刘浩学. 汽车安全技术概论. 北京:人民交通出版社,1999

[36] Yoshihiko Muramatsu. Transportation and Safety in Japan, Activities of Institute for Traffic Accident Research and Data Analysis. The International Association of Traffic and Safety Science Research, 1999, 23

[37] A. A. M. Aljanahi, A. H. Rhodes, A. V. Metcalfe. Speed, Speed Limit and Road Traffic Accidents Under Free Flow Conditions. Accident Analysis and Prevention, 1999, 31

[38] Mohamed A, Abdel Aty, A. Essam Radwan. Modeling Traffic Accident Occurrence and Involvement. Accident Analysis and Prevention, 2000, 32

[39] Michiel M. Minderhoud, Piet H. L. Bovy. Extended Time To Collision Measures For Road Traffic Safety Assessment. Accident Analysis and Prevention, 2001, 33

[40] 裴玉龙,程国柱. 高速公路车速离散性与交通事故关系及车速管理研究. 中国公路学报, 2004, Vol. 17

[41] 裴玉龙. 道路交通事故多发点质量控制鉴别法的改进. 哈尔滨工业大学学报, 2006, Vol. 38

[42] 陆化普. 城市交通现代化管理. 北京:人民交通出版社,1998

[43] (日)林洋,著. 黄永和,译. 实用汽车事故鉴定学. 北京:人民交通出版社,2000

[44] Pei Yulong, Ma Ji, Cheng Guozhu. Research on the Relation Between Highway Alignment, Speed and Road Traffic Accident in China. 10th World Congress and Exhibition on Intelligent. Transport Systems and Services. Madrid, Spain, 2003:16-20

[45] 张玉芬,邓学钧. 道路交通环境工程. 北京:人民交通出版社,2001